中国法制史考证续编

第十册

杨一凡 主编

明大诰研究

杨一凡 著

社会科学文献出版社

SOCIAL SCIENCES ACADEMIC PRESS (CHINA)

图书在版编目（CIP）数据

明大诰研究／杨一凡著. —北京：社会科学文献出版
社，2009.8

（中国法制史考证续编；第十册）

ISBN 978-7-5097-0821-7

Ⅰ. 明… Ⅱ. 杨… Ⅲ. 法制史-研究-中国-明代
Ⅳ. D929.48

中国版本图书馆 CIP 数据核字（2009）第 104929 号

再 版 说 明

　　《明大诰研究》是我 20 年前的旧作。这次再版时，对《明
〈大诰〉的实施及其历史命运》部分做了修改和补充；对于原书
的其他部分，也进行了一些文字的修订。按照《中国法制史考
证续编》的统一体例，文中增加了一些小标题。原书引用的古
籍，如有近年出版的影印本的话，在脚注中尽量用新刊印的古籍
标明文献出处，以方便读者查阅。为了使读者全面了解明太祖朱
元璋在明初法制建设中的作用与功过是非，书后附录了笔者写的
《明太祖与洪武法制》一文。

　　敬请读者对本书中的不妥之处多加指正。

　　　　　　　　　　　　　　　　　　　　　　杨一凡
　　　　　　　　　　　　　　　　　　　　　2009 年 3 月

目　录

序

　　明太祖朱元璋于洪武十八年（1385 年）至二十年（1387 年）间，为了劝民从善和惩治奸顽，先后发布了题名《御制大诰》的三书，即《御制大诰》（本书简称《初编》）、《御制大诰续编》（本书简称《续编》）、《御制大诰三编》（本书简称《三编》）。洪武二十年十二月，他又为诸管军衙门颁布了《大诰武臣》（本书简称《武臣》）。《武臣》与前三编诰文，在颁行之初，实为两书。洪武朝后期及之后几朝要求各级学校师生、民间百姓讲读的《大诰》，其内容是《初编》、《续编》、《三编》，《武臣》主要是供军官及其子弟诵习。一些明代史籍中记述的《御制大诰》，实是指《大诰》前三编而言。由于这两部书均系朱元璋亲自编纂或据本人口述记录而成，都以"大诰"冠其书名，颁行的宗旨和内容贯穿的基本精神又都是对臣民"明刑弼教"、"惩戒奸顽，"且前三编颁行之初，是分别以单刻本刊印，故在明代时，就有把《武臣》同前三编放在一起的刻本行世。近人所谓《大诰》者，有的是专指前三编，有的则把四编诰文视为一体。本书为了比较全面地阐明《大诰》的内容、特色、历史作用及朱元璋的政治法律思想，充分地揭示明初"重典之治"的本来面目，把《武臣》和前三编融贯起来加以考察。书中有关《大诰》的评述，也当指包括《武臣》在内的四编诰文而言。

四编《大诰》是研究明初法制和当时社会的政治、经济、军事状况的珍贵文献。此书所述，在有关明代的官修史籍中很难找到。《明太祖实录》为尊者讳，对《大诰》的具体内容极少涉及。清初修《明史》时，《刑法志》的编者未见及《大诰》原文，故对它的条目总数的记述相殊甚远。不仅如此，即使在记述明一代法制的诸野史笔记中，也未有像《大诰》所载详细者。加之它是由明太祖直叙当世之事，儒臣们很少润色，故史料的可靠性较高。所以，研究明初社会及其法制，《大诰》是不可缺少的重要史料。

关于《大诰》的研究，在我国已有 100 年左右的历史。自清末到 20 世纪 30 年代，它就引起了一些著名学者和法学家的关注，并写有五篇文章，即：沈家本先生的《明〈大诰〉峻令考》、《〈大诰〉跋》和《书明〈大诰〉后》① 三文，王国维先生的《书影明内府刊本〈大诰〉后》，② 邓嗣禹先生的《明〈大诰〉与明初之政治社会》。③ 在此之后 40 余年中，许多学者在其著述中也曾涉及《大诰》，然未见有专门性的研究论文问世。直到最近 10 年间，学术界对它的研究又重新活跃起来，已先后有几篇论文发表，提出了许多好的见解。但是，总的说来，这些论文还是局限于某一侧面的研究，对于这一重要法律文献所反映和涉及的一系列有关明初法制的重大问题，尚未作系统地探讨和回答。笔者撰写这本书的愿望，意在抛砖引玉，以期推进《大诰》

① 沈家本撰：《历代刑法考》第 4 册，中华书局，1985。
② 《王国维遗书》卷三。
③ 《燕京学报》1936 年第 20 期。

研究的进一步深入开展。同时，我也深切感到，认真剖析和总结朱元璋利用《大诰》推行"以威为治"的深刻历史教训，可以使我们从中受到有益的启示，在今天加强我国法制现代化建设的过程中，增强维护法律的尊严和坚持依法办事的自觉性。所以，研究《大诰》对我们也是有现实的借鉴作用的。

近几年来，随着我国学术研究的日益繁荣和发展，不少读者特别是研究中国法律史和明史的学者，都很重视对《大诰》的研究，但因此书传本较少，又藏于善本之室，利用起来极不方便。为此，法律史学界的几位老前辈一再敦促，要我把四编《大诰》点校，附于本书后一并刊印。我点校功力尚浅，但盛情难却，只好从命而为之。

在本书出版之际，我想就如何全面评价朱元璋的问题加以说明。朱元璋作为明王朝的开国皇帝，他在领导农民起义推翻元朝的腐败统治，在中国的辽阔疆土上实现稳固的统一，奠定明代的一些基本政治法律制度及恢复发展社会经济等方面，都有不可磨灭的历史贡献，不愧是一位颇有作为的政治家。朱元璋一生的政治活动是很广泛的，就以强化中央集权统治而论，所采取的措施也是多方面的，推行《大诰》和实行重典政策只是其中的一个重要组成部分。所以，本书中对于《大诰》和明初重典的评价，还不是对朱元璋一生历史功过的全面评价。怎样看待朱元璋的历史地位，史家多有专论，本书因研究范围限制，恕不冗述。

在本书与读者见面之际，我要衷心地向那些给了我各种挚诚帮助的单位和同志表示谢意。在国内外现存的诸《大诰》版本中，以明洪武内府刻本为成书最早、错误最少的善本，承蒙清华大学图书馆大力协助，热情地把该馆珍藏的洪武内府刻本提供我作点校和研究的底本。南开大学法学研究所、北京大学法律系的慷慨资助，保证了复制资料工作的顺利进行。中共中央办公厅秘书局的宋国范同志花费了不少心血，同我一起对各种版本反复做了勘对，并参加了《明〈大诰〉人名索引》的编写工作。如果没有她的大力协助，书稿的写作是不可能如此快速完成的。中国社会科学院历史研究所的曲英杰同志，也在百忙中挤出时间参加了其中几种版本的校勘。我在点校《大诰》的过程中，得到了中国社会科学院法学研究所吴建璠、高恒两位先生的悉心指教，他们通阅了点校本全文，提出了不少好的意见。中国法律史学会名誉会长李光灿研究员，中国社会科学院法学研究所的刘海年、韩延龙先生，北京大学张国华、饶鑫贤教授，江苏人民出版社的胡凡同志，清华大学图书馆的蒋企英、王若昭同志，中国国家图书馆（以下简称国图）的郑培珍同志，也从各方面给了我许多宝贵的支持和帮助。所有这些，都令我非常感动。谨志于此，以矢弗忘。

　　由于我水平有限，对《大诰》的研究难免有不妥之处；同时，明太祖朱元璋编纂的《大诰》，粗疏且不注意修辞，许多段落话不成句，文理不通，且有方言口语间杂其中，一些文字断句标点颇费推敲，点校中也会有不少失当的地方，敬祈读者批评指正。

杨一凡

1987 年 12 月于北京

一 朱元璋颁行《大诰》的
时间和动机

在中国法制史上,明《大诰》以其生动通俗的口语、赤裸裸的明刑弼教思想、酷烈的律外用刑和以重典整饬吏治而著称于世,朱元璋为推行《大诰》所采取的一系列非常性措施,也多是前无古人的。明太祖朱元璋为什么要颁行这种充满血腥气味的东西呢?要弄清这个问题,就必须对他颁行四编《大诰》的时间、社会背景和动机做一番考察。

(一)《大诰》的实际颁行时间

关于四编《大诰》的颁行时间,《明太祖实录》云:"洪武十八年冬十月己丑朔,《御制大诰》成,颁示天下";[①] "洪武十九年三月辛未,《御制大诰续编》成,颁示天下";[②] "洪武十九年十二月癸巳,《御制大诰三编》成,颁示天下";[③] "洪武二十

---

① 《明太祖实录》卷一七六。
② 《明太祖实录》卷一七七。
③ 《明太祖实录》卷一七九。

年十二月，是月，《大诰武臣》……颁之中外"。① 明代其他史籍
记载的四编《大诰》颁行日期，均同《实录》。然若细心阅读诰
文或加以考证，可知除《武臣》外，诸史所记《大诰》前三编
的颁行时间均为不确。《实录》所记，系以各编书首序为准，但
这实际上是朱元璋作序的日期，并非颁行时间。

　　台湾学者黄彰健先生在《明洪武永乐朝的榜文峻令》一文
中，② 曾经列举例证，指出史书对明《大诰》颁行时间的记载是
错误的。可惜，这一见解并未引起我国大陆一些法律史学者的注
意。这里，我想引用更多一些材料，对《大诰》前三编的颁行
时间加以考证。

1.《初编》的颁行时间

　　此编书尾所附左赞善刘三吾写的《大诰后序》，时间是洪武
十八年（1385 年）十月望月（十五日），较明太祖自序日期十
月朔（初一）已晚半月。该编《户部行移不实》条，尚记有洪
武十八年十月十八日明太祖稽考户部沉滞公文事。③ 又据《御制
大诰三编序》："朕才疏德薄，控驭之道竭矣。遂于洪武十八年
冬十一月，首出《大诰》前编，以示臣民"。故《初编》颁行时
间应是洪武十八年十一月。

2.《续编》的颁行时间

　　此编书首有洪武十九年（1386 年）三月十五日明太祖自序，
诸史以此为颁行时间。但是，《诰》文中辑录的案例，起码有 6
件是在这之后发生的。如《明孝》条云："洪武十九年三月、四
月，所在有司耆宿举到人才，皆称孝廉。……人子之道，未见尽

---

① 《明太祖实录》卷一八七。

② 《历史语言研究所集刊》第 46 本，1975 年 10 月。

③ 《初编》：《户部行移不实第六十七》。

善，而称孝廉，不亦难乎？"《追问下蕃》条云："前军断事等官吏施德庄、杨耀、乔方等，于洪武十九年四月初四日，问泉州卫指挥张杰等私下蕃事，身受赃私。"《纵囚越关》条云："洪武十九年四月初十日，苏州府管下七县地方，捉拿黥面文身、髡发在逃囚徒一十三名，无黥刺一十九名，逃吏二十五名，逃军六名"。这几个条目记载的案例，均为洪武十九年四月事。《有司超群》条记载的案例虽然没有标明具体时间，实际上还要晚一月。其条曰："嘉兴府崇德县知县毕辉、县丞齐博，为旗军小刘驰正道，入公厅，差人管解，以状来闻，特遣使劳以尊酒。"此事《明太祖实录》卷一七八也有记载："洪武十九年五月丁巳，上闻嘉兴府崇德县知县毕辉、县丞齐博，刚正能官……在官执法，不容奸恶，较诸有司可不谓之出众者耶。特遣行人赍醴以劳"。《续编》明确记述毕辉等受赏事，说明其颁行时间起码应在十九年五月丁巳以后。又据《续编》后附明太祖洪武十九年冬十一月二十五日谕，其中有"条成二《诰》，颁示中外……《诰》行既久"[①] 的话，可推断此编颁行的时间在该年十一月之前的几月中，似应以洪武十九年年中为妥。

3.《三编》的颁行时间

此编书首有洪武十九年冬十二月十五日明太祖自序。书末附刘三吾所作《大诰三编后序》的时间为洪武十九年十二月二十五日，皆较《实录》记述的洪武十九年十二月癸巳（十一日）要晚。又据该编《排陷大臣》条：洪武二十年（1387 年）正月二十九日，北平道监察御史何哲、任辉、齐肃唤使宋绍三具状诬陷大臣，正月三十日，明太祖亲自审问告人宋绍三。之后，又命

---

① 《续编》：《大诰续编后序》。

锦衣卫"著要北平道原问御史何哲等……朕为之亲问,略见情伪,命杂推之。明日问者来告,御史何哲、任辉等皆妨贤病国之徒,邪谋设计,转折既多,情理深重。"① 后将何哲、任辉等凌迟处死。鉴于何哲等被凌迟处死时间不会在洪武二十年二月之前,《三编》详记此案,表明它的颁行时间最早也应是洪武二十年二月。

(二)颁行《大诰》的社会背景和动机

在洪武十八年底到二十年底短短两年中,朱元璋亲自编纂和连续颁行四编《大诰》,并非出自偶然。全面剖析事情的来龙去脉,便可知道,这是他的明纲常、正法度、严吏治、"复我中国先王之治"② 的治国目标未能如愿实现的情况下,为"警省愚顽"、明纲常、正法度而采取的措施,也是他奉行"治乱世用重典"和"明刑弼教"政策的继续。

明王朝建立之初,面临着许多严峻的社会问题。经历"连年战争,加以饥馑疾疫,十室九虚",③ 在籍民户"版籍多亡",④ "田野荒芜","民困食尽","租税无所从出","积年逋赋",⑤ 经济陷于崩溃境地;统治集团内部为争权夺利,文臣与武将之间,淮西集团与浙东集团之间,勾心斗角,相互倾轧排挤;官吏贪墨成风,"天下有司役民无度,四时不息",⑥ 加之豪强地主肆

---

① 《三编》:《排陷大臣第四十》。
② 《三编》:《大诰三编后序》。
③ 《明太祖实录》卷一四。
④ 《明史》卷五三《食货一》,中华书局,1974,第1881页。
⑤ 《明太祖实录》卷一五、卷一九七、卷二五五。
⑥ (明)陈子龙等辑:《明经世文编》卷一二,中华书局,1987,影印本,第89页。

意榨取百姓，"守御官军扰害"，① 造成"赋敛过重"，贫弱者
"无以自立"；② 广大农民因"楚苦为甚"，继而反抗新王朝，致
使政局动荡，出现了新的危机。

在如此严峻的社会矛盾面前，朱元璋采取了"宽"、"猛"
并用的两手治国策略。在经济领域，他从农本思想出发，"宽以
待民"，实行"休养生息"的政策，通过徙富民、抑豪强，奖励
开荒、移民屯田，减免赋役，兴修水利，鼓励种植经济作物等措
施，使明初经济得到了一定的恢复和发展。据《明太祖实录》：
洪武十四年（1381 年），全国人户达到 1065 万，人口计 5987 万
户，相当于洪武初的 6.6 倍；天下官民田计 366 万余顷，岁征
麦、米、豆、谷 2610 万余石，钱钞 22 万多贯，丝绵、棉花、兰
靛 103 万多斤。③ 应该说，朱元璋实行的经济政策是比较成功的。

在政治法律领域，朱元璋则采取"猛"的一手。他总结了
历史上封建王朝，特别是元朝灭亡的教训，认为"姑息"是
"世乱"的根源，指出："历代多因姑息，以致奸人惑侮"。④ 他
把元失天下归结为"宽纵"二字，说："元氏昏乱，纪纲不立，
主荒臣专，威福下移，由是法度不行，人心涣散，遂致天下骚
乱。"⑤ 又说："奈何胡元以宽而失，朕收平中国，非猛不可！"⑥
基于这种认识，为了革除世狃元习、官吏贪墨和所谓"民不从
教"的时弊，他在"定礼乐"，"改衣冠，别章服，正纲常，明

---

① 《明太祖实录》卷一九〇。
② （明）宋濂撰：《銮坡后集》卷一〇。
③ 《明太祖实录》卷一四〇。
④ 《皇明祖训》：《祖训首章》，见杨一凡、田涛主编《中国珍稀法律典籍续编》第 3 册，
　　黑龙江人民出版社，2002（以下所引本书略去出版社和出版年份），第 486 页。
⑤ （明）何栋如撰：《皇祖四大法》卷三。
⑥ （明）刘基撰：《诚意伯文集》卷一《皇帝手书》。

上下"，① 对臣民加强教化的同时，把"吾治乱世，刑不得不重"② 奉为治国方针。

从开国之初到洪武十八年《大诰》颁行之前，他坚持"以重典为整顿之术"，实行了一系列的"猛烈之治"。这期间制定的洪武元年律、七年律、九年律和颁行的榜文以及其他法令，不少条款就带有"重刑"性质，刑罚"较前代往往加重"。③ 在司法活动中，他大搞法外用刑，屡兴大狱，肆意诛杀臣民。就以重典整饬吏治而言，洪武四年（1371 年）立法，凡官吏犯赃者罪不赦，同年录天下官吏。五年（1372 年）、六年（1373 年）连发铁榜，铸定刑法，申诚公侯。九年（1376 年），因布政使司、府州县衙门所派占计吏带盖有官印的空白文书一事，明太祖怀疑其中有弊，"凡主印吏署字有名者，皆逮御史狱，狱数百人。自尚书至守命，署印者皆坐抵欺论死，佐贰以下榜一百戍边"。④ 十三年（1380 年）兴胡惟庸党案狱。十八年（1385 年）又发生了郭桓贪污案，"株累天下官吏，死徙数万人，寄染遍天下，民中豪以上皆破家"。⑤ 同年"尽逮天下积岁官吏为民害者，赴京师筑城"。⑥ 仅郭桓案和"空印"案，被株连者达七、八万人。与此同时，洪武十三年，明太祖令鞭死永嘉侯朱亮祖父子，开廷杖之制。十五年（1382 年），他建立了"锦衣卫"等特务机关，密缉臣民，"帝时有诛戮，辄下镇抚司杂治，不由法司"。在治民方面，他用刑之残酷，也是骇人听闻的。开国之初，太祖

---

① 《明太祖实录》卷一七六。
② 《明史》卷九三《刑法一》，中华书局，1974，第 2283 页。
③ 《明史》卷九三《刑法一》，中华书局，1974，第 2285 页。
④ （明）谈迁撰：《国榷》卷六，中华书局，1988，第 542 页。
⑤ （明）谈迁撰：《国榷》卷八，中华书局，1988，第 653 页。
⑥ 《明史》卷二九六《孝义一》，中华书局，1974，第 7591 页。

"恶胜国顽民窜入缁流，乃聚数十人，掘一泥潭，埋其身于泥中，特露其顶，用大斧削之，一削去头数颗，名曰'铲头会'"。① 一次，他听到一老太婆背地里叫他"老头儿"，感到有失尊严，"令籍没民家甚众"。② 洪武三年（1370 年），松江钱鹤皋聚众反抗朝廷，被"伏诛其党，株连不已"。③ 洪武七年（1374 年）三月，广东儋州民反抗朝廷，被剿者 1400 余人。④ 其后，工作人匠沈添二等 204 人因用老者、幼丁，代替赴工，朱元璋命人匠亲身赴役，并将幼丁、老者尽发广西充军。⑤ 如此等等。对于人民反抗朝廷的多次起义，他从来都是坚决镇压的。

但是，朱元璋的刑用重典政策，并没有达到预期目的，"治之虽严，而犯者自若"。⑥ 贪官赃吏"如蝇之趋朽腐"，"朝治而暮犯，暮治而晨亦如之"；⑦ 豪强劣绅继续为非作歹，通同官吏，害之州里，"君差不当，小民靠损"；⑧ 农民反抗朝廷的斗争有增无减，据《明太祖实录》和《国榷》等书粗略统计，自洪武元年（1368 年）至十八年（1385 年）间，各地农民起义达百次以上。一个新王朝建立之初暴发这么多的农民起义，在中国古代历史上是少见的。不仅如此，朱元璋无节制的诛戮，还激起了臣民的普遍不满，"怨嗟愁苦之声，充斥园邑"。⑨ 朱元璋并没有从中得出应有的教训，反而"猜疑多生"，把形势估计得更为严重，

①　（明）吕毖撰：《明朝小史》卷一。
②　（明）柴尊撰：《梵天庐丛录》，第 20 页。
③　《明太祖实录》卷五九。
④　《明太祖实录》卷八八。
⑤　《三编》：《工匠顶替第三十》。
⑥　《三编》：《大诰三编后序》。
⑦　《续编》：《罪除滥设第七十四》。
⑧　《初编》：《民不知报第三十一》。
⑨　（清）黄宗羲辑：《明文海》卷四七，中华书局，1987，影印本，第 346 页。

认为这都是重刑政策推行不力、对贪官污吏和"奸顽之徒"打击不狠造成的。他说："曩者所任之官，皆是不才无藉之徒，一到任后，即与吏员、皂隶、不才耆宿及一切顽恶泼皮，贪缘作弊，害吾良民多矣。似此无藉之徒，其贪何厌，其恶何已，若不禁止，民何以堪！"① 又说："民经世乱，欲度兵荒，务习奸滑，至难齐也。"② 并深信，只有靠严刑峻法，"救之以猛"，③ 才能"警省愚奸"，向化"不善之心"；④ "使人知所警惧，不敢轻易犯法"。⑤ 正是在过分地夸大了"乱世"的危机形势和迷信重刑可以"以刑去刑"的双重因素作用下，朱元璋决定颁行四编《大诰》。

《大诰》的名称，原出于古籍《尚书》，并为其中的一篇，内容记叙的是周公东征殷商遗民时对臣民的训诫。"大诰"二字，即"陈大道以诰天下"之意。⑥ 朱元璋将"御制圣书"冠以"大诰"之名，其动机是"欲仿成周《大诰》治之制"，⑦ 以"当世事"警诫臣民，永以为训。也是为了用《大诰》峻令"惩创奸顽"。

朱元璋在为《御制大诰》首编写的序中，阐述了他颁行《大诰》的用意：

　　　　昔者元处华夏，实非华夏之仪，所以九十三年之治，华

---

① 《三编》：《民拿害民该吏第三十四》。
② 《皇明祖训》：《皇明祖训序》，见《中国珍稀法律典籍续编》第3册，第483页。
③ （清）谷应泰撰：《明史纪事本末》卷一四《开国规模》，中华书局，1977，第208页。
④ 《三编》：《御制大诰三编序》。
⑤ 《明太祖实录》卷二三九。
⑥ 《尚书》注。又据《周书》卷二三《苏绰传》，北朝时，周太祖宇文泰欲革"文章竞为浮华"之弊，曾"命苏绰为《大诰》"告诫百官吏属。
⑦ 《明太祖实录》卷一七九。

风沦没，彝道倾颓。学者以经书专记熟为奇，其持心操节必格神人之道，略不究衷。所以临事之际，私胜公微，以致愆深旷海，罪重巍山。当犯之期，弃市之尸未移，新犯大辟者即至。若此乖为，覆身灭姓，见存者曾几人而格非。呜呼！果朕不才而致是欤？抑前代污染而有此欤？然况由人心不古，致使而然。今将害民事理，昭示天下诸司，敢有不务公而务私，在外赃贪，酷虐吾民者，穷其原而搜罪之。斯令一出，世世守行之。①

《明太祖实录》也记载有朱元璋颁行《初编》时对臣下讲的一段话：

> 万机之暇，著为《大诰》，以昭示天下。且曰忠君孝亲，治人修己，尽在此矣。能者养之为福，不能者败以取祸。颁之臣民，永以为训。②

在朱元璋看来，天下诸司官吏屡受诛戮而犯罪不止，决非他的过错，而是受元代"彝道倾颓"的腐败风气污染的结果，是由于"人心不古"造成的。他所以颁行《大诰》，是为了臣民从"害民事理"中吸取教训，恢复和坚守"华夏之仪"，即封建伦理纲常，这样就能"养之为福"。否则，便要用《大诰》"斯令"为依据，"穷其源而搜罪之"，那就势必"败以取祸"。由此可知，朱元璋颁行《大诰》的用意，既要把它作为教科书教化臣民，又要求臣民严守《大诰》禁令，用以规范自己的行为。

---

① 《初编》：《御制大诰序》。
② 《明太祖实录》卷一七六。

刘三吾在《大诰后序》中，以颂扬和辩护的口吻，再次申明了明太祖颁行《大诰》的良苦用心：

> 日者中外臣庶，罔体圣心，大肆贪墨。……上弗忍生人之无辜也，不得已施之五刑，致使有生之命，代彼当死之命。……斯玉音日夕所宣谕也，闻者宜惕然矣，而犯者自若。复不忍弃绝之，载劳圣虑，条画成书，颁示中外臣民，家传人诵，否者罪之。罪之者，以其玩法。虽罪之，实所以生之也。题曰：《大诰》。臣三吾窃惟皇上图治，不遑暇食，犹乃营缮是书，以为世戒，其爱民之意深矣。①

刘三吾的这段话，同朱元璋在《御制大诰序》中讲的同出一辙。他运用"以刑去刑"理论，从"仁爱"的角度对朱元璋颁行《大诰》、刑用重典以及对违《诰》者"罪之"的必要性作了解释和阐发。意思是：明太祖以严法治国，是在臣民"罔体圣心"、"大肆贪墨"的情况下不得已而为的，这样做是出于"爱民"之"深意"，完全是为了保全臣民性命。结论依然是："闻者惕之"，"犯者罪之"，表明《大诰》具有"警省"、"教化"和"惩创奸顽"的双重作用。

《初编》颁行后，实行的效果仍不尽朱元璋之意。他指出："首出《大诰》前编……良民君子欣然遵奉。恶人以为不然，仍蹈前非者叠叠"。② 且《初编》着重强调打击贪官污吏，治民事理条目较少，朱元璋"虑《诰》条所载未能尽"，又虑"天下臣

---

① 《初编》：《大诰后序》。
② 《三编》：《御制大诰三编序》。

民不从教者多"，"往往不安职业，触丽宪章"，①故于半年之后，又颁布了《续编》。《续编》除了继续申明以重典整肃治吏外，新增加了《申明五常》、《互知丁业》、《辨验丁引》、《验商引物》、《再明游食》、《明孝》、《市民不许为吏卒》等一批"治理下民"的条目，内容较《初编》更为丰富，其意在于强化对全体臣民的教化和治理。

《续编》颁行未几，朱元璋认为："斯二《诰》于民间，良民君子坦然无忧，伸于诸恶之上。其奸顽之徒，屈于善良之下"，然"凶顽之人，不善之心，犹未向化"。"巨恶之徒，尚以为不然。中恶之徒，将欲迁善而不能"。于是，"复出《诰》以三示之"。②他在为《三编》写的序中强调："奸顽敢有不钦遵者，凡有所犯，比《诰》所禁者治之"。③这里，他把颁行《大诰》的意图表述地更为明确，即既要以其"警省愚顽"，又突出申明了《大诰》的法律效力和坚决打击"奸顽"的思想。

《大诰武臣》是前三编诰文发布之后，于洪武二十年底专门为军官们颁行的。据《明太祖实录》卷一八七："洪武二十年十二月，上以中外武臣多出自戎伍，罔知宪典，故所为往往丽法，乃亲制《大诰》三十二篇以训之，俾知守纪律，抚军士，立勋业，保爵位。颁之中外，永为遵守。"从该编文字的粗陋和说话的口气看，《武臣》大概是朱元璋亲自所作。在《大诰武臣序》中，他坦率地阐述了颁行此书的动机，指出：军官们都是些"赶不上禽兽的心"的"畜生"，"害得军十分苦楚"，"我每日早朝晚朝，说了无限的劝诚言语，若文若武，于中听从者少，努

①　《明太祖实录》卷一七九。
②　《三编》:《御制大诰三编序》。
③　《三编》:《御制大诰三编序》。

目不然者多，其心专一害众成家。及其犯法到官，多有怀恨，说朝廷不肯容，又加诽谤之言。为这般凌迟了这诽谤的人若干"。但军官"害军尤甚前日，更加奸骗军妇。似这等愚下之徒，我这般年纪大了，说得口干了，气不相接，也说他不醒。……为此，特将不才无藉、杀身亡家亡名之徒，条陈于后"。如若违《诰》，犯法到官，"长幼都治以罪"。

　　朱元璋的这些赤裸裸的话语，明确无误地道出了编纂《大诰》的目的，是在于"警诫愚顽"、"惩创奸顽"。四编《大诰》的问世，既是朱元璋开国近20年来"趋民从教"努力的继续，也标志着他把重典政策推行到了一个新的阶段。

二　诰文的条目和渊源考

明清两代及以后的史书记述《大诰》的失错之处，莫过于对它的条目、内容的张冠李戴。因四编《大诰》尚在，这个问题本应迎刃而解。可能是由于此书不多见的缘故，《明史·刑法志》关于《大诰》"其目十条"的记载，至今仍被一些论著沿用，并被阐发为四编《大诰》的基本内容。同时，因明代诸史籍对诰文的渊源均未书，也给今人研究它的案例、峻令增添了困难，故有必要对这两个基本问题作些考释。

（一）《明史·刑法志》"其目十条"说之误

《明史·刑法志》云：

《大诰》者，太祖患民狃元习，徇私灭公，庶日滋。十八年采辑官民过犯，条为《大诰》。其目十条：曰揽纳户，曰安保过付，曰诡寄田粮，曰民人经该不解物，曰洒派抛荒田土，曰倚法为奸，曰空引偷军，曰黥刺在逃，曰官吏长解卖囚，曰寰中士夫不为君用。①

《刑法志》将此"十条"说成明太祖于洪武十八年（1385年）所编已大为错谬。检四编《大诰》，只有《揽纳户》、《安保过付》、《诡寄田粮》三条出于十八年所颁行的《初编》，而《民人经该不解物》、《洒派抛荒田土》两条出自洪武十九年（1386年）所颁《续编》；《倚法为奸》、《空引偷军》、《黥刺在逃》、《官吏长解卖囚》、《寰中士夫不为君用》五条出自洪武二十年（1387年）所颁《三编》。

那么，能否把这"十条"概括为四编《大诰》的基本内容呢？无论是从全书的总条目讲，还是从内容的分类看，都得不出这样的结论。

四编《大诰》总共236个条目，其中《初编》74条，《续编》87条，《三编》43条，《武臣》32条。就全书诰文内容的整体结构而言，它是由案例、峻令和明太祖的"训诫"三个方面内容组成的。即：

一是撮洪武年间、特别是洪武十八年至二十年间的"官民过犯"案件之要，用以"警诫愚顽"。在明《大诰》的236个条目中，记有具体案例者为156个，其中《初编》38个，《续编》49个、《三编》37个，《武臣》32个。无案例的条目为80个。

二是设置了一些新的重刑法令，用以严密法网。据统计，这类峻令有60多种。其编纂形式，有些是设立专条，表述得十分明确；有些则夹杂于冗琐的诰文之中。

---

① 《明史》卷九三《刑法一》，中华书局，1974，第2284页。

三是在许多条目中，兼杂有明太祖对臣民的"训诫"，其主要内容是向人们讲述"趋吉避凶之道"，宣传他的"明刑弼教"和"重典治世"的思想和法律主张。

就每个条目而论，上述三个方面的内容，有些条目是三者齐备，有些只有其中两项。许多条目中所述事理或峻令，语言前后重复，然具体案例各不相同。

如果以罪名或案件性质分类，四编《大诰》中所列罪名，涉及当时法律中的受赃、职制、公式、户役、田宅、婚姻、仓库、课程、钱债、市厘、祭祀、仪制、军政、关津、厩牧、邮驿、贼盗、人命、斗殴、诉讼、诈伪、犯奸、杂犯、捕亡、断狱、营造等各个方面。至于具体罪名，更是五花八门，当时社会生活中的各种犯罪现象，大都涉及到了。

若从朱元璋刑用重典的对象分类，《大诰》条目大致可分为两种情况。一是打击贪官污吏，这是《大诰》禁令的主要矛头所向，故此类条目数在全书中居于首位，有关严惩官吏贪赃枉法、科敛害民的案例也最多。二是惩治"奸民"，其中着重打击的是豪强富户和无业游民。关于这一点，剖析各编的条目分布情况便可一目了然（见表2－1）：

这里需要指出，《大诰》禁令的惩治对象，既以贪官污吏为重点，同时其打击矛头也是针对着一切"不从朕教"的臣民的。从表上不难看出，在前三编《大诰》中，惩治"奸民"的条目在每编条目总数所占的比重，《续编》高于《初编》，《三编》又高于《续编》，它反映了朱元璋对治民问题愈益重视的意向。

考察《大诰》条目的各种内容分类，《刑法志》的"十条"之说概不能成立。那么，此"十条"是否指《大诰》于律外新设的峻令？或者如沈家本先生曾怀疑的那样："殆即所谓取《大

表 2 – 1　四编《大诰》中治官、治民条目分类统计

编 内容 目	各编条目总数（条）	整饬吏治和打击贪官污吏		治民和打击奸民			惩治官民共同犯罪的条目数（条）	其他（条）
		专条数（条）	占该编总条目数的百分比（%）	富户及粮长专条数（条）	平民			
					专条数（条）	占该编条目数的百分比（%）		
初　编	74	53	72	6	8	11	6	治僧道 1 条
续　编	87	52	60	8	15	17	12	
三　编	43	18	42	4	11	26	8	治儒士 2 条
武　臣	32	32（军官）	100					
总　计	236	155	66	18	34	14	26	3

诰》条目，撮其要略，附载于律者欤?"① 对于上述疑义，查记载洪武三十年《大明律》的有关史籍即可明辨。事实上，附于律后的并非《大诰》原文，而是《钦定律诰》条例，其中《大诰》条目被列入者计 36 条。《刑法志》所说"十条"，只有《揽纳户》、《民人经该不解物》、《倚法为奸》、《空引偷军》、《官吏长解卖囚》、《寰中士夫不为君用》6 条被收入《律诰》。② 至于《大诰》于律外新设的峻令，有数十条之多，且有诸如《逸夫》、《阻当者民赴京》、《官吏下乡》、《秀才断指诽谤》等许多体现朱元璋重典之治的代表性条目，远非"十条"所能概括。

当然，《明史·刑法志》记述《大诰》之误，也是事出有

① （清）沈家本撰：《寄簃文存》卷七《大诰跋》，见《历代刑法考》第 4 册，中华书局，1985，第 2261 页。

② （明）张楷撰：《律条疏议》，见杨一凡编《中国律学文献》第 1 辑第 3 册，黑龙江人民出版社，2004，影印本，第 707～718 页。又见本书《明〈大诰〉的法律效力》部分。

因。查阅《诸司职掌》和《大明会典》，均记有洪武末《应合抄扎·大诰》罪名 10 条，同《刑法志》所述一字不差。① 可知造成《刑法志》记载失误的原因，是由于清初修《明史》时，因其编者未见及《大诰》原文，将二者混淆所致。

（二）诰文渊源考

朱元璋编纂的四编《大诰》，融案例、峻令和他对臣下的"训诫"于一体，其"训诫"文多冗长，重复杂乱，实际上是他结合"当世事"阐发儒家伦理学说，渲染他的明刑弼教思想，劝导臣民"忠君、孝亲、治人、修己"而已，在理论上并没有重大突破。同时，考虑到在本书第六部分中还要专门论述，这里不再深考。而书中采辑的案例和新设的峻令，是在朱元璋指导下编纂而成，颇有时代特色。这些案例发生于何时？峻令是以什么为依据制定的？这是研究诰文渊源的最重要的问题。

《大诰》收录的"官民过犯"案例极其丰富。据史载，朱元璋编纂此书时，并非是凡案皆录，而是按照"取当世事之善可为法、恶可为戒"② 的原则，针对时弊有目的、有选择地采辑的。所谓"当世事"，虽然整个洪武年间都可视为"当世"，据我考察，《大诰》所记案例，基本上都是记各编颁行前近期内明太祖亲自处理的案件。

在四编《大诰》记有案例的 156 个条目中，明确记有案例时间的为 33 个，其中除少数条目连带说到洪武十八年前的事外，几乎都

① （明）申时行等重修：《明会典》卷一七八《刑部二十·抄扎》，中华书局，1989，影印本，第 907 页。又见《诸司职掌》：《刑部职掌·都官科》。《诸司职掌》所记"十条"顺序有所颠倒，然各目文字无异。

② 《明太祖实录》卷一七九。

是洪武十八年后处理的案件。四编《大诰》中未明确记案例时间的条目居多，但是，若参阅有关史籍加以考证，或分析案情背景，仍可对61个条目中案件发生或处理的大体时间予以确定。以上两个方面合在一起，可以大体确定案例时间的条目的总数为94个。

从这94个条目看，除个别条目记述的案件是在洪武十七年（1384年）五月以后处理的外，基本上都发生在洪武十八年至二十年期间。《大诰》各编所记案例时间的具体情况是：在《初编》记有案例时间的38个条目中，能够确定时间者为18个，除两条外，可以断定，其他16个条目记述的均属于该编颁行当年即洪武十八年处理或发觉的案件。在《续编》记有案例的49个条目中，能够确定时间者为34个，除少数条目连带说到洪武十八年前事外，均系洪武十八九年案例，其中大多数条目记述的是《初编》颁行后新处理的案件。在《三编》记有案例时间的37个条目中，能够确定时间的条目为27个，也基本上都是发生在洪武十八年至二十年间的案例，且绝大多数案例发生在《初编》或《续编》颁行之后。在《武臣》中记有案例的32个条目中，能够确定案例时间的为15个，除一条外，也均记述的是洪武二十年发生的案件。

现将各编能够确定时间的案例列表（见表2－2）述后。

分析表2－2不难看出，明太祖编纂四编《大诰》，是以采辑近期发生的案件为主，其苦心在于使它们能够对臣民发挥更为现实的"警诫"作用。因此，那些尚不知发生或处理时间的案例，我估计大多也是洪武十八年后的事。同时，从后一编着重记述的是前一编颁行后发生的案件这一点看，朱元璋编纂后三编《大诰》，不仅是为了完善《大诰》峻令和进一步申明自己的明刑弼教思想，还有推动前一编《大诰》贯彻实施的明显意图。

表 2-2　　《大诰》所载案件处理或发觉时间

编目	案例名称	处理或发觉案件的时间	确认案例时间的依据
初编6	洪洞县有司故违不理军人唐闰山妄告妻室案	洪武十七年五月至十八年三月间	据初编《刑部追问妄取军属》和《尚书王时诽谤》条，王时不行明坐军人唐闰山妄告妻室之罪，将欲勾问时，又诽谤御史唐铎。故本案当与王时案（案发时间见下栏）同一时期发露
初编8	刑部尚书王时诽谤案	洪武十七年五月至十八年三月间	据《实录》卷一六二：谏议大夫唐铎坐事于洪武十七年五月降为监察御史。又据《实录》卷一七二：唐铎于洪武十八年三月升为都察院右副都御史。此案为唐铎任监察御史时审理
初编9	县官王廉、苏良等科敛害民案	洪武十八年正月后	本案因造赋役册科敛坐罪。据《国榷》卷八：明太祖于洪武十八年正月命"郡县第民户上下中三则，编赋役册"
初编12	应天等五州府税粮作弊案	洪武十八年三月	《诰》文言：此案是五州府官"与户部官郭桓等"通同作弊。据《国榷》卷八：郭桓案起于洪武十八年三月，"株累天下官吏"
初编14	庐州府夏税案	洪武十八年六月	《诰》文有记载
初编23	郭桓卖放浙西秋粮案	洪武十八年三月	据《实录》卷一七二：洪武十八年三月，"户部侍郎郭桓坐盗官粮诛"
初编25	开州追赃案	洪武十八年三月后	此案系追郭桓案所"寄借赃钞"时，帖下乡村，逼民人代赔而坐罪
初编26	天下诸司"系狱者万数"案	洪武十八年三月	系因郭桓贪污案发而被株连

编 目	案例名称	处理或发觉案件的时间	确认案例时间的依据
初编 42	太平等五府重科马草案	洪武十八年三月	《诰》文载，此案亦为郭桓罪状
初编 49	承运库官范朝宗偷盗金银案	洪武十八年三月	《诰》文载，此案系同郭桓通同作弊，亦因郭桓案发而被株连
初编 49	广惠库官张裕妄支宝钞案	洪武十八年三月	同上
初编 50	扬州鱼课案	洪武十八年三月	同上
初编 53	仓库拆仓移廒案	洪武十八年三月后	《诰》文载，此系郭桓案发之后事
初编 56	皂隶宋重八越礼犯分案	洪武十八年九月	《诰》文有记载
初编 63	丹徒县民妄告水灾案	洪武十八年	《诰》文有记载
初编 67	户部行移公文不实案	洪武十八年十月十八日	《诰》文记十月十八日户部尚书茹太素等人行移公文不实，未书年份。据《明史》卷一三九：茹太素于洪武十八年九月擢户部尚书，故此年当为洪武十八年
初编 68	御史汪麟等藏匿锦衣卫力士支赏册案	洪武十八年三月后	《诰》文中有"郭桓死而未朽"句
初编 69	攒典康名远等盗支仓粮案	洪武十八年八、九月	《诰》文记康名远于郭桓案起时已被墨面文身，挑筋去膝盖，又云此案在之后"不逾半年"而发
初编 71	教官妄言案	洪武十八年十月	《诰》文有记载

编　目	案例名称	处理或发觉案件的时间	确认案例时间的依据
续编 2	松江逸民为害案	洪武十九年	《诰》文有记载
续编 9	指挥毕寅等不悛案	洪武十八年后	《诰》文有记载
续编 10	陈寿六如《诰》擒害民县吏案	《初编》颁行后	《诰》文有记载
续编 17	无为州同知李汝中下乡扰民案	洪武十八、十九年	《诰》文有记载
续编 20	粮长张鏒孙等妄告叔舅案	洪武十八年八月后	据《皇明诏令》卷二：洪武十五年四月革罢粮长。又据《实录》卷一七四：洪武十八年八月复设粮长
续编 21	粮长金仲芳等科敛案	《初编》颁行后	《诰》文中有金仲芳"不遵《大诰》"句
续编 22	粮长瞿仲亮害民案	洪武十八年八月后	同《续编》第 20 条注
续编 24	工部侍郎韩铎等 14 人贪赃案	洪武十八年九月	《诰》文有记载
续编 26	县丞姜礼教人受赃案	洪武十九年	据《明通鉴》卷一〇："十九年逮官吏积年为民害者"。《诰》文言：姜礼"作积年民害拿至法司"
续编 31	浙江按察使陶晟枉禁知县凌汉案	洪武十八年七月	《诰》文记此案为洪武十八年事，并言处死陶晟，然未言月份。据《实录》卷一七四：洪武十八年七月"浙江按察使陶晟坐罪死"

编　目	案例名称	处理或发觉案件的时间	确认案例时间的依据
续编 32	宝钞提举司官吏冯良等 20 名匿钞作弊案	洪武十八年十二月后	《诰》文有记载
续编 38	指挥赵兴胜匿奸卖引案	洪武十八年夏	《诰》文有记载
续编 42	刑部官吏胡宁等受财纵囚代办公务案	洪武十九年三月十四日	《诰》文有记载
续编 43	刑部官吏王进等故更囚名案	洪武十九年三月后	《诰》文记此案发生在胡宁案后
续编 44	官吏施德庄等贪赃枉法案	洪武十九年四月	《诰》文有记载
续编 46	粮长唐谦妄奏水灾案	洪武十八年八月后	见《续编》第 20 条注。《诰》文中记有唐谦妄奏洪武十八年水灾事
续编 47	粮长邾阿仍等害民案	洪武十八年八月后	见《续编》第 20 条注。《诰》文中有"朕命有司召粮长面听宣谕"句，此为洪武十八年八月事
续编 49	知县成莫奇乱政案	洪武十九年三月后	据《明通鉴》卷九：洪武十九年三月，明太祖曾"遣使敕劳苏州府常熟知县成莫奇"
续编 50	朝臣 100 人贪赃枉法案	洪武十八年三月后	《诰》文中有"此辈皆系洪武十八年新诛奸恶贪婪之后……继踵而为非"句，即说这些官员是洪武十八年三月郭桓贪污案后被诛
续编 51	诸司进商税文册渎职案	洪武十九年	《诰》文有记载

编　目	案例名称	处理或发觉案件的时间	确认案例时间的依据
续编 55	苏州府差胡达等起解官物虚出实收案	洪武十八年	《诰》文有记载
续编 57	吉州知州游尚志科敛害民案	洪武十九年	《诰》文有记载
续编 58	河泊所官张让昏乱掌钞案	《续编》颁行前不久	《诰》文中有"今会稽等县河泊所官张让，故生刁诈"句，盖此案发生在朱元璋编纂《续编》前不久
续编 60	郑州知州康伯泰等贪污赈济水灾钞案	洪武十九年二月后	《诰》文记此为十九年事，未书月份。据《明通鉴》卷九：洪武十九年二月，诏赈河南水灾。康伯泰贪污赈济水灾钞案当在这之后发生
续编 63	苏州知府张亨不对关防勘合案	洪武十九年	《续编·容留滥设》条记有张亨于洪武十九年容留在逃黥刺之吏事，尚未云处死。本条中记将张亨枭令，故本案不会发生在洪武十九年前
续编 66	苏州府管下七县捉拿逃囚、逃吏、逃军案	洪武十九年四月十日	《诰》文有记载
续编 67	弓兵马德旺等阻当耆民赴京案	洪武十九年三月二十九日	《诰》文有记载
续编 73	知县李皋等容留滥设案	洪武十九年	《诰》文有记载
续编 74	苏、松两府市井之民交结官府、帮闲在官案	洪武十九年四月七日	据《南京刑部志》卷三洪武十九年四月七日，都察院奉圣旨前去苏州，捉拿属于此案的帮闲在官之人

编　目	案例名称	处理或发觉案件的时间	确认案例时间的依据
续编 79	民罗辅诽谤案	洪武十九年	《诰》文有记载
续编 81	力士周金保等 8 名受财脱放罪囚案	《续编》颁行前近期	《诰》文中有"近年以来，起取民间有力壮士充校尉"句，周金保在此期间被充当力士
续编 82	县丞欧阳祥可诈取财物案	《初编》颁行前不久	《诰》文中有"今山东胶水县丞欧阳祥可不鉴前非"句，盖此案发生在朱元璋颁行《大诰》后至编纂《续编》前
续编 83	进士秦升等受赃妄奏水灾案	洪武十八年十二月后	据《实录》卷一七六：秦升于洪武十八年十二月十八日始任户部试侍郎。《诰》文有"彼时秦升已升户部左侍郎"句。《诰》文云处死秦升，故此案发生时间当在其后
续编 84	进士、行人 141 名受赃妄奏水灾案	洪武十八年八月后至《续编》颁行前	见《续编》第 20 条注。本编《水灾不及赈济》条记有粮长贿赂诸进士、行人事
三编 1	民人乱法诸案	《初编》或《续编》颁行后	所载诸案冠以"恃倚《诰》文，非理对抗"罪名
三编 1	开州同知郭惟一监死一家 4 人案	《初编》或《续编》颁行后	《诰》文中记有郭惟一不敬不遵《大诰》事
三编 1	知县郑礼南凌蔑上司案	洪武十八年	《诰》文有记载
三编 1	粮长於友党弊案	洪武十九年	《诰》文有记载

续表 2－2

编　目	案例名称	处理或发觉案件的时间	确认案例时间的依据
三编 2	进士刘辐、凌辂、向宝、孙翥、张山、王朴、张翥、赵泰等多人不悛案	《续编》颁行后	《续编·查踏水灾》条曾记诸进士诬词妄奏水灾事，未言治其罪。《三编》书其"屡犯"，并追述《续编》所载事
三编 2	官员谌克贞、何屿、杜用、阎文等不悛案	《初编》或《续编》颁行后	皆因违《诰》坐罪
三编 4	常州府同知王复春、青州知府陈希文下乡科敛案	《续编》颁行后	官吏下乡为《续编》所禁。王复春、陈希文亦因违《诰》坐罪
三编 6	镇江坊甲违《诰》纵韦栋等 18 人为恶案	洪武十八年七月至十九年七月间	据《实录》卷一七四：韦栋等于洪武十八年七月曾诣阙保举"当就逮"县官。又据《南京刑部志》卷三：洪武十九年七月十一日，都察院奉旨专为镇江坊甲坐视"奸顽"事发布榜文
三编 7	李茂实胡党案	洪武十九年	《诰》文有记载
三编 8	陆和仲胡党案	洪武十八年八月后	《诰》文记有（洪武十八年）明太祖面谕粮长事，据《明太祖实录》卷一七四：此事为该年八月，本案发生在其后
三编 9	指挥林贤胡党案	洪武十九年十月二十五日	《诰》文有记载
三编 10	儒士夏伯启叔侄剁指案	《续编》颁行后	据《明史·刑法志》：寰中士夫不为君用之科，借此案而设。此峻令不写进《续编》而设于《三编》，以此案发生较晚

编　目	案例名称	处理或发觉 案件的时间	确认案例时间的依据
三编 12	新淦县民杨文德相从彭玉琳造反案	洪武十九年五月	据《实录》卷一七八：彭玉琳、杨文德等于洪武十九年五月戊辰被杀
三编 13	苏州人才姚叔闰、王谔不行赴官被诛案	《续编》颁行后	同夏伯启条注
三编 14	耆民刘汶兴等 13 人妄举有司案	《续编》颁行后	系因违《诰》坐罪。《诰》文记典吏李继业于前二《诰》颁行后，逼刘汶兴妄举主簿宋祀事
三编 15	冯睿累贪不悛案	《续编》颁行后	《续编·江西解课》条，曾彰其非为，然未治罪
三编 16	苏、松、嘉、湖、浙东、江东、江西民隐藏逃囚案	《续编》颁行后	明太祖于《续编·纵囚越关》条明令对纵囚在逃者治罪。该条记本案为《大诰》颁行后发生。此处《大诰》当指《续编》
三编 17	县官汪铎求免于民案	《初编》或《续编》颁行后	汪铎因耆民帮缚其赴京而求免。帮缚害民官吏赴京系《大诰》新设峻令
三编 18	民 307 户递送潘富案	洪武十八年至《三编》颁行前	《诰》文记案发于洪武十八年，未记结案时间
三编 20	巡阑吴庆夫科敛害民案	《三编》颁行前	《诰》文有"今吴庆夫如此生事搅扰"句，故此案当为明太祖编此条前不久发生
三编 21	知县吕贞受财阻滞"见丁著业"号令案	《续编》颁行后	系因违《续编·互知丁业》条禁令而坐罪
三编 23	安庆解课案	洪武十九年三月	《诰》文有记载

编　目	案例名称	处理或发觉案件的时间	确认案例时间的依据
三编 25	富户王子信扰害乡民案	洪武十九年六月五日	《诰》文有记载
三编 26	民刘二、军丁王九儿等 14 人私牙骗民案	《续编》颁行后	系由违《诰》治罪。《诰》文有"《续编》颁行，明彰禁治"、刘二等"违令而不从教"句
三编 29	礼部郎中王锡等匿藏《大诰》案	《初编》或《续编》颁行后	因妨碍《大诰》传播而坐罪
三编 30	工匠顶替案	洪武十九年四月后	此案系人匠未认真执行工匠轮班制度而坐罪。据《实录》卷一七七：工匠轮班制创建于洪武十九年四月
三编 32	杨均育诡名告状案	《初编》或《续编》颁行后	杨均育因诬告他人为积年老吏和逃军而坐罪。捉拿害民该吏为明太祖于《大诰》中倡导，洪武十九年曾风行一时
三编 33	官员夏达可等逼民奏保案	《续编》颁行后	《诰》文记此案是"前颁二《诰》"后发生
三编 36	民刘以能牌唤不至案	《续编》颁行后	《诰》文有"前《诰》所云，三牌不止，方许遣人捉拿"句，此为《续编·遣牌唤民》条规定
三编 37	知县潘行朋奸匿党案	洪武十九年五月后	潘行因匿民罗本中"造反之情"坐罪。罗本中罪名是设谋与反抗朝廷的彭玉琳取得联系，但因彭玉琳被官军抓获未能成行。据《实录》卷一七八：彭玉琳于洪武十九年五月被诛。故此案当发生在彭玉琳被杀后
三编 40	北平道监察御史何哲、任辉等排陷大臣案	洪武二十年正月以后	《诰》文记明太祖于洪武二十年正月三十日曾审理此案告人，之后又亲自审问何哲等。何哲等被处死当在正月以后

编 目	案例名称	处理或发觉案件的时间	确认案例时间的依据
武臣 1	陈州指挥胡琏等冒支官粮案	洪武二十年	《诰》文中有"自洪武元年……到今屯种二十年了"句
武臣 2	郑国公常茂砍伤来降人案	洪武二十年九月	据《明史》卷一二五：《诰》文所述案情发生于洪武二十年征北过程中。又据《实录》卷一八五：洪武二十年九月，"郑国公常茂坐前惊溃虏众罪当诛，上念其父开平王之功，释之，安置于广西之龙州"
武臣 3	广西都指挥耿良肆贪害民案	洪武二十年六月	据《实录》卷一八二：耿良因犯有"不法二十余件事"，于洪武二十年六月被降为驯象卫指挥佥事。《诰》文记耿良不法事"二十八招"，坐以死罪。《实录》不言处死耿良，应是编修此书史臣的曲笔
武臣 6	浙江都指挥储杰旷职案	《武臣》颁行前不久	据《明史》卷三一四：洪武十八年始置金齿卫指挥使司。《诰》文说将储杰"贬去金齿"，故此案发生在洪武十八年后
武臣 14	百户王斌等打死军人案	洪武二十年	《诰》文言此案因"撑驾征北船只"而起。据《国榷》卷八：洪武二十年正月，明太祖令宋国公冯胜率军征北
武臣 20	千户李原等防倭作弊案	洪武二十年	据《明通鉴》卷九：洪武十九年十二月始建议防倭。此案发生在其后
武臣 4~32	《武臣》其他 26 个条目中所载诸案	《武臣》颁行前近期	明太祖于洪武二十年十二月作《大诰武臣序》。序中云："如今做总兵官，贪财杀降，科敛出征头目。守卫管军指挥、千百户、镇抚、旗首人等，如此害军。"意指《武臣》中诸案发生在近期。又，在这26个条目中，记有烧坏《大诰》的条目一个，明太祖言案件发生在"今日""而今"的条目8个

明《大诰》中新设的峻令，其法律渊源主要是两类情况：

一是据当时已颁行的、为律条所未载的一些敕令、榜文修订。
如，朱元璋在《初编·乡饮酒礼第五十八》中规定："乡饮酒礼，
叙长幼，论贤良，别奸顽，异罪人。……奸顽不由其主，紊乱正
席，全家移出化外"。这条峻令是在洪武五年（1372 年）到十六
年（1383 年）间三次发布的有关诏令基础上修订而成。洪武五
年四月，明太祖诏有司定乡饮酒礼，明令"以年最长者为正宾，
余以齿序坐"。① 洪武十四年（1381 年）二月，"命礼部申明乡
饮酒礼"，增加了"其有违条犯法之人列于外坐，同类者成席，
不许杂于善良之中"的规定。② 洪武十六年，又诏令颁行乡饮酒
礼图式，规定："如有过犯之人，不行赴饮，及强坐众宾之上
者，即系顽民，主席及诸人首告，迁徙边远住坐。③ 其主席者及
众宾，推让有犯人在上座，同罪。"④ 诰文中所述，便是集这些
诏令之大成，删繁就简而定。又如，《续编·互知丁业第三》中
规定："凡民邻里，互相知丁，互知务业。……见《诰》仍有逸
夫，里甲坐视，邻里亲戚不拿，其逸夫者，或于公门中，或在市
间里，有犯非为，捕获到官，逸民处死；里甲四邻，化外之
迁"。此条峻令是采洪武十九年（1386 年）四月发布的榜文。
其榜文曰："尔户部即榜谕天下，其令四民，务在各守本业。医
卜者土著，不得远游。凡出入作息，乡邻必互知之。其有不事生
业而游惰者，及舍匿他境游民者，皆迁之远方。"⑤

---

① 《明太祖实录》卷七三。
② 《明太实祖录》卷一三五。
③ 住坐，即居住。
④ （明）申时行等重修：《明会典》卷七九《礼部三十七·乡饮酒礼》，中华书局，1989，
　影印本，第 456 页。
⑤ 《明太祖实录》卷一七七。

　　二是从强化君主专制统治的需要出发，针对当时视为"犯罪"的行为设立的新的峻令。譬如，允许"民拿下乡官吏"的法令，① 是在朱元璋禁止官吏下乡、而官吏又"每每故违不止"②的情况下制定的，意在借助民众的力量，监视和制约官吏，保证朱元璋所颁禁令的实行。《三编》中设置"民拿害民该吏……敢有阻当者，其家族诛"③ 的峻令的背景是：朱元璋在《初编》中，曾大力号召"耆民奏有司善恶"，④ 明令"敢有邀截阻当者，枭令"。⑤ 然而，这些命令受到各级官吏的抵制，阻挡赴京耆民的事件屡屡发生，他对此极为愤慨，决定用更苛刻的刑法"逼成有司以为美官"。⑥ 于是，便把"阻挡民拿害民官吏"罪的刑罚由"枭令"加重为"族诛"。至于"寰中士夫不为君用"之法，是由于朱元璋早就对一些文人儒士不愿意同新王朝合作的态度忿忿不满，恰好又出现了广信府贵溪县儒士夏伯启叔侄断指不仕⑦和苏州人才姚叔闰、王谔"不行赴京，以就官位"⑧ 这两个典型，便借故大加发挥，设立了这条奇法峻令，对那些不屈从朱明王朝的文人横加打击，"以绝狂夫愚夫仿效之风"。⑨

　　《大诰》中所设峻令，皆有所源，无一不是与当时的时局以及朱元璋的政治法律主张有直接关系，无一不是朱元璋坚持推行重典政策的产物。

---

① 《续编》：《民拿下乡官吏第十八》。
② 《续编》：《官吏下乡第十七》。
③ 《三编》：《民拿害民该吏第三十四》。
④ 《初编》：《耆民奏有司善恶第四十五》。
⑤ 《初编》：《乡民除患第五十九》。
⑥ 《三编》：《民拿害民该吏第三十四》。
⑦ 《三编》：《秀才剁指第十》。
⑧ 《三编》：《苏州人材第十三》。
⑨ 《三编》：《秀才剁指第十》。

三 明《大诰》的法律效力

《大诰》有没有法律效力？它的峻令在当时是否真正实行过？这是《大诰》研究中的一个疑义最大、然又不容回避的重要问题。

在中国古代法律体系中，君主的诰、诏、令、敕、谕、榜文等是国家确认的法律形式，以这些形式发布的法令、政令具有法律效力。大概是因为《大诰》是由峻令、案例和明太祖的训诫三方面的内容组成，与那些只是由抽象条文表述的君主诏令有所不同的缘故，一些学者把《大诰》说成是明太祖教育臣民的资料，否认其有法律效力。其实，自先秦至明代，由君主发布的类似《大诰》这样的官方文书比比皆是。比如，历朝皇帝发布的榜文、布告就是兼有法律和教化的双重功能。这类官方文书就其内容和功能而言，大体可分为两类：一是以告谕、教化为宗旨。内容是指陈时弊，申明纲常礼教和治国之道，意在使人知所警觉，趋善避恶。二是重申国家法律、法令、政令，要求臣民一体遵守。后一类官方文书具有法律的规范性和强制性，是国家法律体系的有机组成部分。朱元璋发布的《大诰》，与历朝皇帝发布的榜文、布告属于同一性质。四编《大诰》作为朱元璋"昭示祸福"、"警省顽愚"的苦心之作，其内容包含的案例、峻令和明太祖的"训诫"即"明刑弼教"言论，它们各有各的用处。朱元璋编纂案例和其"明刑弼教"言论的立足点在于"教化"，而峻令固然也有"惩诫"的作用，但着眼点是用以打击犯罪，"禁于已然之后"，其法律效力是不言而喻的。

（一）诰文体现的《大诰》禁令的法律效力

我们说《大诰》峻令具有法律效力，这是考察了它的内容和分析了有关峻令的法律规范性、强制性和实施状况后得出的结论。

第一，《大诰》峻令不仅和当时的其他法令一样，是以御制形式明令颁布的，而且对人们的行为规则和相应的法律后果都有明确的规定，其中多数峻令有具体的量刑标准，因而具备了古代刑事法律所应有的规范性特征。这里仅列举9例：

（1）《初编·官民犯罪第二十九》："今后官民有犯罪责者，若不顺受其犯，买重作轻，买轻诬重，或尽行买免，除死罪坐死勿论，余者徒、流、迁徙、笞、杖等罪贿赂出入，致令冤者不伸，枉者不理，虽笞亦坐以死。法司罪同犯者。此犯不分赃之巨微，除失错公罪不坐，凡私的决，并不虚示。"

（2）《初编·积年民害逃回第五十五》："积年民害官吏……此等之徒，见在各处，军者军，工者工，安置者安置。设若潜地逃回，两邻亲戚即当速首，拿赴上司，毋得容隐在乡，以为民害。敢有容隐不首者，亦许四邻首。其容隐者同其罪而迁发之，以本家产业给赏其首者。"

（3）《续编·鱼课扰民第三十三》："所在湖池河泊，地理所在，从古至今，办集课程一定不易之所。迩年以来，奸邪小人受任，将从古以来不系办课所在小沟、小港、山涧去处，下流虽通办课去处，其小沟、小港、山涧及灌溉塘池、民间自养鱼鲜池泽，皆已照地起科并不系办课去处……取鱼罾网、罩笼之类一概搜拿，声言要奏，如此虐民。今后敢有仍前夺民取采虾鱼器具者，许民人拿赴有司。有司不理，拿赴京来，议罪枭令，以快吾良民之心。"

（4）《续编·湖池水面钱第三十五》："所在湖池，民舟经涉。其河泊之官敢有妄取水面钱者，罪不赦。"

（5）《续编·闲民同恶第六十二》："今后敢有一切闲民，信从有司，非是朝廷设立应当管役名色，而于私下擅称名色，与不才官吏同恶相济，虐害吾民者，族诛。若被害告发，就将犯人家财给与首告人，有司凌迟处死。"

（6）《续编·逃军第七十一》："《诰》到，肯听朕言，将境内逃军省令里甲、亲戚人等，或百、或千、或十，各各令里长送赴京来。……若逃军改名换姓影在境内，闻《诰》到日，三五人自行赴官首告，赴京著役。如在京卫分，赴在京卫分。各都司卫分，赴各都司卫分。虽是在逃十年、十五年、十七八年、三五年，亦行尽皆出首，与免本罪，仍前著役。如不出首，两邻、里甲见了《大诰》，毋得隐藏逃军，虽是至亲必须首告，免致乡村良民被捉拿逃军连累受苦。敢有违朕之言，仍有勾逃军官吏生事搅扰良民，其良民中豪杰之士、耆宿老人会议捉拿赴京，见一名赏钞五锭。如是仍前影射，被人告发或挨勾得出，两邻并影射之家尽行拿充军役。"

（7）《续编·牙行第八十二》："天下府、州、县、镇店去处，不许有官牙、私牙。一切商客应有货物，照例投税之后，听从发卖。敢有称系官牙、私牙，许邻里坊厢拿获赴京，以凭迁徙化外。若系官牙，其该吏全家迁徙。敢有为官牙、私牙，两邻不首，罪同。巡阑敢有刁蹬多取客货者，许客商拿赴京来。不应税而税者，且如海南民有娶新妇者，其县官将下礼牲口并新妇俱要税钱，已行拿赴京师，治以死罪。"

（8）《三编·空引偷军第五》："所在官民，凡有赴京者，往年往往水陆赴京，人皆身藏空引。及其至京，临归也，非盗逃军而回，即引逃囚而去，此弊甚有年矣。今后所在有司敢有出空引者，受者，皆枭令，籍没其家。关津隘口及京城各门盘获到空引者，赏钞十锭。赍引者罪如前，拿有司同罪。"

（9）《三编·拖欠秋粮第四十一》："设置粮长，惟在催征本区内一万石税粮。其税粮俱系各户自行办纳，本非难办之事，自合依期纳足。其粮长人等，却将各各人户税粮征收入己，故意抵顽，迁延不纳。……今后粮长务要依期纳足，如是仍蹈前非者，一体治罪不赦。"

类似的峻令，在《大诰》前三编中有 60 多条。此外，还有一些虽未明确量刑标准或言"治罪"的命令性、禁止性规定，也要求臣民必须严加遵守，它们也属于明王朝法律规范的重要组成部分。

第二，朱元璋在诰文和为各编《大诰》所写序中一再申明，对臣民"违《诰》者罪之"，要求法司"比《诰》治罪"，这就给全部《大诰》峻令赋予了不可触犯的法律效力。

为了确保《大诰》"家传人诵"、"世世守行之"，朱元璋不但在《初编》、《续编》中设专条对如何实施《大诰》作了严厉的规定，下令对"敢有不敬而不收者"，"迁居化外，永不令归"，[①] 而

---

① 《续编》：《颁行续诰第八十七》。

且在他为四编《大诰》所写的《序》或《后序》以及多篇诰文中，都反复强调法司必须"比《诰》治罪"。他在《御制大诰序》中申明："今将害民事理，昭示天下诸司，敢有不务公而务私，在外赃贪，酷虐吾民者，穷其源而搜罪之。"在《御制大诰续编序》中规定："今朕复出是《诰》，大播寰中，敢有不遵者，以罪罪之。"在《御制大诰三编序》中重申：对"敢有不钦遵者"，"比《诰》所禁者治之"。也就是说，在审判活动中，要比照《大诰》禁令量刑治罪。另外，各编诸条目的诰文中，所谓"《诰》不虚示"，"设否此《诰》，身亡家破"的强硬言辞更是比比皆是。在古代中国，皇帝的诏敕本身就具有法律效力，明太祖如此反复地明令臣民严守《大诰》，这就给它赋予了比当时的一般性法令更高的法律效力。

事实上，当时的臣下也是把它当作具有至高无上的法律效力的"圣书"对待的。刘三吾在《大诰后序》中解释对不遵守《大诰》禁令者治罪的理由时说："罪之者，以其玩法"；又说："成周'乃洪《大诰》治'之。诰，非直州长党正岁时所读之法之比也。"在他看来，《大诰》不只是"玉音"、是"大哉皇言"、"一哉皇心"，而且是复见"尧舜之治"的神圣法典。

第三，从《大诰》颁行过程中处理的一些案例看，也可证明这些峻令在当时就已得到实行。

朱元璋在《续编》、《三编》中，曾多处题到"前者所颁《诰》"的实施情况，记述了一些对违《诰》者处以苛刑和依《诰》治罪的案例。其中较为典型的案例有：

（1）"洪武十九年三月二十九日，嘉定县民郭玄二等二名，手执《大诰》赴京，首告本县首领弓兵杨凤春等害民。经过淳化镇，其巡检何添观刁蹬留难，致使弓兵马德旺索要钞贯，声言

差人送赴京来。如此沮坏，除将各人押赴本处，弓兵马德旺依前
《大诰》行诛，枭令示众，巡检何添观刖足枷令。"①

（2）崇德县民李付一等，嘉定县民蒲辛四、沈显二、周官
二、曹贵五、顾匡，安吉县民金方，乌程县民余仁三等 29 名，
苏州府吴县粮长於友，归安县民杨旺二、慎右三、戴兴四等，
"恃倚《诰》文，非理抗拒"，"沮坏安身之法"，分别被处以凌
迟、枭令示众、籍没其家、充军、发广西拿象，人口迁发化外等
刑罚。②

（3）金华府同知谌克贞、嵊县知县何玙"违《诰》下乡扰
民"，曹县知县杜用，违《诰》"卖放积年民害"，"阻当耆民赴
京奏事"，均被处以死刑；吴县主簿阎文，违《诰》"阻当耆宿
拿直司赴京，戴斩罪还职"。③

（4）镇江坊甲邻里人等，"不依《大诰》擒恶赴京"，"坐
视容纵韦栋等一十八名，上惑朕听，归则把持官府，下虐良民，
养恶为一郡之殃，束手不擒。韦栋等事发，将坊甲邻里尽行责罚
搬石砌城，其费有空其家者有之，有不能存活者有之，有不及搬
运石块而逃死者有之"。④

（5）"朕将农民艰苦周折备云前二《诰》中，其典史李继业
终不恻隐于民，乃敢与主簿同恶相济，又恐吓耆民。然耆民刘汶
兴等见此恶党，不将典史李继业拿赴京来，辄便听从妄奏，其徒
流之罪，有所不免"。⑤

（6）"为《大诰》一出，邻里亲戚有所畏惧，其苏、松、

① 《续编》：《阻当耆民赴京第六十七》。
② 《三编》：《臣民倚法为奸第一》。
③ 《三编》：《进士监生不悛第二》。
④ 《三编》：《违诰纵恶第六》。
⑤ 《三编》：《妄举有司第十四》。

嘉、湖、浙东、江东、江西，有父母亲送子至官者，有妻舅、母舅、伯、叔、兄、弟送至京者多矣。……其有亲戚影射，四邻擒获到官者，本人枭令，田产入官，人口发往化外，如此者多矣。有等邻里亦行隐藏，不拿到官，同其罪者亦多矣。所在巡检、弓兵，受财纵放越境而逃者，同其罪者不少。"①

（7）"《大诰》颁行，民人一一遵守，见丁著业。其（应天府上元县知县）吕贞将民王七所告见丁著业事内事，尽行受财阻滞。……由是而获罪杀身矣。"②

（8）"客商人等贩卖物货，多被官私牙行等高抬低估，刁蹬留难……所以《续诰》颁行，明彰禁治。其刘二等暗出京师百里，地名边湖，称为牙行，恃强阻客，以致拿缚赴京，常枷号令，至死而后已，家迁化外。"③

（9）"前颁二《诰》，凡所在有司能宣布条章，抚吾民有方者，特许阖境高年有德者民会议，连名赴京奏保，使朕知贤。今胶州官夏达可，长子县官赵才，新安县官宋玘，建昌县官徐颐等，在任不以生民为意，恣肆为恶，惟务赃贪害民。事觉，法司差人提取，却乃公然会集耆民，逼令赴京妄行奏保。……其各各耆民……听受教唆，即与同恶，赴京面奏。……奈何天理不容，欺诳之情一一自露，以致杀身亡家，人口迁于化外"。④

（10）"前《诰》所云：三牌不至，方许遣人捉拿。《诰》布天下，有司遵奉。如顽民余永延等故行抗拒，不服牌唤……顽民人刘以能，不止三牌不行，倒将承差人帮缚赴京，以致问出前

---

① 《三编》：《逃囚第十六》。
② 《三编》：《著业牌第二十一》。
③ 《三编》：《私牙骗民第二十六》。
④ 《三编》：《有司逼民奏保第三十三》。

情，得罪甚不轻矣。"①

类似的案例还有一些。从中不难看出，《大诰》自颁行之日起，就是作为具有法律效力的御制圣书实行的。

（二）洪武后期《大诰》条目列入
条例及罪名概况

笔者之所以认为《大诰》禁令具有法律效力，除前面讲的三条理由外，还是基于洪武朝后期立法中引诰入例的史实，即从洪武二十六年（1393 年）起，朱元璋逐渐把《大诰》的不少条目列入有关罪名和条例中去，以新的法律形式予以确认并颁行天下。具体情况是：

洪武二十六年制定《充军》条例，共22 条，内有12 条源于《大诰》篇名或诰文。其中，与《大诰》篇名相同和篇名文字稍有改动者5 条：（1）诡寄田粮，（2）私充牙行，（3）积年民害官吏，（4）揽纳户，（5）断指诽谤；②条目名称选自《大诰》正文者7 条：（1）闲吏，（2）不务生理，（3）游食，（4）主文，（5）野牢子，（6）帮虎，（7）直司。

同年，朱元璋又将《大诰》条目共28 条编入《真犯杂犯死罪》条例，令天下遵照实行，其条目为：

真犯死罪：大诰：

（1）僧道不务祖风；　（2）说事过钱；　（3）冒解罪人；
（4）逸夫；　（5）滥设吏卒；　（6）耆民赴京面奏事务阻当者；
（7）擅立干办等项名色；　（8）闲民同恶；　（9）官吏下乡；

---

① 《三编》：《民违信牌第三十六》。
② （明）申时行等重修：《明会典》卷一七五《刑部十七·罪名三·充军》，中华书局，1989，影印本，第891 页。又见《诸司职掌》：《刑部职掌·司门科》。

（10）擅差职官；（11）鱼课扰民；（12）经该不解物；（13）不对关防勘合；（14）关隘骗民；（15）居处僭上用；（16）市民为吏卒；（17）造作买办不与价；（18）庆节和买；（19）空引偷军；（20）臣民倚法为奸；（21）官吏长解卖囚；（22）寰中士夫不为君用；（23）乡民除患；（24）阻当耆民赴京。

杂犯死罪：大诰：

（1）官民犯罪，买重作轻，或尽行买免；（2）揽纳户；（3）安保；（4）断指诽谤。①

是年，又定《应合抄扎》罪名 16 条；《大诰》条目被列入者 10 条：

（1）揽纳户；（2）安保过付；（3）诡寄田粮；（4）民人经该不解物；（5）洒派抛荒田土；（6）倚法为奸；（7）空引偷军；（8）黥刺在逃；（9）官吏长解卖囚；（10）寰中士夫不为君用。②

洪武三十年（1397 年）初，朱元璋又把《大诰》条目 22 条列入《决不待时、秋后处决、工役终身》条例：

秋后处决：

（1）朋奸欺罔；（2）说事过钱；（3）阻当耆民赴京。

工役终身：

（1）逸夫；（2）交结安置；（3）居处僭用；（4）空引偷军；（5）闲民同恶；（6）官吏下乡；（7）乡民除恶；（8）擅差职官；（9）冒解罪人；（10）庆节和买；（11）关隘骗人；（12）滥设吏

---

① （明）申时行等重修：《明会典》卷一七三《刑部十五·罪名一》，中华书局，1989，影印本，第 882 页。又见《诸司职掌》：《刑部职掌·都官科》。

② （明）申时行等重修：《明会典》卷一七八《刑部二十·抄扎》，中华书局，1989，影印本，第 907 页。万历《会典》记《应合抄扎》罪名奏准于洪武二十八年。又见《诸司职掌》：《刑部职掌·都官科》。

卒；（13）长解卖囚；（14）市民为吏卒；（15）经该不解物；
（16）僧道不务祖风；（17）臣民倚法为奸；（18）妄立干办等
名；（19）造作买办不与价。①

洪武三十年（1397 年）五月，《钦定律诰》成，并附于当
时所颁行的洪武三十年《大明律》之后，《大诰》条目列入《钦
定律诰》者竟达 36 条。② 其中：

不准赎死罪《诰》12 条：

（1）朋奸欺罔；（2）说事过钱；（3）代人告状；（4）诡名
告状；（5）载刑肆贪；（6）空引偷军；（7）医人卖毒药；（8）臣
民倚法为奸；（9）妄立干办等名；（10）阻当耆民赴京；（11）秀
才断指诽谤；（12）寰中士夫不为君用。

准赎死罪《诰》24 条：

（1）逸夫；（2）居处僭分；（3）闲民同恶；（4）官吏下乡；
（5）擅差职官；（6）揽纳户；（7）冒解罪人；（8）庆节和买；
（9）关隘骗人；（10）滥设吏卒；（11）长解卖囚；（12）官民有
犯；（13）鱼课扰民；（14）钱钞贯文；（15）路费则例；（16）造
作买办；（17）市民为吏卒；（18）经该不解物；（19）阻当乡民
除患；（20）僧道不务祖风；（21）有司不许听事；（22）不对关
防勘合；（23）有司逼民奏保；（24）交结安置人。

这部分《大诰》峻令被列入有关罪名和条例后，不仅它们的
法律效力得到了进一步的强调，而且要求法司更为重视它们的实

---

① （明）申时行等重修：《明会典》卷一七三《刑部十五·罪名一》，中华书局，1989，影
印本，第 883 页。

② （明）张楷撰：《律条疏议》，见杨一凡编《中国律学文献》第 1 辑第 3 册，黑龙江人民
出版社，2004，影印本，第 715～718 页。《律条疏议》所记《律诰》中的"不准赎死罪
诰"和"准赎死罪诰"名称、条目与黑口本《大明律》、《兴化府志》相同，但排列顺
序有异。

施，其在司法审判活动和国家社会生活中的作用就势必大大加强。

值得注意的是，在洪武年间的后期，朱元璋一直都是强调"法司照依《律》与《大诰》拟罪"。如，洪武二十六年（1393年）三月颁行的《诸司职掌》规定："凡本部问有应合充军者，必须照依《律》与《大诰》内议拟明白。"① 洪武二十八年（1395年）六月己丑，明太祖谕群臣曰："后嗣止循《律》与《大诰》，不许用黥、刺、剕、劓、阉割之刑。"② 又据《明会典》："二十八年奏准：抄扎迁发《律》与《大诰》该载者，宜从法司遵守。"③ 洪武三十年（1397年）五月，颁行《钦定律诰》时，他又再次强调："凡法司今后议拟罪名，除繁文、烧毁卷宗、更名易讳、军人关赏征进在逃，死罪充军工役在逃、在京犯奸盗诈骗，仍依定例处治，及军官私役军人因而致死一名者偿命外，其余有犯，务要依《律》与《大诰》拟罪，照今定条例发落，并不许将递年各衙门禁约榜文等项条例定罪。敢有违者，以变乱成法论。"④ 这些都表明，朱元璋是把《大诰》作为一种特种刑法推行的。

历代制定法律，形式、名称不尽相同。以明初而论，其法律形式便有律、令、诰、例和榜文等多种。明太祖朱元璋编纂的四编《大诰》，类似于宋代的编敕。对此，清人孙承泽有一段精彩的议论：

---

① 《诸司职掌》：《刑部职掌·司门科》，见《中国珍稀法律典籍续编》第3册，第283页。
② 《明纪》卷六《太祖纪》，世界书局，1935，第66页。
③ （明）申时行等重修：《明会典》卷一七八《刑部二十·抄扎》，中华书局，1989，影印本，第907页。
④ （明）张楷撰：《律条疏议》，见杨一凡编《中国律学文献》第1辑第3册，黑龙江人民出版社，2004，影印本，第718页。

按唐有律，律之外又有令、格、式。宋初因之。至神宗更其目，曰敕、令、格、式。所谓敕者，兼唐之律也。洪武元年，即为《大明令》，颁行天下，盖与汉高祖初入关约法三章、唐高祖入京师约法十二条同一意也。至六年，始命刑部尚书刘惟谦等造律文，又有《洪武礼制》、《诸司职掌》之作，与夫《大诰》三编及《大诰武臣》等书，凡唐、宋所谓律、令、格、式与其编敕，皆在是也。但不用唐、宋之旧名尔。夫律者，刑之法也；令者，法之意也。法具，则意寓其中。方草创之初，未暇详其曲折，故明示以其意之所在，令是也。平定之后，既已备其制度，故详载其法之所存，律是也。伏读太祖训诰之辞，有曰："子孙做皇帝时，止守《律》与《大诰》"，而不及令。而《诸司职掌》于《刑部·都官科》下具载死罪，止载《律》与《大诰》中所条者可见也。是《诰》与《律》乃朝廷所当世守，法司所当遵行者也。①

在孙承泽看来，《大诰》不只是洪武法律的一种，而且是法律效力高于一般法令的、"朝廷所当世守，法司所当遵行"的"成法"，这种见解是符合明太祖颁布《大诰》的本意和洪武法制的实际的。

---

① （清）孙承泽撰：《春明梦余录》卷四四。

四 明《大诰》的特色之一
——律外用刑

四编《大诰》作为一种具有教育作用和法律效力的特种刑法，同历代封建法典比较，有三个最鲜明的特色：一曰"明刑弼教"，二曰律外用刑，三曰重典治吏。"明刑弼教"是律外用刑、重典治吏的出发点和思想基础，律外用刑、重典治吏是"明刑弼教"的基本措施和重要内容。三者融为一体，构成朱元璋重典治国方针的核心，共同体现着《大诰》的基本精神。为了行文方便，分为律外用刑、重典治吏、明刑弼教三节进行论证。

先说律外用刑。所谓"律外用刑"，是指君主置当时行用的律典于不顾，在法定刑之外随意扩大刑名、刑种或采用各种残酷的刑罚处置罪犯。在《大诰》中，朱元璋公然把律外用刑合理化，倡导对臣民治以种种苛刑峻法，这在中国历史上是少见的。

有比较才能鉴别，为了通过可比性研究，充分揭示《大诰》刑罚的随意性和残酷性，有必要先就《大诰》峻令实行期间洪武《大明律》的修订情况和内容作一简述。

对于洪武年间《大明律》的颁行时间、次数、条数等，《明太祖实录》、《明史·刑法志》、《明史·艺文志》的记述不确处甚多。据现存史籍，朱元璋在位 31 年中，《大明律》起码修定或颁行过 5 次，即洪武元年律、七年律、九年律、二十二年律①和三十年律。此外，洪武时何广所著《律解辩疑》一书中，记载有洪武十八九年行用的《大明律》，② 此系洪武九年律？还是洪武十七年以后修订？尚需待考。

朱元璋于洪武十八年（1385 年）底至洪武末推行《大诰》期间，当时制定和法司断狱应依照的刑律，除榜文、刑例外，当是十八九年行用的明律、二十二年律和三十年律。黄彰健先生在《〈律解辩疑〉、〈大明律直解〉及〈明律集解附例〉三书所载明律之比较研究》③ 一文中，曾对这三部律的异同作过比较和论证。相较三律的结果表明：（1）它们均系 460 条，篇目名称相同；（2）十八九年行用律与三十年律条目顺序一致，而二十二年律中《共犯罪分首从》、《处决判军》、《杀害军人》、《本条别有罪名》、《断罪无正条》、《军民约会词讼》、《伪造印信历日》等条排列顺序与此二律相异；（3）律文每条包含的节数，二十二年律除《上书陈言》条较三十年律少末一节外，其余无差别，而十八九年行用律一些律文的节数（大多是见于末尾的有关节中）要比二十二年律和三十年律为少，也就是说，其内容不如后者完善。（4）三律中律文意思相同、量刑标准一致然个别文字相异者有数百处，少数条目中也有将正文作注、注作正文的情况。（5）三律中律文内容互有较大损益、或量刑标准轻重不一的仅有 7 条，即《老小废疾收赎》、《飞报军情》、《谋反大逆》、

---

① 洪武二十二年律律文见〔朝鲜〕金祗撰《大明律直解》，《中国珍稀法律典籍集成》乙编第 1 册，科学出版社，1994（以下所引本书略去出版社和出版年份）。
② （明）何广撰：《律解辩疑》，见《中国珍稀法律典籍续编》第 4 册。
③ 黄彰健著：《明清史研究丛稿》卷二，台湾"商务印书馆"，1977，第 208～236 页。

《官吏受财》、《诈为制书》、《诈传诏旨》、《亲属相奸》。如三十年律加重了对"谋反大逆"罪的刑罚。十八九年行用律规定，对犯此类罪者，"父、子、孙凡年八十以下，十五以上，不分笃废残疾者皆斩"；[①] 二十二年律改为："父子年十六以上皆绞"，[②] 较十八九年行用律为轻。三十年律则加重为："祖父父子孙兄弟及同居之人，不分异姓；及伯叔父兄弟之子，不限籍之同异；年十六以上，不论笃疾废疾，皆斩"。[③] 这就大大地加重了刑罚，扩大了株连范围。再如《官吏受财》条，十八九年行用律和三十年律规定对此类罪犯"罪止杖一百，各迁徙"，[④] 而二十二年律无"各迁徙"三字，量刑相对要轻些。其他五条，鉴于在本书所进行的有关比较研究中未曾涉及，故不赘举。洪武后期在推行《大诰》的同时所行用的三部律典，虽然彼此在行文方面相异较多，但总体上说，除上面第五点所述的七条外，其他453条律文的实质性规定无多少变化，律文相同的条款量刑一致。即使有变化的七条，罪名性质相同，只是量刑有适当的调整，这就为我们考察朱元璋的律外用刑提供了可靠的法律依据。也就是说，无论是用《律解辩疑》、《大明律直解》所载明律还是用洪武三十年《大明律》，与《大诰》峻令及案例的处刑比较，其得出的结论基本上是一样和可信的。

　　下面，笔者采用与洪武十八年后行用的明律比较的方法，对《大诰》记载的朱元璋的律外用刑情况从两个方面予以考察。

———————

① （明）何广撰：《律解辩疑》卷一八《刑律·贼盗》"谋反大逆"条；参见《大明律》卷一八《刑律·贼盗》"谋反大逆"条。
② 〔朝鲜〕金祗撰：《大明律直解》卷一八《刑律·贼盗》"谋反大逆"条；参见《大明律》卷一八《刑律·贼盗》"谋反大逆"条。
③ 《大明律》卷一八《刑律·贼盗》"谋反大逆"条。
④ 《大明律》卷二三《刑律·受赃》"官吏受赃"条。

（一）同一犯罪加重处刑考

在《大诰》中，除了少数罪名与明律量刑相同外，绝大多数案件的处刑及禁令规定的刑罚，较之当时行用的明律都大大加重。为了使读者具体了解朱元璋律外加刑的情况，现把《大诰》中重要的罪名、案例的刑罚与当时行用的明律相近条款的量刑逐条比较，列表4－1于后：

表4－1　同一犯罪《大诰》处刑与明律相近条款量刑比较

大诰篇目	罪名和案情内容	处　刑	比照当时行用的明律相近条款应量刑
续编10	设若捏词诬陷陈寿六	族诛	依律"诬告"条，以所诬罪轻重科断
续编16	有司滥设吏卒	族诛	依律"滥设官吏"条，罪止杖一百，徒三年
续编55	官物起解，卖富差贫	族诛	依律"赋役不均"条，杖一百
续编55	鱼户刘复三等多人起解官物，虚买实收	族诛	依律"转解官物"条，以监守自盗论，罪止斩
续编62	闲民信从有司，擅称名色，与官吏同恶虐民	族诛	依律"滥设官吏"条，杖八十，再犯迁徙；有所规避者从重论
续编79	福建沙县罗辅等13人断指诽谤	族诛	律无此条，类比律"造妖书妖言"条论斩
三编34	阻当民拿害民该吏	族诛	律无此条，应按罪轻重科断
初编60	金吾后卫知事靳谦沉匿卷宗	凌迟	依律"磨勘卷宗"条，罪止杖八十，有所规避者从重论
续编62	有司容留闲民擅称名色，同恶害民	凌迟	依律"滥设官吏"条，杖一百，徒三年，有害民事理者，按罪轻重科断

续表 4－1

大诰篇目	罪名和案情内容	处　刑	比照当时行用的 明律相近条款应量刑
续编63	假千户沈仪等伪造御宝文书	凌迟	依律"诈为制书"条，论斩
三编1	建昌县知县徐颐受钞四百贯，脱放刑部提取之人，并监锁旗军	凌迟	依律"官吏受财"条，论绞
三编1	江浦县知县杨立结交近侍	凌迟	依律"交结近侍官员"条，论斩
三编1	德安县丞陈友聪受钞欺隐茶株，受钞八十贯，罗、绢、布十匹，拘监推官	凌迟	依律计赃以枉法论绞
三编1	莱阳县丞徐坦受赃不行勾军，把本府典史诬枷赴京	凌迟	依律计赃以枉法论，当科杂犯绞罪，止徒五年
三编1	民李付一牌勾抗拒不答并诬绑甲首	凌迟	依律"诬告"条，以所诬罪轻重科断，不至死
三编20	歙县巡阑吴庆夫科敛扰民	凌迟	依律应计赃科罪
三编37	乐安县知县潘行等朋奸匿党，陷害原告	凌迟	依律"谋反大逆"条，知情故纵论斩
三编39	御史刘志仁、周士良施把持之术，妄为百端，贪赃万数	凌迟	依律计赃以枉法论绞
三编40	御史何哲等捏词排陷大臣	凌迟	依律"奸党"条，论斩
初编17	皂隶朱升一殴打钦差旗军	极刑	依律"殴制使及本管长官"条，杖一百，徒三年
初编53	纳豆入水	极刑	依律坐赃论，计损失科罪
三编19	官吏长押卖囚	极刑、籍没家产，人口迁化外	依律纵囚与囚同罪，受财者计赃以枉法从重论
初编25	开州州判刘汝霖不照名追赃，却遍处科民，代赔前项钞贯	枭令	律无正条，以枉法科罪，不至死

大诰篇目	罪名和案情内容	处　刑	比照当时行用的 明律相近条款应量刑
初编 59	邀截阻当乡民除患	枭令	律无此条，应按罪轻重科断
续编 12	有司妄立干办等名	枭令	依律"滥设官吏"条，罪止杖一百，徒三年
续编 20	吴江县粮长张镠孙妄告亲叔，副粮长朱太奴妄告亲母舅	枭令	依律不至死
续编 33	鱼课扰民	枭令	应计赃科罪
续编 63	苏州知府张亨、知事姚旭不对关防勘合	枭令	依律不至死
续编 67	弓兵马德旺等索要赴京陈告者钞贯	枭令	依律计赃科罪
三编 1	开州同知郭惟一将赴京陈告的董思文一家四口监死	枭令	依律"故禁故勘平人"条，当绞
三编 1	溧水县主簿范允受钞四百贯，不行追查隐匿奸党家财事	枭令	依律计赃以枉法论绞
三编 1	归安县杨旺二诬绑良民文阿华等赴京	枭令	依律"诬告"条，按所诬罪轻重科断，不至死
三编 1	安吉县民金方佃种潘俊二田不行交还，且诬绑田主	枭令	依律"诬告"条，不至死
三编 1	乌程县民余仁三等借游茂玉粮米不还，并将游茂玉帮缚赴京	枭令	依律"诬告"条，不至死
三编 2	太平府经历蹇煜受赃擅立名色	枭令	依律计赃科罪
三编 20	巡阑吴庆夫之弟及男科敛害民	枭令	依律计赃科罪

续表 4 - 1

大诰篇目	罪名和案情内容	处 刑	比照当时行用的明律相近条款应量刑
三编22	医人卖毒药	枭令	依律"庸医杀伤人"条,论斩
三编24	北平布政司经历董陵云违令命人团槽喂驴	枭令	依律"违令"条,笞五十。贪赃应依律计赃科罪
三编31	代人告状	枭令	依律"教唆词讼"条,受雇诬告与自诬同,按所诬罪轻重科断
三编38	丹徒县丞李荣中等卖放均工人夫,事发受刑,押回本处,令其将所卖人夫勾解赴工,然又复受财作弊	枭令	依律计赃以枉法科罪论绞
三编1	嘉定县民蒲辛四等诬绑周祥二赴京	枭令,籍没全家	依律"诬告"条,不至死
三编1	嘉定县民沈显二等4人胡乱诬绑	枭令,籍没全家	依律"诬告"条,不至死
三编18	知情匿藏递送罪犯	枭令,籍没全家	依律"知情藏匿罪人"条,减罪人罪一等
三编5	空引偷军	枭令,籍没其家,人口迁化外	律无正条,依律"知情藏匿罪人"条,减罪人罪一等
三编16	黥刺充军者中途在逃	枭令,籍没其家,人口迁化外	依律"徒流人逃"条,罪止杖一百,仍发原配所收管并重新服刑
三编25	淞江王子信发配充军私逃回家,又行结交官吏害民	枭令,家财入官,人口流移	依律"徒流人逃"条,罪止杖一百,余罪以情节轻重科断
初编30	僧道不务祖风	弃市	依律"僧道娶妻"条,杖八十,还俗
续编52	官吏把解至京师的官物入己	弃市	依律计赃以监守自盗论

大诰篇目	罪名和案情内容	处 刑	比照当时行用的 明律相近条款应量刑
初编 6	洪洞县有司明知军人唐闰山朦胧告取妻室，不行与民辨明	斩	依律"告状不受理"条，罪止杖八十
续编 19	擅差仓库巡阑官办事，罪得乱政之条	斩	依律以罪轻重科断
续编 52	解物人私去封记	斩	依律"守支钱粮及擅开官封"条，杖六十
续编 76	有司以庆节为由，和买民物不给钱	斩	依律计赃科罪
续编 77	有司承办朝廷诸色造作，指名要物不与价	斩	依律计赃科罪
初编 29	官民有犯买重作轻、买轻作重或尽行买免应笞者	死罪	依律"官司出入人罪"条，以所增减论罪，应笞
初编 66	官吏征收税粮不时	死罪	依律"收粮违限"条，罪止杖一百
初编 71	宁国府教授方伯循等殴府官	死罪	依律"殴制使及本管长官"条，杖一百，徒三年
初编 73	临淮县知县张泰等受要逃军钱钞，逼令他人顶替	死罪	依律"从征守御官军逃"条，罪止杖一百，充军
初编 73	嵩县知县牛承等受要逃军钱钞，逼令有功军人代充军役	死罪	依律"从征守御官军逃"条，罪止杖一百，充军
续编 3	游食	死罪	律无此条，应以罪轻重科断
续编 28	用囚书办文案	死罪	律无正条，依律"滥设官吏"条、"擅离职役"条，无死罪
续编 29	应天府官张从义等科取巡阑役使	死罪	依律"私役部民夫匠"条，罪止杖八十

大诰篇目	罪名和案情内容	处　刑	比照当时行用的明律相近条款应量刑
续编31	浙江按察使陶晟故意枉禁凌汉	死罪	依律"故禁故勘平人"条，杖八十
续编37	大理寺左少卿艾祖丁诬奏进士杨吉不遵礼法	死罪	依律"诬告"条，不至死
续编48	逃吏更名	死罪	依律"举用有过官吏"条，杖一百，罢取役不叙
续编53	差无职役和无籍、无业者经解诸色物件	死罪	依律"转解官物"条，杖八十，侵欺以监守自盗论
续编57	吉州知州游尚志科敛	死罪	依律应计赃科断
续编75	市民为吏卒	死罪	依律"滥设官吏"条，罪止杖一百，迁徙
续编80	民汪澄等交结被迁徙安置的有罪之人	死罪	律无此条，应据罪轻重科断
续编82	海南县官向娶新妇者索要税钱	死罪	依律以枉法论赃科罪
三编21	上元县知县吕贞将民王七所告见丁著业事内事受财阻滞	死罪	依律计赃科断
三编29	礼部郎中王锡匿藏他人《大诰》	死罪	律无此条。依律"弃毁制书印信"条，不至死
三编41	粮长张时杰等秋粮拖欠一年不纳	死罪	依律"收粮违限"条，罪止杖一百，迁徙
三编33	胶州官夏达可逼民奏保	死罪，人口迁化外	应以罪轻重科断
初编40	勾解罪人卖放正身，将同姓名者解发	重刑	依律受财故纵与囚同罪，故禁故勘平人，杖八十
续编58	会稽等县河泊所官张让等昏乱钱钞数目	重刑	应计赃科罪

大诰篇目	罪名和案情内容	处　刑	比照当时行用的 明律相近条款应量刑
续编 65	关隘骗民	重刑	应计赃科罪
续编 70	居处僭分	重刑	依律"服舍违式"条，有官者杖一百，罢职不叙，无官者笞五十
初编 37	揽纳户	重刑，籍没其家	依律"揽纳税粮"条，杖六十
初编 38	安保过付	重刑，籍没其家	依律"官吏受财"条，罪止杖一百，迁徙，受财者计赃从重论
武臣 31	镇南卫百户胡凤寄留印信于他人家三日	金齿充军	依律"不应为"条，笞四十；事理重者杖八十
续编 69	民擅官称	迁	依律"诈假官"条，杖一百，徒三年
武臣 24	以妾为妻	贬云南	依律"妻妾失序"条，杖九十，改正
续编 46	粮长妄奏水灾	发云南	依律"检踏灾伤田粮"条，杖一百，受财计赃以枉法从重论
三编 30	诸色匠人不亲身赴工者	迁发云南	依律"逃避差役"条，罪止笞五十
续编 82	敢有称系官牙、私牙	迁发化外	依律"私充牙行埠头"条，杖六十，所得钱入官
初编 56	皂隶人等入衙门正门，驰当道，坐公座	全 家 迁云南	依律"公差人员欺凌长官"条，杖八十
初编 58	乡饮酒礼，紊乱正席	全家迁发化外	依律"乡饮酒礼"条，笞五十

续表 4 - 1

大诰篇目	罪名和案情内容	处 刑	比照当时行用的 明律相近条款应量刑
续编45	洒派包荒	全家迁发化外	依律"欺隐田粮"条，罪止杖一百，其田入官，诡寄者罪亦如之，其田改正，收科当差
续编59	豪民使用钱物，买免差发	全家迁发化外	依律"逃避差役"条，杖一百，附籍当差
续编78	民不依期纳粮	全家迁发化外	依律"收粮违限"条，罪止杖一百
三编3	公侯佃户逃避差役	全家迁发化外	依律"隐蔽差役"条，家长杖一百，跟随之人充军
三编1	民戴兴四不纳秋粮，将催粮农民丘华一诬绑	本人发广西拿象，全家抄扎，人口迁化外	依律"收粮违限"条，罪止杖一百，诬绑以所诬罪轻重科断
三编14	民刘汶兴等被迫保举有过官吏	徒、流	依律"举用有过官吏"条，杖一百
初编39	诡寄田粮	全家抄没	依律"欺隐田粮"条，杖一百，其田入官

从表 4 - 1 可知，同一犯罪，《大诰》所列刑罚不仅比同期行用的《大明律》加重，而且扩大了刑罚的适用范围。其一，族诛是中国古代刑法中最重的刑罚。秦汉以来，历代法律上规定的族诛刑只适用于"谋反大逆"罪，而《大诰》把族诛扩大到了捏词诬陷、滥设吏卒、官物起解、卖富差贫、虚买实收、擅称名色、诽谤、阻挡民拿害民官吏等许多方面。其二，凌迟是中国古代刑罚中最惨毒的刑罚之一，它作为正式刑名始于辽代，元、明律承之。明律规定的凌迟刑只限于谋反大逆、故杀期亲尊长、妻妾杀夫、奴婢杀家长、杀一家三人、采生拆割人等这几类

"大恶"罪，然《大诰》把凌迟刑扩大到沉匿卷宗、伪造御宝文书、脱放刑部提取之人、科敛扰民、结交近侍、诬绑典史和甲首、科敛扰民、贪赃等多个方面。其三，历代对犯重罪者株连同居亲属的范围有严格限定。明律规定只对谋反大逆、谋叛、奸党、交结近侍官员、上言大臣德政、杀一家三人、采生拆割人、造畜蛊毒杀人这几类犯罪实行株连之法，且除谋反大逆罪外，被株连的同居亲属均不处死刑，《大诰》在许多方面扩大了株连的范围。其四，为防止量刑畸重，明律对于犯有两种以上罪及累犯者，规定了"二罪俱发以重论"和若干科罪的原则，并在律文中用"罪止"二字明确限定所处的最高刑。凡是律条中有"罪止"规定者，即使犯两罪以上，也不能在法律规定的最高刑之外加刑。明律规定的最高法定刑，因罪情不同，大多为笞、杖、徒、流刑，少数为绞、斩二刑，其所设的非"五刑"之正的充军刑，明初主要针对军官军人犯罪，被处刑者唯边方屯种；凌迟者，只适用于大逆不道之罪者。《大诰》置明律确定的刑罚原则于不顾，把许多本应处于轻刑者处以重刑，把不属于死罪者或处以死刑，因而具有明显的律外加刑的性质。

（二）律外酷刑及滥诛考

明《大诰》中记载了朱元璋亲自处理的大量案件。为了警省和惩创奸顽，朱元璋对一些官、民犯罪，使用了律外酷刑，一些案件还带有滥施诛杀的性质。

1. 罗列和设立了许多为明律所未有的残忍刑罚，并以诏令形式予以确认，公然把"法外用刑"合理化、神圣化

依照明律，其刑罚种类主要为笞、杖、徒、流、死（绞、斩）五刑。五刑之外，又有赎刑、充军和对"谋反"（谋危社稷）、"谋大逆"（毁坏宗庙山陵及宫阙）、子孙杀祖父母、父母、妻妾杀夫、奴婢杀主人等一类"恶逆"犯罪的凌迟刑等。《大诰》中的酷刑远比明律要多，计有族诛、凌迟、极刑、枭令、弃市、斩、死罪、墨面文身挑筋去指、墨面文身挑筋去膝盖、剁指、断手、刖足、阉割为奴、斩趾枷令、常枷号令、枷项游历、重刑、免死发广西拿象、人口迁化外、迁、充军、徒、全家抄没、戴罪还职、戴罪充书吏、戴罪读书、免罪工役及砌城准工等30余种，皆较明律为严，又多为明律所未设。

四编《大诰》中采辑的"官民过犯"案例，既是朱元璋"明刑弼教"的教材，也是他大搞律外用刑的真实记载。为了慑之以威，使人知惧而不敢犯法，朱元璋提倡用各种酷刑折磨"罪犯"。例如，金华府县官张惟一"故纵皂隶王讨孙等殴打舍人，事觉，皂隶断手"。① 御史王式文等徇情妄出绍兴府余姚县吏叶邑妄告他人之罪，被墨面文身，挑筋去指。② 应天府上元、江宁两县民刘二、军丁王九儿等 14 名，暗出京师百里地，私立牙行，恃强阻客，被"常枷号令，至死而后已"。③ 平阳守御千户所千户彭友文、谢成二人"两个月不支与行粮"，俄死军人一百人，朱元璋便命令另外一百军人将其乱枪杀死。④ 医人王允坚因卖毒药与人犯罪，在枭令前，先命其吞服毒药，待至毒发，"身不自宁，手搔上下，摩腹四顾，眼神张惶"之时，再用"粪清插凉水"之法解毒，使之痛苦数番，方才施刑。⑤ 所有这些，

---

① 《初编》：《皂隶殴舍人第十八》。
② 《初编》：《奸吏建言第三十三》。
③ 《三编》：《私牙骗民第二十六》。
④ 《武臣》：《千户彭友文等饿死军人第五》。
⑤ 《三编》：《医人卖毒药第二十二》。

都是律外滥设之刑，其残忍程度，令人触目惊心。

《大诰》中所列刑罚，不只种类多，手段残忍，而且往往株连甚众。据粗略统计，《大诰》中记载的一次杀人或处刑数十人以上的案例就有近40起。还有几起重大的案件，朱元璋未曾陈述死者数字，然每案杀人之多当在数百、数千乃至万数以上。如《初编·伪钞第四十八》云："宝钞通行天下，便民交易。其两浙、江东西，民有伪造者甚，惟句容县。杨馒头本人起意，县民合谋者数多。……捕获到官，自京至于句容，其途九十里，所枭之尸相望"。又如《初编·朝臣优劣第二十六》说："洪武十八年，户部试侍郎郭桓事觉发露，天下诸司，尽皆赃罪，系狱者数万，尽皆拟罪"；《三编·逃囚第十六》进一步补充说："其贪婪之徒，闻桓之奸，如水之趋下，半年间，弊若峰起，杀身亡家者，人不计其数。出五刑以治之，挑筋、剁指、刖足、髡发、文身，罪之甚者欤。"《明史》对此案的记述要比《大诰》明确："以六曹为罪魁，郭桓为诛首。……自六部左右侍郎下皆死，赃七百万，词连直省诸官吏，系死者数万人。"①

《大诰》中记述的被处各种酷刑的人数，因许多案例说得含混，对被刑者常用"等"、"多矣"等言辞加以概括或省略，无法精确统计。检四编《大诰》，被处于各种刑罚且有姓名可查者，共1299人，其中前三编为1100人。这只是众多"罪犯"中的典型人物而已。《明史·刑法志》云："凡三《诰》（指《大诰》前三编——作者）所列凌迟、枭示、种诛者，无虑千百，弃市以下万数。"② 其实，《大诰》并没有明确提供如此具体的人名和数字，很可能是《刑法志》的编者根据《大诰》中的

① 《明史》卷九四《刑法二》，中华书局，1974，第2318页。
② 《明史》卷九四《刑法二》，中华书局，1974，第2318页。

诸案件作的推断。这一推断，在把被"弃市"的人数用"万数"表述这一点上，似为不妥，但是，就《大诰》涉及的诸案被处于各种刑罚者的总数而论，"万数"之说并不为过。

自汉代统治者总结秦王朝崇尚杀罚仅二世而亡的教训、强调"德主刑辅"以来，后代相因成习，无论是刑用轻典还是重典治世，表面上都以"仁政"自我标榜。可是，朱元璋在《大诰》中，却以"杀人为威"，他一边以种种苛刑峻法威吓臣民，一边翻来覆去地大谈律外用刑的必要性和正确性，朱元璋倡导治臣民以严刑峻法的理由，概括起来不外乎三点：一是刑用重典是在"乱世"和"民不从教"的情况下不得已而为的。他在《御制大诰续编序》中说："本古五刑而不治……无乃旷夫多，刁诈广，致有五福不臻，凶灾迭至"，才"出五刑以诛之"。在《续编·罪除滥设第七十四》中，他又指出："刑此等之徒，人以为君暴"，"设若放宽，此等之徒，愈加昌炽。"二是说施酷刑于罪犯是"神"的意志，是恶顽者罪有应得。他多次强调，奸顽之徒"罪恶贯盈，神人共怒，罪将焉逃"；[1] 其"终化不省""乱政坏法，自取灭亡"，[2]"诛其身而没其家，不为之过"。[3] 三是说他搞严刑峻法是为了"去奸去弊，必欲保全臣民"。他指出："此等之徒，奸贪无厌，身家不顾，实为民患。"[4] 只有严惩"民害"，方可"快吾良民之心"，使广大臣民引以为戒，"勿蹈前非，永保吉昌"。[5] 朱元璋就是这样反复宣传他的重刑主义观点，把律外用刑合理化、神圣化。

---

① 《三编》：《御史刘志仁等不才第三十九》。
② 《续编》：《常熟县官乱政第四十九》。
③ 《三编》：《苏州人材第十三》。
④ 《续编》：《水灾不及赈济第八十五》。
⑤ 《续编》：《罪除滥设第七十四》。

2. 朱元璋对一些案件的处置，以君主个人的"好恶"为量刑标准，不分罪情轻重，不问首从，唯刑杀为威，具有明显的滥杀性质

《明史·刑法志》曰："盖太祖用重典以惩一时，而酌中制以垂后世，故猛烈之治，宽仁之诏，相辅而行，未尝偏废也。"①洪武年间，朱元璋在"乱世"的条件下，实行"常经之法"与"权宜措置"并用的两手治国策略，一方面，他按照"轻重适宜"、"贵存中道"的精神，多次修订《大明律》。《大明律》同《唐律》一样，规定了区别公私罪、首从、过失与故意、自首、屡犯加重等一系列的量刑原则，要求各级官吏依律执法，不准"法外遗奸"。并明确规定，官吏不得"变乱成法"，"凡官司故出入人罪，全出全入者，以全罪论。若增轻作重，减重作轻，以所增减论。至死者，坐以死罪"。②且不说这些规定是否能够真正执行，《大明律》将它们作为法律固定下来，说明它要求刑罚的实施要在国家法制允许的范围内进行，反对滥行诛戮。另一方面，他为了警省和惩创奸顽，又通过推行《大诰》，实行猛烈之治。从《大诰》中记载的一些"官民过犯"看，朱元璋在处理他疾恶痛首的案件时，受"以杀去杀，以刑去刑"指导思想的支配，就无视明律规定的量刑原则，任意用刑，大行诛戮，致使刑罚酷滥而无节制。具体表现在：

其一，《大诰》所设峻令，有的事理不通，皂白不分；有的罪情相同，而治以几种不同的刑罚，前后自相矛盾，带有很大的主观臆断性。如朱元璋为革除官民勾结生事和官吏扰民等弊端，

① 《明史》卷九四《刑法二》，中华书局，1974，第2320页。
② 《大明律》卷二八《刑律·断狱》"官司出入人罪"条；又见（明）何广撰《律解辩疑》卷二八《刑律·断狱》"官司出入人罪"条。

在《大诰》中明令禁止官吏下乡："有等贪婪之徒，往往不畏死罪，违旨下乡，动扰于民。今后敢有如此，许民间高年有德耆民，率精壮拿赴京来。"① 并规定对于违背此令者，不分是非曲直，一律处以死刑。这一被后世视为笑柄的峻令，显然是对官吏扰民的原因没有作正确的分析，凭君主个人臆想而创设的。沈家本在《明大诰峻令考》一文中抨击道："官不下乡则境内之厄塞形势无自周知，风土人情无自咨访，惰者乐于从事，勤者欲有所施设而不能，于吏治甚有关系。且事之扰民者何必下乡，因噎废食，此之谓欤！"②

又如，朱元璋对闲民交结官府乱政坏法极为恼恨，在《续编》中设置 7 个专条严禁滥设吏卒。然罪除滥设，当有定法。朱元璋不是这样，在同一编诰文中，对于同一犯罪的处刑，朝令夕改。《续编》第 12 条规定："非朝廷立法，闲民擅当的当名色，干办名色……官民皆枭于市"；③ 第 16 条规定："滥设无藉之徒……的当人、管干人、干办人，并有司官吏，族诛"；④ 第 62 条规定：闲民"私下擅称名色，与不才官吏同恶相济虐害吾民者，族诛。……有司凌迟处死"；⑤ 第 75 条规定："市井无藉之徒……有司仍前用此，治以死罪"。⑥ 刑罚如此前后不一，使臣民何以适从！其用刑的随意武断，从此条峻令可见一端。洪武二十一年（1388 年），中书庶吉士解缙上书言："令数改则民疑，刑太繁则民玩。国初至今二十载，无几时不变之法，无一日

① 《续编》：《民拿下乡官吏第十八》。
② （清）沈家本撰：《明大诰峻令考》，见沈家本撰《历代刑法考》第 4 册，中华书局，1985，第 1917 页。
③ 《续编》：《妄立干办等名第十二》。
④ 《续编》：《滥设吏卒第十六》。
⑤ 《续编》：《闲民同恶第六十二》。
⑥ 《续编》：《市民不许为吏卒第七十五》。

无过之人。"① 可以说是切中时弊。

其二,《诰》文中列举之案例,不少是置罪与非罪和罪情轻重于不顾,一味以严为尚,不加区别地滥行诛戮,甚至广为株连,冤及无辜。据《初编·军人妄给妻室第六》:军人唐闰山到兵部妄告,把山西洪洞县姚小五妻史灵芝说成自己妻室,兵部给与勘合,令将史灵芝起赴镇江与唐闰山完聚。姚小五去洪洞县衙申诉,县衙怕得罪兵部,不敢与民伸冤。处理此案,本应既治唐闰山妄娶妻室之罪,又对县官的渎职依律"告状不受理"条,杖八十。然而,朱元璋对唐闰山未加追究,也没有对此案中渎职的官员按责任大小区别处理,而是将有司官员"尽行处斩",造成了新的冤狱。又据《武臣·邀截实封第十二》:"平阳梅镇抚,有被害军人赴京告指挥李源,他替李源邀截回去。事发,梅镇抚阉割,发与李源家为奴。"② 这无疑又是一件不白之冤。指挥李源被告而未治罪,想必无罪可科,则军人属于妄告。不治妄告者之罪,且又祸及他人,岂不是非颠倒,治狱失平! 类似的冤案,在《大诰》还有许多,无一不是因君主的喜怒好恶而致。

需要指出的是,由于朱元璋求治太切,主张"锄根剪蔓,诛其奸逆",③ 加之以个人臆断为刑罚标准,故动辄一案,牵连甚众,以致发展为滥杀。譬如,溧阳皂隶潘富拒捕在逃,所过州县,匿藏递送者107户。崇德县豪民赵真等曾率领200余人围困追捕者。本来,匿藏者情节有轻重,围困者有首从,朱元璋盛怒难竭,"将豪民赵真、胜奴并二百余家尽行抄没,持杖者尽皆诛戮,沿途节次递送者一百七户尽行枭令,抄没其家"。④ 又如,

---

① (清)夏燮撰:《明通鉴》卷九,中华书局,1980,第462页。
② 《武臣》:《邀截实封第十二》。
③ (清)黄宗羲辑:《明文海》卷四七,中华书局,1987,影印本,第350页。
④ 《三编》:《递送潘富第十八》。

依照明律，对犯赃者，计赃并区分枉法、不枉法赃科罪，然《续编·朝臣蹈恶第五十》记洪武十八年（1385 年）后新诛六科给事中、承敕郎、各卫知事等 100 人，贪赃多者达 63500 贯，少者只有 135 贯，却不加区分，统统诛杀。在《大诰》记述的贪赃罪中，有数百件本不应属于死罪者，却都处以死刑，即是计赃犯笞者亦难幸免。所有这些都充分表明，《大诰》中的刑罚具有君主任意用刑和酷滥的特征。

以上是对《大诰》记述朱元璋律外用刑情况的基本考察。这里需要指出，朱元璋的治国之道是恩威兼施，宽猛并用。他颁行《大诰》的用心，既以严刑威慑奸顽，使民知惧而不敢犯；同时又宣示其"爱民之心"，劝谕臣民革心向善。正由于如此，《大诰》也记述了一些依照律条或较律从轻处刑的案件。如《三编·进士监生不悛第二》中，朱元璋以"诸生年幼，况初入仕"为由，对于 364 名进士、监生犯罪，仅把再犯、三犯、四犯且罪情严重的 6 人处以死刑，其他 358 人则予以包容，处罚较轻，并令其中绝大多数人"戴罪还职"、"戴罪充书吏"、"戴罪听差"、"戴罪充监生"、"戴罪读书"。又如，朱元璋基于优待军人的考虑，也可能是他对"以威为治"的得失有所反思，《大诰武臣》中案件的处刑较前三编为轻，其中不少案件的量刑与《大明律》没有多大出入，甚至个别案件的量刑较律为轻。因此，我们不能因朱元璋用刑酷烈，就不加分析地以为《大诰》记载的每一案例都是法外用刑，或处刑较《大明律》加重；也不能因为《大诰》中有一些依律处刑或个别较律量刑为轻的案件，就否认律外用刑是《大诰》的重要特征。

五 明《大诰》的特色之二
——重典治吏

强调重典治吏，是《大诰》的又一个重要特色。四编《大诰》列举的各种案例，大多数是属于惩治官吏方面的。朱元璋在《大诰》中的"训诫"和新设立的峻令，也多是针对官吏而发的。明《大诰》为了教化全体臣民和惩治奸顽而发布的，其侧重点是治吏。

在《大诰》中，朱元璋所以注重重典治吏，这同当时的社会现实、特别是统治集团内部矛盾的激化密切相关，也是他的治国思想在吏治上的集中反映。

朱元璋的重典治吏思想及其实践，经历了一个逐步形成和发展的过程。洪武初期与中期的做法也不尽完全相同。他起自"淮右布衣"，年轻时候做过雇工，当过和尚，在参加元末农民大起义的过程中，又目睹了元朝统治的腐败，对官吏的贪暴专横和平民百姓的反抗压迫、剥削的激烈情绪深有感受。他说："朕昔在民间时，见州县官吏多不恤民，往往贪财好色，饮酒废事，凡民疾苦视之漠然，心实怒之。故今严法禁，但遇官吏贪污蠹害吾民者，罪之不恕。"① 可见，他在当皇帝前，就很痛恨贪官污吏，萌发了重典治吏的思想。

朱元璋做皇帝后，心怀雄图大略，急切地期望恢复极端残破的社会经济，改变纷扰混乱的社会秩序，力图治理出一个"海宇宁谧，民乐雍熙"② 的太平盛世。要实现这一政治目标，首先就必须有一个清明的吏治，也就是说，掌管兵、刑、钱、谷的各级政府官吏必须是贤能的。从朱元璋发布的谕旨看，他的吏治目标是：天下诸司官吏严守纪纲，忠君爱民，不结党乱政，不贪财好色，公慎廉明，专心牧民，劝课农桑，大兴教化等。但是，当时他从元朝继承下来的吏治方面的遗产却使他忧心疾首。据史载，元朝末年，吏治大坏，"内外诸官皆安于苟且，不修职事，惟日食肥甘，因循度日，凡生民疾苦，政事得失，略不究心"。③ "官贪吏污……不知廉耻之为何物。其问人讨钱，各有名目：所属始参，曰拜见钱；无事白要，曰撒花钱；逢节，曰追节钱；生辰，曰生日钱；管事而索，曰常例钱；送迎，曰人情钱；勾追，曰赍发钱；论诉，曰公事钱；觅得钱多，曰得手；除得州美，曰好地分；补得职近，曰好窠窟；漫不知忠君爱民之为何事也。"④ 尽管农民起义的洪流，给这种腐败的吏治以巨大冲击，怎乃恶习根深蒂固，积重难返。朱元璋鉴于元代因吏治腐败并导致官逼民反的血的教训，他得出结论："吏治之弊，莫甚于贪墨。"⑤ 又说："此弊不革，欲成善治，终不可得。"⑥ 故开国伊始，"惩元

---

① （明）余继登撰：《典故纪闻》卷二，中华书局，1981，第29页。
② 《三编》：《大诰三编后序》。
③ 《明太祖实录》卷七二。
④ （明）叶子奇撰：《草木子》卷四下《杂俎篇》，中华书局，1983，第81~82页。
⑤ 《明太祖实录》卷一四八。
⑥ 《明太祖实录》卷六九。

季吏治纵弛，民生凋敝，重绳贪吏，置之严典"。① 欲"震之以雷霆，大举废政而修明之"。② 很显然，在当时的特定历史条件下，这一措施的必要性和积极意义是不言而喻的。

从洪武建元到颁行《大诰》的 18 年间，朱元璋的重典治吏大体经历了两个阶段。洪武初期，他进行了大量的健全法制的工作，立法、用法都颇严峻，然较少法外用刑和进行大规模滥杀。应当说，这对抑制贪污之风是起了积极作用的。当此之时，官吏"皆重足而立，不敢纵肆"。③ 本来，抑制元末以来极度膨胀了的贪墨之风"犹坚冰之泮"，非短期之功所能奏效，更何况君主政治体制和剥削制度本身就是大量滋生贪官污吏的温床，故朱元璋用刑虽严，然"法出而奸生，令下而诈起"。④ 官吏违法犯罪却屡有发生。面对这种情况，朱元璋"夜不安寝"，再加上统治集团上层斗争的白炽化和朱元璋欲为子孙剪除后患等各种复杂因素的影响，他决心采取更为强硬的办法消除奸贪，说："我欲除贪赃官吏，奈何朝杀而夕犯！今后犯赃者，不分轻重皆诛之。"⑤这样，以洪武九年（1376 年）空印案为开端，他在重典治吏方面便采取了以律外用刑为特征的大规模的肃贪政策。这种政策直到《大诰》颁行前从未中断。洪武十八年（1385 年）初，作为明初四大案之一的郭桓贪污案发生。据朱元璋说，此案的赃款折合精米达 2400 万担之巨。⑥ 从《初编》采辑的案例看，相当一部分条目的内容同此案以及贪污税粮有关。由此可知，郭桓贪污

---

① 《明史》卷二八一《循吏》，中华书局，1974，第 7185 页。
② （明）方孝孺撰：《逊志斋集》卷一四《送祝彦芳致仕还家序》，《四部丛刊初编》缩本。
③ （清）赵翼撰、王树民校证：《廿二史札记》卷三二，中华书局，1984，第 744 页。
④ 《明臣奏议》卷一《应求直言诏上书》。
⑤ （明）刘辰撰：《国初事迹》，中国国家图书馆藏明秦氏绣石书堂抄本。
⑥ 《初编》：《郭桓造罪第四十九》，据《明史》卷九四《刑法二》：郭桓案"赃七百万"。

案事发，使朱元璋进一步坚定了"现任有司，皆系不才之徒"①的看法，从而更加雷厉风行地推行他的以律外酷刑治吏的既定政策。《大诰》中所宣扬的重典治吏，并非是一般意义上的依法从重惩治贪官污吏，而是欲图通过渲染和实行酷刑峻法来威慑和打击罪犯，借以根除贪墨。它是洪武中期以来朱元璋运用大肆屠杀手段整肃吏治的继续和发展。

律外用刑，为历代儒臣所大忌。为了向臣下说明他以律外酷法治吏的正确性，朱元璋在《大诰》中详尽地陈述了官吏的弊病和罪状，强调了非酷刑峻法不可整肃治吏的思想。

在谈到中央官吏的弊病时，朱元璋指出：今之人臣多"恃权妄为"，"蔽君之明，张君之恶，邪谋党比，几无暇时。凡所作为，尽皆杀身之计，趋火赴源之筹"。②又说："朕今所任之人，不才者众，往往蹈袭胡元之弊。临政之时，袖手高坐，谋由吏出，并不周知，纵是文章之士，不异胡人。"③使朱元璋尤为恼火的是，不仅"天下诸司尽皆赃罪"，④甚至连自己派去监察百司、充当耳目的御史，也是"假御史之名，扬威胁众，恣肆贪淫"，⑤实是积习太深，"若不以律条章，将必仿效者多，则世将何治"！⑥

地方官吏的情况，在朱元璋看来，一点也不比中央官吏稍好些。"朕设府、州、县官，从古至今，本为牧民。曩者所任之官，皆是不才无藉之徒，一到任后，即与吏员、皂隶、不才耆宿

---

① 《续编》：《追赃科敛第三十六》。
② 《初编》：《君臣同游第一》。
③ 《初编》：《胡元制治第三》。
④ 《初编》：《朝臣优劣第二十六》。
⑤ 《三编》：《御史刘志仁等不才第三十九》。
⑥ 《明太祖御制文集》卷二《赦工役囚人》。

及一切顽恶泼皮，夤缘作弊，害吾良民多矣"。① "各处有司，惟务奸贪，不问民瘼，政声丑陋"。② 在《大诰》中，朱元璋列举了地方官吏的种种罪状："尽收四乡无藉之徒，掌行文案"者有之；"视朕命如寻常，以关防为无事"，"伪造御宝文书，至府不行比对勘合承接"者有之；"容留罢闲，擅使滥设"、"故违律法"、"在乡结党害民"者有之；"巧立名色，科敛于民"者有之；妄报水灾，克减赈济、隐匿田赋、假公肥私者有之；"生事科扰，及民间词讼，以是作非，以非作是，出入人罪，冤枉下民"者有之；"诽谤朝廷"，"自作非为，强声君过，妄彰君恶"者有之。诸如此类，不胜枚举。朱元璋认为，比以上罪状更使他难以容忍的是，朝廷告诫再三，而官吏却明知故犯："所在有司，坐视患民，酷害无端，政由吏为。吏变为奸，交头接耳，议受赃私，密谋科敛。愚奸既成，帖下乡村，声征遍邑，民人嗟怨"。③ 他们不依"朕谕"，"到任之际，掌钱谷者盗钱谷，掌刑名者出入刑名"。④ "此等官吏，果可容乎"！⑤

在谈到武臣时，朱元璋认为，他们是一批"赶不上禽兽的心"的"恶人"，"上坏朝廷的法度，下苦小军"，⑥ 干的全是"贪财不怕死"的勾当。如克落粮盐，私役、卖放、科敛军人，勾军作弊，肆贪害民，纵贼出没，防倭作弊，图财杀人等等，可谓无恶不作，"毫无仁心"。"似这等难教难化"之徒，"若不罪他呵，那撒泼的怎地怕"！⑦

---

① 《三编》：《民拿害民该吏第三十四》。
② 《初编》：《吏殴官长第十六》。
③ 《初编》：《谕官之任第五》。
④ 《初编》：《谕官无作非为第四十三》。
⑤ 《初编》：《造册科敛第五十四》。
⑥ 《武臣》：《大诰武臣序》。
⑦ 《武臣》：《卖放胡党第十七》。

朱元璋列举官吏罪状的目的，是为了给他实行重典治吏提供事实依据。在《大诰》中，他不仅大肆地宣扬重典治吏思想，而且也向人们阐述了他推行重典治吏的具体情况和措施。

四编《大诰》中有关吏治方面的案例，是朱元璋于洪武十八年到二十年间重典治吏的真实纪录。如果说《初编》记载了洪武十八年及其近期打击贪官污吏情况的话，那么，《续编》和《三编》则主要记载的是《初编》颁行后他重典治吏的情况，其中许多条目是为了维护和推动前一编《大诰》禁令的实施而设立的。综观四编《大诰》，可以看出，朱元璋的重典治吏，是从律外用刑和严密法网两个方面双管齐下的。

在四编《大诰》记载有案例的 156 个条目中，涉及官吏犯罪的条目为 128 个。① 从这些案例看，朱元璋对官吏的律外用刑，重点是打击以下几个方面的犯罪。①贪赃和科敛害民。这是朱元璋重典治吏的核心内容。四编《大诰》中记载此类案例的条目最多，共 59 个，其中官吏科敛害民的为 16 个。株连人数最多的案件，也多因贪赃罪所致。②乱政坏法和渎职罪。记有此类案例的条目为 44 个，内容包括奸党、倚法为奸、捏词诬陷、官民勾结、沉匿宗卷、公文行移不实、逼民妄行奏保、昏乱掌钞、滥设吏卒、差民经该不解物、断狱故出入人罪、故更囚名、冒解罪人、验囚尸不实、用囚书办文案、不对关防勘合、脱放逃囚逃军、邀截实封、防倭作弊等各个方面。由于这类犯罪不仅直接有害于统治秩序的稳定或关系到朝廷的安危，而且也往往与贪赃枉法联系在一起，因此，朱元璋对犯有此类罪者，既使未查出赃

---

① 这个数字包括官民共同犯罪的条目在内。又，下面几段中关于官吏犯罪的各类案件涉及的条目数，因有些条目记有几种罪名的案件，一个条目有时分别统计几次，故分类条目的总数比 128 条要多。

私，也处以苛刑，因而被族诛、凌迟、枭令者甚众。③妄报水灾、欺隐田粮和征收税粮不时。记有此类案例的条目为 13 个。赋税收入是朝廷的经济命脉，朱元璋对这方面的犯罪特别关注。仅因妄告水灾或查踏水灾不实被治罪，在《大诰》中有姓名可查者，就有数百人。④违礼犯分和败坏封建人伦关系。记有此类案例的条目为 16 个，内容涉及凌辱和殴打长官、皂隶殴舍人、差使人越礼犯分、祭祀不敬、教官妄言、男女混淆、妄给妻室、犯奸等。朱元璋从重人伦，兴教化的思想出发，对这方面的犯罪也大多重惩不贷。⑤不收不敬《大诰》或违背《大诰》禁令。记有此类案例的条目为 6 个。条目虽少，刑罚却格外苛刻，如有犯者，无不是治以死罪。以上的分析表明，朱元璋的律外用刑，是以打击贪赃罪为重点，同时也涉及吏治的各个方面，对于贪官污吏和臣下的一切越轨行为，他都是坚决予以打击。

　　为了实现以严刑去贪暴的目的，朱元璋在大肆诛戮贪官污吏的同时，制定了一系列旨在严密法网、加强对臣下控制的措施和法律规定，主要有：

　　（1）严禁"滥设吏卒"，明令"市民不许为吏卒"。规定：诸司衙门"滥设无藉之徒……的当人、管干人、干办人，并有司官吏，族诛"。①"有等无藉之徒，村无恒产，市无铺面，绝无本作行商。其心不善，日生奸诈，岂止一端，惟务构结官府，妄言民之是非。……今后诸处有司衙门皂隶、吏员、狱卒，不许用市井之民。……有司仍前用此，治以死罪"。②

　　（2）设寰中士夫不为君用之法。"'率土之滨，莫非王臣'成说，其来远矣。寰中士夫不为君用，是外其教者，诛其身而没

---

①　《续编》：《滥设吏卒第十六》。
②　《续编》：《市民不许为吏卒第七十五》。

其家，不为之过。"①

（3）严明职守，防范官吏伺机贪墨。《三编·农吏第二十七》规定："今后诸衙门官，凡有公事，能书者，务必唤首领官于前，或亲口声说，首领官著笔；或亲笔自稿，照行移格式为之，然后农吏誊真，署押发放。……凡百公事，若吏无赃私，一切字样差讹，与稿不同，乃吏誊真之罪。设若与稿相同，主意乖违，罪坐官长，吏并不干"。《续编·民拿经该不解物第五十五》规定："凡在官之物起解之际，须差监临主守者。若是布政司、府、州、县不差监临主守，故差市乡良民起解诸物，因而卖富差贫……族诛之"。《续编·擅差职官第十九》规定："仓场、库务、巡检、闸坝等官，各有职掌，暂时不可离者"；有司敢有差使其离职办事，"比此罪（死刑）而昭示之"。《续编·钱钞贯文第五十八》规定："钞法之行，皆云贯锭"，"昏乱掌钞者……已将各官治以重罪。今后敢有如此者，同其罪而罪之"。《续编·不对关防勘合第六十三》规定：有司"不对关防勘合"者，"枭令"。《续编·关隘骗民第六十五》规定："各处关隘把截去处，巡检、弓兵将逃军逃囚一概受财，纵令逃去。及至拿住贼盗，不行火速解官，却乃教唆诬指平民。拿获私盐，尤其骗诈民甚。此等不才，《诰》布之后，仍前为事不公，事发到官，治以重罪。"

（4）严禁官吏下乡，明令有司不许听事。《续编·民拿下乡官吏第十八》规定："有等贪婪之徒，往往不畏死罪，违旨下乡，动扰于民。今后敢有如此，许民间高年有德者民，率精壮拿赴京来"。《续编·有司不许听事第十一》规定："凡诸司衙门，如十二布政司，不许教府、州、县官吏听事，府不许教州官吏听

① 《三编》：《苏州人材第十三》。

事，州不许教县官吏听事，县不许教民间里甲听事。……敢有如此，许民赴京面奏"。

（5）建立民拿害民该吏制度。"所在有司官吏，若将刑名以是为非，以非为是"；或"私下和买诸物，不还价钱"；或"赋役不均，差贫卖富"；或"举保人才，扰害于民"；或"勾补逃军力士，卖放正身，拿解同姓名者"；或"造作科敛"，把"起解轮班人匠卖放"；"尔高年有德耆民及年壮豪杰者"，将"该吏拿赴京来"。"其正官、首领官及一切人等，敢有阻当者，其家族诛"。① "积年民害官吏……潜地逃回，两邻亲戚即当速首，拿赴上司，毋得容隐在乡，以为民害"。②

（6）建立遣牌唤民制度。"凡有临民公务，遣牌下乡，指乡村，坐地名下姓氏，遣牌呼唤。民至，抚绥发落。有司不如命者，民赴京诉。若牌至民所，三呼而民不至，方遣皂隶诣所在勾拿。民至，必询不至之由"。若有司不照此办理，无故加罪于民，"有司之罪，巨微不赦"。③

（7）对官吏犯贪赃罪者，层层追查，有司负联带责任。"如六部有犯赃罪，必究赃自何而至。若布政司贿于部，则拘布政司至，问斯赃尔自何得，必指于府。府亦拘至，问赃何来，必指于州。州亦拘至，必指于县。县亦拘至，必指于民。……其令斯出，诸法司必如朕命"。④ "天下仓廒并库藏等处，官攒斗级人等有犯赃私，问赃自何而得……凭招勾纳户到官，加倍追赔。当该法司不行如敕究问追征，罪如犯者"。⑤

<hr>

① 《三编》：《民拿害民该吏第三十四》。
② 《初编》：《积年民害逃回第五十五》。
③ 《续编》：《遣牌唤民第十五》。
④ 《初编》：《问赃缘由第二十七》。
⑤ 《初编》：《仓库虚出实收第三十四》。

（8）设重法防范官吏贪赃害民。《初编·官民犯罪第二十九》规定：官民"贿赂出入，致令冤者不伸，枉者不理，虽笞亦坐以死。"《初编·冒解罪人第四十》规定："所在有司官吏，上司着令勾解罪人，往往卖放正身，将同姓名良善解发。今后若此，该吏处以重刑。"《三编·官吏长押卖囚第十九》规定："卖放囚徒者，本身处以极刑，籍没家产，人口迁于化外。"《初编·行人受赃第三十五》规定："行人受命而出，或捧制书，或寻常差使，或催督六部、都察院公事，所在受赃者……除民人被其威逼科敛不罪外，官吏与者、受者罪同。"《续编·路费则例第六十一》规定："今后每岁有司官赴京，进纳诸色钱钞并朝觐之节，朕已定下各官路费脚力矣。若向后再指此名头科民钞锭脚力物件，官吏重罪。"《续编·庆节和买第七十六》规定：有司"指以庆节为由，和买民物……不还民钱……拿赴京来，斩首以除民患"。《续编·造作买办第七十七》规定：承办朝廷诸色造作，"指名要物，实不与价……将该吏斩首"。《三编·巡阑害民第二十》规定："今后为巡阑者，依恃官威，剥尽民财……本人凌迟"。

（9）"造言好乱"者治以重罪。"妄出谤言，以唐律作流言以示人，获罪而身亡家破"。[1]"说'如今朝廷法度好生利害'……如此设谋，煽惑良善……所以将尔等押回原籍，枭令于市，阖家成丁者诛之，妇女迁于化外"。[2]

（10）整肃纪纲，禁止吏卒越礼犯分。《初编·差使人越礼犯分第五十六》规定：皂隶承差于所属衙门，"入正门，驰当道，坐公座，有乖治体。……今后敢有如此者，全家迁入云南。

---

① 《三编》：《作诗诽谤第十一》。
② 《续编》：《断指诽谤第七十九》。

当该主使者，临遣之时，不行省会毋得犯分，杖一百。其容令入正门，驰当道，坐公座，此等衙门官吏，不行举觉，杖一百流云南"。若皂隶敢凌辱下属衙门官员，"其罪尤甚"，"当该受辱衙门拿赴京来"。

（11）禁止"官民勾结"。《续编·闲民同恶第六十二》规定："今后敢有一切闲民，信从有司……私下擅称名色，与不才官吏同恶相济，虐害吾民者，族诛。……有司凌迟处死。"

这里应该指出，在明太祖的重典治吏措施中，还包含着一些借民众力量监督、惩治贪官污吏的思想。《大诰》中这方面的规定很多。除上面涉及的"民拿害民该吏"条款之外，还有"民陈有司贤否"的规定："自布政司至于府州县官吏，若非朝廷号令，私下巧立名目，害民取财，许境内诸耆宿人等，遍处乡村市井连名赴京状奏，备陈有司不才，明指实迹，以凭议罪，更贤育民。"①《初编·乡民除患第五十九》规定："今后布政司、府、州、县在役之吏，在闲之吏，城市乡村老奸巨猾顽民，专一起灭词讼，教唆陷人，通同官吏害及州里之间者"，允许良民将其"帮缚赴京，罪除民患"。《续编·吏卒额榜第十四》规定：在任之官须将皂隶名额，先行榜示民众，"除榜上有名外，余有假以衙门名色，称皂隶、称簿书者，诸人擒拿赴京"。在《三编·民拿害民该吏第三十四》中，朱元璋详尽地叙述了他采取民拿害民该吏措施的原因和意图。指出，他之所以这样做，是因为所任之官，夤缘作弊，为非多端。"若靠有司辨民曲直，十九年来未见其人"。并说，"若民从朕命，着实为之"，敢于捉拿害民官吏，那么，"不一年之间，贪官污吏尽化为贤矣。为何？以其良

---

① 《初编》：《民陈有司贤否第三十六》。

民自辨是非，奸邪难以横作，由是逼成有司以为美官"。由此可见，朱元璋的"民拿害民该吏"的思想是建立在对官吏极不信任的基础之上的，是一种借民逼官、强化吏治的手段。为了保证这一措施的实现，朱元璋提出，要给持《诰》赴京的乡民以法律保障。规定，凡布政司、府、州、县耆民人等，拿害民该吏赴京面奏者，"虽无文引"，关津也要"即时放行，毋得阻当"；"其正官、首领官及一切人等，敢有阻当者，其家族诛"。① 在《续编》中，朱元璋列专条记载了嘉定县淳化镇巡阑何添观、弓兵马德旺阻挡耆民赴京分别受到刖足枷令、枭令示众的事，重申："今后敢有如此者，罪亦如之"。② 同时，又另列专条表彰了常熟县陈寿六等擒拿该县恶吏赴京受赏的事迹，称赞道："其陈寿六，岂不伟欤！"③ 要人们向他学习。这说明，朱元璋对他制定的这一措施是抱有很大希望并决心实行的。这种借助民众力量监督、惩治贪官污吏的措施，在中国古代历史上是前所未有的。尽管这种办法在今天看来，带有无政府主义的色彩，也是一种缺乏依法办事观念的表现，但从一定意义上说，它是对"官贵民贱"的传统意识的一种冲击，因而是有进步意义的。当然，由于朱元璋的主张是建立在脱离实际的主观臆想的基础之上的，当时除了极少数的捉拿恶吏的事例外，这一措施没有能够普遍实行起来。

---

① 《三编》：《民拿害民该吏第三十四》。
② 《续编》：《阻当者民赴京第六十七》。
③ 《续编》：《如诰擒恶受赏第十》。

六 明《大诰》的特色之三
——明刑弼教

"明刑弼教"是朱元璋颁行《大诰》的基本动机，也是他倡导律外用刑和重典治吏的理论基础。在四编《大诰》中，朱元璋把这一精神贯穿于各个条目和全书的始终，形成了以刑弼教的鲜明特色。

（一）朱元璋提倡"明刑弼教"的缘由和理论依据

阅读明初史料，人们不难发现一个有趣的现象，即从开国初到《大诰》颁行前，朱元璋在论及包括教化与刑在内的德刑关系时，基本上还是沿用了"德主刑辅"、"礼法合一"这一中国古代传统的立法、司法指导原则，而很少使用"明刑弼教"的提法。在《大诰》中，情况发生了奇妙的变化：明刑弼教思想被反复强调，"德主刑辅"一词则从未提及。这是偶然的疏忽吗？当然不能这样解释。自汉代中期以来，"教，政之本也，狱，政之末也"，[①] 被历代统治者说成是治国的至理名言，"德主

---

① （汉）董仲舒撰：《春秋繁露》卷三《精华第五》，中华书局，1995，影印本，第23页。

刑辅"一直被各代王朝奉为神圣不可动摇的"圣贤之道",精明过人、为实现社会安定"宵昼不遑宁处"的朱元璋岂肯无端改变?那么,究竟是何原因促使他做了这样微妙的变通呢?

结合明初的司法实践和《大诰》的内容认真考察,便可看清事情的本质:原来,提倡"明刑弼教"学说,是朱元璋在明初司法实践与指导思想严重背离的情况下,为继续推行重典政策而找到的重要理论武器和法律措施。

朱元璋"以民俗浇漓,人不知惧",① 故"惩元废弛,刑颇峻"。② 但是,他在推行重典治世政策的过程中,遇到了两方面难题:

一是因诛戮过滥,激起了臣民普遍的强烈不满。洪武九年(1376 年),平遥训导叶伯巨上书中所言就集中代表了这种情绪。其书曰:"主上痛惩其弊,故制不宥之刑,权神变之法,使人知惧而莫测其端也";"用刑之际,多裁自圣衷,遂使治狱之吏务趋求意旨,深刻者多功,平反者得罪";"窃见数年以来,诛杀亦可谓不少矣,而犯罪相踵。良由激劝不明,善恶无别,议贤议能之法既废,人不自励,而为善者怠也"。③ 朱元璋也切身感到了臣民的不满情绪,在《大诰》中,他痛斥道:顽民"朋奸诽谤,却说'如今朝廷法度好生利害'"。④ "无知朝廷艰辛者,乃曰'刑酷'"。⑤

二是朱元璋口头上的"轻刑"说教与实际推行的重刑政策自相矛盾,理论与实践的背离,成为继续强化重典之治的重大障

---

① （明）陈子龙等辑:《明世经文编》卷八,中华书局,1987,影印本,第 56 页。

② （清）查继佐撰:《罪惟录》卷一《太祖高皇帝纪》,浙江古籍出版社,1986,第 28 页。

③ 《明史》卷一三九《叶伯巨传》,中华书局,1974,第 5 页。

④ 《续编》:《断指诽谤第七十九》。

⑤ 《初编》:《纳豆入水第五十三》。

碍。朱元璋登上皇帝宝座以后，虽然"驭下常以严厉为主"，[①]
刑用重典，然每当公开论及德刑关系时，也是口口声声宣扬自己
师承先圣之道，重德轻刑。他同臣下谈及德刑问题时，总是以
"仁心行仁政"的面目出现，反复告诫群臣："仁义，治天下之
本也"；[②] "治国之要，教化为先"。[③] 他多次痛骂商鞅、韩非的
"重典"主张，对臣下言重典者一概痛斥，说："夫威以刑戮，
而使民不敢犯，其为术也浅矣。且求生于重典，是犹索鱼于釜，
欲其得活难矣。故凡从轻典，虽不求其生，自无死之道。"[④] 对
于朱元璋的"轻刑"言论，结合他讲话的背景和实际上的作为
加以分析，可以看出，有些是表达了他要求加强道德教化的思想
和防范臣下滥用刑罚的意图，但也有不少时候是为了配合推行重
刑政策，堵臣民的嘴，用以说明他并未背离"圣贤之道"，刑用
重典是不得已而为的。然而，在举国上下抱怨"刑重"和群臣
要求"慎刑罚，敦教化"、"宜少济以宽大"[⑤] 的呼声中，他解释
"刑用重典"的各种理由都显得极其勉强，他宣扬的"轻刑"言
论和干的一套也常常自相矛盾和难以服众。

面对着这些矛盾和阻力，如何把既定的重典治国方针推行下
去，又能在不触忤儒家正统思想的前提下自圆其说，保持"仁
君"的形象，便成为亟待解决的政治课题。"明刑弼教"学说正
是适应这种需要受到朱元璋的青睐。

"明刑弼教"一语，渊于《尚书·大禹谟》。原文曰："明于

---

① （清）赵翼撰：《廿二史札记》卷三六《明祖用法最严》，中华书局，1984，第837页。
② （清）谷应泰撰：《明史纪事本末》卷一四《开国规模》，中华书局，1977，第195页。
③ （清）谷应泰撰：《明史纪事本末》卷一四《开国规模》，中华书局，1977，第204页。
④ 《明太祖实录》卷二五。
⑤ （清）夏燮撰：《明通鉴》卷四，中华书局，1980，第268页。

五刑，以弼五教"。①《大禹谟》属于《古文尚书》，为魏晋人所作。但从先秦诸子著述中有关德刑关系及"去刑"方面的论述看，至迟在战国时期，"明刑弼教"思想已经萌芽。

在中国古代，对于如何处理德与刑、法律与教化的相互关系，人们经历了由不成熟到成熟的认识过程。春秋战国时期，儒家和法家围绕着这一问题曾进行了激烈的争论。法家并不否定教化的作用，但认为"刑生力，力生强，强生威，威生德。德生于刑"，②"胜法之务莫急于去奸，去奸之本莫于严刑"，③ 主张"以法治国"，④"以杀去杀"、"以刑去刑"，⑤"先刑而后赏"。⑥而儒家也并不轻视刑罚的作用，但认为"导之以政，齐之以刑，民免而无耻；道之以德，齐之以礼，有耻且格"，⑦ 治国应"以德服人"，⑧ 并从推行"礼治"、"仁政"治国方略出发，阐发了一套比较完整的伦理和德刑关系思想。儒家所说的"五教"，是指社会中的五种伦理道德，即父义、母慈、兄友、弟恭、子孝。"五教"又称为"五常"之教。"五常"的内容为"仁、义、礼、智、信"。从人伦关系上讲，"五教"的含义又被概括为"父子有亲，君臣有义，夫妇有别，长幼有叙，朋友有信"。⑨ 对于教化的内容及其重要性，儒家学说创始人孔丘、孟轲作过大量

---

① 见（清）阮元校刻《十三经注疏》之二《尚书正义》，中华书局，1980，影印本，第134 页。
② 《商君书》：《说民第五》。
③ 《商君书》：《开塞第七》。
④ 《韩非子》：《有度》。
⑤ 《商君书》：《画策第十八》。
⑥ 《商君书》：《壹言第八》。
⑦ 《论语》：《为政第二》。
⑧ 《孟子》卷三《公孙丑上》。
⑨ 《孟子》卷五《滕文公上》。

论述，主张"为政以德"，① 严格按照"君君、臣臣、父父、子子"② 的原则，"教人以伦"，③ 反对"不教而杀"。④ 西汉中期，董仲舒在总结秦及西汉前期治国经验教训的基础上，吸收了法家、道家等各家的思想，进一步发展和概括了孔孟儒家的德教学说，形成了以"三纲五常"为核心的伦理学说体系，在德与刑、法律与教化的关系上，把"德主刑辅"确定为立法与司法活动必须遵循的指导思想，也就是说，教化重于刑罚，德为刑纲，刑要受德的制约，始终处于辅助的地位，在司法活动中要处处贯彻封建伦理纲常的精神。先秦法家提出的"以刑去刑"、"德生于刑"的思想，也经过改造，纳入了"德主刑辅"的思想体系，被后人概括为"明刑弼教"。自晋至明，历代研究注释《尚书》者，也对"明于五刑，以弼五教"的含义做过注疏。其中以《十三经注疏》本《尚书正义》的说法最为通行。唐代人孔颖达疏曰："弼，辅；期，当也。叹其能以刑辅教，当于治体。虽或行刑，以杀止杀，终无犯者。刑期于无所刑，民皆命于大中之道"。⑤ 即认为刑罚是有助于道德教化的治世手段，通过用刑罚打击犯罪，可以使臣民畏法守教，收到以刑去刑的社会效果。

　　"明刑弼教"思想虽然被纳入了儒家正统思想的体系，成为"德主刑辅"思想的组成部分，但由于这一思想突出了刑罚的作用，与统治者宣示的"仁政"、"先教后刑"、"大德小刑"⑥ 似

---

① 《论语》：《为政第二》。
② 《论语》：《颜渊第十二》。
③ 《孟子》卷五《滕文公上》。
④ 《论语》：《尧曰第二十》。
⑤ 见（清）阮元校刻《十三经注疏》之二《尚书正义》，中华书局，1980，影印本，第134 页。
⑥ （汉）董仲舒撰：《春秋繁露》卷一一《阳尊阴卑第四十三》，中华书局，1995，影印本，第66 页。

有不相和谐之处，所以，宋代以前，历朝在司法实践中，往往是强调贯彻"德主刑辅"原则，而很少提及"明刑弼教"。

宋代以后，随着生产力的进一步发展和社会矛盾的加剧，完善法制理论，以便有力地维护以"三纲五常"为核心内容的纲常礼教，已成为统治者的迫切需要。正是在这种情况下，为了强化国家的镇压职能和使统治者在处理德刑关系上有充分的灵活性，著名理学家朱熹从礼法结合的意义上，对明刑弼教思想作了更深入的阐发。

其一，朱熹虽然也承认教化与刑罚有本末之分，但他着重强调了在治国中二者同等重要的思想。朱熹在论述教化与刑罚关系时，常常使用的是"礼"与"刑"的提法。他指出，"天理"的基本内容是"三纲五常"，又说："礼者，天理之节文"；①"法者，天下之理"；②"礼字、法字实（是）理字"。③在他看来，礼和法、道德教化和刑都是"天理"的体现，在维护"三纲五常"方面是本质相同的东西。在阐明教化、刑罚与"三纲五常"内在关系的基础上，他进一步指出，要维护封建纲常，刑与教化两者不可偏废。说："若夫道德性命与刑名度数，则其精粗本末虽若有间，然其相为表里，如影随形，则又不可得而分"。④

其二，强调了刑对教化的作用，驳斥了那种重教化而轻刑罚的观点。他说："如何说圣人专意只在教化，刑非所急？圣人固以教化为急，若有犯者，须以此刑治之，岂得置而不用！"⑤又

---

① 《朱文公文集》卷六〇《答曾择之》。
② 《朱文公文集》卷六九《学校贡举私议》。
③ 《朱文公文集》卷四八《答吕子约》。
④ 《朱文公文集》卷七〇《读两陈议遗墨》。
⑤ （宋）黎靖德编：《朱子语类》卷七八《尚书·舜典》。

说："殊不知'明于五刑以弼五教'，虽尧、舜亦不免。教之不从，刑以督之，惩一人而天下人知所劝戒，所谓'以辟止辟'"。①

其三，认为在实施教化与刑罚时，二者谁先谁后，谁缓谁急，要根据维护三纲五常的实际需要来确定，不一定拘泥于"先教后刑"的模式。他说："明刑以弼五教，而期于无刑焉。盖三纲五常，天理名彝之大节，而治道之本根也。故圣人之治，为之教以明之，为之刑以弼之，虽其所施或先或后或缓或急，而其丁宁深切之意未尝不在乎此也。"② 这句话的意思是，刑与教化必须服从于维护"三纲五常"这个"治道之本"，至于是先教后刑，还是先刑后教，都是允许的。

经过朱熹的阐发，使"明刑弼教"在不背离伦理纲常的大前提下，增添了新意。我们决不可轻看这种小小变通的意义，其实，它意味着法制的指导原则沿着"德主刑辅——礼法合一——明刑弼教"的发展轨道进入了一个新的阶段。

表面上，"明刑弼教"的意思是以刑辅教，似乎它与"德主刑辅"这一传统的立法和司法指导原则并无多少区别，实际上它对法律的实施方法、发展方向和发挥的社会作用诸方面所产生的影响是巨大的。在中国古代法律史上，一般说来，倡导"德主刑辅"，本意是注重道德教化，限制苛刑，所以它往往是同"轻刑"主张相联系的。而经过朱熹阐发、风行于古代社会后期的明刑弼教思想，其立意是重道德而不轻刑罚，还明确地包含和体现了"刑罚立而后教化行"的思想，这就为统治者借助于"弼教"的口实，无节制地施用刑罚、推行重典政策提供了思想

① （宋）黎靖德编：《朱子语类》卷七八《尚书·大禹谟》。
② 《朱文公文集》卷一四《戊申延和奏札一》。

武器，因而它往往是同重刑主张相联系的。

鉴于"明刑弼教"学说既不违背"圣贤之道"，又能充分地为推行重刑政策辩护，在明初司法实践与指导思想严重背离的情况下，它作为解决这一矛盾的理论依据，被朱元璋大加尊崇和宣扬就是必然的了。一部四编《大诰》，包括《序》和236个条目，都是在这一思想的指导下写成的。朱元璋无论是在阐述颁行《大诰》的动机时，还是在解释施行每一酷刑的必要性时，都反复地把这一思想作为理论依据，可以说是从理论和实践结合上把朱熹所阐发的有关思想推到了新的高度。提倡"明刑弼教"是朱元璋完善明初法制理论、强化重典之治的需要，四编《大诰》则是他宣扬和实践这一法律主张的历史记录。

（二）朱元璋"明刑弼教"思想的内容和以刑弼教的措施

朱元璋的"明刑弼教"思想及其措施，是在继承前人、特别是朱熹的有关学说的基础上，结合洪武年间的治国实践加以发挥和具体运用而形成的。从理论上讲，他的思想较前人无重大的突破，且论述浅陋，缺乏深度，但他在实践这一法律主张方面，却是前代政治家们望尘莫及的。

在四编《大诰》中，朱元璋对实行"明刑弼教"的一系列基本问题都作过阐述。关于教化的内容和作用这个命题，他基本上是沿袭了儒家正统思想。他反复告诫臣民说，他的"明教"不过是"申明我中国先王之旧章，务必父子有亲，君臣有义，夫妇有别，长幼有序，朋友有信"。① 也就是说，教化的基本内

① 《初编》：《婚姻第二十二》。

容和要求是维护"三纲五常"。他指出：兴先王之教，"以开天生上智之人，以明中才之士，以训下愚之徒"。① 只有"教化流行"，才能使人"安分守己""趋事赴功，终不为怨"。② 然由于"胡元之治，天下风移俗变"，③"纲常大坏"，④"愚夫愚妇，效习夷风，所以泯彝伦之攸叙，是致寿非寿，富非富，康宁不自如，攸好德鲜矣"。⑤ 故必须以《诰》"明教"，"欲丕变胡俗，复我中国先王之治"。⑥

为了申明"五教"，他结合"当世事"反复向臣民申明忠君、孝亲等封建伦理纲常。在《初编》首篇，他专门阐明了"为臣之道"。说："昔者人臣得与君同游者，其竭忠成全其君，饮食梦寐，未尝忘其政。所以政者何？惟务为民造福，拾君之失，搏君之过，补君之缺。显祖宗于地下，欢父母于生前，荣妻子于当时，身名流芳，千万载不磨，专在竭忠守分。"⑦ 在《续编》首篇，又专门申明"五常"之教，说："臣民之家，务要父子有亲；率土之民，要知君臣之义，务要夫妇有别；邻里亲戚，必然长幼有序，朋友有信。众尊有德，不拘年之壮幼，不序长幼之分，此古人之大礼也。"⑧ 在《续编·互知丁业第三》中，他强调"民守四业"是其"从教"的重要标准："先王之教，其业有四，曰士、农、工、商。昔民从教，专守四业，人民大安。异四业而外乎其事，未有不堕刑宪者也。"在《续编·明孝第七》

---

① 《初编》：《教官妄言第七十一》。
② 《初编》：《马站第六十一》。
③ 《初编》：《胡元制治第三》。
④ 《初编》：《婚姻第二十二》。
⑤ 《续编》：《御制大诰续编序》。
⑥ 《三编》：《大诰三编后序》。
⑦ 《初编》：《君臣同游第一》。
⑧ 《续编》：《申明五常第一》。

中又重申了"人子之道"，指出，所谓"孝道"，不仅要做到"父母跟前，晨省昏定，供奉饮膳，说的言语，不敢违了"，还要守父母家业，"事君以忠"、"莅官以敬"、"不犯国法"，并对父母之命"乖于礼法"者，要"哀告再三"。朱元璋阐述的"教化"的内容，说来道去，无非是"君君、臣臣、父父、子子"一套封建礼教纲常，其中"忠君"、"守法"是他强调的重点。

关于教化与刑的关系以及刑对教化的作用，朱元璋指出："礼，人伦之正，民间安分守礼者多；法，治奸绳顽。二者并举，遍行天下，人民大安。"① 在《初编·民不知报第三十一》中，他又比较集中的论述了这个问题：

> 君之养民，五教五刑焉。去五教五刑而民生者，未之有也。所以五教育民之安，曰：父子有亲，君臣有义，夫妇有别，长幼有序，朋友有信。五教既兴，无有不安者也。民有不循斯教者，父子不亲，君臣不义，夫妇无别，长幼不序，朋友不信，强必凌弱，众必暴寡，鳏寡孤独，笃废残疾，何有之有焉。既不能有，其有命何存焉。凡有此者，五刑以加焉。五刑既示，奸顽敛迹，鳏寡孤独，笃废残疾，力弱，富豪，安其安，有其有，无有敢犯者，养民之道斯矣。

类似的论述，在《大诰》中还有多处，只是行文较短，然其意并无不同。所有这些阐述刑与教化关系的言论，有几个共同之点：（1）有意识地对"德主刑辅"一词加以回避；（2）认为刑与教化在治国中各自具有本身的特殊效能；（3）着重强调刑

---

① 《初编》：《民知报获福第四十七》。

罚对推行教化的巨大作用，提倡"明刑弼教"。可见，朱元璋对"明刑弼教"的认识，同朱熹的观点同出一辙。

朱元璋是一位注重实干、反对一味"泥古"的皇帝，他倡导"明刑弼教"的重要出发点，是为其继续强化重典之治开辟道路，这就决定了他虽然在一些基本的思想观点方面，如关于教化的内容和作用，关于教与刑在治国中居于同等重要地位及明刑弼教要"以严为本"等问题上，沿袭了朱熹的学说，但也根据自身的政治需要，提出了一些有别于前人的、同重典政策相适应的新的主张。

倘若把朱元璋的明刑弼教思想同朱熹的有关学说作一比较，就可以发现，围绕着如何实施"明刑弼教"的问题，他们的主张有两点重要的不同之处。

一是朱熹从儒家的"重人"和"施仁政"的观念出发，主张"明刑弼教"要严人伦之罪，宽财产之罪。他认为，用严刑打击败坏人伦的犯罪与儒家的"仁政"思想是不矛盾的。这样做，既可以"止奸绝本"，保护良民不被奸顽所害，也能够充分体现以刑辅佐教化的意义，故"虽曰杀之，而仁爱之心已行乎其中"。① 而对于侵犯钱财方面的犯罪，他针对宋代有关法律对此类犯罪处刑过严的问题，提出量刑应有所放宽，以体现"法之本意所重乃在人之躯命而不在乎货财"。② 朱元璋在以严法惩治败坏人伦之罪这点上同朱熹的看法是一致的，然而，对于一切侵犯钱财的犯罪，却同样加重处置。四编《大诰》所采辑的案例中，因贪污和科敛钱财被处以酷重刑罚者，就占有很大的比重。对此，朱元璋也有自己的解释。他说："不才者贪心不已"、

---

① （宋）黎靖德编：《朱子语类》卷七八《尚书一·大禹谟》。
② 《朱文公文集》卷二五《答张敬夫》。

"终化不省"。"君子之心，恻隐之道，无不至仁。此行推之于君子则可，小人则不然"。① 对于奸顽之徒，"宽则无教"，② 只有从严惩处，方能使"见者寒心，必无犯者"，③ 达到"人人同仁，使身不遭凶祸"④ 的目的。在朱元璋看来，他这样做也是"仁政"的体现。

二是朱熹主张实行"明刑弼教"要依法办事，并要在司法活动中贯彻"慎刑"的原则。他认为，对"于法中有疑，其或轻或重者"，要按"罪疑从轻"的精神处理。说："与其杀之而害彼之生，宁姑全之，自受失刑之责，其仁爱忠厚之至。"⑤ 朱元璋在颁行《大诰》前，也多次讲过类似的话，然在《大诰》中，却只言"重刑"而不讲"慎刑"，他说：奸顽"既无仁心……我又如何把仁心爱他"。⑥ 又说："教化则贤人善为，小人不能"。⑦ 故有必要"施五刑而不拘常宪"，⑧ "杀一儆百"，主张通过律外用刑和运用种种酷刑苛法去推行"明刑弼教"。

那么，在《大诰》中，朱元璋是怎样宣扬自己的"明刑弼教"主张，又是如何运用这一理论推行重典政策的呢？

第一，强调在"乱世"和"臣民不从教"的条件下，趋民"从教"、"从良"的唯一措置是"明刑弼教"。

为了论证他的以重刑"弼教"的主张的正确性和必要性，朱元璋在《大诰》中用大量篇幅和列举种种案例讲述了"臣民

---

① 《初编》：《朝臣优劣第二十六》。
② 《续编》：《婚娶第八十六》。
③ 《三编》：《库官收金第三十五》。
④ 《续编》：《相验囚尸不实第四十二》。
⑤ 《朱文公文集》卷六五《尚书·大禹谟》。
⑥ 《武臣》：《千户彭友文等饿死军人第五》。
⑦ 《续编》：《重支赏赐第二十七》。
⑧ 《三编》：《库官收金第三十五》。

不从教"的表现。他说：自有天下以来，"朕皇皇宵昼，思治穷源"，① 然"天下臣民不从教者多"。② 对于官吏，"（朕）每常数数开谕，导引为政，勿陷身家"，③ 然他们视'朕命'如儿戏，"终化不省"，"明知故犯"。至于小民中的"奸顽之徒"，也是以"朕谕""以为不然……设心无知，轻生易死，犯若寻常"。④ 朱元璋顿首疾呼："奸顽之徒""可谓之难教者欤"！⑤ "朕才疏德薄，控驭之道竭矣"！⑥

　　何以世道混乱到如此地步？朱元璋认为，并非是"朕不才"，"法不良"，而是臣民"终不循朕化"造成的。他指出：臣民所以"终化不省"，其原因主要是两条：一是"胡元之治，天下风移俗变"，"民狃元习"，劣根太深。⑦ 他说：愚民长期"为奸顽所诱"，"一概动摇，至今非心不格，面从心异"。⑧ "虽朕竭语言，尽心力，终岁不能化矣"。⑨ 二是因其"贪心勃然而起，迷失真性"所致。他指出：奸顽之徒，有些人犯罪是属于财迷心窍："因赃迷惑其心，止知己利，不知良善受害……罪及身家"；⑩ 有些是明知故犯："既知是非，辄起贪心，倒持仁义，接受藏私，祸善福顽，以招自身之祸"；⑪ 也有些是自作聪明，出于侥幸心理："为利所迷，自将以为终身不犯，岂知不终年而遭

---

① 《续编》：《御制大诰续编序》。
② 《续编》：《御制大诰续编后序》。
③ 《初编》：《谕官之任第五》。
④ 《三编》：《御制大诰三编序》。
⑤ 《续编》：《朝臣蹈恶第五十》。
⑥ 《三编》：《御制大诰三编序》。
⑦ 《初编》：《胡元制治第三》。
⑧ 《初编》：《京民同乐第二十八》。
⑨ 《初编》：《胡元制治第三》。
⑩ 《初编》：《勾取逃军第二十一》。
⑪ 《初编》：《奸贪诽谤第六十四》。

刑"。① 总而言之，都是由于"奸迷其心，顽不肯遵"。② 因此，要想趋民"从教"，靠一般的"劝导"是不中用的，必须采取强硬的手段，即用重典加以治理。

第二，以明刑弼教思想为理论依据，宣扬他大搞律外用刑是符合"先王之教"和合情合理的。

朱元璋不仅从揭示"时弊"入手，论述了他以重典"弼教"的正当性，给自己的所作所为披上"申古先王之旧章，明五刑以弼五教"的合法外衣，而且几乎对每一个律外用刑案例，也都用"明刑弼教"理论作出解释。例如，朱元璋在《初编·婚姻第二十二》中，明令禁止"两姨姑舅为婚"，并规定：今后犯此类罪者，"罪不容诛"。禁止近亲为婚，当时主要是为了维护家族和人伦关系。就是从今天的生理学的观点看，亦当无可非议。可是对违此令者治以死罪，无疑是过于苛重。按当时行用的明律：两姨姑舅等近亲为婚者，"杖八十，并离异"。③ 朱元璋的这种做法，完全是律外用刑，也同儒家的"恤刑"原则大相径庭。可是，他却宣称，这是为了防止"纲常大坏"，复兴"我中国圣人之教"。又如，乌程县民余仁三等 29 人，系本县富民游茂玉佃户，因遇灾荒无法糊口借游茂玉粮米。后余仁三等和百姓100 余人"至游茂玉家，将本人房屋门户俱各打碎"，搜出原借米文约还各户，又将游茂玉作豪民帮缚赴京。显然，这是一起为饥寒所迫的贫民反抗豪强地主的事件。可是，口口声声宣扬要以"民生为本"的明太祖，却将余仁三等三人"枭首示众，其余各

① 《续编》：《钞库作弊第三十二》。

② 《三编》：《进士监生不悛第二》。

③ （明）何广撰：《律解辩疑》卷六《户律·婚姻》"尊卑为婚"条；参见《大明律》卷六《户律·婚姻》"尊卑为婚"条。

人发化外充军，家下人口迁发化外"。按照当时的律令，这种所谓"犯罪"，也不过只惩罚本人而已，并不株连家属。朱元璋的这种做法，实属律外用刑，但他却以"奸顽终化不省"、"故意乱政坏法，自取灭亡"加以辩解。[①] 在四编《大诰》中，类似的诡辩说教比比皆是。朱元璋就是这样以"明刑弼教"为思想武器，反复告诫臣民，他的律外用刑是为了"明教化"、"去奸去弊"而为的，是符合"先王之教"和无可指责的。

第三，采用种种张扬"刑威"、"使人知所警惧"的严酷手段，把"明刑弼教"主张付诸实践。

朱元璋实施"明刑弼教"的手段和措施，概括起来，主要有以下四种：

（1）"明之以刑，晓之以礼"，"使知趋吉避凶之道"。

在《大诰》中，朱元璋结合列举"不循朕教"、"自取灭亡"的大量案例，向臣民陈述了所谓"从教"与"不从教"的利害。譬如，他在《初编》中的《谕官之任》和《谕官无所非为》中告诫官吏：听从"朕教"、清廉为官者，就会"守俸如井泉，井虽不满，日汲不竭源泉"，更重要的是"显尔祖宗，荣尔妻子，贵尔本身"，"立名于天地间，千万年不朽"。倘若不从"朕教"，贪赃枉法，"事觉之后，受刑在禁。……贿赂之财何益之有哉"！"临刑赴法，才方神魂苍惶，仰天俯地，张目四视，甚矣哉，悔之晚矣"。朱元璋便是这样运用"恫吓"、"劝导"两手，对文官、武臣、吏卒、官吏之亲属、粮长、乡绅、僧道、各色"小民"等，"数数开谕"，导之以礼，威之以刑，向他们灌输"从吾（即朱元璋）命者，五福备于身家，不从吾命者，五

---

① 《三编》：《臣民倚法为奸第一》。

刑备坐于身家”的思想，要他们革除贪心，恪守礼教，勿犯刑律。可见，朱元璋说的"趋吉避凶之道"，其实质就是要臣民无条件地依照他的旨意行事，服服贴贴地效忠朝廷。

（2）对"罪囚"滥用酷刑，并公开示众。

朱元璋不只大搞令人闻之毛骨悚然的律外用刑，而且有意识地令臣民目睹受刑者之惨状。《大诰》中这类记载很多。洪武十九年（1386年）三月，刑部官员胡宁、童伯俊等纵囚"说事过钱，各受赃私"。事发，朱元璋将当事人"各刖足鞭背，不知数目。不过半昼，已死数人"。"刖足鞭背之时，特令五军断事官、大理、刑部、都察院、十二道会视刑之"。① 常州府同知王复春，青州府知府陈希文，下乡科敛，被枷项示众，"遍历九州之邑"。② 沅州黔阳县安江驿丞李添奇，"慢君虐民"，被"斩趾枷令驿前"，令"所在驿官，观之戒之"。③ 朱元璋声称，只有"重惩恶凶"，"使其流血呻吟，备尝苦楚"，方可"使人视之而不敢犯"，④ 起到"杀一儆百"的教育作用。

（3）创"戴刑还职"之制，凌辱、"刑责"官吏。

这是朱元璋为"惩戒"官吏"不从教者"而制定的特别措施。洪武五年（1372年）二月，他就曾"令各府州县建申明亭"。十五年（1382年），令将"自今犯十恶、奸盗、诈伪、干名犯义、有伤风俗及犯罪至徒者，书于亭，以示惩戒"。⑤ 之后，他有把"惩戒"方式发展为"刑责"，创设了"戴刑还职"之制，即令犯罪官吏在原来的职位上带刑工作，借以"凌辱"、

---

① 《续编》：《追问下蕃第四十四》。
② 《三编》：《沽名肆贪第四》。
③ 《三编》：《驿丞害民第四十二》。
④ 《三编》：《戴刑肆贪第三十八》。
⑤ （清）龙文彬纂：《明会要》卷六四，中华书局，1956，第1236页。

"儆惩"。朱元璋认为，"刑责"可以使"奸顽之徒"领悟"为非之耻"，扫荡"奸迷之心"，"翻然改图"。基于这种认识，他一方面坚持把不法官吏名单、罪行书写成册，公布于众；另一方面，又广泛推行"戴刑还职"之制。丹徒县丞李荣中、应天府吏任毅等六人，因受赃卖放均工人夫，被"各断十指，押回本处"，继续负责"著勾赴工"事宜。① 龙江卫仓官攒人等，因盗卖仓粮被"墨面文身，挑筋去膝盖，仍留本仓守支"。②《三编·进士监生不悛第二》条中，并列进士、监生出身的官吏犯罪者364人，其中戴刑还职的215名。

（4）设立新的重刑法令，"凡不从教钦遵者"，"比《诰》所禁者治之"。

为了防止法外遗奸和更有力地打击"奸顽"，朱元璋在《大诰》中设立了一些新的重刑条款。这些条款因兼杂有明太祖的"训诫"，也富有"明刑弼教"色彩。它们的实施，既极大地严密了法网，也同时扩大了"明刑弼教"思想的传播。

"明刑弼教"是古代社会后期社会和阶级矛盾日益尖锐、人民群众逐渐觉醒的历史条件下，君主运用暴力手段强化其思想统治的表现，是片面的、惩罚主义的法律观的反映。在君主专权的政治体制下，官僚制度是产生"犯罪"和导致"民不从教"的基本根源。企图不触动这种腐败制度，仅仅凭借严刑峻法去逼臣民就范和消灭犯罪现象，那是不可能的。朱元璋以刑弼教所以未达到预期目标，根本原因就在这里。当然，明刑弼教思想作为一种治国主张，由于它同明代的极端专制主义政治制度相适应，有利于统治者灵活地变幻手法，加强对臣民的控制和镇压，所以，

① 《三编》：《戴刑肆贪第三十八》。
② 《初编》：《刑余攒典盗粮第六十九》。

它并没有由于《大诰》后来被中止实行而退出政治思想舞台。终明一代，明刑弼教思想仍被后嗣各君主奉为指导立法和司法活动的重要原则，广泛加以运用，从而对明代法制的发展进程和面貌产生了重大的影响。

七 从明《大诰》看朱元璋
治民的两手策略

朱元璋的重典政策是否"治官而不治民"？对于这个问题，长期以来，学术界存在着不同的看法。我以为，要使我们的研究结论比较接近史实，不能仅仅以《明实录》记述的明太祖主张"轻刑"的言论为依据，[①] 重要的是在充分占有史料的基础上，对洪武年间的"治民"政策和法律的实施状况进行全面地、恰如其分的分析。四编《大诰》作为朱元璋实行重典之治的真实记录，在这方面能给我们以有益的启示。

正确把握传统重刑政策的内容和特征，是我们考察明初重典是否及于平民这一问题的必要前题。在中国古代社会里，历代度势立法，刑罚轻重不一。所谓"重典"，是相对而言，要比通常公认的"刑罚适中"的法律用刑苛刻。传统重典政策有三个基本特征：一是其制定的基本律典，本身具有"苛重"的性质；

---

① 怎样看待《明实录》等书中有关朱元璋主张"轻刑"的记载，我在《明初重典考》一书中曾作过探讨。基本观点是：《明太祖实录》对明初的典章制度记述甚详，有较高的史料价值。然此书历经三次删改而成，在记载明太祖的用刑方面，纂修史臣遵循的是重刑回避、轻刑选录的原则，凡属法外用刑案例，一概不书。其他方面的案件，也常有曲笔。至于明太祖主张"轻刑"的言论，因发表时的背景各异，用意也很不相同。因此，对于这类言论，需要参阅有关史料，并结合当时的立法、司法实践，加以考察和鉴别。

二是律外加刑，即置"律典"这一"常经"于不顾，设立新的与律文相悖的种种重刑法令；三是滥行诛戮，大搞法外用刑。所以，衡量一个朝代实行的是不是重典政策，既要审视其经济政策，又要重视其政治法律措施；既要考察其立法，更要研究其司法，还必须将其法律实施状况与各代进行比较研究，才能得出正确结论。仅仅涉及一点而不及其余，或言"宽"而不及其"猛"，或言"猛"而不及其"宽"，都是欠妥当的。

在洪武十八年（1385 年）《大诰》初编颁行前的 18 年间，朱元璋在"治民"问题上，采取的是历代统治者惯用的"宽猛相济"的两手策略。一方面，他对民众的强大力量和"官逼民反"的道理有比较清醒的认识，说："夫步则蹶，弦急则绝，民急则乱，居上之道，正当用宽。"① 又说：君主治理天下，"所畏者天，所惧者民。苟所为一有不当，上违天意，下失民心，驯致其极，而天怒人怨，未有不危亡者矣"。② 正是为了让百姓有一个喘息的机会，借以缓和阶级和社会矛盾，防止"民急则乱"，同时也是为了保证朝廷的财政来源，朱元璋在经济领域实行了一些"便民"措施，并坚持重惩贪官污吏和豪强地主，以减轻人民的负担。另一方面，在政治法律领域内，朱元璋通过严密法网，全面强化了对人民的控制。就洪武年间制定的有关治民的律条而言，总体说来是贯彻了"贵存中道"的立法原则，但有关维护国家安危和经济利益方面的法律规定，即"贼盗及有关帑项钱粮等事"，用刑大都较唐、宋、元法律加重。为了重创奸顽，朱元璋坚持"以猛济宽"，于明律之外又颁布了一些强化户

---

① （清）谷应泰撰：《明史纪事本末》卷一四，中华书局，1977，第 201 页。

② （明）何栋如撰：《皇祖四大法》卷一。

籍、社会治安管理和打击经济犯罪的峻令；^① 对于那些他认为危害国家统治秩序和经济利益的重大犯罪，也多次施以法外酷刑，乃至大搞株连；对于反抗朝廷的农民起义，则坚决予以镇压。据有史可查者，这一时期朱元璋对平民法外用刑和屠杀农民起义者的案例有数十起。^② 因此，不能因为朱元璋打击贪官污吏，就认为他的重典政策是不及于平民的。

在四编《大诰》中，朱元璋对平民百姓所持的立场和态度，依然是沿用了他以前采取的两手策略。

首先，他在以严刑打击贪官污吏、维护其制定的"便民"措施的同时，又设置种种峻令进一步强化了对人民的控制。

基于"广吾求治之道，以安生民"^③ 的考虑，朱元璋在《大诰》中重申或新设立了一些"便民"措施和禁令，其中主要有：复设"便于细民"交纳税粮的粮长制度；建立旨在改变工匠"终岁被微工所役"状况的定期轮班输作制度，实行遣牌唤民制度，明令官府及时赈济灾民；公布官员每岁赴京路费脚力钱，防止有司借机科敛；还发布了不少防范官吏科敛下民的规定。对于妨害这些措施、禁令实行的贪官污吏和"奸民"，一律从严惩治。如上海县粮长瞿仲亮因"科敛太重"和"拘收纳户各人路引，刁蹬不放回家为农"，被处以死刑。^④ 郑州知州康伯泰、原武县丞柴琳、开封府同知耿士能、钧州判官弘彬、襄城县主簿杜云升等，因"坐视民患"、"各将赈民钱入己"，被处死。^⑤ 北平

---

① 见杨一凡著《明初重典考》第4部分《律、诰外诸峻令》，湖南人民出版社，1984，第46~48页。
② 见杨一凡著《明初重典考》第6部分《法外用刑考》，湖南人民出版社，1984，第67~81页。
③ 《续编》：《耆宿第八》。
④ 《续编》：《粮长瞿仲亮害民第二十二》。
⑤ 《续编》：《克减赈济第六十》。

布政司经历董陵云等违背"各户分养"军用脚力驴规定，"令民入邑，团槽喂驴"，被朱元璋看成是"设计巧取民财"，各官皆被"枭令"。① 此外，被当作"害民官吏"诛杀者更是成百上千。

朱元璋为了防止"官逼民反"，大肆惩治贪官污吏，然而，他一点也未放松以严法管束下民。为此，在《大诰》中，又设立了许多为当时行用的明律所不见的新的"治民"峻令。

为了把农民束缚在土地上，强迫他们给封建国家交纳赋税和服劳役，他设立了"互知丁业"之法，规定民户"除充官用外，务要验丁报业，毋得一夫不务生理。是农是工，各守本业，毋许闲惰"。② 明令"农业者，不出一里之间，朝出暮入，作息之道，互知焉"；外出做工者，"往必知方，巨细作为，邻里采知"。如若违背此令，仍有"不务生理"的"逸夫"，不仅本人处死，还要把"里甲四邻，化外之迁"。③ 朱元璋对民经商者，管束得更为严厉。规定："无物引老者，虽引未老，无物可鬻，终日支吾者，坊厢村店拿捉赴官，治以游食，重则杀身，轻则黥窜化外。设若见此不拿，为他人所获，所安之处，本家邻里罪如之。"④ 本来，这类问题并未对他人和朝廷有所侵害，够不上犯罪，即使比照当时行用律的"荒芜田地"条，"逸夫"也不过处杖罪而已，但朱元璋却加重为死刑，并要株连里甲四邻迁徙边远，刑罚实是过于酷滥。

为了强迫人民遵守封建礼教，言行举止严格按朝廷的旨意行事，朱元璋对人民的居处穿着服色、婚姻、乡饮酒礼、官民如何

① 《三编》：《团槽喂驴第二十四》。
② 《续编》：《松江逸民为害第二》。
③ 《续编》：《互知丁业第三》。
④ 《续编》：《验商引物第五》。

称呼等社会家庭生活诸方面的行为规则做了严格规定，且对违背这些规定者的处刑之重也是历代所少见的。比如，《续编·居处僭分第七十》规定："《诰》至，一切臣民所用居处器皿、服色、首饰之类，勿得僭分。……违《诰》而为之，事发到官，工技之人与物主各各坐以重罪。"按照当时行用的明律，此类犯罪不过笞五十而已。① 又如，违背"乡饮酒礼"罪依照律条笞五十。② 在《大诰》中被加重为"全家移出化外"；③"同姓为婚"罪的处罚依律条是"各杖六十，离异"，④ 在《大诰》中被加重为死刑；⑤"民擅官称"罪依律条"杖一百，徒三年"，⑥ 也被加重为"迁于遐荒，永为边卒"。⑦

朱元璋认为，"市井之民"和"无业游民"是一批"浸润说诱"、交结官府、扰乱社会治安的危险人物，"宽此等之徒，法坏而纲弛"。⑧ 因此，他特别设立了一些峻令，严禁下民结交官吏，并规定，里甲四邻对一切"奸顽"之民及逃军、逃囚、逃吏知情不举要连带坐罪。《续编》第 75 条规定：市井之民"不许为吏卒"，如违此令，"仍前擅应此役及暗构为是，皆死。闾巷邻里知而不拿，长成奸恶，自取扰害，治以罪责"。⑨ 第 53 条

---

① （明）何广撰：《律解辩疑》卷一二《礼律·仪制》"服舍违式"条；参见《大明律》卷一二《礼律·仪制》"服舍违式"条。

② （明）何广撰：《律解辩疑》卷一二《礼律·仪制》"乡饮酒礼"条；参见《大明律》卷一二《礼律·仪制》"乡饮酒礼"条。

③ 《初编》：《乡饮酒礼第五十八》。

④ （明）何广撰：《律解辩疑》卷六《户律·婚姻》"同姓为婚"条；参见《大明律》卷六《户律·婚姻》"同姓为婚"条。

⑤ 《初编》：《婚姻第二十二》。

⑥ （明）何广撰：《律解辩疑》卷二四《刑律·诈伪》"假官"条；参见《大明律》卷二四《刑律·诈伪》"假官"条。

⑦ 《续编》：《民擅官称第六十九》。

⑧ 《续编》：《罪除滥设第七十四》。

⑨ 《续编》：《市民不许为吏卒第七十五》。

规定："无藉之徒解纳诸色物件……杀之"。① 第71条规定："两邻里甲见了《大诰》，毋得隐藏逃军"，违者，"两邻并影射之家尽行拿充军役"。② 《三编》第5条规定：民敢有身藏空引，或偷囚、偷军顶名而去者，"枭令于乡间，籍没其家，成丁家口迁于化外"。③ 所有这些禁令，不仅苛重，而且大都属于连坐犯罪。朱元璋这样做的目的，是企图通过严法治民，重创"奸顽"，巩固明王朝的统治秩序。

其次，从《大诰》记载的有关"治理平民"方面的案例看，朱元璋把人民区分为"良善"和"奸顽"两类，对他们各自采取的"治理"对策也不尽相同。对于"良民"，他采用"绥抚"和严法控制相结合的两手，就如打击贪官污吏的同时又奖赏廉能官吏一样，他对于"良民"除规定官府不得随意动扰侵害外，还赋予他们捉拿害民官吏和"奸民"的权利。而对他认为的"奸顽之徒"，则毫不手软地运用严刑进行制裁。然而，由于朱元璋用刑奇苛，民小有所犯，便被视为"奸顽"，加之常常大搞株连，这样，即使他称为的"良善"，也往往无辜蒙冤。

在《大诰》中，记载朱元璋对平民大规模滥杀或治罪的重大案件有六起。一是两浙、江东西"伪造钞"案，其杀人之多，"其途九十里，所枭之尸相望"。④ 二是苏、松两府市井之民不务生理、交结官府案，被治罪者达2871人。⑤ 三是镇江坊甲"违《诰》纵恶"案，仅因坊甲邻里未主动捉拿"奸民"，便被"尽

---

① 《续编》：《经解该物第五十三》。
② 《续编》：《逃军第七十一》。
③ 《三编》：《空引偷军第五》。
④ 《初编》：《伪钞第四十八》。
⑤ 《续编》：《罪除滥设第七十四》。

行责罚”，死者、“空其家”者不计其数。① 四是苏、松、嘉、湖、浙东、江东、江西追拿逃囚案，朱元璋说，在此案中，“本人枭令，田产入官，人口发往化外，如此者多矣。有等邻里亦行隐藏，不拿到官，同其罪者亦多矣”。② 五是溧阳等县民“递送皂隶潘富”案，涉及此案的 307 户中，“二百余家尽行抄没，持杖者尽皆诛戮。沿途节次递送者一百七户尽行枭令，抄没其家”。③ 六是工匠不亲身赴工案。人匠沈添二等 204 人，因“皆以老羸不堪、幼懦难用以代正身，致使工不能就。点出奸顽，将幼丁老者尽发广西充军，复于家下，务必要正身赴官”。④ 这六起大案，皆属于滥用刑罚，每案动辄被株连致死或坐罪者达数百乃至上千人，其中绝大多数人属于无辜蒙冤或轻罪重罚。

四编《大诰》记述的朱元璋对平民治罪的案件，计有数十起之多。其中大多数为律外用刑。除上述六大案外，典型的案例还有：福建沙县民罗辅等 13 人议论：“如今朝廷法度好生厉害，我每各断了手指，便没用了”，便被宣布是犯了“诽谤罪”，“枭令于市，阖家成丁者诛之，妇女迁于化外”。⑤ 沙县民汪澄、林均泽等，与安置到本地的有罪之人李子忠等交朋友，被坐以“杀身之罪”。⑥ 崇德县民李付一等，“为起夫于沿海地面筑城防倭，扰民生理，二次牌勾，故意抗拒不答，俱各在逃”，后又将前来催其服役的甲首王辛三“作害民甲首帮缚赴京”，事觉，“各人凌迟示众”。⑦ 归安县民戴兴四等，“为恃顽不纳秋粮”，又

---

① 《三编》：《违诰纵恶第六》。
② 《三编》：《逃囚第十六》。
③ 《三编》：《递送潘富第十八》。
④ 《三编》：《工匠顶替第三十》。
⑤ 《续编》：《断指诽谤第七十九》。
⑥ 《续编》：《交结安置人第八十》。
⑦ 《三编》：《臣民倚法为奸第一》。

将催粮农民丘华一诬绑，被"发广西拿象，全家抄扎，人口迁于化外"。① 新安县耆民刘汶兴等 13 名在官吏威逼恐吓下妄举有司，被分别治以"徒流之罪"。② 如此等等。朱元璋对于他认为是"不从朕教"的一切"奸顽之民"，都是施以酷刑，重惩不赦。

这里，我想顺便谈谈朱元璋如何以重刑惩治豪强地主的问题。按照马克思主义的观点，豪强地主是封建统治阶级的重要组成部分。但在朱元璋心目中，它却是被当作"民"看待的。他在处理"富民"与"贫民"的关系上，"抑强济弱"的倾向十分明显。一方面，他让许多富户担任粮长，"教田多的大户，管著粮少的小户"。③ 目的是利用富民的地方权势，使他们完成上交朝廷税粮的任务。对贫民抢劫"富户"的行为，他也是严厉打击的。如安吉县民金方，佃种富民潘俊二田地，"两年田租，不行交还"，并"将潘浚二作害民豪户帮缚"，朱元璋下令："如此骗害良民，枭令示众"。④ 另一方面，他把不法豪强富户列为其重典政策打击的重要对象，从严惩处。

在《大诰》中，朱元璋反复阐述了他为什么要狠狠打击奸顽富户的理由。他指责豪富与朝廷离心离德，不知"报君恩"，"妄知立命之由"，只知"利其利"，"恬然享福，绝无感激之心"。⑤ 说他们惟务"买嘱官吏，故犯宪章"，⑥"富者田多诡寄，粮税洒派他人"，⑦ 想方设法"靠损小民"。从这一认识出发，他

---

① 《三编》：《臣民倚法为奸第一》。
② 《三编》：《妄举有司第十四》。
③ 《续编》：《水灾不及赈济第八十五》。
④ 《三编》：《臣民倚法为奸第一》。
⑤ 《初编》：《民不知报第三十一》。
⑥ 《初编》：《民不知报第三十一》。
⑦ 《初编》：《民知报获福第四十七》。

主张将重典治吏和打击奸顽豪强结合起来，并严明法禁，防范豪强地主的"越轨"行为。明确规定：若富户"将田洒派，移丘换段，作诡寄名色，以此靠损小民。……所在被害人户及乡间鲠直豪杰，会议将倚恃豪杰之家，提拿赴京，连家迁发化外，将前项田土给赏被扰群民"。① 为了防止富户"买嘱官吏，不当正差"，设计害民，明令对"诱引官吏贪污"者，"全家迁于化外，不许与良民同于中国"。② 朱元璋对富民借当粮长之机贪污税粮的行为高度防备，特设重法规定：若将"各各人户税粮征收入己，故意抵顽，迁延不纳……治罪不赦"。③ 一旦发现奸顽富豪有不法行为，他均以重刑处置。松江豪民王子信交结官吏，"扰害乡民，欺压良善"，被"拿获到官，于本贯枭令，家财入官，田产籍没，人口流移"。④ 粮长张时杰等 160 人因私分税粮，延期不纳，朱元璋令将其全部处死。⑤ 朱元璋打击豪强地主的态度是很坚决的。他这样做，有利于减轻贫民的苦难。但也应看到，就其根本目的来说，也是企图通过削弱豪强地主的势力，消除威胁皇权的不安定因素，以便更好地推行他的治国方针，更有效地加强对平民百姓的统治。

总之，朱元璋在"治民"问题上采取的"宽""猛"两手及一切措施，都是为巩固大明政权、全面加强对臣民的统治这个基本目标服务的。所以，我们不能因为朱元璋在经济方面实行了一些"便民"措施和他坚持打击贪官污吏及豪强地主，就忽略了问题的实质，更不能忽略了他以严法峻令惩治平民的一面。事

---

① 《续编》：《洒派包荒第四十五》。
② 《续编》：《民间差发第五十九》。
③ 《三编》：《拖欠秋粮第四十一》。
④ 《三编》：《王子信害民第二十五》。
⑤ 《三编》：《拖欠秋粮第四十一》。

实上，洪武年间所实行的重典政策，是既有重点打击对象，同时也是针对着包括平民在内的一切"不从教"的臣民的。

八　明《大诰》的实施
及其历史命运

（一）洪武后期《大诰》的推行及峻令的废止

　　明太祖朱元璋把《大诰》当作"明教化"、"惩奸顽"、"救世治国"的法宝，在洪武年间的中后期，他凭借君主的权力，运用强制的手段，在全国臣民中大张旗鼓的推行，为实施《大诰》做了不遗余力的努力。

　　首先，他把《大诰》看作对臣民进行教育的教科书，采取了许多严厉措施，强迫全体臣民讲读和一体遵守。

　　为了使《大诰》"家传人诵"、"大播寰中"，《初编》颁行时，他就宣布："朕出是《诰》，昭示祸福，一切官民诸色人等，户户有此一本。若犯笞、杖、徒、流罪名，每减一等；无者每加一等。所在臣民，熟观为戒。"① 颁行《续编》时，他又进一步宣告："朕出斯令，一曰《大诰》，一曰《续编》。斯上下之本，臣民之至宝，发布天下，务必户户有之。敢有不敬而不收者，非吾治化之民，迁居化外，永不令归，的不虚示。"② 在《大诰续

————————
① 《初编》：《颁行大诰第七十四》。
② 《续编》：《颁行续诰第八十七》。

编后序》中，他还就务必准确刊刻《大诰》的问题作了规定，要求所在有司不得有传刻之误，"敢有仍前故意差讹，定拿所司提调及刊写者，人各治以重罪"。到《三编》颁行时，他又重申："此《诰》前后三编，凡朕臣民，务要家藏人诵，以为鉴戒。倘有不遵，迁于化外，的不虚示。"①颁行《大诰武臣》时，他下令；"各官家都与一本"，要求军官及其家属"大的小的都要知道，贤的愚的都要省得"。并宣称："不听不信呵，家里有小孩儿每不记呵，犯法到官，从头儿计较将来，将家下儿男都问过，你记得这文书里几件？若还说不省得，那其间长幼都治以罪。"②

为了把臣民讲读《大诰》经常化，特别是让后生、幼丁"自幼知所循守"，③朱元璋把该书列为全国各级学校的必修课程，规定科举考试从中出题，并采取了一系列具体措施，开展全民性的讲读活动。洪武十九年（1386 年）正月，朱元璋"颁《大诰》于国子生及各儒家学"。④洪武二十年（1387 年）闰六月，在《大诰》前三编刊行后，朱元璋对礼部试尚书李原名说："朕制《大诰》三编，颁示天下，俾为官者知所监戒，百姓有所持循。若能遵守，不至为非。其令民间子弟于农隙之时讲读之。"⑤是年，"令天下府州县民每里置塾，塾置师，聚生徒，教诵《御制大诰》"；"又令为师者，率其徒能诵《大诰》者赴京。礼部较其所诵多寡，次第给赏。"⑥洪武二十一年（1388 年）秋七月，"颁赐天下武臣《大诰》，令其子弟诵习。上谓兵部左侍

---

① 《三编》：《颁行三诰第四十三》。

② 《武臣》：《大诰武臣序》。

③ 《明太祖实录》卷二一四。

④ （明）谈迁撰：《国榷》卷八，中华书局，1988，第 660 页。

⑤ 《明太祖实录》卷一八二。

⑥ （明）申时行等重修：《明会典》卷七八《礼部三十六·社学》，中华书局，1989，影印本，第 455 页。

郎沈溍等曰：'曩因武臣有违法厉军者，朕尝著《大诰》昭示训戒，格其非心，开其善道。今思其子孙世袭其职，若不知教，他日承袭，抚驭军士或蹈覆辙，必至害军。不治则法不行，治之又非保全功臣之意。盖导人以善行，如示之以大路；训人以善言，如济之以舟楫。尔兵部其申谕之，俾咸诵习遵守毋怠'。"① 洪武二十四年（1391年）三月，他特命礼部云："《大诰》颁行已久，今后科举岁贡人员，俱出题试之。"② 同年，"令天下生员兼读诰、律"。③ 礼部根据朱元璋旨意，"行文国子监正官，严督诸生熟读讲解，以资录用，有不遵者，以违制论"。④ 同年十一月，又命"赏民间子弟能诵《大诰》者"。⑤ 洪武二十五年（1392年），"诏令各处官民之家，传诵《大诰》三编。凡遇乡饮酒礼，一人讲说，众人尽听，饮人皆知趋吉避凶，不犯刑宪。其秀才教训子弟，引赴京考试，有记一编、两编或全记者，俱受赏。仍具赏过数名，晓谕天下。"⑥ 洪武二十六年（1393年），"令凡民间须要讲读《大诰》、律令。敕谕老人手榜及见丁著业牌面，沿门轮递，务要通晓法意。仍仰有司，时加提督。"⑦ 洪武三十年（1397年）五月，"天下讲读《大诰》师生来朝者，十九万三千四百余人，并赐钞遣还。"⑧ 如此众多的师生由各地召到京师讲

① 《明太祖实录》卷一九二。
② （明）黄佑撰：《南雍志》卷一《事纪》。
③ （明）申时行等重修：《明会典》卷二〇《户部七·户口二·读法》，中华书局，1989，影印本，第135页。
④ （明）黄佑撰：《南雍志》卷一《事纪》。
⑤ 《明太祖实录》卷二一四。
⑥ （明）申时行等重修：《明会典》卷二〇《户部七·户口二·读法》，中华书局，1989，影印本，第135页。
⑦ （明）申时行等重修：《明会典》卷二〇《户部七·户口二·读法》，中华书局，1989，影印本，第135页。
⑧ 《明太祖实录》卷二五三。

读《大诰》，在中国教育史上是盛况空前的。

在《大诰》权威神圣不可触犯的情况下，收藏《大诰》与否，对《大诰》的态度怎样，成了判断是非和奖惩的依据。收藏和背诵《大诰》，不仅可以受赏和录用，犯法非死罪者还可以因此减罪。持《诰》赴京者，无需路引，关津得一律放行，不许留难。相反，不收藏《大诰》者，犯法要罪加一等；对《大诰》不遵不敬或妄生异议者，则要治以重罪。在朱元璋推行《大诰》期间，因尊崇和讲读《大诰》得到好处者大有人在。如常熟县陈寿六带头持《诰》擒恶，朱元璋敕都察院将其事迹榜谕全国市村，陈寿六不仅由此受到"免杂泛差役三年"的优待，而且被赋于"倘有过失，不许擅勾"、"捏词诬诌陈寿六者，亦族诛"等殊荣和特别保护。① 同时，因"不收藏不敬"《大诰》被诛戮的无辜亦不乏其人。礼部郎中王锡因藏匿他人《大诰》被杀，就是其中的一个典型例证。②

其次，朱元璋把《大诰》奉为"理民治国"的特种法典，在司法实践中大力付诸实施，用以惩创"奸顽"，全面强化对臣民的控制。其主要做法是：一是亲自处理一批违《诰》案件，树立和维护《大诰》权威；二是强调《大诰》的法律效力，严令"法司照依《大诰》拟罪"；三是把《大诰》中的主要峻令条目列入当时制定的条例。对于这三点，已在本书第三部分作过论证，这里不再重述。四是在发布的一些榜文和诏令中，将他认为需要特别重视的《大诰》禁令加以重申。如洪武二十三年（1390年）五月发布的榜文重申："许令斋《大诰》赴京申诉，

---

① 《续编》：《如诰擒恶受赏第十》。
② 《三编》：《王锡等奸弊第二十九》。

罪其所司。如有邀截阻当者，依《大诰》内事例决之。"① 洪武二十七年（1394 年）三月发布的两篇榜文，一篇记述有明太祖三月初二日圣旨："今后里甲邻人老人所管人户，务要见丁著业，互相觉察。有出外，要知本人下落，作何生理，干何事务。若是不知下落，及日久不回，老人邻人不行赴官首告者，一体迁发充军。"② 这个圣旨与《续编·互知丁业》条的内容是一致的，实际上是对它的再次强调。另一篇则记有三月十四日圣旨："今后敢有以弟为男及姑舅姊妹成婚者，或因事发露，或被人首告，定将犯人处以极刑，全家迁发化外。"③ 这也是对《初编·婚姻》条的重申。还有一些榜文，虽然文字和案例与《大诰》有所差异，其基本精神却是一致的，实际上也是重申《大诰》的有关禁令，推动其实行。

大量事实表明，朱元璋在利用《大诰》实行"重典之治"方面，确实是费尽了苦心。那么，朱元璋推行《大诰》的社会效果如何呢？对于这个问题，《明实录》等官修史籍极少涉及。不过，借助于其他有关的史料，我们仍可对事情的真相有个大概的了解。

毫无疑问，朱元璋运用重刑打击贪官污吏和豪强地主，有利于减轻平民所受的欺压和负担，也在短期内或在一定的程度上起到了威慑贪墨现象的作用。明初吏治较之元代和明代中后期，都要清明一些。当然，这种"清明"是与那种"上下贿赂公行如市，荡然无复纪纲"④ 极度腐败局面相比较而言。同时还应看

---

① 《南京刑部志》卷三，见《中国珍稀法律典籍续编》第 3 册，第 522 页。
② 《南京刑部志》卷三，见《中国珍稀法律典籍续编》第 3 册，第 513 页。
③ 《南京刑部志》卷三，见《中国珍稀法律典籍续编》第 3 册，第 524 页。
④ （明）陶宗仪撰：《辍耕录》卷一九。

到，它是明初实行的一系列吏治措施综合作用的结果，如朱元璋重视学校的设置和人才的培养，建立健全官吏选拔、考核和监督制度等，就有助于改善和提高官吏的素质，而不能简单地仅仅归结到刑用重典这一点上，更不能不加分析地把它主要归功于推行《大诰》。就颁行《大诰》本身的社会效果而论，由于朱元璋实行的是无视正常法制的、无区别的"以杀为威"政策，大行诛戮，因而人心不服，收效有限，流弊很大，难以持久实行。也就是说，未能达到朱元璋的预期目的。沈家本先生在评论朱元璋推行《大诰》的得失时说，"不究其习之所由成而徒用其威，必终于威竭而不振也。"① 这种看法是很有见地的。

对于推行《大诰》未能达到预期目的这一结论，朱元璋本人就供认不讳。洪武十九年（1386 年），他在谈及《初编》实行的情况时曾愤怒地指出：奸顽之徒，"不遵《大诰》，仍前为非，虐吾民者多矣"。② 又说："朕朝治而暮犯，暮治而晨亦如之，尸未移而人为继踵，治愈重而犯愈多。"③ 同年年底，他在谈到《大诰》前两编施行情况时哀叹道："迩来凶顽之人，不善之心，犹未向化"；④ "奸顽之徒难治，扶此彼坏，扶彼此坏。观此奸顽，虽神明亦将何如！"⑤ 阅洪武二十一年（1388 年）后朱元璋发布的榜文，也可看到他欲图通过推行《大诰》"趋民从教"、"化奸为贤"的目标远没有实现。这些榜文指出："县州府行省官吏在职役者，往往倒持仁义，增词陷良"，"凌虐良善，

---

① （清）沈家本撰：《寄簃文存》卷八《书名大诰后》，见《历代刑法考》第 4 册，中华书局，1985，第 2281 页。

② 《续编》：《粮长金仲芳等科敛第二十一》。

③ 《续编》：《罪除滥设第七十四》。

④ 《三编》：《御制大诰三序》。

⑤ 《三编》：《臣民倚法为奸第一》。

贪图贿赂";"如今在外卫所军官,不肯操练军人……在家只是吃酒、学唱、下棋、打双陆、蹴园。又有在街上做买卖,与民争利";"奸顽小人,持其富豪,欺压良善,强捉平民为奴仆,虽尝累加惩戒,奸顽终化不省";"无藉之徒,不务本等生理,往往犯奸做贼。若不律外处治,难以禁止"。① 由此可见,朱元璋在《大诰》中强调"警戒"和"惩创"的"奸顽之徒",远未"革心向善",官吏贪赃枉法、豪强地主为非作歹的问题还很严重,许多无业游民仍不"从教",继续进行危及社会秩序的活动。

洪武后期,朱元璋对他借助《大诰》推行重典政策的一套做法也曾有过困惑和动摇。洪武二十三年(1390 年),他告诫刑部尚书杨靖曰:"愚民犯法,如啖饮食,嗜之不知止。没法防止,犯者益众,惟推怒行仁,或能感化。"② 他通过总结治国的经验教训,逐步调整、改变了"以威为治"的政策和做法。在《皇明祖训》中,他告诫子孙说:"朕自起兵至今四十余年,亲理天下庶务,人情善恶真伪,无不涉历。其中奸顽刁诈之徒,情犯深重,灼然无疑合,特令法外加刑,意在使人知所警惧,不敢轻易犯法。然此特权时处置,顿挫奸顽,非守成之君所用常法。以后子孙做皇帝时,止守《律》与《大诰》,并不许用黥刺、劓、剕、阉割之刑"。③ 正是在这种思想的指导下,从洪武二十六年(1393 年)起,他采取引诰入例的方法,逐渐对《大诰》峻令的刑罚进行了系统调整。

考察朱元璋引诰入例的用意,主要是三个方面:一是把

---

① 《南京刑部志》卷三,见《中国珍稀法律典籍续编》第 3 册,第 509~528 页。
② (清)夏燮撰:《明通鉴》卷一〇,中华书局,1980,第 482 页。
③ 《皇明祖训》:《祖训首章》,见《中国珍稀法律典籍续编》第 3 册,第 484 页。

《大诰》中用以"惩治奸顽"而《大明律》未设、或未列专条及未详尽规定的禁令、罪名，通过重新整理列入条例，以此严密法网；二是通过对原《大诰》禁令刑罚的调整，改重从轻，使有关罪名在司法审判中得以长期使用，防止官吏法外用刑；三是借引诰入例，继续推动《大诰》的传播。

1. 洪武二十六年颁行《真犯杂犯死罪》、《充军》条例，对《大诰》中禁令刑罚进行首次系统的调整

洪武二十六年（1393 年），他把《真犯杂犯死罪》条例列入同年颁行的《诸司职掌》。该条例是关于死刑的罪名以及这类死罪可否赎罪的规定。《真犯杂犯死罪》条例共 78 条，《大明律》中的死罪条款和《大诰》中的多数死罪条目列入了此条例。内有真犯死罪律令 41 条，杂犯死罪律令 9 条。据史载，朱元璋基于"济法太重"和增加国家财政收入的双重目的，"自洪武中年已三下令，准赎及杂犯死罪以下"。① 所谓"真犯死罪"，是指实犯、不得赎罪的死罪；所谓"杂犯死罪"，是指较真犯死罪罪情稍轻、可用"运米输边"等服工役方式赎罪的死罪。在制定《真犯杂犯死罪》条例时，朱元璋对《大诰》禁令的刑罚进行了首次调整，把 28 条《大诰》条目列入《真犯杂犯死罪》条例，其中"真犯死罪"24 条，"杂犯死罪"4 条。② 这次调整《大诰》峻令刑罚的具体情况是（详见表 8 - 1）：

（1）除《说事过钱》、《冒解罪人》、《官吏下乡》、《擅差职官》、《关隘骗民》、《居处僭分》、《市民为吏卒》、《造作买办》、

① 《明史》卷九三《刑法一》，中华书局。1974，第 2293 页。
② 《诸司职掌》：《兵刑工都通大职掌·都官科》，见《中国珍稀法律典籍续编》第 3 册，第287～288 页；又见本文第 3 部分《明〈大诰〉的法律效力》。

《庆节合买》9 条死罪的处刑未改变外，其他 19 个条目的处刑均改重从轻，不少条目减轻幅度甚大。

（2）废除了《大诰》峻令中的族诛、凌迟、枭令、弃市、极刑等各种律外酷刑，其中，由族诛改为真犯死罪者 2 条，凌迟处死改为真犯死罪者 2 条，枭令示众改为真犯死罪者 7 条、杂犯死罪者 1 条，弃市改为真犯死罪者 1 条，

（3）由死罪改为杂犯死罪的条目 4 条。

（4）对《大诰》峻令中的 10 种罪名，取消了籍没犯人家产、家中成丁迁发化外或株连里甲四邻的处罚。

这 28 个条目列入《真犯杂犯死罪》条例后，《大诰》峻令中的律外酷刑已基本取消，用刑特别苛刻的 19 条《大诰》峻令也较前减轻了刑罚，在司法审判中不再适用。由于列入条例的《大诰》条目的刑罚发生了重大改变，成为《真犯杂犯死罪》条例的组成部分，它已不再是原来意义上的《大诰》禁令了。

洪武二十六年，朱元璋在制定《真犯杂犯死罪》的同时，又制定了《充军》条例 22 条，并收入该年颁行的《诸司职掌》。《充军》条例中有 12 个条目取自于《大诰》，其中，与《大诰》篇名完全相同的 2 条，与《大诰》篇名大体相同但文字有改动者 3 条，条目名称选自《大诰》正文的 7 条。该条例中的"揽纳户"、"断指诽谤"2 条还编入同年颁行的《真犯杂犯死罪》条例。朱元璋通过制定《充军》条例，对《大诰》禁令的刑罚作了调整（详见表 8 - 2）。

从表 8 - 2 可知，收入《充军》条例的《大诰》罪名，除《诡寄田粮》、《闲吏》、《积年民害官吏》3 条的处刑与《大诰》相近外，其他 9 条较《大诰》中的禁令的刑罚都有所减轻。

2. 洪武三十年初颁行《决不待时、秋后处决、工役终身》条例，[①] 对《大诰》峻令进行第二次系统调整

洪武三十年（1397 年）初，朱元璋颁行了《决不待时、秋后处决、工役终身》条例。所谓"决不待时"，是指对判决为死罪犯人立即执行；所谓"秋后处决"，是指对被判决为死罪的犯人秋后执行，这二者均属于真犯、不准赎死罪。所谓"工役终身"，是指被判决为死罪的犯人，不执行死刑，以终身服工役折罪。"工役终身"属于准赎、杂犯死罪性质。该条例计 100 条，内有《决不待时》罪名 7 条，《秋后处决》罪名 51 条，《工役终身》罪名 42 条。在《秋后处决》罪名中，收有《大诰》条目 3 条；《工役终身》罪名中，收有《大诰》条目 19 条。

该条例收入的 22 个《大诰》条目，除"朋奸欺罔"、"交结安置人" 2 条是新增的外，其他 20 个条目均是原列入洪武二十六年颁行的《真犯杂犯死罪》条目。其中与《真犯杂犯死罪》条例处刑相同的 2 条，由真犯死罪改为杂犯死罪、由执行死刑变为工役终身的 18 条，刑罚已大为减轻。新增加的两个《大诰》条目，《朋奸欺罔》由《大诰》的凌迟示众减轻为真犯死罪，《结交安置人》由《大诰》的死罪改变为工役终身。列入《决不待时、秋后处决、工役终身》条例的全部《大诰》条目，量刑均被《大诰》处刑有较大幅度的减轻（详见表 8 - 1）。

3. 洪武三十年五月颁行《律诰》条例，对《大诰》中的禁令刑罚进行第三次系统调整

《决不待时、秋后处决、工役终身》条例颁行不久，洪武三十年（1397 年）五月，朱元璋又颁行了《律诰》条例。《律诰》

---

① 见（明）申时行等重修《明会典》卷一七三《刑部十五·罪名一》，中华书局，1989，影印本，第 882～883 页。

条例共 147 条，其中"不准赎死罪律" 102 条，"不准赎死罪诰" 12 条，"准赎死罪律" 9 条。"准赎死罪诰" 24 条。该条例是关于死罪罪名及被判处死罪者是否允许收赎的规定。由于《律诰》条例与《大明律》同时颁布天下，它是朱元璋生前对于死罪罪名的最后修订。该条例收入《大诰》条目 36 条，也是朱元璋按照改重从轻的原则，对《大诰》刑罚进行的最后一次全面和具有定型意义的调整。

《律诰》条例中《大诰》条目的处刑，是在修订洪武三十年初颁行的《决不待时、秋后处决、工役终身》条例及洪武二十六年颁布的《真犯杂犯死罪》条例的基础上进行的。这次调整的具体情况是（详见表 8–1）：

（1）《律诰》条例与洪武三十年初颁行的《决不待时、秋后处决、工役终身》条例比较。三十年初条例中的 22 个《大诰》条目，全部被列入《律诰》条例。除《妄立干办等名》、《空引偷军》、《臣民倚法为奸》3 条的处刑，由杂犯死罪加重为真犯死罪外，其他 19 个条目的处刑均未变化。

（2）《律诰》条例与《真犯杂犯死罪》比较。《真犯杂犯死罪》条例该中有 26 个条目列入了《律诰》；未列入《律诰》的《耆民赴京面奏事务阻当者》、《安保》2 条，是因为与《阻当耆民赴京》、《说事过钱》内容重复被删掉的。《律诰》中又新增了《真犯杂犯死罪》条例中未曾列入的《戴刑肆贪》、《朋奸欺罔》、《代人告罪》、《诡名告状》、《医人卖毒药》、《钱钞贯文》、《路费则例》、《有司逼民奏保》、《结交安置人》、《有司不许听事》10 个《大诰》条目。这样，《大诰》中有关死罪的峻令基本上被纳入了《律诰》条例。也就是说，《大诰》峻令已全面被《律诰》所代替。

表 8 - 1 《大诰》、《真犯杂犯死罪》、三十年初条例、
《律诰》处刑比较①

罪　名	《大诰》篇次	《大诰》处刑	洪武二十六年定《真犯杂犯死罪》条例处刑	洪武三十年初条例处刑	洪武三十年定《律诰》条例处刑	《律诰》与《大诰》处刑比较
僧道不务祖风	初编30	弃市	真犯死罪（不准赎）	工役终身（杂犯准赎）	准赎死罪（杂犯）	《大诰》重《律诰》轻
说事过钱	初编38	重刑，籍没家产	真犯死罪	秋后处决（真犯不准赎）	不准赎死罪	相近
冒解罪人	初编40	重刑	真犯死罪	工役终身	准赎死罪	相近
逸夫	续编3	死罪，里甲四邻不拿者迁化外	真犯死罪	工役终身	准赎死罪	《大诰》重《律诰》轻
滥设吏卒	续编16	族诛	真犯死罪	工役终身	准赎死罪	《大诰》重《律诰》轻
阻当耆民赴京	续编67	枭令示众剐足枷令	真犯死罪	秋后处决	不准赎死罪	《大诰》重《律诰》轻
耆民赴京面奏事务阻当者	续编67	枭令示众剐足枷令	真犯死罪			（该条合并于前条）
妄立干办等名	续编12	枭令示众	真犯死罪	工役终身	不准赎死罪	《大诰》重《律诰》轻
闲民同恶	续编62	闲民族株，有司凌迟处死	真犯死罪	工役终身	准赎死罪	《大诰》重《律诰》轻

① 洪武二十六年定《真犯杂犯死罪》条例、洪武三十年初定《决不待时、秋后处决、工役终身》条例、洪武三十年五月定《律诰》条例中，个别《大诰》条目的名称，彼此文字有相异之处。为行文方便，本部分4个表中的《大诰》条目名称，以《律诰》条例所记为准。

罪　名	《大诰》篇次	《大诰》处刑	洪武二十六年定《真犯杂犯死罪》条例处刑	洪武三十年初条例处刑	洪武三十年定《律诰》条例处刑	《律诰》与《大诰》处刑比较
官吏下乡	续编17	斩	真犯死罪	工役终身准赎死罪	准赎死罪	《大诰》重《律诰》轻
擅差职官	续编19	死罪	真犯死罪	工役终身	准赎死罪	《大诰》重《律诰》轻
鱼课扰民	续编33	枭令	真犯死罪		准赎死罪	《大诰》重《律诰》轻
经该不解物	续编55	族诛	真犯死罪	工役终身	准赎死罪	《大诰》重《律诰》轻
不对关防勘合	续编63	枭令	真犯死罪		准赎死罪	《大诰》重《律诰》轻
关隘骗民	续编65	重罪	真犯死罪	工役终身	准赎死罪	《大诰》重《律诰》轻
居处僭分	续编70	重罪	真犯死罪	工役终身	准赎死罪	《大诰》重《律诰》轻
市民为吏卒	续编75	死罪	真犯死罪	工役终身	准赎死罪	《大诰》重《律诰》轻
造作买办	续编77	斩	真犯死罪	工役终身	准赎死罪	《大诰》重《律诰》轻
空引偷军	三编5	枭令，籍没，成丁家口迁化外	真犯死罪	工役终身	不准赎死罪	《大诰》重《律诰》轻
庆节合买	续编76	斩	真犯死罪	工役终身	准赎死罪	《大诰》重《律诰》轻
臣民倚法为奸	三编1	凌迟示众，枭令示众，籍没，人口迁化外	真犯死罪	工役终身	不准赎死罪	《大诰》重《律诰》轻

罪　名	《大诰》篇　次	《大诰》处　刑	洪武二十六年定《真犯杂犯死罪》条例处刑	洪武三十年初条例处刑	洪武三十年定《律诰》条例处　刑	《律诰》与《大诰》处刑比　较
长解卖囚	三编 19	极刑，籍没家产，人口迁化外	真犯死罪	工役终身	准赎死罪	《大诰》重《律诰》轻
寰中士夫不为君用	三编 13	死罪，籍没其家	真犯死罪		不准赎死罪	《大诰》重《律诰》轻
阻当乡民除患	初编 59	枭令	真犯死罪	工役终身	准赎死罪	《大诰》重《律诰》轻
戴刑肆贪	三编 38	枭令			不准赎死罪	《大诰》重《律诰》轻
朋奸欺罔	三编 37	凌迟示众	无	秋后处决	不准赎死罪	《大诰》重《律诰》轻
代人告状	三编 31	枭令	无		不准赎死罪	《大诰》重《律诰》轻
诡名告状	三编 32	凌迟处死	无		不准赎死罪	《大诰》重《律诰》轻
医人卖毒药	三编 22	枭令	无		不准赎死罪	《大诰》重《律诰》轻
钱钞贯文	续编 58	重罪	无		准赎死罪	相近
路费则例	续编 61	重罪	无		准赎死罪	相近
有司逼民奏保	三编 33	死罪，人口迁化外	无		准赎死罪	《大诰》重《律诰》轻
结交安置人	续编 80	死罪	无	工役终身	准赎死罪	《大诰》重《律诰》轻
有司不许听事	续编 11	罪不赦	无		准赎死罪	相近

罪　名	《大诰》篇次	《大诰》处刑	洪武二十六年定《真犯杂犯死罪》条例处刑	洪武三十年初条例处刑	洪武三十年定《律诰》条例处刑	《律诰》与《大诰》处刑比较
官民有犯	初编29	死罪	杂犯死罪		准赎死罪	《大诰》重《律诰》轻
揽纳户	初编19初编37	死刑，籍没家产	杂犯死罪		准赎死罪	《大诰》重《律诰》轻
安保	初编38	重刑，籍没家产	杂犯死罪		无	
秀才断指诽谤	续编79	枭令，合家成丁处死，妇女迁化外	杂犯死罪		不准赎死罪	《大诰》重《律诰》轻

表 8 - 2　　《大诰》、《充军》条例、《真犯杂犯死罪》条例、
《律诰》处刑比较

罪　名	《大诰》篇次篇名	《大诰》处刑	洪武二十六年定《充军》条例处刑	洪武二十六年定《真犯杂犯死罪》条例处刑	洪武三十年定《律诰》条例处刑
诡寄田粮	初编39《诡寄田粮》	全家抄没	充军		
私充牙行	续编82《牙行》，三编26《私牙骗民》	续编82为迁徙化外；三编26为本人处死，家迁化外	充军		
闲吏	初编59《乡民除患》	帮缚赴京治罪	充军	"乡民除患"为真犯死罪	"乡民除患"为杂犯准赎死罪

罪 名	《大诰》篇次篇名	《大诰》处刑	洪武二十六年定《充军》条例处刑	洪武二十六年定《真犯杂犯死罪》条例处刑	洪武三十年定《律诰》条例处刑
积年民害官吏	初编 55《积年民害逃回》	安置，充军	充军		
揽纳户	初编 19《揽纳户虚买实收》，初编 37《籍没揽纳户》	死刑，籍没家产	充军	杂犯死罪	杂犯准赎死罪
不务生理	续编 3《互知丁业》，续编 6《再明游食》	续编 3 为死罪，里甲四邻不拿者迁化外，续编 6 为拿赴有司或拘拿赴京治罪	充军	"逸夫"为真犯死罪	"逸夫"为杂犯死罪
游食	同上	同上	充军	"逸夫"为真犯死罪	"逸夫"为杂犯死罪
断指诽谤	续编 79《断指诽谤》	枭令，合家成丁处死，妇女迁化外	充军	杂犯死罪	真犯不准赎死罪
主文	续编 74《罪除滥设》	死罪	充军		
野牢子	同上	死罪	充军		
帮虎	同上	死罪	充军		
直司	同上	死罪	充军		

《真犯杂犯死罪》中的 26 个《大诰》条目收入《律诰》后，有 8 个条目量刑未加改变；量刑加重者 1 条，即把《断指诽谤》由 "杂犯死罪" 加重为 "不准赎死罪"；量刑减轻者 17 条。该条例

中的 24 个"真犯死罪"条目，在《律诰》中有 17 个条目被减轻为"准赎死罪"。

（3）《律诰》条例与《大诰》比较，列入《律诰》的 36 个《大诰》条目，除《说事过钱》、《钱钞贯文》、《路费则例》、《有司不许听事》4 条的刑罚相近外，其他 32 个条目的刑罚都按照减重从轻的原则做了较大调整。

引《诰》入例、改重从轻，是洪武后期朱元璋为修正《大诰》处刑采取的措施。洪武二十六年颁行《真犯杂犯死罪》和《充军》条例后，有近 40 条《大诰》峻令已停止使用。洪武三十年颁行《律诰》条例后，《大诰》中涉及死刑的 36 条峻令被《律诰》所代替，加上《充军》条例中刑罚被调整的《大诰》条目，《大诰》中的禁令基本条例化。新的条例的颁行，意味着原《大诰》峻令中的刑罚已被废止，在司法审判中不再适用。

《明史·刑法志》云："自《律诰》出，而《大诰》所载诸峻令未尝轻用。"① 这一记载应该是可信的。

（二）洪武朝以后《大诰》的命运

洪武三十一年（1398 年）闰五月，即颁行《律诰》一年后，朱元璋逝世。洪武朝以后，《大诰》在国家政治生活中是否还发挥作用？它在司法审判中是否被继续使用？要回答这个长期令人困惑不解的问题，有必要从讲读《大诰》、《律诰》的实施与废止、"有《大诰》减等"这三个与《大诰》相关的方面进行考察。

---

① 《明史》卷九三《刑法一》，中华书局，1974，第 2284 页。

1. 关于《大诰》的讲读

讲读《大诰》是朱元璋反复向臣民提出的要求，是他为推动《大诰》传播采取的措施。朱元璋死后，讲读《大诰》的制度曾在永乐间继续实行。据史载，明成祖朱棣发动靖难之役取代建文帝后，为收揽人心，巩固其地位，力贬建文而崇祖制。洪武三十五年（1402 年，即建文帝四年）七月，他在即位的当月，就敕令礼部："太祖高皇帝亲制《大诰》三编，使人知趋吉避凶之道，颁行岁久，虑民间因循废弛，尔宜申明，仍令天下诵读，遇乡饮则讲解如旧。"① 永乐元年（1403 年），他又下旨："令各处教官训导，依前教读讲解，听候考试，其市井乡村秀才，一体用心教训，如不熟读，及闻知考试推托不赴者，治罪。"② 永乐三年（1405 年）二月，巡按福建监察御史洪堪建议："乡饮酒礼，乞申明令有司以时奉行，选方正之士讲读《大诰》律令，使民知趋善避恶。"此建议被明成祖采纳。③ 然查明代史籍，永乐以后的洪熙、宣德、正统几朝，虽也有一些关于君主要求讲读《大明律》和御制书籍的记载，但都是笼统言之，并未明确要求臣民讲读《大诰》。这表明朝廷对讲读《大诰》一事已不那么重视了。

到明代中叶时，《大诰》已为民间鲜知。身经正统、成化、弘治三朝的陆容写道："国初惩元之弊，用重典以新天下，故令行禁止，若风草然。然有面从于一时，而心违于身后者数事。如洪武钱、大明宝钞、《大诰》、《洪武韵》是已。……《大诰》，

---

① 《明太宗实录》卷一〇下。

② （明）申时行等重修：《明会典》卷二〇《户部七·户口二·读法》，中华书局，1989，影印本，第 135 页。

③ 《明太宗实录》卷三九。

惟法司拟罪云有《大诰》减一等云尔。民间实未之见，况复有讲读者乎!"① 嘉靖六年（1527 年）十二月，詹事霍韬向皇帝上疏曰："洪武中，令天下生员读《诰》、《律》、《教民榜文》，又言民间子弟早令讲读《大诰三编》。今生儒不知《诰》、《律》久矣。"他回顾《大诰》等祖宗之法不行的历史过程时说："惟宣德、正统以后逐渐废坏，循至迩年，所存无几。"② 明成祖死后，仁宗朱高炽继位，不到一年而卒，继而宣宗朱瞻基即位，改元宣德。霍韬说自宣德朝起，《大诰》讲读制度已逐渐废坏，当是可信的。

检现存的数十种《大诰》版本，基本上是刻于洪武年间。除嘉靖、万历间刊行的《皇明制书》收有《大诰》外，很少见到明代中后期刊印的其他《大诰》版本。这也从一个侧面证明，朱元璋死后不久，这部在洪武中后期曾"户户有此一本"、"家藏人诵"的圣书，已衰落到"人不知诰"的地步。这是朱元璋本人万万料想不到的。

2. 关于《律诰》条例的实施与废止

认为《大诰》在洪武朝以后的司法审判中仍发挥作用的学者，主要是把《律诰》条例仍在实施作为支持自己论断的理据。笔者以为，持此论者存在两个认识方面的误区。

其一，《律诰》并不等同于《大诰》。《律诰》作为单行的条例，是专门规范死罪的罪名和判处死刑的囚犯是否可以赎罪的规定，具有自成一体的内容体系和被独立适用的效力。虽然它的147 个条目中有 36 个罪名取自《大诰》，与《大诰》存在着法律渊源关系，但《律诰》的规定、刑罚、功能、法律效力与

---

① （明）陆容撰：《菽园杂记》卷一〇，中华书局，1985，第 122～123 页。
② 《明世宗实录》卷八三。

《大诰》有很大的不同。《大诰》条目共236条，其内容是由峻令、案例和明太祖的"训诫"三部分组成的。《大诰》是否在司法审判中发挥作用，不仅要看其峻令是否具有法律效力，还应看《大诰》中的案例是否可以在司法审判中比照援引。查阅明代法律文献，尚未有洪武朝以后援引《大诰》中的案件判案的例证。至于《律诰》条例中的《大诰》条目，经过洪武后期几次系统修正，其量刑标准已与原《大诰》中的规定发生了重大变化。《律诰》条例颁行后，原《大诰》中同一内容的禁令，已失去法律效力。因此，我们不能不加分析地把《律诰》等同于《大诰》。

其二，《律诰》的存在，并不等于列入该条例中的《大诰》条目也必然得到实施。《律诰》中收入"不准赎死罪律"102条，"准赎死罪律"9条，这些条目是从《大明律》有关死刑的规定中摘引而来，其中不准赎死罪的罪名、刑罚同《大明律》完全一致，准赎死罪的死罪性质也同于《大明律》，只是把绞罪改为准赎死罪。由于《律诰》中的这些条目同《大明律》规定不发生冲突，它们在司法审判中被援用是顺理成章的。然而，《律诰》中《大诰》条目的量刑较之洪武三十年《大明律》却往往加重，一些与律文相近条款的处刑甚至苛重无比，如不进行修正，在审判活动中是很难操作的。因此，不能因为洪武朝以后的一段时期内《律诰》未被明令废止，就认为其中的《大诰》条目就必定得到实施。《律诰》中的《大诰》条目是否得到了实施，还需要依据充分的资料才可得出确切的结论。

收入《律诰》的36个《大诰》条目，在《律诰》中被区分为"不准赎死罪诰"和"准赎死罪诰"两个部分。为了使读者了解《律诰》中《大诰》条目的处刑与《大明律》的相近条款处刑的差异，这里分别列表予以考察。

（1）不准赎死罪诰。这部分共 12 条，除了 3 条与律的相近条款量刑相同外，其他 9 条均比律文量刑加重（详见表 8－3）。

表 8－3　不准赎死罪诰与明律相近条款处刑比较

《大诰》条目	处　　刑	依律相近条款应处刑	比较结论
朋奸欺罔	不准赎死罪	依律"奸党"条，斩	二者相同
诡名告状	不准赎死罪	依律"投匿名文书告人罪"条，绞	二者相同
医人卖毒药	不准赎死罪	依律"庸医杀伤人"条，斩	二者相同
说事过钱	不准赎死罪	依律"官吏受财"条，罪止杖一百，迁徙；有赃者计赃从重论	较律文重
代人告状	不准赎死罪	依律"教唆词讼"条，受雇诬告与自诬同，按所诬罪轻重科断	较律文重
空引偷军	不准赎死罪	依律"知情藏匿罪人"条，减罪人罪一等	较律文重
臣民倚法为奸	不准赎死罪	依律按罪轻重科断	较律文重
妄立干办等名	不准赎死罪	依律"滥设官吏"条，罪止杖一百，迁徙	较律文重
戴刑肆贪	不准赎死罪	无此条	新设重刑
秀才断指诽谤	不准赎死罪	无此条	新设重刑
寰中士夫不为君用	不准赎死罪	无此条	新设重刑
阻当耆民赴京	不准赎死罪	无此条	新设重刑

（2）准赎死罪诰。这部分共 24 条，量刑均比明律的相近条款为重（详见表 8－4）。

表 8-4　准赎死罪诰与明律相近条款处刑比较

《大诰》条目	处刑 （附一些条款内容说明）	依律相近条款应处刑	比较结论
居处僭分	准赎死罪	依律"服舍违式"条，有官杖一百，罢不叙；无官笞五十	较律文重
闲民同恶	（指闲民信从有司，擅称名色，与官吏同恶害民）准赎死罪	依律"滥设官吏"条，杖八十，再犯迁徙，有所规避者从重论	较律文重
擅差职官	（指擅差仓库、巡检等官离职办事）准赎死罪	依律"擅勾属官"条，笞四十	较律文重
揽纳户	准赎死罪	依律"揽纳税粮"条，杖六十	较律文重
冒解罪人	（指卖放罪人正身，故将平人解发）准赎死罪	依律"应捕人追捕罪人"条，受财纵囚与囚同罪	较律文重
滥设吏卒	准赎死罪	依律"滥设官吏"条，罪止杖一百，迁徙	较律文重
长解卖囚	准赎死罪	依律"徒流人逃"条，故纵与囚同罪，受财者，计赃，以枉法从重论	较律文重
官民有犯	（指官民有犯罪者，买重作轻，买轻诬重，或尽行买免）准赎死罪	依律"官司出入人罪"条，除故入人罪至死者，均不处死刑	较律文重
市民为吏卒	准赎死罪	依律"滥设官吏"条，罪止杖一百，迁徙	较律文重
经该不解物	准赎死罪	依律"转解官物"条，杖八十，不如法损失者坐赃论，侵欺以监守自盗论	较律文重
僧道不务祖风	准赎死罪	依律"僧道娶妻"、"僧道拜父母"条，处杖刑，还俗	较律文重
有司不许听事	准赎死罪	依律"擅勾属官"条，笞四十	较律文重

续表 8 – 4

《大诰》条目	处　刑 （附一些条款内容说明）	依律相近条款应处刑	比较结论
不对关防勘合	准赎死罪	依律"私越冒度关津"条，罪止杖一百	较律文重
庆节和买	（指以庆节为由和买民物不给钱）准赎死罪	依律应计赃科罪	较律文重
钱钞贯文	（指故意混乱钱钞数目）准赎死罪	依律应计赃科罪	较律文重
造作买办	（指有司承办朝廷诸色造作，向下属或小民指名要物，实不与价）准赎死罪	依律应计赃科罪	较律文重
关隘骗民	准赎死罪	无此条。应计赃科罪	较律文重
鱼课扰民	准赎死罪	无此条。应计赃科罪	较律文重
路费则例	（指官员在朝廷已定的赴京路费之外，又借进纳诸色钱钞并朝觐之名科敛）准赎死罪	无此条。应计赃科罪	较律文重
逸夫	准赎死罪	无此条。类比律文"荒芜田地"条，罪止杖八十	较律文重
官吏下乡	准赎死罪	无此条	较律文重
阻当乡民除患	准赎死罪	无此条	较律文重
有司逼民奏保	（犯罪事觉，逼耆民奏保）准赎死罪	无此条	较律文重
结交安置人	（指交结已被迁徙安置的罪犯）准赎死罪	无此条	较律文重

　　总观列入《律诰》的 36 个条目，虽然其刑罚已较《大诰》峻令有较大幅度的减轻，但除 3 条与律处刑相同外，其他条目的

处刑仍比《大明律》苛重。按明代的法律制度，各种刑事立法必须符合律意，刑罚不得与律发生冲突。法司办案也必须一依《大明律》决断，要求量刑轻重适宜，不得妄引与律文相冲突的条例为判案的依据。然《律诰》中的不少条目的量刑，与《大明律》相近条款的规定明显发生冲突。比如，《大明律》中也有"滥设官吏"专条，明确规定："凡内外各衙门，官有额定员数，而多余添设者，当该官吏一人杖一百，每三人加一等，罪止杖一百，徒三年。若吏典、知印、承差、祗候、禁子。弓兵人等，额外滥充者，杖一百，迁徙。"① 依照明律，滥设吏卒的最高刑罚为杖一百，迁徙，而《律诰》却加重为准赎死罪。又如，《大明律》"服舍违式"条规定："凡官民房舍军服器物之类，各有等第。若违式僭用，有官者，杖一百，罢职不叙。无官者，笞五十，罪坐家长。"② 依照明律，"居住僭分"只是处以笞、杖刑，而《律诰》却加重为准赎死罪。列入《律诰》中《大诰》条目的处刑，类似这样与明律相近的条款量刑苛重的条目比比皆是。另外，《律诰》中的一些《大诰》条目，如《律诰》中的"断指诽谤"为"不准赎死罪"，"揽纳户"等为"杂犯死罪"，也与洪武二十六年颁行的《充军》条例中的同一条目的量刑不尽一致。《充军》条例曾在洪武后期至弘治十三年（1500 年）间实行。这样，《律诰》与《充军》条例量刑相冲突的条目，恐怕司法审判中难以引用。

《大明律》是洪武年间反复修订而成，朱元璋死前留下遗训，要求子孙严守"已成之法，一字不可改易"。③ 洪武以后各

---

① 《大明律》卷二《吏律·职制》"滥设官吏"条。
② 《大明律》卷一二《礼律·仪制》"服舍违式"条。
③ 《皇明祖训》:《皇明祖训序》，见《中国珍稀法律典籍续编》第 3 册，第 483 页。

朝新的君主登基时，都无例外的在即位诏中重申，要求法司办案"一依《大明律》科断"。洪武三十一年（1398 年）闰五月，建文帝朱允炆登基。建文帝"性仁厚，于刑狱多所减省"。① 他在即位诏中宣布："今后官民有犯五刑者，法司一依《大明律》科断，无深文。"② 这样，"较律为重的《律诰》中的大诰条目，即可能在断狱时不予援用"③ 明成祖发动靖难之役取代建文帝后，为收揽人心，巩固其地位，力贬建文而崇祖制。他在即位诏中宣布："侄允炆以冲幼之资，嗣守大业，秉心不孝，改更宪章……建文以来祖宗成法有更改者，仍复旧制，刑名一依《大明律》科断。"④ 永乐前期，明成祖曾大力维护《大诰》的讲读，但永乐十九年（1421 年）四月，他也下诏说："法司所问囚人，今后一依大明律拟罪，不许深文，妄引榜文条例。"⑤ 黄彰健指出，明成祖发布这条诏令后，《律诰》中"较律为重者恐亦不许引用"。⑥ 仁宗、宣宗、英宗即位之初，都仿效建文帝，明令宣布："诸司所问囚犯，今后一依《大明律》科断，不许深文，违者治罪。"⑦ 在各朝都强调依《大明律》科断的情况下，《律诰》中与《大明律》的量刑明显冲突的那些条款，应当说在司法审判中很难适用了。查现存的这几朝的案例，也未发现依《律诰》

---

① 《明史》卷四《恭闵帝》，中华书局，1974，第 59 页。
② 《姜氏秘史》，转引自黄彰健著《明清史研究丛稿》卷二《〈大明律诰〉考》，台湾"商务印书馆"，1977，第 187 页。
③ 黄彰健著：《明清史研究丛稿》卷二《〈大明律诰〉考》，台湾"商务印书馆"，1977，第 187 页。
④ （明）傅凤翔辑：《皇明诏令》卷四，见《中国珍稀法律典籍集成》乙编第 3 册，第 104~105 页。
⑤ 《明太宗实录》卷二三六。
⑥ 黄彰健著：《明清史研究丛稿》卷二《〈大明律诰〉考》，台湾"商务印书馆"，1977，第 190 页。
⑦ （明）傅凤翔辑：《皇明诏令》卷七至卷一〇，见《中国珍稀法律典籍集成》乙编第 3 册，第 193、217、281 页。

中《大诰》条目治罪的实例。因此，虽然《律诰》中的《大诰》条目未被明令废止，除非朝廷对这些条目的刑罚再行进行调整，否则就难免逃脱"明不言废而实废"的命运。

明孝宗弘治十年（1497 年），颁行了新的《真犯杂犯死罪》条例。①《明会典》云："按洪武间所定'真杂犯死罪'并'工役终身'及永乐间定'迁发种田'，与律不无异同。今问刑衙门，俱遵依弘治十年所定。"② 据此可知，最迟在弘治十年条例颁行时，《律诰》条例已被废止。弘治十年条例中没有列入《大诰》条目，表明《大诰》对明代中后期的司法审判不再发生影响。

广泛查阅明代法律文献可知，洪武朝以后收录有《律诰》条例者，仅有张楷撰《律条疏议》成化三年（1467 年）刻本及该书嘉靖二十三年（1544 年）符验重刻本和《兴化府志》。张楷卒于天顺四年（1460 年），《律条疏议》是他去世的前一年即天顺五年（1461 年）首次刊刻的，③ 该书天顺五年刻本未收录《律诰》条例。后来的重刻本收入的《律诰》条例，显然是后人增加进去的。此外，正德、万历两朝刊行的《大明会典》，都收入了洪武二十六年定《真犯杂犯死罪》条例，洪武三十年初定《决不待时、秋后处决、工役终身》条例以及弘治十年定《真犯杂犯死罪》条例，唯独没有收入《律诰》条例。从《律诰》条例传本不多的情况可以推断，该条例在明代前期司法实践中的作用是很有限的。

---

① （明）申时行等重修：《明会典》卷一七四《刑部十六·罪名二》，中华书局，1989，影印本，第 885 ~ 889 页。
② （明）申时行等重修：《明会典》卷一七三《刑部十五·罪名一》，中华书局，1989，影印本，第 882 页。
③ 上海图书馆藏有明人张楷撰《律条疏议》天顺五年刻本。

3. 关于"有《大诰》减等"

洪武十八年（1385 年），朱元璋在颁行《大诰》初编时，就下令实行"有《大诰》减等"制度，规定有《大诰》者，"若犯笞、杖、徒、流罪名，每减一等。无者每加一等。"① 他推行"有《大诰》减等"制度的用意，一方面是试图通过这种办法鼓励和强制臣民讲读《大诰》，推动《大诰》的普及和传播；另一方面也是基于当时用法过严，通过减等以减轻刑罚，宣示君主的宽仁之道。对于明太祖推行"有《大诰》减等"制度的背景和动机，明人唐枢在论及《大诰》时作了这样的阐述："古谓刑罚世轻世重，其要归于期无刑以治天下。高皇帝初宰朝野，令、律两发，而锤元末造民习不良，犯者益肆其奸，于是特典重裁，间以时出，如雷霆震惊。一番旋干，然神功歘敛，能改即止。凡大小犯悉令减一等科罪，盖其所轻重世也，而非我之所欲自为也。"②

"有《大诰》减等"制度曾在洪武中后期实行。洪武二十八年（1395 年），朱元璋对"有《大诰》减等"制度做了修正，明令"法司拟罪，许引《大诰》减等。若遇恩例，则通减二等。"③ 这一法令删去了无《大诰》者罪加一等的规定。为了使法司在审判活动中准确执行"有《大诰》减等"的规定，朱元璋敕六部、都察院编纂了《律条直引》一书，于洪武三十年（1397 年）颁行天下。该书 30 卷，对《大明律》460 条律文如

① 《初编》：《颁行大诰第七十四》。
② （明）唐枢撰：《法缀》"大诰三编"条，明嘉靖、万历间刻本，见杨一凡编《中国律学文献》第 1 辑第 4 册，黑龙江人民出版社，2004，影印本，第 668～669 页。
③ （明）徐溥等纂、（明）李东阳等校正：《大明会典》卷一三二《刑部七·申冤·问拟刑名》，明正德六年司礼监刻本。又见（明）唐枢撰《法缀》"大明律"条，《中国律学文献》第 1 辑第 4 册，黑龙江人民出版社，2004，影印本，第 663 页。

何解读及明确"有《大诰》减等"的量刑标准，逐条作了规定。洪武末何广撰《刑名启蒙例》①中，也通过总结实际司法工作经验，对审理案件中应遵循的要则和如何贯彻"有《大诰》减等"作了详细的阐述。洪武以后各朝官方或私人编纂的法律文献中，也有一些"有《大诰》减等"的记载。在明代的司法审判中，对于犯笞、杖、徒、流罪者，也实行了减等制度。然而，明代史籍中在谈到《大诰》在洪武朝以后流传的情况时，几乎都是讲"人不知诰"；法司办案，也是对死刑以下犯罪通减一等。正如明人佘自强所说："高皇帝颁行《大诰》，开人守法惧罪之门，使读而守之者除死罪外，俱得各减一等。今人虽无读《大诰》者，然平常一概引律，则俱称《大诰》减等矣。"②

明代司法中存在的"有《大诰》减等"制度，并不标志着《大诰》在司法审判中还继续发挥作用。《大诰》是否在司法审判中发挥作用，关键是看它的规定是不是能够作为审理案件的依据。在明一代的司法审判中，法司从来是不理会犯人是否持有《大诰》，而是按法律规定对非犯死罪的犯人统统按减罪一等的办法处理。所谓"有《大诰》减等"，只是一种形式而已。因此，不能把这种形式主义的做法，说成是《大诰》在司法审判中发挥作用。

明太祖朱元璋亲自编纂的《大诰》峻令，风行于洪武十八年（1385 年）至二十五年（1392 年）间。洪武二十六年（1393年）后，朱元璋采用引诰入例的方法，屡减轻其刑罚，《大诰》峻令逐渐废止不用。自洪武三十年《大明律诰》成，《大诰》禁

---

① 见《中国珍稀法律典籍集成》乙编第 1 册，第 649～663 页。
② （明）佘自强撰：《治谱》卷四，明崇祯十二年呈祥馆重刻本，见《官箴书集成》第 2 册，黄山书社，1997，影印本，第 117 页。

令条目为《律诰》所替代,《大诰》仅成为教育臣民的教材。洪武朝以后,虽在一定时期内有《律诰》条例存世,又有"《大诰》减等"在司法中沿袭使用,然宣德朝以后,随着讲读《大诰》制度的废坏,这一圣书渐渐被束之高阁,乃至成为稀见之书,国人只知"有《大诰》减等",而不知《大诰》为何物。《大诰》的这种命运,是有其历史的必然性的。历代用刑,世轻世重。朱元璋患臣民沿袭元末"贪赎、懈驰"之弊,注重严明法制,严肃纪纲,以严法打击贪官污吏,本应无可非议,然刑罚之用,当依法而行,又贵在轻重适宜。若无视"常法",大搞法外用刑而无节制,那就会适得其反。《大诰》峻令正是由于酷滥无比,故难长久推行,这是不以人的意志为转移的必然结局。

九 《大诰》反映的明初社会

四编《大诰》是六百年前朱元璋为治理臣民编纂的一部"警世"之作，同时也是其坦率地陈述时弊和治国之道的原始资料。它不像一般官修史籍，有那么多的润色和曲笔，书中的话"直直地说"，① 提供的实际材料又是如此丰富，对于今天的研究者来说，此书的珍贵之处，是它把明初社会的政治、法律、经济、军事的状况和社会生活中的各种弊病，毫无掩饰地再现于人们的面前。

1. 君权极度膨胀

这是阅读《大诰》后给人们留下的最突出的印象。在中国古代君主政治体制下，皇帝至高无上，皇权重于一切，各代毫无例外。不过，把君权扩展到高度膨胀地步的当推朱元璋。自秦至元代，一直实行丞相制度，这种制度使君权受到一定的分割和限制。洪武十三年（1380 年），朱元璋借处理胡惟庸党案，对中央机构进行了改革，废中书省和丞相制，使中央和地方的各级行政机构直接听命于皇帝。同时，他又利用检校和锦衣卫侦缉官民，

---

① 《武臣》:《大诰武臣序》。

大兴"诏狱"，加强了对臣民的控制。《大诰》记述的大量材料
表明，朱元璋是一位集国家大权于一身且猜疑心甚重的君主。

　　首先，朱元璋凭借极权地位，把全国官民都置于他的严密监
管之下。他一手把持全部朝政大权，中央的军政要事和官吏的任
免，均要由他决定。他很重视发现人才和起用后生，但又对所有
的人都不放心。官吏一旦有失错之处，轻则凌辱，重则杀身。他
不但对官场中的事务控制极严，就是民间的生活方式，如婚姻、
礼节诸琐事也要过问。他发布的《诰》文，人人都必须熟背牢
记，臣民的言行都务必符合他规定的要求。上至六部尚书，下至
平民百姓，谁如有"越轨"举动，就会招来灾祸。户部尚书茹
太素，到任不到一月，因没有及时处理公文，朱元璋便下令让他
"总目日事若干，以凭考验"，又因其所行公文日期不符，便将
茹太素论以"面欺平诳"的罪名，通报全国。[①] 会稽等县河泊所
官张让等在书写"钞本"时，把课钞"六千六十七贯二百文"
写成"六百六万七千二百文"，钱数一样，只是行文繁琐和不符
合惯例，朱元璋怀疑其"意在昏乱掌钞"，"将各官吏治以重
罪"。[②] 猎夫孙华一在为朝廷进猎物时，被人吃掉两只，也被安
上"不敬"罪名公告天下。在《大诰》中，记载有不少官吏时
而受重用、时而被诛杀的案例，臣民因言行不慎被治罪的案例更
是屡见不鲜，足见当时君主对臣民的控制之严，深入到社会生活
的各个角落。

　　其次，在君主专权的条件下，皇帝的话成了具有最高权威的
法律，既定的法律可以由他随意改变。自洪武元年（1368 年）
起，《大明律》就作为朝廷的基本大法，公布实施。朱元璋要求

---

① 《初编》：《户部行移不实第六十七》。
② 《续编》：《钱钞贯文第五十八》。

臣下严守律典，不得违背。就在《大诰》颁行前不久，他仍诏令："诸司狱讼当详审，轻重按律决遣，毋得淹禁。"① 然而，他自己却往往不按律条行事。《大诰》中所记案例，大多为律外用刑，所设峻令刑罚也多比律条加重，有些禁令前后矛盾，刑罚多变。本来，朝廷设有刑部、都察院、大理寺处理全国狱讼，朱元璋却常常把"三法司"撇在一边，直接控制司法大权，亲自审讯臣民案件，并根据个人好恶决断。对他的律外用刑，臣民不得提出疑义，否则便会被治以重罪。在"大戮官民，不分臧否"② 的气氛下，各级官吏惶惶不可终日。"时京官每旦入朝，必与妻子诀，及暮无事，则相庆以为又活一日"。③ "郡县之官虽居穷山绝塞之地，去京师万余里外，皆悚心震胆，如神明临其庭，不敢少肆。或有毫发出法度，悖礼义，朝按而暮罪之。其重名实辩臧否，诚古所未有也"。④ 这些记载可能有些夸大的成分，但皇权之严威，确实达到了登峰造极的地步。

2. 官场贪墨之风盛行

有些史家称明初吏治尚较"清明"，然观《大诰》所载诸案，可知此论恐怕是与有关朝代比较而言。在短短的几年中，发生这样多的官吏贪赃枉法案件，足以使人震惊。这些案件表明，当时官场弊病重重，官吏犯罪具有人数多、牵涉范围广、赃私数量大和不择手段的特点。可以说，自中央六部到各布政司、府、州、县，从高官到小吏，贪墨之风十分严重。

先从中央朝廷各衙门的官吏说起。吏、户、礼、兵、刑、工

---

① （明）何栋如撰：《皇祖四大法》卷七《治法》。

② 《明史》卷一三九《周敬心传》，中华书局，1974，第3999页。

③ （清）赵翼撰：《廿二史札记》卷三二《明太祖晚年去严刑》，中华书局，1984，第757页。

④ （明）方孝孺撰：《逊志斋集》卷一四《送祝彦芳致仕还乡序》。

六部是在皇帝直接指挥下分理朝政的中央机构，这些部门的许多要员利用自己手中的权力，千方百计贪赃肥私。户部官员以郭桓为首，沆瀣一气，他们借掌管钱粮之机，"通同诸司，将天下钱粮尽行废坏"，所贪污赃款折合粮食达数百万担。工部官员负责朝廷的营建、修缮和全国的工匠管理事务，他们惟务贪饕，设计刁难工匠，卖放人夫，索要贿赂。洪武十八年（1385年），该部侍郎韩铎等一次就卖放诸色工匠 1500 名，分得赃钞 13000 多贯。① 刑部官员知法犯法，索受赃私，审狱"增减情辞，故行出入"。② 兵部官员也利用勾补逃军诸事，肆意作弊受财。该部侍郎王志，一次就受赃 22 万。③ 吏部官员协助皇帝掌管官吏的任免、考核、奖惩诸事，他们"交结近侍"，"私下定拟职名，作见行事例，朦胧奏启"，④ 从中渔利。礼部也借"婚礼银钞出库，通同近侍盗出银锭，虚出钞贯"。⑤

为了及时地揭露和打击朝臣的贪赃不法行为，朱元璋特设立御史和给事中等"风宪官"，授予他们监察和弹劾各级官吏的大权。可是，他们中的不少人却"扬威胁众，恣肆贪淫"。⑥ 洪武十九年（1386年），一次便查出犯有"交结朋党，互相蒙蔽，盗出银钞衣服"罪行的给事中 62 人。他们中贪赃少者数百贯，多者几万贯。⑦ 朱元璋感到久呆官场的官僚们"皆系老奸巨猾，造罪无厌"，⑧ 便从监生、进士中选拔"新进"为其效忠，让他

---

① 《续编》:《韩铎等造罪第二十四》。
② 《初编》:《尚书王时诽谤第八》。
③ 《初编》:《谕官无作非为第四十三》。
④ 《续编》:《韩铎等造罪第二十四》。
⑤ 《续编》:《礼部盗出财物第二十五》。
⑥ 《三编》:《御史刘志仁等不才第三十九》。
⑦ 《续编》:《朝臣蹈恶第五十》。
⑧ 《续编》:《婚娶第八十六》。

们担当核实户口田亩、厘定役税、监察百司、赈济水灾等重任，不期这批后生"及其管事也，贪婪奸顽之心并作"，[①] 也是"民瘼不问，贪要赃私"。[②]《续编·查踏水灾第八十四》条记载受财妄奏水灾的不法进士、行人141名；《三编·进士监生不悛第二》条又记有一犯至四犯贪赃枉法进士、监生364名。其时贪墨之风如瘟疫传染，把中央各色官吏都卷了进去。

再说地方各级官吏。这些官吏掌握着一个地方衙门或单位的实权，他们凭借临民之官的条件，贪赃枉法、敲诈勒索人民的手段更为露骨和多端。

朝廷的主要经济来源是税粮。地方官吏抓住催征税粮和实物的机会，大施害民之奸，侵欺入己。《初编·武进县夏税第十三》记："常州府武进等县官吏邓尚文等，将民人夏税，十分以九分上仓，一分入己。"《初编·征收不时第六十六》记：有司官吏"早催秋税，窘民于青黄不接之时，逼民于结实未坚之际，频于棰楚，得赃缓矣。"《初编·折粮科敛第四十一》记："浙西所在有司，凡征收，害民之奸，甚于虎狼。且如折收秋粮，府州县官发放每米一石，官折钞二贯，巧立名色，取要水脚钱一百文，车脚钱三百文，口食钱一百文。库子又要办验钱一百文，蒲篓钱一百文，竹篓钱一百文，沿江神佛钱一百文。"这七项额外负担加在一起，共计要多交九百文，几乎等于应交折钞二贯的一半。其勒索农民之甚，由此可见一般。除此而外，官吏还利用编造黄册和朝廷赈济灾民之机，损公肥私，不顾人民死活。如，应天、宣城等五府州，欺上瞒下，将朝廷已免人民税粮照旧征收，

① 《三编》：《进士监生不悛第二》。
② 《续编》：《查踏水灾第八十四》。

"通同作弊，并无一粒上仓"。① 洪武十九年（1386 年），河南发生水灾，郑州有司官吏不管"灾民腹饥"，卖妻、卖儿，却把大量赈济民钱入己。② 为了图一己之私，真是丧尽天良！

利用承办朝廷诸色造作、管理仓库或解送官物之机，盗窃实物，虚出实收，或巧立名色，科敛下民，也是地方官吏通常采用的贪占手段。据《初编·成造马船第七十二》：太平府同知陈汝器等"指以造船为由，将阖郡一概科敛，剥削于民。"又据《初编·和州鱼课第七十》："和州判官唐仲芳与同知州邵杰，将本州青沙坊等河泊所原办课钞一万九千四百四十贯，各分入己。及至上司催督起解，却将本州人户，不分城市乡村一概科敛。……本州人户数多，科征钞数倍于课额。除赔官外，仍复各分入己。"《续编·科敛驴匹第五十六》：蒲州知州孙景德"为起解课程赴京，于本州减庄等九十八里，每里科敛脚力驴一头，共科驴九十八头，内将四十头卖放与司吏乔思义，各分入己，止将五十八头驮载课程赴京"。在解送官物过程中，上下侵吞入己的问题十分突出。朱元璋说："于所解之物，无所关防，沿途或以微抵巨，或以贱易贵，或虚买实收，止纳一半，观朝廷之隙为之，全不纳者有之，有抵库而不如数者有之。"③

上下勾结，结党作恶，这是官场腐败的重要特征之一。洪武年间，各级官吏为了既能够营饱私囊，又不被朝廷发觉，便串通一气，"议受赃私，密谋科敛"。④《大诰》中记载的这类案例很多。如，安庆府在差人将洪武十七年（1384 年）冬季鱼课钞 3

---

① 《初编》：《五府州免粮第十二》。
② 《续编》：《克减赈济第六十》。
③ 《续编》：《解物封记第五十二》。
④ 《初编》：《谕官之任第五》。

万余贯解送赴京交纳时，通同户部侍郎张易，一年以上不行进纳，"意在埋没，侵欺入己"。[①] 又如，"十二布政司起到能吏，发付在京掌管亲军文册……及其著役也，通同上下，结交近侍，关支月粮，报名赏赐"。[②] 一旦他们的罪情发露，便互相包庇，甚至继续设法科敛于民。开州州判刘汝霖，明知本州官吏罗从礼匿藏朝廷所追赃钞 17000 贯，他"不将前项所寄赃钞照名追还，却乃帖下乡村，遍处科民，代陪前项钞贯"。[③]

地方官吏的贪墨风气之盛不仅表现在手段恶劣、无孔不入，还表现在歪风邪气波及到全国各地的衙门，以至有些省洪武前 18 年中，官吏因有贪赃问题无一人任满。朱元璋叹息说："自开国以来，惟两浙、江西、两广、福建所设有司官，未尝任满一人，往往未及终考，自不免乎赃贪。"[④] 由此可见，当时官场中的腐败现象具有普遍性。

至于武臣，其专横和肆意贪墨的气焰，比地方官吏更加猖獗。他们公开敲诈勒索，苦军害民，图财杀人，为了自己挥霍受用，所用手段极其残忍毒辣。一是冒支官粮、官绢。如陈州指挥胡琏和颖州指挥陈胜等 25 人，"百般害军，共冒支官粮三十八万，各分入己"。[⑤] 二是结交地方官府，科敛害民。如广西都指挥耿良，贪占地方官府和百姓、军人银 2460 两，金 100 两，钞 16400 多贯，铜钱 36000 文，粮 350 石，牲畜 660 多头。[⑥] 三是克扣军人粮盐。襄阳卫千户孙齐，克扣各军月粮 300 石入己；[⑦]

① 《三编》:《安庆解课第二十三》。
② 《续编》:《重支赏赐第二十七》。
③ 《初编》:《开州追赃第二十五》。
④ 《续编》:《松江逸民为害第二》。
⑤ 《武臣》:《冒支官粮第一》。
⑥ 《武臣》:《耿良肆贪害民第三》。
⑦ 《武臣》:《克落粮盐第十六》。

平阳守御千户所千户彭友文、谢成二人，两个月不支军人粮食，竟将100名军人活活饿死。① 四是指名道姓向军人摊派勒索。如"金吾后卫百户于保，为屯种买牛，科各军钞七十五贯五百文入己"；"河南卫百户侯显，为盖自己房屋，科各军钞八十贯入己"。② 五是私役军人。如"施州卫指挥乐信，占留军人九十二名在家作买卖"；"叙南卫指挥徐毅，占留军人一十五名在家役使"。③ 六是借履行公务，擅收军役或卖军、卖囚。如"淮安卫指挥储钦，贪受赃钞，将应提积年害民人等二百六名收充军役"；④ 应天卫百户韦真，接受军人叶德骥钱财，将其脱放；⑤ 永平卫所镇抚冯保，借勾逃军之机，"将本军脱放，却拿里长施一代他解官"。⑥ 七是不理军事，专务赚钱，甚至防倭作弊，纵贼出没。如漳州卫千户李原等，对倭寇侵扰视而不理，却让军人替他砍柴；福州左卫指挥陈谦等，"领军防倭，他都着去煎盐晒鱼，把军人多淹死了"。⑦ 八是图财杀人。昌国卫千户傅旺等，贪图财利，谎称云南土官者额"谋反"，将其及部属共86人杀死，"抢了他四皮箱金子，两皮箱银子，三皮箱钞并一应家私"。⑧ 如此等等。当时守御军官的贪横不法、对社会秩序的侵扰和破坏尤为厉害。

贪赃枉法现象是结在封建官僚制度这根顽藤上的苦瓜。朱元璋治之虽严，然而仍是斩不断，理还乱，一茬一茬地周而复生。

---

① 《武臣》：《千户彭友文等饿死军人第五》。
② 《武臣》：《科敛害军第九》。
③ 《武臣》：《私役军人第二十七》。
④ 《武臣》：《储钦等擅收军役第七》。
⑤ 《武臣》：《卖放军人第十八》。
⑥ 《武臣》：《勾军作弊第二十五》。
⑦ 《武臣》：《防倭作弊第二十》。
⑧ 《武臣》：《图财杀人第十三》。

四编《大诰》所述，就充分证明了这一点。

3. 司法黑暗，百弊丛生

朱元璋为惩治奸顽，用刑往往不遵常宪，但却决不允许法司和执法官法外用刑。为了保证中央对司法审判权的控制和防止地方官吏坏法乱刑，他严格规定了地方的司法权限。据史载："洪武初决狱，笞五十者县决之，杖八十者州决之，一百者府决之，徒以上具狱送行省"；"布政、按察司所拟刑名，其间人命重狱，具奏转达刑部、都察院参考，大理寺详拟"。[①] 从《大诰》提供的材料看，尽管朝廷防范甚严，执法官吏仍然钻"移驳繁"的空子，利用司法活动中的各个环节循私舞弊，其贪赃坏法伎俩之奸狡，使朝廷防不胜防。

狱讼中的腐败现象多由贪图赃私引起。法司捕囚、断狱，往往以原告或被告是否行贿为转移，颠倒黑白，制造冤狱。

乘勾解或押送罪人之机，卖正身，将同姓名者捉拿解发，甚至把揭发罪犯的"良民"当罪囚抓捕。如山西都司断事官陈允中伙同石州同知俞桓，"通同受财"，将"有罪人"脱放，反将告发人张士能等，各杖一百充军。[②] 由于当时囚犯在逃的现象较多，押囚者便把卖放罪囚视为牟取暴利的来财之道，致使此类事件更加层出不迭。《三编·官吏长押卖囚第十九》云："各处为事囚徒，有司或差吏员，或弓兵，或皂隶，或长押人等，管解赴京。此等之徒，不知利害，惟务贪赃，中途卖放者有之，就于本处狱内卖放者有之。"

审狱定案之时，故违成法，故意出入人罪。朱元璋在谈及法司断狱中的弊端时指出：犯罪者"畏死买生，为官者反不畏死，

---

① 《明史》卷九四《刑法二》，中华书局，1974，第2306页。

② 《续编》：《故脱贼党第三十》。

径接受其赃，将自己性命，故入宪章"。他们"出入刑名，使冤者不伸，枉者不理，致使衔冤无诉"。① 洪武十九（1386 年）年四月，"前军断事等官吏施德庄、杨耀、乔方，于四月初四日问泉州卫指挥张杰等私下蕃事，接受指挥张杰等银四百七十两，钞五百三十贯。……将原告百户范源拟作虚告，朦胧奏闻，意在杀无罪而脱有罪，身受赃私"。② 又据《三编·进士监生不悛第二》条：从进士、监生中起用的一批官吏，上任不久，就干起了贪赃卖法的勾当。其中受赃变乱成法者 11 人，故出入人罪者 16 人，故禁平人致死和淹禁囚死者 9 人，脱放逃囚和卖囚者 4 人，有其他枉法行为者 7 人。新官尚且如此肆无忌惮地贪赃枉法，可知当时司法审判活动中的胡作非为严重到了何等地步。

采用凌虐囚犯的手段勒索钱财，在当时的司法活动中是司空见惯的。无钱财贿赂狱典、狱卒者，常被百般摧残，以至淹禁而亡。《续编》中《刑狱》和《再诰刑狱》两条这样描绘当时司狱的黑暗状况："今之主典者不然，内外情通，教囚翻异，刑具颠倒临人。所以颠倒临人者，应枷而枷，应枷而锁，应杻而脱去，应锁而不锁；非枷而枷，非枷而枷，非锁而锁，非杻而杻。为何？为欲财也。"又说："自世乱方定以来，知理者亡，无藉者进，所在刑狱，非罪而死者多矣，有罪而非法死者亦多矣。所以无罪而死者多，由苦寒而逼，炎暑而蒸，饮食不节，病无医药，盖谓主典欲财而无与，或受他人之财，代其报仇，无罪而死者由是。有罪而非法死者，亦因寒暑、饮食、医药并欲财无与，不待律法定，而人已亡矣。"

在黑暗的司法制度下，囚犯能否度过法司这道鬼门关，往往

---

① 《初编》：《谕官无作非为第四十三》。
② 《续编》：《追问下蕃第四十四》。

取决你是否有钱行贿。《大诰》中的案例表明，有钱贿赂官吏和狱卒者，不仅可以在服刑、生活各方面受到优待，而且能将其罪买重作轻，或尽行买免，甚至在判死罪后被暗地脱放。如刑部官员李燧、杨敬接受赃私后，"将在禁死囚邵吉一尸停于狱内，通同医人、狱典、狱卒等作三尸相验，以出有罪者张受甫等二人"。① 该部官吏王进、阮贞等为"取利肥己"，将工役囚徒丁洪僧等 11 人改名，"心在出入人罪"。② 而"囚钟渊无钱使用，虽然召保在外，终羁不得而归，致令阖家死者二十口，皆非有罪"。③

挟私报复，故禁无辜，也是明初司法活动中常见的现象。开州同知郭惟一，因耆宿董思文等赴京陈告其罪，就"率领祗禁人等，将耆宿董思文邀截回州，收监在禁，监死董思文一家四口"。④ 洪武十八年（1385 年），浙江按察使陶晟，因与知县凌汉有隙，便吹毛求疵，妄加罪名，将凌汉"入狱收监五月有余，有罪无罪，并不与决，故意枉禁凌汉"。朱元璋发觉此事后，命陶晟戴罪取凌汉至京。陶晟仍心怀忿恨，又将其收禁入狱半月之久。知县和有名望的耆宿遭受打击报复，无辜受刑，本人尚有口难辩，一般平民百姓蒙受诬陷，除了极个别的例外，只能含恨九泉。

4. 民众反抗压迫、剥削的斗争此起彼伏

明初之世的社会结构，犹如千层宝塔，平民百姓被压在最底层，朝廷的森严统治，贪官污吏的百般盘剥，官军的扰害，豪强

① 《续编》：《相验囚尸不实第四十二》。
② 《续编》：《故更囚名第四十三》。
③ 《续编》：《故更囚名第四十三》。
④ 《三编》：《臣民倚法为奸第一》。

地主欺凌和掠夺，把民众压榨得喘不过气来。朱元璋是站在维护专制统治的立场上编纂《大诰》的，然而，透过这些充满血腥气味的材料，我们仍可深深感受到民众为争取基本生存权利而进行反抗斗争的激烈情绪。

自洪武初以来，饱受连年战火和灾荒摧残、生活"苦不堪言"的民众就揭竿而起，反抗朝廷的斗争时有发生，从未间断。在朱元璋编纂《大诰》的两年间，江西新淦县、广东潮州府程乡县、惠州府博罗县、江西袁州府宜春县等地就先后暴发了农民起义。朱元璋在《大诰》中罗列所谓"奸顽"们的罪状时，曾厉声厉色地谈到民人"倡乱"和他剿灭"民变"的情景：新淦县民与僧彭玉琳同谋造反，被朝廷"缉捕尽绝，同恶之徒被生擒者数百名，所在杀死者又若干，眷属流移他处中途死者又若干"。[①] 朱元璋对参加这次暴动民众的镇压可谓达到了"杀绝斩尽"的地步，然而，乐安县民罗本中与叶志和等 58 人，仍"夤夜商议"，"抢掠本都民人杨恩等家钱谷，意在积粮，接应彭玉琳作乱"。[②] "江西有等愚民，妻不谏夫，夫不戒前人所失……又欲造祸以殃乡里"。[③]《大诰》中具体记述民众反抗明廷统治的案例仅此一件。从中可以看到，元末以来就被激化的社会矛盾在许多方面尚未得到有效的解决，不少地方的民众对新王朝仍持激烈的对抗态度。

在平常的日子里，民众采取合法或变相斗争的手段，反抗和抵制朝廷的控制，减轻自己的税赋负担。"逋逃"是农民通常采取的逃避繁重赋役的方式。从洪武十四年（1381 年）到二十四

---

① 《三编》：《造言好乱第十二》。
② 《三编》：《朋奸匿党第三十七》。
③ 《三编》：《造言好乱第十二》。

年（1391年）10年间，因大批农民逃离本乡，或"亡入海中"，[①] 或者"窜匿旁近郡县"，[②] 明王朝户口基本处于停滞状态，有时户或户口反而出现下降。朱元璋在《大诰》中多次重申要以重刑打击"逸民"、"游民"，就是针对这种情况而强调的。至于多数有户籍的农民，他们面对愈来愈重的赋税负担，也想方设法采取对策，或者拖延不交税粮，或者"纳粮入水"，[③] 或以"老赢不堪、幼懦难用"之人代替青壮年赴工，[④] 或者"买病马"应付邮驿之役，[⑤] 或者虚报灾荒，减免赋税徭役。据《续编·秦升等怙终第八十三》记：昆山县民一次就虚报水灾田22600亩。对于贪官污吏科敛百姓的不法行动，一些乡民以朱元璋发布的"民拿害民官吏"的法令为凭据，进行合法斗争。如嘉定县民郭玄二等二人，"手执《大诰》赴京，首告本县首领弓兵杨凤春等害民"，使有关害民奸吏受到了严厉的制裁。[⑥] 沅州黔阳县安江驿丞李添奇"恣肆为非，害民非止一端"，"土民李子玉等率精壮拿获赴京"，这个飞扬跋扈的驿官也因而被处以"斩趾"的酷刑。[⑦] 北平布政司永平府滦州乐亭县主簿汪铎等，"设计害民，妄起夫丁，民有避难者，受财出脱之，每一丁要绢五匹"。对于汪铎的横行霸道行径，民赵罕辰等44人忍无可忍，将其帮缚赴京，吓得这位作恶多端的"父母官"不得不放下往日的威风，向百姓"乞怜哀免"。[⑧] 平民百姓持《诰》打击贪官污吏赢得胜

---

① 《明太祖实录》卷八八。
② 《明太祖实录》卷二〇〇。
③ 《初编》：《纳粮入水第五十二》。
④ 《三编》：《工匠顶替第三十》。
⑤ 《初编》：《马站第六十一》。
⑥ 《续编》：《阻当者民赴京第六十七》。
⑦ 《三编》：《驿丞害民第四十二》。
⑧ 《三编》：《县官求免于民第十七》。

诉的事虽为数不多，但影响却很广泛，也在一定程度上抑制了贪官污吏压榨百姓的嚣张势头。

豪强地主是广大乡民特别是贫民的死对头。"此等豪猾买嘱贪官污吏及造册书算人等……当科粮之际，作包荒名色征纳小户"。① 遇有差发，皆让细民承担。他们"扰害乡民，欺压良善"，② 无恶不作。从《大诰》中的记述看，一些被逼得走投无路的贫民，也团结起来，采取剧烈的行动，打击那些"害民如禽兽"的豪强地主。如安吉县民金方，拒绝向本县豪户潘俊二交付田租，并将其帮缚赴京；乌程县民余仁三等带领本地农民100余人，冲进本地富民游茂玉家，搜出并拿走了"借米文约"。③ 如此等等。这些惩办豪强地主的举动，由于不符合明王朝禁止贫民"劫富户"的政策，因而受到了残酷镇压。然而，透过这些案例，我们可以深切感到，当时的贫苦农民是多么不甘心受豪强地主的剥削和奴役。

明初社会存在着诸多的矛盾，如新王朝与元朝残余势力的斗争，统治集团上层争权夺利的斗争，朝廷与贪官污吏的斗争，平民与朝廷、各级官吏及豪强地主的冲突，各阶层人们之间利益的冲突等等。《四编》大诰记载的案例，比较真实地反映了这些错综复杂的矛盾和冲突，为今人了解明初社会的真相提供了宝贵的资料。

---

① 《续编》：《洒派包荒第四十五》。
② 《三编》：《王子信害民第二十五》。
③ 《三编》：《臣民倚法为奸第一》。

十　关于明《大诰》的版本

长期以来，明《大诰》曾被人们视为稀见之书，能够方便学者们研究利用的版本甚少，且讹舛之处较多。因此，弄清此书的刊印、流传情况，尽可能地搜集现有的藏本，并对各种有代表性的版本作一番校勘，明了其异同优劣，是研究《大诰》必须做的一项重要工作。

（一）明《大诰》版本述略

四编《大诰》系朱元璋于洪武十八年（1385 年）至二十年（1387 年）间分别颁行。各编颁行之初是以单刻本行世，俟后才有合刻本的出现。今人见到的明代刊印的诸《大诰》版本，分编独立成书者有之，前三编为一书者有之，把《武臣》和前三编合刻成一书者亦有之。同时，明代统治者对《大诰》态度的剧烈变化，也对它的刊行流传产生了重大影响。朱元璋在位期间，它作为务必"家传人诵"的圣书，其地位之显赫，传刻之广泛，可想而知。然《大诰》所列刑罚，多属律外用刑，酷滥无比，流弊无穷，故在朱元璋死后不久，它便受到冷落，并逐渐被后嗣君主放置不用。到明代中叶时，民间已很少有人能看到它了。与《大诰》的命运变幻相适应，此书的明刻本，绝大多数实为明初刊印。就明初的刻本而论，洪武十八年至二十年间所刻质量最佳，而成书时间越是靠后，版本的错误便愈多。明代中后期，除《皇明制书》一书将其收录外，四编《大诰》的刻本极少。清代时，《大诰》已鲜为人知，更谈不到有新的刻本传世了。

近年来，明《大诰》愈益受到国内外学术界的关注，搜集、流传这一史籍的工作也空前开展起来。1966年，台湾学生书局出版的、由吴相湘先生主编的《中国史学丛书》之一《明朝开国文献》中，首次将《大诰》前三编影印（本文简称《丛书本》）。其书卷首邓嗣禹先生所写《明大诰与明初之政治社会》一文说，影印时所据《初编》、《续编》底本，系多年前"由京师图书馆转至北平图书馆，后迁至美国国会图书馆"，"由吴光清先生之协助，摄制胶片"（此二编原本后转至台北有关图书馆收藏）；《三编》是据美国哈佛大学燕京图书馆藏本影印。这三编《大诰》系何种刻本，邓先生未曾提及。依我愚见，《丛书》本所收《三编》，应是洪武内府刻本；所收《初编》、《续编》虽然较之中国国家图书馆、故宫博物院图书馆、清华大学图书馆藏洪武内府刻本成书要晚，但属明刻本却是无疑的。至于《武臣》，《丛书》本收录一手抄本附于三编《大诰》之后，据何底本抄录，谁人抄写，编者没有交代。据我初步校勘，《丛书》本脱落、误、错的有130多处。

继台湾学生书局影印《大诰》后不久，1967年（日本昭和四十二年），日本古典研究会影印的《皇明制书》一书中，又收录了四编《大诰》。山根幸夫先生在该书后所写《皇明制书解题》一文中，对《皇明制书》刊本的种类、藏馆、刻本的由来、版本的比较等作了较为详细的说明。从中可知，《初编》系据东洋文库所藏明万历七年大名府官刻本（20 卷本，此书存明代法律典籍 14 种，保定巡抚张卤校刊，本文简称东洋文库本）影印，因东洋文库本《皇明制书》仅存《初编》，故《续编》、《三编》、《武臣》据内阁文库藏明刻本（不分卷，此书存明代法律典籍 11 种，本文简称内阁文库本）影印。应该指出，日本古典研究会影印《大诰》所据之底本，有几处脱页，其中《初编》正文前缺目录，《续编》、《三编》缺序文。列于《皇明制书》影印本卷首总目中的四编《大诰》目录，有 9 处失错，而正文中脱落、误、错之处，达 300 余数。

　　上述两种影印本的问世，对于明《大诰》的保存、流传和促进对它的研究，是做了件有益的工作。但是，此两书影印之时，正值我国"文化大革命"时期，书籍进口业务遂被搁置，所以我国大陆学者长期未曾得见。现在，全国有几家大型图书馆已各购到台湾学生书局刊行的该书一套，仍难满足广大读者和学者的需要，且此两书所用的底本也并非最好的本子，讹脱之处较多，为此，中国法律史学界的老前辈李光灿、张国华、饶鑫贤教授等，一再敦促我进行明《大诰》的点校工作。从 1986 年年初开始，我把这一任务付诸实施。

　　到目前为止，现知的明《大诰》版本，存于我国大陆的约10 余种，其中堪称为善本者有：中国国家图书馆藏《初编》、《续编》、《三编》明洪武内府刻本各 1 卷，《续编》、《三编》明洪武二十年太原府刻本各 1 卷，《三编》、《武臣》明初刻本各 1 卷，《武臣》明刻本（存于《皇明制书》七卷本中）1 卷；故宫博物院图书馆藏《初编》、《续编》、《三编》、《武臣》明洪武内府刻本各 1 卷，《续编》明初刻本 1 卷；清华大学图书馆藏《初编》、《续编》、《三编》、《武臣》明洪武内府刻本各 1 卷；东北师范大学图书馆藏《初编》、《续编》明刻本各 1 卷；上海图书馆藏《武臣》明嘉靖十二年凤阳府张唯恕重刻蓝印本 1 卷。存于台湾的明《大诰》版本有：台湾"中央图书馆"藏《初编》、《续编》洪武刻本各 1 卷，台北"故宫博物院"图书馆藏《初编》、《续编》洪武刻本各 1 卷，台湾"中央研究院"历史语言研究所傅斯年图书馆藏《初编》、《续编》、《三编》洪武刻本各 1 卷。存于日本的明《大诰》版本有：尊经阁文库藏《初编》明天启刻本 1 卷，国立国会图书馆藏《初编》明刻本 1 卷，东京大学东洋文化研究所藏《初编》《皇明制书》本 1 卷、《三编》抄本 1 卷。存于美国的明《大诰》版本有：哈佛大学燕京图书馆藏有《初编》、《续编》、《三编》洪武内府刻本各一卷。此外，中国科学院图书馆、大连市图书馆、美国国会图书馆等藏明万历七年张卤校勘、大明府刊《皇明制书》二十卷本中，也收录有《初编》。

在以上诸版本中，洪武内府刻本是印行时间最早、错误最少的善本。中国国家图书馆图书馆、故宫博物院图书馆和清华大学图书馆所藏 3 种洪武内府刻本，均为黑口四周双边，版面的编排形式，每叶的行数、字数，行距和每行的首尾两字，字体及其大小，没有差异。此外，几处脱漏的文字也一样，如，《续编·查踏水灾第八十四》首行均脱"询问民瘼，有等父母善教"10字，《三编·进士监生不悛第二》向宝条下"一次为水灾受钞五百六十七贯五百文"句均脱"一"字等。然经过精心校勘，可发现它们虽同为洪武内府刻本，也有几处相异的地方。现将 3 种《大诰》洪武刻本相异文字列举于后：（底本系清华大学藏本，原文见本书附录）

1. 御制大诰

（1）《胡元制治第三》："视吏卒如奴仆"句，故宫藏本作

"视躬而如主仆";

（2）国图藏本脱《大诰后序》。

2. 御制大诰续编

（1）《御制大诰续编序》首行："好闲无功"，国图、故宫藏本作"好间无功"；

（2）《俏家第二十三》："点视盘诘"句，国图、故宫藏本作"点视大诰"；

（3）《重支赏赐第二十七》："屈指知其有无"句，国图、故宫藏本作"屈指知其赏无"；

（4）《重支赏赐第二十七》："王宗道"，国图藏本"宗"字不清，墨笔改为"守"；

（5）《粮长邾阿仍害民第四十七》："民无可纳者"句，国图藏本"可"字不清，墨笔改为"了"；

（6）《经解该物第五十三》："今后各府州县"，国图、故宫藏本"今"字不清，墨笔改为"本"。

3. 御制大诰三编

（1）《进士监生不悛第二》：卓闰条下小字"木绵衣服一件，免死发金齿充军"句，国图、故宫本"衣服一件，免死发"7字脱落不清，故宫本墨笔改为"衣服二件见允发"；

（2）《进士监生不悛第二》：王璇条下小字"为分受赃银七十四两"句，国图、故宫藏本"七"字不清，故宫本墨笔改"七"为"至"；

（3）《医人卖毒药第二十二》："语既"，国图、故宫藏本作"语默"；

（4）《御史刘志仁等不才第三十九》："周士良"，国图、故宫藏本作"周土良"；

（5）《排陷大臣第四十》："亲兄许昂"，国图、故宫藏本作"亲况许昂"。

4. 大诰武臣

《图财杀人第十三》："神天如何容得他"句，"神天"，故宫藏本作"神明"。

另外，中国国家图书馆、故宫博物院图书馆所藏洪武内府刻本还有一些脱落之处，不再一一赘举。

三种洪武刻本对勘的结果表明：①《初编》实为两种不同的版本，即国图和清华大学藏本为同一刻本，故宫藏本属另一刻本。②国图和故宫所藏《续编》、《三编》，文字上并无差异，当属同一刻本；而清华大学所藏此两编应属另一刻本。③国图和清华大学藏《武臣》为同一刻本，而故宫藏本属另一刻本。

为何同是洪武间内府所刻而出现两种不同的版本呢？我想可能是下述原因所致：即《大诰》作为要求"家传人诵"的御制圣书，印数极大，难免要连年印刷，这样，再版重印时就可能会对前一种版本中的个别文字稍加改正，同时，各地官府在翻印时也会发生偶然的失错。关于洪武年间《大诰》不止一次刊印的记载，在《大诰续编后序》中曾经提及："《诰》行既久，近监察御史丘野奏，所在翻刻印行者，字多讹舛，文不可读。欲穷治而罪之，朕念民愚者多，况所颁二《诰》字微划细，传刻之际，是致差讹。今特命中书大书，重刻颁行，使所在有司，就将此本，易于翻刻，免致传写之误。敢有仍前故意差讹，定拿所司提调及刊写者，人各治以重罪。"这段文字说明，不仅当时各地官府、民间曾传刻《大诰》，就是中央机构也起码两次刻印过《大诰》前两编。因当时刊刻《大诰》之事在朝廷由内府负责，所以，同为洪武刻本或洪武内府刻本，出现不同的版本是可以理解的。

　　鉴于清华大学图书馆所藏洪武内府刻本与国图、故宫藏本比较，文字清晰，没有缺页，脱落处很少，又无后人妄改之弊，点校和考察各种版本之异同，当以此书作底本最为适当。校雠典籍，要在精确，为了达到这一要求，我在宋国范、曲英杰两位同志的协助下，广泛地进行了《大诰》版本的寻访工作，并对已知的各种版本反复地作了勘对。在校对中，我们使用了如下本子：

　　（1）御制大诰

　　《丛书》本（该编据美国国会图书馆原藏明刻本影印，11行21字）

　　东洋文库本（该编存日本东洋文库藏明万历七年大名府官刻本《皇明制书》中）

　　国图藏洪武内府刻本（黑口四周双边，10行20字）

　　故宫藏洪武内府刻本（黑口四周双边，10行20字）

　　还参阅了日本古典研究会影印的《皇明制书》下卷末所附《大诰》初编东洋文库本与内阁文库本校对表。

　　（2）御制大诰续编

　　《丛书》本（该编据美国国会图书馆原藏明刻本影印，10行20字）

　　内阁文库本（该编存日本内阁文库藏《皇明制书》不分卷明刻本内）

　　国图藏洪武内府刻本（黑口四周双边，10行20字）

　　故宫藏洪武内府刻本（黑口四周双边，10行20字）

　　国图藏洪武二十年太原府刻本（黑口四周双边，10行20字，残本，存19个条目，即从《民擅官称第六十九》至书末，缺前面68个条目全文。余文中多处脱落，书末有提调翻刻、对

读校正官员名单和刻字匠姓名）

（3）御制大诰三编

《丛书》本（此编据美国哈佛大学燕京图书馆藏明洪武内府刻本影印，10 行 20 字）

内阁文库本（同《续编》注）

国图藏洪武内府刻本（同《续编》注）

故宫藏洪武内府刻本（同《续编》注）

国图藏明初刻本（黑口四周双边，10 行 20 字）

国图藏洪武二十年太原府刻本（黑口四周双边，10 行 20 字，残本，仅存目录，条目第 1、第 2〔从开头至高冲条，从刘翀条至"呜呼！进士监生本志士之学"行〕，第 6 至第 10 条前 3 行，第 15 条 8 行至第 37 条"积年民害解去便了"行）

（4）大诰武臣

内阁文库本（同《续编》注）

故宫藏洪武内府刻本（黑口四周双边，10 行 20 字）

国图藏明初刻本（黑口四周双边，10 行 20 字，书尾附《大诰后序》）

国图藏《皇明制书》本（白口四周双边，8 行 18 字，明刻本，目录后、正文前有《敕谕武臣》一文）

《丛书》本（手抄本）

在校勘和编写《大诰》各编《校对表》时，我们遵循了这样三条原则：

其一，清华大学图书馆藏洪武内府刻本失错处很少，为了尽量地保持该书面貌，文字照排，不加改动。对原书中的一些通假字，在写附于诰文本页后的校勘记时，除少数按照现代文义理解意思明显相悖或难懂特加注说明（只在其首次出现时出校）外，一般也不再标明。对底本中的明显错误之处，在正文中亦不加厘正，只在本页后加注说明。原书中有两处脱落，据他本补足，用〔〕标记。

其二，在写附于诰文本页后的校勘记时，对校勘使用的各种版本中的脱、讹、衍、倒文字，确有坚实理据的，出校标明；脱讹衍倒无坚实理据，或异文两通、含义无别者，只出校录异。对于通假字、异体字和难懂的方言，在古书中虽不属错误而若按理代文字含义理解相悖者，也均在首次出现时标出，以后不具校。

其三，编写《校对表》，凡同底本文字相异较多的版本，放于表中逐一列明。《校对表》按照异文必录的原则编写，但对于笔划微误，即增1笔、减1划并不妨碍字义的文字，因录之不胜其繁，不再列出。同一校勘，凡与底本相同的版本，在《校对表》中空格不写，以免增督乱。凡属与底本无相异文字或只有一两处异文以及残卷本，为节省行文篇幅，只在《大诰》正文本页后加注标明，然均不入表。未入《校对表》的版本主要有：

国图、故宫藏《初编》洪武内府刻本各1卷（国图藏本同底本，故宫藏本与底本只有1处相异，见前文所述）。

故宫藏《续编》、《三编》洪武内府刻本各1卷（因其与国图所藏此两编为同一版本，校对表中已列国图藏本，故省略不记）。

国图藏《续编》、《三编》洪武二十年太原府刻本各1卷（残本。《续编》与底本有两处相异，即《逃军第七十一》中"那是有司官吏"句，"那是"太原府本作"那时"。《容留监设第七十三》中"叶清甫"，太原府本作"叶清官"）。

故宫藏《武臣》洪武内府刻本（同底本只有一处相异，见前文所述）。

国图藏《武臣》明初刻本（无异文）。

　　这里，把与清华大学所藏洪武内府刻本相异稍多的一些版本列于校对表中，供学者们研究时参阅。

（二）《御制大诰》（初编）校对表

页·行	底　本	丛　书　本	东洋文库本	内阁文库本
序 183·5	遏且久矣	遏且远矣		
183·6	陡然情怀感激	徒然情怀感激		
183·12	况由	旷由	旷由	旷由
183·14	穷其原		穷其源	*
目录 185·17	虚出实收	虚买实收		
186·15	越礼犯分	越礼仳分		
正文 188上16	胡元制治第三			胡元制治第二
188·17	胡元入主中国		胡元入王中国	
189·10	九十三年矣			九十二年矣
190·7	赃为他人所有	赃与他人所有		
190·12	著落洪洞县	着落洪洞县	*	
190·13	镇江完聚			镇江县聚
190·15	一切内府勘合			内府一切勘合
191·22	著令民人趱运	着令民人趱运		
192·4	谨遵差期		谨遵茗期	*
192·11	车摧牛死		车推牛死	
192·13	比度雁门	北度雁门	北度雁门	*

续表

页·行	底 本	丛 书 本	东洋文库本	内阁文库本
192·13	泽潞		泽路	*
193·1	凌说山场竹木第十一		凌税山场竹木第十一	
193·2	籍没凌说山场		籍没凌税山场	
193·4	各各人夫		各人夫	*
193·10	但凡民粮			但民粮
193·14	常州府武进等县	常州武进等县		
193·15	如此害民		如此军民	
194·1	以何陪还		以何倍还	
194·2	不免致害		不免以害	
194·2	终无陪还之意		终无倍还之意	
194·8	可得而逃乎		果得而逃乎	
194·11	构为党比		讲为党比	*
195·1	眇视二县官长			藐视二县官长
195·9	就欲擒拿	就欲擒拏		
195·9	特令府官		时令府官	
195·10	皂隶王讨孙		皂隶王诗孙	
195·14	将钱赴京		将钱粮赴京	
196·8	拿解同姓名者	拏解同姓名者		
196·11	铗索牵行	铁索牵行		
196·17	无辜于善良	无辜于良善	无辜于良善	
197·6	儿女已成行列	男女已成行列		

页·行	底　本	丛　书　本	东洋文库本	内阁文库本
197·10	正妻之子		止妻之子	
197·15	钞捌拾万锭			钞十八万锭
197·17	人吏沈原等	人吏沈源等		
198·3	且初离母身	且如初离母身		
198·4	夫妻阅子寝笑	夫妇阅子寝笑		
198·5	踢音倘	踢倘	踢	
198·5	钯音扒	钯扒	钯	
198·8	劳于父母	劳于父每		
198·16	人烟辐辏		人烟辏集	
198·19	赦之	救之		
199·1	复不逾岁	后不逾岁		
199·7	异词	异辞	异辞	*
199·19	理者抵罪		者抵罪	*
199·21	其帖之词	其帖之辞	其帖之辞	*
199·21	民不以朝廷		民以朝廷	
200·4	户部试侍郎		户部侍郎	
200·16	当诸司	当时诸司		
201·6	其政尤勤		其政尤劝	*
201·8	在京人民		在京民人	*
201·12	不许差役			不许菶役
202·3	死罪坐死			死罪作死
203·3	有千亩		有千百亩	

续表

页·行	底　本	丛 书 本	东洋文库本	内阁文库本
203·5	君差不当	均差不当		
203·12	民有不循		民不循	
203·17	斯矣		斯尽矣	
204·19	二人		三人	
204·22	皆系狱中			着系狱中
205·2	绕房			绕处
205·3	毋我对词	毋我对辞	毋我对辞	*
205·5	不便取与		不便取	
205·5	人各与			与又与
206·5	自布政司			各布政司
207·8	今后若此		今后如此	*
207·10	甚如虎狼		甚如狼虎	
207·13	神佛钱		神福钱	
208·10	衔冤无诉		唧冤无诉	啣冤无诉
208·13	死者且已			死者目已
208·19	张目四视		张目四顾	
209·1	岂止晚矣			岂心晚矣
209·2	二十二万			一十二万
210·1	似此善道	以此善道		
210·2 5	惟天可监		惟天可鉴	
210·6	神明监焉		神明鉴焉	
210·10	若被		若彼	

续表

页·行	底　本	丛　书　本	东洋文库本	内阁文库本
210·10	捏词排陷		捏词诽陷	
210·13	年高有德等	年高有德人等		
210·19	阖郡人民		合郡人民	
211·4	面奏事务者		面奏事务	
211·6	问知面奏	闻知面奏		
211·11	田多诡寄		田多诡计	
211·11	奸颇少同		奸顽少同	
211·12	有倾家覆产者		倾家覆产者	
212·1	礼	礼法		
212·3	优游	悠游		
212·13	其所盗食粮	其所盗仓粮	其所盗仓粮	*
213·1	精粮		积粮	
213·3	必枚焉		必救焉	
213· 5 10	著令	着令	着令	*
213·7	变买银两		变卖银两	
213·15	吏员等人	吏员人等		
214·3	皆自招也			皆自拾也
214·7	不至者耶		不致者耶	*
214·10	拌水祥豆	拌水拌豆	拌水拌豆	祥水祥豆
214·11	弊同乎米		弊同手米	*
214·13	拏住		拿住	
215·2	置造上中下三等黄册	置造上中下二等黄册	至造上中下三等黄册	

续表

页·行	底　本	丛　书　本	东洋文库本	内阁文库本
215·3	官备纸剳	官备纸扎	*	
215·8	拿到	拏到		
215·11	卖正军		卖正身	
215·11	勾拿	勾拏		
215·13	克落人已			克落人已
215·17	毋得			安得
216·3	缰镫	坠镫	绳镫	
216·8	今后			令后
216·9	临遣之时			监遣之时
217·2	招打断外			招要断如
217·3	吏员			吏典
217·18	善良之席	良善之席		
218·8	除患者		除害者	
219·1	肌肤		饥肤	
219·1	妻妾击鼓	妻妾击鼓	妻妾击鼓	
219·3	周士铭对问		周士民对问	周士铭到问
219·7	盗卖仓粮			盗买仓粮
219·11	站马之设	马站之设		
219·12	余资			余赀
219·12	自京至于西凉		自今至于西凉	
220·2	各着驿所		各着役所	
220·4	上等马一疋		上等马一匹	*

页·行	底　本	丛　书　本	东洋文库本	内阁文库本
220·5	令人舆行	令人与行	令人与行	
220·5	买马二疋		买马二匹	＊
220·6	中上之民		中上之人	
220·7	人马不阙	人马不缺		
220·8	验矣哉			险矣哉
220·13	官长每祭祀	官吏每祭祀		
220·15	五土发生五谷		五土者发生五谷	
220·17	太社太稷		大社大稷	
220·18	特亲之也		时亲之也	＊
221·1	或百亩	及百亩		
221·2	千万亩天覆		千万亩覆	
221·17	坑陷善良		坑害善良	
222·6	府州县官		府州县	
222·7	田地		田土	
222·10	绝贤辅我			先贤辅我
222·10	强声君过			强声若过
222·11	昧己谩人		昧己瞒人	
222·13	设立粮长第六十五		设三粮长第六十五	＊
223·13	惟天可监		惟天可鉴	
223·17	未坚之际		未坚之祭	
223·18	粮成期至		粮成而至	

页·行	底　本	丛　书　本	东洋文库本	内阁文库本
223·20	自死			自免
224·3	及主事		主事	
224·4	姚德荣	姚得荣	姚得荣	
224·6	总目			总具
224·8	比日考对		比目考对	
224·10	垛下数目		垛下数日	*
224·12	十七日本日止有		十七日止有	
225·2	特意优容	持意优容		
225·6	陈叔铭		陈叔名	
225·17	三曰	二曰		
225·18	惑乱朝政		或乱朝政	
226·3	守支		收支	
226·4	二百三根		二百五根	
226·13	一贯二贯者有之		一贯二贯有之	
226·14	科征钞数		科敛钞数	
227·2	咸怀先圣			感怀先圣
227·5	日渐君子	自贱君子	自渐君子	
227·11	揪捽		揪碎	
227·13	训诲生徒		诲训生徒	
227·15	其宁国府教授		其教授	
228·1	成造马船第七十二			成造马船第七十一
228·3	黎雅			黎鸦

续表

页·行	底　本	丛　书　本	东洋文库本	内阁文库本
228·7	当涂县丞张郁	当途县丞张郁	当涂县丞张都	
228·8	阖郡		合郡	
228·16	兄顶陈保仔军		兄顶陈保仔	
229·1	嵩县知县牛承		高县知县牛丞	
后序 230·1	大诰后序		御制大诰后序	
230·2	几务之繁		机务之繁	
230·3	与图治道		以图治道	*
230·9	代彼			代被
230·10	不竭			不堨
230·11	玉音		王音	*
230·16	犯谕			犯论
231·1	罪犯者继	罪犯者相继	罪犯者相继	*

　　说明：日本古典研究会刊印的《皇明制书》下卷书尾，附有《初编》东洋文库本与内阁文库本校对表（东洋文库本仅存《初编》，所以该书未列《续编》、《三编》、《武臣》校对表）。因笔者手头只有内阁文库本《续编》、《三编》、《武臣》三种复制件，尚缺《初编》，故本书《初编》校对表中内阁文库本栏，系据日本古典研究会所校照录，凡该书所附校对表中未标出者，画＊以示存疑。

（三）《御制大诰续编》校对表

页·行	底 本	丛 书 本	内阁文库本	国图藏洪武内府刻本
序 235·2	好闲无功			好间无功
目录 237·2	二十三俏家		二十三俏	
237·20	四十一再诰刑狱		四十再诰刑狱	
正文 242·7	一商本有巨微		商本有巨微	
242·7	所趋远迩		所远迩	
242·9	邻里勿干	邻里勿千		
243·10	当方之民患		当才之民患	
243·17	有若是耶		有若是焉	
244·7	长幼有序	长幼有叙		
245·21	事已成未成		事以成未成	
246·21	朕悉加劳	朕悉嘉劳	朕悉嘉劳	
247·6	钞锭		钞银	
247·10	办公廨	办公廯	伐公廯	
247·13	疏放在路		疏於在路	
247·22	李兴等	董兴等	董兴等	
249·1 2	径由中道		经由中道	
249·5 8	据公座		据公坐	
249·11	此令一出		此人一出	

续表

页·行	底　本	丛　书　本	内阁文库本	国图藏洪武内 府 刻 本
250·2	当金	苗金	苗金	
250·5	容留		若留	
252·17 19	三斗	三斛	三斛	
253·15	拘收纳户		拘取纳户	
254·12	点视盘诘			点视大诰
256·1	窥俟	窥伺	窥伺	
257·4	半年余		年年余	
258·6	知其有无			知其赏无
258·11	趋凶		赴凶	
258·20	王宗道			"宗"字不清，墨笔改为"守"
260·1	守领官	首领官	首领官	
261·11	自到任以来	自汉到任以来	自汉到任以来	
261·12	存与亡	存亡	存亡	
261·19	郭桓		郭恒	
262·16	地理所在		地里所在	
265·16	脚夫王三		脚夫王五	
268·1	阴骘博		阴骘溥	
268·14	刑奸顽		戒奸顽	
269·1	朕自观之		朕目观之	
270·2	司吏		司使	
270·2	三月十四日		二月十四日	

续表

页·行	底　本	丛　书　本	内阁文库本	国图藏洪武内　府　刻　本
270·3	纵囚		总囚	
270·14	各官人		各官人犯	
271·15	民艰		民间	
272·11	民无可纳者			"可"字不清，墨笔改为"了"
272·20	顾源	顾原	顾原	
274·10	出外		出来	
274·20	张德规分钞五千贯		张德规分钞二千贯	
276·1	张文甫	张文辅	张文辅	
276·19	一千二百七十贯		一千二百五十贯	
277·16	三百五十贯		五百五十贯	
278·9	将太平		蒋大平	
278·10	印押长单		印狎长单	
278·13	长洲县		长州县	
278·19	抄扎		抄把	
279·18	一十二处	一十一处	一十一处	
281·2	今后			"今"字不清，墨笔改为"本"
281·14	江日新			脱江字
282·8	若是	如是	如是	
282·18	原感		孝感	
283·2	苏州府胡达	苏州府差胡达	苏州府差胡达	

页·行	底　　本	丛　书　本	内阁文库本	国图藏洪武内　府　刻　本
283·8	二千一百五十八斤	二千九百五十八斤	二千九百五十八斤	
283·14	麻八百六十五斤		麻八百六十	
283·22	犯诖于尾		犯讦于尾	
284·2	减庄		减床	
284·4	盘缠五十贯	盘缠钞五十贯	盘缠钞五十贯	
286·12	按察司		按察使	
286·13 19	钧州		钓州	
286·14	令史		令典	
287·13	应当		应常	
288·2	所杀又多		所杀人多	
291·3	擅官称		官称	
292·4	那是有司	那时有司	那时有司	
292·18	只休		再休	
293·13	取于末节		取于未节	
294·6	得钱一万	得钞一万	得钞一万	
294·19	结揽		结党	
299·17	其该吏		其官吏	
299·21	胶水县丞欧阳祥可		水县丞欧阳祥何	
300·10	升既听		身既听	
300·12	银钞		银钱	
300·18	刑状		形状	

续表

页·行	底　本	丛　书　本	内阁文库本	国图藏洪武内府刻本
300·18	顿锉成人	顿挫成人	顿挫成人	
301·16	脱询问民瘼有等父母善教十字			脱询问民瘼有等父母善教十字
302·4	杨志明	杨志铭	杨志铭	
302·15	薛昭	薜昭	薩昭	
302·17	薛秉彝	薜秉彝	薩秉彝	
302·18	廖中		廖忠	
303·20	姑息	姑惜		

（四）《御制大诰三编》校对表

页·行	底　本	丛　书　本	内阁文库本	国图藏明初刻本
序			缺序全文	
目录 312·6	二十七农吏		二十七农民	
正文 314·7	赴工		赴功	赴功
316·4	抗拒不服		抗拒不至	
318·10	一亩六分		土亩六分	
320·1	沈革六		沈草六	
320·22	目此以推心		目此以惟心	
321·11	李典史		李典吏	
321·12	光禄司		光禄寺	
322·11	改除今职		改除本职	
322·14	次为水灾	一次为水灾	一次为水灾	一次为水灾

页·行	底　本	丛　书　本	内阁文库本	国图藏明初刻本
323·2	银五两		银子五两	银子五两
323·3	买炭		卖炭	卖炭
323·4	一次为水灾受赃		为水灾受赃	
323·14	受赃		受钞	
323·14	由亳县主簿		由主簿	
323·15	受赃八十贯		受钞八十贯	
324·5	受钞三十贯			受钞二十贯
324·7	巡按			巡案
325·1	受钞八十两		受钞八十贯	受钞八十贯
325·19	繁峙县		繁畤县	
327·10	一百六十贯		一百九十贯	
327·11	擅科绵布一百六十六匹		擅科布一百六十六匹	
327·23	戴斩罪还职		戴斩罪职	
328·1	受课钞八十贯		受课钞十贯	
328·2	为受钞一百贯		受钞二百贯	
329·1	周宽		周竟	
329·6	为从		为从减等	
329·7	为受赃五十贯		交财五十贯	受财五十贯
330·24	军粮		月粮	
331·15	回奏		面奏	
332·4	王恒		王桓	
333·12	崇阳县		荣阳县	

续表

页·行	底　本	丛　书　本	内阁文库本	国图藏明初刻本
333·14	闭纳		开纳	
333·16	受钞七十五贯		受钞七十贯	受钞七十贯
333·22	戴流罪还职		戴徒罪还职	
334·7	为踏水灾		为先踏水灾	
334·19	为先踏水灾		为踏水灾	
334·23	受钞五十贯		受钞三十贯	
335·6	戴徒罪读书		戴徒罪还职	
335·8	先为水灾		为水灾	
335·10	银四两		银子四两	银子四两
335·16	受钞三十贯	受钞二十贯		
336·16	受钞三十贯	受钞二十贯		
337·4	具启		异启	
337·5	受钞三十贯		受钞四十贯	
337·7	受钞三十贯		受钞四十贯	
337·15	免杖徒准工		免杖徒工役	
337·22	靴一双衣服二件		衣服二件靴一双	
338·4	三十二贯五百文		二十二贯五百文	二十二贯五百文
338·16	为秋粮科钞		为秋粮钞	
339·13	为粮斛给批		为粮解给批	
341·9	必欲应答		心欲应答	
341·10	以此观之		由此观之	

页·行	底　　本	丛　书　本	内阁文库本	国图藏明初刻本
341·12	遍历九州之邑		遍巡青州之邑	
342·1	哀怜		乞怜	
342·2	该司		有司	
343·7	把持官府		把持富府	
346·7	天更其运祚者		大更其运祚者	
350·3	姚叔闻		姚叔闫	
353·19	朕亲问之		朕亲闻之	朕亲闻之
354·7	终宵困逼		终宵因逼	
355·1	上持官府之威		上恃官府之威	
359·11	家财入官		家产入官	
361·5	王驾		玉驾	
362·11	微工		微工	
362·14	至如此		正如此	正如此
362·21	公当无移		公当无私	
365·8	尔耆民		而耆民	
365·9	循良者		尔良者	
365·20	若举保人材		保举人才	
366·19	岂有欠邪		岂有欠耶	
368·14	钱谷		财谷	
370·13	周士良	周士良		
370·22	夏良			夏艮
371·19	亲兄	亲况		

续表

页·行	底　本	丛　书　本	内阁文库本	国图藏明初刻本
371·21	不妨		不妙	
373·1	奠粮长		奠粮长	
后序 376·2	正法度		白法度	
376·13	擒获		椎获	
377·2 1 3 共3行			"目睹"后余文脱落	

（五）《大诰武臣》校对表

页·行	底　本	丛　书　本	内阁文库本	国　图　藏 皇明制书本
序 381·16	露天地里	露天里		
381·19	如今		如人	如人
382·5	似这等灾祸			似等灾祸
382·7	努目	努力		
383·3	一件件开得	一件开得		
目录 384·6	交结	交接		
385·3	防倭作弊			脱"倭作弊"三字
385·5	奸宿军妇			脱"奸宿军妇"四字
正文 386·4	到今		至今	至今

页·行	底　本	丛　书　本	内阁文库本	国　图　藏 皇明制书本
386·5	各军屯种	各种屯种		
386·9	撒泼皮	撒拨皮		
386·18	长久得			长久
387·21	本人		本官	
388·2	佘仲玉		余仲玉	余仲玉
388·14	事发又且姑容	又姑容		
389·6	便着他		使着他	使着他
390·1	宾真等收充军役		温真等充收军役	温真等充收军役
390·3	汤回仓		汤四仓	汤四仓
390·6	容留在卫	容易在卫		
390·10	何不	何本		
390·15	各军		各卫	各卫
390·15	他因此		因此	因此
391·1	屯种		种田	种田
391·3	管得那人下	管得都人下		
391·5	四百四十九贯		四百九十九贯	四百九十九贯
391·8	打船做买卖	打破做买卖		
391·9	潘德为改造铳甲		潘得为改造枪甲	潘得为改造枪甲
391·11	墙板		墙版	墙版
391·16	斛面		槲面	槲面

续表

页·行	底　本	丛　书　本	内阁文库本	国　图　藏 皇明制书本
391·18	倒又去		到又去	到又去
392·3	而今		如今	如今
393·6	差人			若人
393·12	单友才		单有才	单有才
393·18	军的性命		军人性命	军人性命
394·13	神天	神明		
394·14	久后里		久后或	
394·15	子孙身上见			子孙身见
394·18	征北船只			征此船只
395·3	力士	力手		
395·11	鹰扬卫	鹰阳卫		
395·18	他每	他们		
396·12	望着他			盟着他
396·14	无仁心的人	无心的人		
397·1	却不强似与那	却不强与那		
397·17	浑当得	挥当得		
397·17	当不住可便输了	当不住呵便输了	当不住呵便输了	当不住呵便输了
398·11	再这等呵			再这等何
398·16	陈思名	李思名		
398·17	又行先走	又先行走		
399·4	做买卖	坐买卖		

续表

页·行	底　本	丛　书　本	内阁文库本	国　图　藏 皇明制书本
399·5	都将贬了	都被眨了		
399·10	欧打	殴打		
400·13	男子妇人		男女妇人	
400·13	必要有分别	必有分别		
401·14	绵布二匹			绵布匹
402·2	舒余庆			司余庆
402·11	他而今	他如今		
402·12	有些紧急	有些紧		
403·1	受钞一千二十一贯	受一千二十一贯		
403·5	保守名分	保守民分	保罢名分	保罢名分
403·5	直至	直到		
403·13	十六担俸米		十六石俸米	十六石俸米
404·2	拿下拷打		拿问拷打	拿问拷打
404·2	招承		招成	招成
404·5	方细普		方信普	方信普
404·13	就内		就令	就令
404·15	本等的事都		本等的都	本等的都

附录一

明《大诰》点校本

御 制 大 诰

御制大诰序

朕闻曩古历代君臣，当天下之大任，闵生民之涂炭，立纲陈纪，昭示天下，为民造福。当是时，君臣同心，志同一气，所以感皇天后土之监，海岳效灵，由是雨旸时若，五谷丰登，家给人足。斯君臣之逝，遐且久矣，[①] 育民之功，载诸方册，犹如见存。君子读诵至斯，陡然情怀感激，[②] 仰慕于千万古之下，恨不目击耳闻，乐此升平，以为庆幸。昔者元处华夏，实非华夏之仪，所以九十三年之治，华风沦没，彝道倾颓。学者以经书专记熟为奇，其持心操节必格神人之道，略不究衷。所以临事之际，私胜公微，以致愆深旷海，罪重巍山。当犯之期，弃市之尸未移，新犯大辟者即至。若此乖为，覆身灭姓，见存者曾几人而格非。呜呼！果朕不才而致是欤？抑前代污染而有此欤？然况由人心不古，[③] 致使而然。今将害民事理，昭示天下诸司，敢有不务公而务私，在外赃贪，酷虐吾民者，穷其原而搜罪之。[④] 斯令一出，世世守行之。洪武十八年十月朔序。

---

① 遐且久矣：久，《丛书》本作"远"。
② 陡然情怀感激：陡，《丛书》本误作"陡"。
③ 然况由人心不古：况，《丛书》本、东洋文库本、内阁文库本误作"旷"。
④ 穷其原而搜罪之：原，"源"的古字，东洋文库本作"源"。《明史·刑法志》引《大诰》作"必穷搜其原而罪之"。

大诰目录①

---

① 日本古典研究会于昭和四十二年刊印的《皇明制书》，所载《御制大诰》正文前无目录。
该书卷首总目中编排的《御制大诰》目录，与底本相异者四处，即："十一、凌说山场
竹木"作"十一、凌税山场竹木"；"五十、扬州鱼课"作"五十、杨州鱼课"；"六十
八、御史汪麟等不才"作"六十八、御史汪麟等"；"七十、和州鱼课"作"七十、和
州渔课"。

① 仓库虚出实收：出，《丛书》本误作"买"。

---

① 差使人越礼犯分：犯，《丛书》本误作"㤵"。

君臣同游第一

　　昔者人臣得与君同游者，其竭忠成全其君，饮食梦寐，未尝忘其政。所以政者何？惟务为民造福，拾君之失，撙君之过，补君之缺。显祖宗于地下，欢父母于生前，荣妻子于当时，身名流芳，千万载不磨，专在竭忠守分。智人悟之，有何难哉！今之人臣不然。蔽君之明，张君之恶，邪谋党比，几无暇时。凡所作为，尽皆杀身之计，趋火赴渊之筹。

官亲起稿第二

　　曩古之君，除尧、舜、禹、汤、文不过《尚书》略节之纪，余无备载，难以测云。其秦不可法。自周至于汉、晋、唐、宋，当时贤人君子，臣于斯历代者，受任方隅，所任之事，各必躬亲理之，所以视吏卒如奴仆，待首领官若今之参谋，善者礼之，不善者奏闻黜之。凡所施行诸事，议论已成，正官、首领官亲行草稿，役吏精书之，而乃书押印行，所以事多端正，并无过误稽迟。所以食天之禄，安如磐石，名流万古，耿耿而不磨。

胡元制治第三①

　　胡元入主中国，② 非我族类，风俗且异，语意不通，遍任九域之中，尽皆掌判。人事不通，文墨不解，凡诸事务，以吏为源。

---

　　① 胡元制治第三：三，内阁文库本误作"二"。
　　② 胡元入主中国：主，东洋文库本误作"王"。

文书到案，以刊印代押，于诸事务，忽略而已，此胡元初治焉。三十年后，风俗虽异，语言文墨且通，为官任事者，略不究心，施行事务，仍由吏谋，比前历代贤臣，视吏卒如奴仆，[①] 待首领官若参谋，远矣哉。朕今所任之人，不才者众，往往蹈袭胡元之弊，临政之时，袖手高坐，谋由吏出，并不周知，纵是文章之士，不异胡人。如户部侍郎张易，进以儒业，授掌钱谷，凡诸行移，谋出吏，己于公廨袖手若尸。入奏钱粮概知矣，朕询明白，茫然无知，惟四顾而已。吁！昔我中国先圣先贤，国虽运去，教尤存焉，所以天命有德，惟因故老。所以不旋踵而雍熙之治，以其教不迷也。胡元之治，天下风移俗变，九十三年矣。[②] 无志之徒，窃效而为之，虽朕竭语言，尽心力，终岁不能化矣，呜呼艰哉！

荐举首领官第四

或有忠臣在职，数观首领官吏，倘有大智之士，屈在下寮，一时不能上达，其忠臣不特己用其贤能，又将速荐，以安社稷，致君尧、舜，岂肯泛用无藉，隐匿非常之才。古者圣臣，尝以此为常，又不以为罕矣。

谕官之任第五

朕命诸司官前往任所，每常数数开谕，导引为政，勿陷身

---

① 视吏卒如奴仆：故宫藏洪武内府刻本误作"视躬而如主仆"。

② 天下风移俗变，九十三年矣：九十三年，内阁文库本作"九十二年"。元朝自世祖忽必烈至元八年（1271 年）十一月建国号"大元"，到顺帝妥权贴睦尔至正二十八年（1368年）闰七月明师逼大都、顺帝北去，共统治中国 98 年。此文谓"九十三年"，疑指元建国至顺帝至元二十四年（1364 年）正月朱元璋自立为吴王这 93 年而言。

家。其谕之辞曰："汝知不才者乎？今所在有司，坐视患民，酷害无端，政由吏为。吏变为奸，交头接耳，议受赃私，密谋科敛。愚奸既成，帖下乡村，声征遍邑，民人嗟怨。此果交头接耳、密谋征敛，机轴之深乎！民人既怨，何谋之良哉！汝不见事觉之后，受刑在禁。议罪已明，身居工役之场，赃在数千里外，妻子收存者有之，眷属无之者有之，多在异姓收藏，临期欲以为用，安得而至耶？是致家破身亡，赃为他人所有，① 比若是而无益。守俸如井泉，井虽不满，日汲不竭渊泉焉。贿赂之财何益之有哉！汝往任事，勿蹈前非。"

军人妄给妻室第六

　　山西洪洞县姚小五妻史灵芝，系有夫妇人，已生男女三人，被军人唐闰山于兵部朦胧告取妻室。兵部给与勘合，著落洪洞县将唐闰山家属起赴镇江完聚。② 方起之时，本夫告县，不系军人唐闰山妻室。本县明知非理，不行与民辨明，擒拿奸诈之徒，推称内府勘合，不敢擅违。及至一切内府勘合，③ 应速行而故违者，不下数十余道。其史灵芝，系人伦纲常之道，乃有司之首务，故违不理，所以有司尽行处斩。

刑部追问妄取军属第七

　　刑部尚书王时，将史灵芝并本夫及妄取军属奸夫，尽行提取

---

① 赃为他人所有：为，《丛书》本作"与"。
② 著落洪洞县将唐闰山家属起赴镇江完聚：著，"着"的本字。《丛书》本、东洋文库本作"着"，下同。镇江完聚：镇江完聚，内阁文库本作"镇江县聚"。
③ 及至一切内府勘合：一切内府，内阁文库本作"内府一切"。

在部，不行明坐妄取他人妻室为妻之罪，又不问乡贯同否，曾无日前有奸，却乃吹毛求疵，询问出史灵芝三岁时，曾定与奸夫唐闰山兄为婚，其人未出幼已故。灵芝长成，与姚小五为婚，已生男女三人，王时尚欲差人原籍，勾取三岁媒合之人，意在动扰良民。持权妄为，有乖治体，非止一端。

尚书王时诽谤第八

刑部尚书王时，持五刑以弼五教，时所习者，先圣之道；及其行也，不体先圣之教，纵奸顽之志，郁良善之心，怀暴诽谤，惟在沽名。凡奏刑名，增减情辞，故行出入，每每不当。御史唐铎按实将欲勾问，其王时面伤唐铎，径引唐则天故事，上侮朝廷，下慢执法之官。其词曰："你入我罪，久后少不得请公入瓮。"今所言王时之事，不过一二尔，不才多矣！

陕西有司科敛第九

陕西布政司、按察司官，府、州、县官王廉、苏良等，害民无厌，恬不为畏。造黄册，科敛于民；朝觐，科敛于民；买求六部宽免勘合限期，科敛于民；征收二税促逼，科敛于民；造上中下三等民册，科敛于民。其赃官赃吏实犯在狱，招出民人官吏，指定姓名，各寄钞银、毡衫、毡条、毡褥、毡袜、头匹等项，各照姓名坐追。其布政司、府、州、县闻此一至，且不与原指寄借姓名处追还，却乃一概遍府、州、县民科要，平加十倍。如此害民，其心略不将陕西百姓于心上踌躇。民人苦楚，且如西凉、庄浪等处，河州、临洮、岷州、洮州军人缺粮，著令民人趱运，地将盈雪尺余，深沟陡涧，高山峻岭，庄农方息，劳倦未苏，各备车辆，重载涉险，供给军储。中路车颓牛死者有之，人亡粮被盗取者有之。若牛死车存，人在中途，进退两难，寒风凛冽，将欲堕指裂肤，上畏法度，谨遵差期。① 虽死不易，苦不胜言。设若到卫交纳，淋尖跌斛，加倍输纳，无敢妄言。如此艰辛，布政司、府、州、县官，按察司官，果曾轸念于民？为此，法所难容，各科重罪。

山西运粮第十

　　山西布政司、按察司、府、州、县官关贤、武宣等，赃贪无厌，视民岂如禽兽。且如泽、潞等州，平阳等府，粮饷北供，山高风猛，地概溜冰，雪盈川野，冷切入骨，寒逼牛心，中途车摧牛死，② 虽有人存，进退两难。且纳粮之难，犹颇少苦，其纳草之艰甚矣。一车之草，比度雁门，③ 止足泽、潞车牛之用。④ 民人负细软，诣大同、蔚朔、雁门等处，易草输纳。有司欲取民财，实难言语，故行刁蹬，必欲本处载去。致使民人转运艰辛，不胜之苦，惟天可知，呜呼哀哉！有司食天之禄，岂有天灾人祸不至者耶！今之所犯，法所难留。

---

① 谨遵差期：差，东洋文库本误作"茗"。
② 中途车摧牛死：摧，东洋文库本误作"推"。
③ 比度雁门：比，《丛书》本、东洋文库本误作"北"。
④ 止足泽潞车牛之用：潞，东洋文库本误作"路"。据《读史方舆纪要》卷四三、《太平寰宇记》卷四五、《明史》卷四一《地理二》，泽、潞分别为明初山西承宣布政使司大同府泽州和直隶布政司之潞州。潞州于明嘉靖八年改为潞安府。

凌说山场竹木第十一①

湖州府官吏刘执中等，不谋公而谋私，将籍没凌说山场所产木植，②砍伐二十九万，设计差夫搬运，卖遍府、县，然后止差五千人搬运。后与各各人夫，③及推官吕惟贤等，通同作弊，除各匿入己外，止解二万余根至京。自取之祸，安可逃乎！

五府州免粮第十二

应天、宣城、太平、广德、镇江五府州，为是兴王之地，久被差徭，特将夏秋税粮不时全免。惟元、宋入官田地，我朝籍没之田，民田全免，官田若令全免，民难消受，所以减半征收。凡免粮去处如此，但凡民粮，④不一概全征。其应天等五府州县，数十万没官田地夏收税粮，官吏张钦等通同作弊，并无一粒上仓，与同户部官郭桓等尽行分受。君子详观，果可容乎！

武进县夏税第十三

常州府武进等县官吏邓尚文等，⑤将民人夏税，十分以九分上仓，一分入己，声言民人科敛未足，巧于富户处借纳，如此害

---

① 凌说山场竹木第十一：凌说，东洋文库本作"凌税"。
② 将籍没凌说山场所产木植：凌说，东洋文库本作"凌税"。
③ 后与各各人夫：各各人夫，东洋文库本作"各人夫"。
④ 但凡民粮：内阁文库本无"凡"字。
⑤ 常州府武进等县官吏邓尚文等：《丛书》本无"府"字。

民。① 既征不足，借于富户，果后以何陪还？② 以此观之，富民不免致害，③ 终无陪还之意。④

庐州府夏税第十四

庐州府夏税，知府韩克佐等，不忧民艰，言十八年夏税小麦，秕细不堪为粮，欲令民抵斗米折。朕谕户部：天时所收如此，当以此上仓。况此际时当六月，旧收稻粮已绝，小民盼望新麦已成，若不征麦而征米，是故虐其民。其庐州府官之罪，户部之罪，可得而逃乎！⑤

张梦弼私递赃私第十五

通政司经历张梦弼，子在朝，父在乡，父子同谋，夤缘朝官，构为党比，⑥ 私递赃私，坐名前去山西沁水县追取。其本县官朱坦等，不于本家追取，一概以为营计，科敛吾民，扰动一县，代奸陪赃。其县官及张经历父子，果可释乎！

吏殴官长第十六

各处有司，惟务奸贪，不问民瘼，政声丑陋，愚民所耻。所

---

① 如此害民：害，东洋文库本误作"军"。
② 果后以何陪还：陪，通"赔"。东洋文库本误作"倍"。
③ 富民不免致害：致，东洋文库本误作"以"。
④ 终无陪还之意：陪，东洋文库本误作"倍"。
⑤ 可得而逃乎：可，东洋文库本作"果"。
⑥ 构为党比：构，东洋文库本误作"讲"。

以苏州常熟吏人沈尚等，衢州开化吏人徐文亮等，眇视二县官长邓源、汤寿轻等，① 于厅殴打。罪虽吏当，官何人也？

皂隶殴旗军第十七

苏州府昆山县皂隶朱升一等，不听本县官李均约束，殴打钦差旗军，罪至极刑。若旗军纵有赃私，所司亦当奏闻区处，安可轻视。

皂隶殴舍人第十八

金华府县官张惟一等，出备银、钞、衣服等项，赍送钦差舍人。舍人不受，就欲擒拿，② 特令府官封收其物。③ 府官自知其难，舍人临行，其府官发忿，故纵皂隶王讨孙等殴打舍人。④ 事觉，皂隶断手，府官之罪，又何免哉。

揽纳户虚买实收第十九

各处纳粮纳草人户，往往不量揽纳之人有何底业，一概将粮草付与解来。岂知无藉之徒，将钱赴京，⑤ 止买实收，粮草并不到仓。及至会计缺少，问出前情，其无藉之徒，惟死而已。粮草正户，罚纳十倍，奸顽还可逞乎。

---

① 眇视二县官长邓源汤寿轻等：眇，内阁文库本作"藐"。
② 就欲擒拿：《丛书》本作"挐"。下同。
③ 特令府官封收其物：特，东洋文库本作"时"。
④ 故纵皂隶王讨孙等殴打舍人：王讨孙，东洋文库本作"王诗孙"。
⑤ 将钱赴京：东洋文库本"钱"下有"粮"字。

雨泽奏启本第二十

各处有司诸事奏启本及雨泽奏启本赴京，中间多有不书写姓名，有写而不称臣者。以数千里、数百里造文一纸，以对人君，姓名尚不谨书，此果为人臣之礼乎？于中不恤吾民可见矣。

勾取逃军第二十一

十二布政司、按察司、府、州、县官，为兵部勾取逃军，或有顽民犯法，各部勾取。其布政司、府、州、县贪图贿赂，不将正犯解官，往往拿解同姓名者。因赃迷惑其心，止知己利，不知良善受害，无可伸诉。若将犯罪受刑之苦，以己推之，岂有贪赃害于良善者。且罪人受刑，罪重，昼则枷项杻手，夜则系项铃足；轻则镣索牵行，父母妻子悲啼。送程仓卒，一时催起，路无盘费，是后父母妻子，收拾盘缠，意在往供。有司刁蹬，不与引行。既而买引，沿途追赶，有中途病死者，有饮食不节而负病者。所勾之人，惟恐违限，日加棰楚，虽有微命，犹在几死之间。若法司审理不明，即作真犯拟罪。若上官既明，吏不枉法，方得放归。其苦万端，当时法司肯将此苦量推于己，岂有良善受害哉。然有司因此无辜于善良，[①] 天鉴不远，一旦发露，罪及身家。如此者，数数开谕，每每加刑，曾有几人而省此祸殃！

---

① 然有司因此无辜于善良：善良，《丛书》本、东洋文库本作"良善"。

婚姻第二十二

同姓、两姨姑舅为婚，弟收兄妻，子承父妾，此前元之胡俗。朕平定之后，除元氏已成婚者勿论。自朕统一，申明我中国先王之旧章，务必父子有亲，君臣有义，夫妇有别，长幼有序，朋友有信，方十八年矣。有等刁顽之徒，假朕令律，将在元成婚者，儿女已成行列，① 其无藉之徒，通同贪官污吏，妄行告讦，致使数十年婚姻，无钱者尽皆离异，有钱者得以完全。此等之徒，异日一犯，身亡家破，悔之晚矣。胡人之俗，岂止如此而已。兄收弟妇，弟收兄妻，子承父妾，有一妇事于父生子一，父亡之后，其妾事于正妻之子，② 亦生子一，所以夫妇无别，纲常大坏，与我中国圣人之教何如哉。设理旧事，难为者多矣，所以元氏之事不理，为此也。今后若有犯先王之教，罪不容诛。

卖放浙西秋粮第二十三

户部官郭桓等收受浙西秋粮，合上仓肆百伍拾万石。其郭桓等止收陆拾万石上仓，钞捌拾万锭入库。③ 以当时折算，可抵贰百万石，余有壹百玖拾万未曾上仓。其桓等受要浙西等府钞伍拾万贯，致使府县官黄文等，通同刁顽人吏沈原等作弊，④ 各分入己。

---

① 儿女已成行列：儿女，《丛书》本作"男女"。
② 其妾事于正妻之子：正，东洋文库本误作"止"。
③ 钞捌拾万锭入库：捌拾万，内阁文库本作"十八万"。
④ 通同刁顽人吏沈原等作弊：沈原，《丛书》本作"沈源"。

谕官生身之恩第二十四

　　朕常命官，每谕生身之恩最重。其词云何？曰：汝知父母之慈乎？且初离母身，① 乃知男子。母径闻父，生儿矣。父既闻之，以为祯幸。居两月间，夫妻阅子寝笑，② 父母亦欢。几一岁间，方识父母，欢动父母。或肚踢音倘，③ 或擦行，或马跁音扒，④ 有时依物而立，父母尤甚欢情。然而鞠育之劳，正在此际。所以父母之劳，忧近水火，以其无知也。设若水火之近，非焚则溺。冬恐寒逼，夏恐虫伤，调理忧勤，劳于父母，⑤ 岂一言而可尽。及其长也，有志四方，能不致父母之忧，此为孝也。更能异间里之子，出民上，衣食丰奉于父母，温情之道以时，送终之期设备，人子之道，无以加矣。今为官者，往往不才。父母在堂者，忘鞠育之恩而妄为。彼虽不知父母之慈，父母之慈未尝有间。良妻在室，故忘夫妇之道，乌合野妇。彼虽不知良妻之节，良妻之节，未尝有间。且如福建道御史于敏，初任卫知事，犯法遭刑，其妻击鼓以救。朕屈法以赦之，以全贞良之妇。朕谓敏曰："京师人烟辐辏，⑥ 刁诈容貌者多。少年妇女居京，一心于夫者鲜矣。惟欲夫终日不归，岁月不还，得以自由。今汝之妻，孰父母之良哉。柔训如是，间有者也，是勿自弃"。谕后，复任御史。不逾年，复作非为，罪当徒役。其妻复救，仍准贞良，赦之。⑦

　　① 且初离母身：《丛书》本"且"下有"如"字。
　　② 夫妻阅子寝笑：妻，《丛书》本作"妇"。
　　③ 或肚踢音倘：《丛书》本小注有"倘"字，无"音"字。东洋文库本"音倘"二字俱无。
　　④ 或马跁音扒：《丛书》本小注有"扒"字，无"音"字。东洋文库本"音扒"两字俱无。
　　⑤ 劳于父母：母，《丛书》本误作"每"。
　　⑥ 京师人烟辐辏：辐辏，东洋文库本作"辏集"。
　　⑦ 赦之：《丛书》本作"救之"。

复谕曰："良哉之妻，汝勿自弃"，仍前御史。复不逾岁，[①]大肆奸顽，交结朋党，比周京内。一犯之后，朕亲审问。自知罪恶渊深，朗然自笔奸党之情，略无阻滞。朕谓曰："汝何若是？"对曰："人到神思昏处，不知如何又作非为，大抵吃不过内外人朝说暮说浸润，一时见利忘身。"朕谓曰："此时如何？"曰："臣临刑方觉，悔之不及。"此于敏若是而对。朕所审况非一日，所对未尝异词。呜呼！愚顽终化不省，临刑方觉，死而后已。呜呼！生身之恩既不能报，贞良之妻自弃不抚，古至于今，若此者鲜矣。

开州追赃第二十五

有司务在问民疾苦，抚安良善，罪奸治顽，伸冤理枉。其大名府开州州判刘汝霖，系江西布政司九江府耆儒。受任以来，不将所学运用以持心，而乃弃先圣先贤之道，私邪妄作，上谤朝廷，下虐良民。其北平布政司、按察司官吏李彧、赵全德等，通同六部官郭桓等，十二道丁廷举等，寄借赃钞。各官事发，坐名定数，遣人追取。本州官吏罗从礼等，分寄一万七千贯。州判刘汝霖，竟不将前项所寄赃钞照名追还，却乃帖下乡村，遍处科民，代陪前项钞贯。朕知诸处有司一体如是，故出诏播告天下官民人等：所有物件钱物寄借，须凭文约；如无，诸司不理，理者抵罪。[②]其州判刘汝霖，视为泛常，仍复出帖科民，甚至禁锢其民，逼令纳钞。其帖之词曰："民不以朝廷追赃为重"。[③]致有开

---

① 复不逾岁：复，《丛书》本作"后"。
② 理者抵罪：东洋文库本无"理"字。
③ 民不以朝廷追赃为重：东洋文库本无"不"字。

州耆民，不忍坐视民患，赴京面奏者五人焉。即遣人按治，果如奏状，于是将州判刘汝霖枭令于市。

朝臣优劣第二十六

洪武十八年，户部试侍郎郭桓事觉发露，[①] 天下诸司尽皆赃罪，系狱者数万，尽皆拟罪。或曰：朝廷罪人，玉石不分。吁！朕听斯言，所言者理哉。此君子之心，恻隐之道，无不至仁。此行推之于君子则可，小人则不然。且都察院詹徽，刑部掌部事唐铎，二者异同，下人所事亦异同。徽刚断嫉恶，不容奸伪，所役之吏，发蓬面垢，容愁肌瘦，不异羁囚，盖不得肆其贪有若是。其铎，始友及臣，至今三十四载。其人交不知变色，绝不出恶声，德有余而才少不足，屡被小人相累，陷极刑者二三。朕深知其德，宥而弗罪，以眷其德也。今奸人小人不然。徽刚则谤讪满朝。铎重厚无疵，其奸人小人，反为懦而无为，一切行移计禀，皆舞文弄法以愚之，贿赂公行，铎无奈何。呜呼！聪明决非者以为非，渊泉其德，海容其物以为愚。人心之不古，有此耶。当诸司酷害于民，[②] 有能恻隐民艰，不与同类；科敛之际，或公文不押，或阻当不行，或实封入奏，以恤吾民。此际不分轻重，岂不妄及无辜！每每科无阻当，征无恻隐，混贪一概，又何分之有哉！

①　户部试侍郎郭桓事觉发露：试侍郎，东洋文库本无"试"字。
②　当诸司酷害于民：《丛书》本"当"下有"时"字。

问赃缘由第二十七

如六部有犯赃罪，必究赃自何而至。若布政司贿于部，则拘布政司至，问斯赃尔自何得，必指于府。府亦拘至，问赃何来，必指于州。州亦拘至，必指于县。县亦拘至，必指于民。至此之际，害民之奸，岂可隐乎！其令斯出，诸法司必如朕命，奸臣何逃之有哉。呜呼！君子见而其政尤勤，[①] 小人见而非心必省。

京民同乐第二十八

在京人民，[②] 朕于静处，少有暇心，即思必与同乐，不期愚民为胡、陈所诱[③]，一概动摇，至今非心不格，面从心异。曩者愚民奔走门下，纷然竞起，构作马前之卒，为奇谋、为吏役之道自庆，奸狡蔽其仁心，是非迷其本性，由是身亡家破。迩年以来，坊厢人户，不许差役，[④] 使得遂其生。今者诸司犯法，赃在坊厢，其坊厢村店人等，不奉朕命，固替奸贪隐匿，直至身亡家破而后已。今后天下内外城市乡村，凡我良民，无得交结官吏。设若家道生受，误用官吏赃私钱物，才闻官吏发露，即于所在官司首告，与免交结之罪。

---

① 君子见而其政尤勤：勤，东洋文库本误作"劝"。

② 在京人民：人民，东洋文库本作"民人"。

③ 不期愚民为胡、陈所诱：胡、陈，《三编·拖欠秋粮第四十一》有"盖是奸臣胡、陈并郭桓等在时"句。据《明史》卷三〇八《奸臣传》：胡，指左丞相胡惟庸；陈，指御史大夫陈宁。

④ 不许差役：差，内阁文库本误作"茗"。

官民犯罪第二十九

今后官民有犯罪责者，若不顺受其犯，买重作轻，买轻诬重，或尽行买免，除死罪坐死勿论，[①] 余者徒、流、迁徙、笞、杖等罪贿赂出入，致令冤者不伸，枉者不理，虽笞亦坐以死。法司罪同犯者。此犯不分赃之巨微，除失错公罪不坐，凡私的决，并不虚示。

僧道不务祖风第三十

僧尼、道士、女冠，敢有不务祖风，混同世俗，交结官吏，为人受寄生放，有乖释道训愚之理，若非本面家风，犯者弃市。

民不知报第三十一

民有不知其报，而恬然享福，绝无感激之心。因不知其报，不知其感激，一日天灾人祸并至，茫然无知其由，忧愁满室，抱怨横嗟，孰不知不知其报而若是耶。且以社稷言之，古先哲王立坛以祀之，严恭祇奉，未敢有怠。何也？盖社，五土之神；稷，五谷之神。五土发生五谷，为民立命，天子不能遍祭于天下，则诸有司立坛所在而祭之。又立大社、大稷于雉阙之右，与庙相对，亲之也。所以春祭于社，祈嘉谷之生成；秋之祀，是报成也。凡良民造理者，居一方一隅，食土之利，不拘多少，其心日

① 除死罪坐死勿论：坐，内阁文库本误作"作"。

欲报之。其诚何施，以其社稷立命之恩大，比犹父母，虽报无极。良民有此念者，家道不兴鲜矣。方今九州之民，有田连数万亩者，有千亩之下至于百十亩者，① 甘于利其利，而不知其报者多矣。然而未尝不为富破其家资以保其富。呜呼！至此之际，怒贯神人，天灾人祸由是。所以破家资，不过贿赂有司，君差不当，② 小民靠损，所以不知其报在此也。若欲展诚以报社稷，为君之民，君一有令，其趋事赴功，一应差税，无不应当。若此之诚，食地之利，立命之恩，斯报矣。咸云：君养民，果将何以育之？君之服食，皆民所供，衣食既系民供，果何养民哉？然君之养民，五教五刑焉。去五教五刑而民生者，未之有也。所以五教育民之安，曰：父子有亲，君臣有义，夫妇有别，长幼有序，朋友有信。五教既兴，无有不安者也。民有不循斯教者，③ 父子不亲，君臣不义，夫妇无别，长幼不序，朋友不信，强必凌弱，众必暴寡，鳏寡孤独，笃废残疾，何有之有焉。既不能有，其有命何存焉。凡有此者，五刑以加焉。五刑既示，奸顽敛迹，鳏寡孤独，笃废残疾，力弱富豪，安其安，有其有，无有敢犯者，养民之道斯矣。④ 今之顽民，罔知立命之由，妄破家资，买嘱官吏，故犯宪章，身亡家破，由人神之监见也。百祥百殃，信矣哉。

水灾不实第三十二

有司牧民，水旱灾伤，是为急务。自朕即位以来，各处水旱

---

① 有千亩之下至于百十亩者：千亩，东洋文库本作"千百亩"。

② 君差不当：君，《丛书》本误作"均"。

③ 民有不循斯教者：民有不循，东洋文库本无"有"字。

④ 养民之道斯矣：东洋文库本"斯"下有"尽"字。

灾伤，虫蝻生发，民人告灾，有司多不准理。及至准理，通同无藉顽民以荒作熟，以熟作荒。以荒作熟，小民愈觉艰辛。以熟作荒，无藉顽民以为得志，孰不知天灾人祸至有日矣。呜呼！君子、小人得有司之位者，当灾伤之际，君子所以难为，小人易为，云何？君子受理，被顽所诬，所以受与不受者两难哉，盖由顽民致是。小人径理，以其贿赂行焉，诬上虐下，竟不为畏。且如高邮州民有水灾，朕令进士诣踏。未至灾所，其有司民人即以灾册至。进士谓曰："未曾沿丘履亩，先进是册，为何？"曰："马前册。"呜呼！民有不淳者，其同知刘牧不才尤甚。若允马前册以进，更微与颜色交谈，马前册为实哉，贿赂公行矣。其进士不诺，必欲亲诣灾所。其同知刘牧与顽民议，将已熟禾稼尽行铲去，引水灌其地，若此者若干顷亩。呜呼！所以君子未敢受理者，为此也。同知刘牧易为受理者，亦为此也。

奸吏建言第三十三

绍兴府余姚县吏叶彦彬，父亦在闲之吏。其子邑呼曰"小疾灵"，以黄冠符篆印作县印，用使批文，下乡骗民，被弓兵史敬德觉露。本吏贿于有司，虚有罪，实释之。后以吏役起赴京师，其吏心怀旧恨，外名仁义，内包祸心，建言便民事理，中含报仇于弓兵史敬德等二人。[①] 依所言章，皆以人至法司。对问间，所言事内已虚三件，况实报仇告人。御史王式文，徇情出妄告之罪。御史王式文因别事不公者多，由小疾灵因事发露，墨面文身，挑筋去指。书吏梁仲真亦然。既刑之后，皆系狱中。[②] 系

① 中含报仇于弓兵史敬德等二人：二人，东洋文库本作"三人"。
② 皆系狱中：皆，内阁文库本作"着"。

原问小疾灵之官，不余数日，乃与小疾灵同狱。疾灵系是有罪之徒，因罪未决，得以纵横，绕房代人书写。① 疾灵事内被告者，知疾灵奸诈百端，难以口对免，曰："毋我对词。"疾灵知被诈者畏惧，谓曰："若毋对尔，将何我益？"曰："以银相送。"时在狱中，不便取与，② 人各与花押一枚为照。③ 是后各出系狱，果送钞、银、布匹。时朕亲问诸司，疾灵他犯又将及身，促为所知，畏惧罪责，乃以钞、银、缎、绢、布匹，赴通政司首。呜呼！人不畏法，有若是欤。疾灵系狱处所，黥刺断筋者盈牢，呻吟动地，脓血交流，本身之罪未决，辄敢于苦楚处受赃。父本老吏，朝廷起取，即推风疾不起。其子赴京，父子俱至。疾灵被获，傍云："父亦在是。"询及疾灵："伊父果来乎？"对曰："归矣。"遣人试捕，就京被获。父子无端，有若是耶。询情鞫弊，其罪甚深，父子皆死，孰不目击耳闻。其他犯者，尤有甚焉。

仓库虚出实收第三十四

天下仓廒并库藏等处，官攒斗级人等有犯赃私，问赃自何而得，必供虚出实收与纳户某人，接受钱物若干。当此之际，凭招勾纳户到官，加倍追陪。当该法司不行如敕究问追征，罪如犯者。

行人受赃第三十五

行人受命而出，或捧制书，或寻常差使，或催督六部、都察

---

① 绕房代人书写：绕房，内阁文库本作"绕处"。
② 不便取与：东洋文库本无"与"字。
③ 人各与花押一枚为照：人各与，内阁文库本作"与又与"。

院公事，所在受赃者，问赃自何而来，必供诸司所与。擒至诸司，问此贿赂钱物从何而至，必供取之于民。其害民之奸，岂可隐乎。当此之时，除民人被其威逼科敛不罪外，官吏与者、受者罪同。

民陈有司贤否第三十六

自布政司至于府、州、县官吏，[①] 若非朝廷号令，私下巧立名色，害民取财，许境内诸耆宿人等，遍处乡村市井连名赴京状奏，备陈有司不才，明指实迹，以凭议罪，更贤育民。及所在布政司、府、州、县官吏，有能清廉直干，抚吾民有方，使各得遂其生者，许境内耆宿老人，遍处乡村市井士君子人等，连名赴京状奏，使朕知贤。凡奏是奏非，不许三五人、十余人奏。且如府官善政，概府所属耆老，各县皆列姓名具状。其律内不许上言大臣美政，系干禁止在京官吏人等毋得徇私党比，紊乱朝政。在外诸司，不拘此律。

籍没揽纳户第三十七

揽纳户揽到人户诸色物件粮米等项，不行赴各该仓库纳足，隐匿入己，虚买实收者，追物还官，然后处以重刑，籍没家产。

安保过付第三十八

所在府、州、县安保之家，并说事过钱人，皆以口舌利便说

---

① 自布政司至于府州县官吏：自，内阁文库本作"各"。

诱，是致君子一时被其昏愚，陷入宪章。今后敢有如此者，处以重刑，籍没家产。

诡寄田粮第三十九

将自己田地移丘换段，诡寄他人，及洒派等项，事发到官，全家抄没。若不如此，靠损小民。

冒解罪人第四十

所在有司官吏，上司着令勾解罪人，往往卖放正身，将同姓名良善解发。今后若此，[①] 该吏处以重刑。

折粮科敛第四十一

浙西所在有司，凡征收，害民之奸，甚如虎狼。[②] 且如折收秋粮，府、州、县官发放每米一石，官折钞二贯，巧立名色，取要水脚钱一百文，车脚钱三百文，口食钱一百文。库子又要辨验钱一百文，蒲篓钱一百文，竹篓钱一百文，沿江神佛钱一百文。[③] 害民如此，罪可宥乎！

----

① 今后若此：若，东洋文库本作"如"。
② 甚如虎狼：虎狼，东洋文库本作"狼虎"。
③ 沿江神佛钱一百文：佛，东洋文库本作"福"。

重科马草第四十二

马草事，户部侍郎郭桓等官，受要应天、太平、镇江、宁国、广德五府州纳草人徐添庆等户赃钞，不行追征合纳马草，却于已纳安庆府人户内多科，补纳五府州原欠数目。以致农忙时月，勾取各各人户到官，问出前由，害民之奸，才方显露。

谕官无作非为第四十三

诸衙门官到任，朕常开谕：无作非为，显尔祖宗，荣尔妻子，贵尔本身，以德助朕，为民造福，立名于天地间，千万年不朽，永为贤称。去后，曾几人依朕所谕。到任之际，掌钱谷者盗钱谷，掌刑名者出入刑名，使冤者不伸，枉者不理，致使衔冤无诉。纵然欲诉，下情不能上达。间有达者，朕知其然，擒奸贪，获无道，置之极刑，或加流窜，刑以徒役，决以笞杖，是非分明。死者且已，[①] 生者以是饰非，谩朋友，诳乡曲，皆曰本身无罪，乃云朝廷刑暴，如此谤讪者多矣。朕尝开谕之际，甚是明白，往往不依朕言，反自取祸。且如恶人犯罪，善者过误遭刑，二者有畏笞杖伤及肌肤者，有畏死而不得生者。二者畏罪甚矣，乃以金帛贿赂于当该。其当该者，反不以扬祖宗、荣妻子、贵身惜命为重。前二者畏死买生，为官者反不畏死，径接受其赃，将自己性命，故入宪章。临刑赴法，才方神魂苍惶，仰天俯地，张

---

① 死者且已：且，内阁文库本误作"目"。

目四视，① 甚矣哉。悔之晚矣。岂止晚矣，② 终不获生。如兵部
侍郎王志，为勾补逃军等事，受赃二十二万。③ 朕亲问之："尔
贪何若是？"对曰："财利迷其心，虽君亲亦忘之。"曰："今如
何？"对曰："臣临刑方觉，悔不及矣。"呜呼！财利之迷人，非
正人君子、至贤之士，不可得而免矣？呜呼！免何难哉，其不用
心尔。曩元末之时，群雄并起，孰不以子女玉帛为先，良骑美服
为上，酣歌作乐为奇，生离人父母妻子为妙。朕亦扰攘中，于斯
数事，为何不能？其保身惜命而不敢。当未定之时，攻城略地，
与群雄并驱十有四年余，军中未尝妄将一妇人女子。惟亲下武
昌，怒陈友谅擅以兵入境，既破武昌，故有伊妾而归。朕忽然自
疑，于斯之为，果色乎？豪乎？智者监之。朕为保身惜命，去声
色货利而不为，盖为慕声色货利者，数数朝兴暮败。监此非为，
终不同其愚志，量岂难哉。

社学第四十四

好事难成。且如社学之设，本以导民为善，乐天之乐。奈何
府、州、县官不才，酷吏害民无厌，社学一设，官吏以为营生。
有愿读书者，无钱不许入学。有三丁四丁不愿读书者，受财卖
放，纵其愚顽，不令读书。有父子二人，或农或商，本无读书之
暇，却乃逼令入学。有钱者，又纵之；无钱者，虽不暇读书，亦
不肯放，将此辏生员之数，欺诳朝廷。呜呼，艰哉！天灾人祸，

---

① 张目四视：视，东洋文库本作"顾"。
② 岂止晚矣：止，内阁文库本误作"心"。
③ 受赃二十二万：二十二万，内阁文库本作"一十二万"。

若不灾于此官此吏，载在祀典之神无凭可敬。似此善道难为，[①]惟天可监，[②] 智人详之。朕恐逼坏良民不暇读书之家，一时住罢。复有不知民艰、茫然无知官吏害民者，数言社学可兴。吁！古云：为君难，诚如是；为臣不易，果然哉！间有忠良，同凶顽之徒联衔，日被所污，终不能清，不易哉甚矣。呜呼！惟天可监。凶顽之徒，何父母所生，造恶以陷人，终化不醒，神明监焉，祸有日矣，迟疾焉。

耆民奏有司善恶第四十五

今后所在布政司、府、州、县，若有廉能官吏，切切为民造福者，所在人民必深知其详。若被不才官吏、同寮人等，[③] 捏词排陷，[④] 一时不能明其公心，远在数千里，情不能上达，许本处城市乡村耆宿赴京面奏，以凭保全。自今以后，若欲尽除民间祸患，无若乡里年高有德等，[⑤] 或百人，或五六十人，或三五百人，或千余人，岁终议赴京师面奏，本境为民患者几人，造民福者几人。朕必凭其奏，善者旌之，恶者移之，甚者罪之。呜呼！所在城市乡村耆民智人等，肯依朕言，必举此行，即岁天下太平矣。民间若不亲发露其奸顽，明彰有德，朕一时难知，所以嘱民助我为此也。若城市乡村有等起灭词讼，把持官府，或拨置官吏害民者，若有此等，许四邻及阖郡人民指实赴京面

---

① 似此善道难为：似，《丛书》本作"以"。
② 惟天可监：监通"鉴"，东洋文库本作"鉴"，下同。
③ 若被不才官吏同寮人等：被，东洋文库本误作"彼"。
④ 捏词排陷：排，东洋文库本作"诽"。
⑤ 无若乡里年高有德等：《丛书》本"德"下有"人"字。

奏，^① 以凭祛除，以安吾民。呜呼！君子目朕之言，勿坐视纵容奸恶患民，故嘱。

文引第四十六

凡布政司、府、州、县耆民人等，赴京面奏事务者，^② 虽无文引，同行人众，或三五十名，或百十名，至于三五百名，所在关津把隘去处，问知面奏，^③ 即时放行，毋得阻当。阻者，论如邀截实封罪。

民知报获福第四十七

方今富豪之家，中等之家，下等之家，富者富安，中者中安，下者下安。去古既远，教法不明，人不知其报，反造罪以陷身。富者田多诡寄，^④ 粮税洒派他人；中者奸颇少同；^⑤ 下者因无可恃，岁被靠损者有之。上中数犯罪责者有之，有倾家覆产者有之，^⑥ 盖由不知其报而致然耶。若使知报之道，知感激之理，则于闲中起居饮食，不时举手加额，乃曰：税粮供矣，夫差役矣，今得安闲，上奉父母于堂，下抚妻子于室。虽笃废残疾，富有家资，除依差税外，余广家资。本身生不能捍本家之患灾，其凶顽之徒，孰敢称名道姓而盗取之。云何？盖君礼法之所治也。

---

① 许四邻及阖郡人民指实赴京面奏：阖，通"合"，东洋文库本作"合"。下仿此。
② 赴京面奏事务者：东洋文库本无"者"字。
③ 问知面奏：问，通"闻"，《丛书》本作"闻"。
④ 富者田多诡寄：寄，东洋文库本误作"计"。
⑤ 中者奸颇少同：颇，东洋文库本作"顽"。
⑥ 有倾家覆产者有之：东洋文库本无第一个"有"字。

礼，人伦之正，^① 民间安分守礼者多；法，治奸绳顽。二者并举，遍行天下，人民大安。所以孝子顺孙，得奉祖宗父母。父母已逝者，除岁时祭祀外，余有其有，优游于家庭，^② 遂欢妻抚子于一生，绝无祸殃。为何？盖为知其报矣。

伪钞第四十八

宝钞通行天下，便民交易。其两浙、江东西，民有伪造者甚，惟句容县。杨馒头本人起意，县民合谋者数多，银匠密修锡板，文理分明；印纸马之户，同谋刷印。捕获到官，自京至于句容，其途九十里，所枭之尸相望，其刑甚矣哉。朕想决无复犯者，岂期不逾年，本县村民亦伪造宝钞甚焉。邻里互知而密行，死而后已。呜呼，若此顽愚，将何治耶！

郭桓造罪第四十九

造天下之罪，其造罪患愚者，无如郭桓甚焉。其所盗食粮，^③ 以军卫言之，三年所积卖空，前者榜上若欲尽写，恐民不信，但略写七百万耳。若将其余仓分，并十二布政司，通同盗卖见在仓粮；及接受浙西四府钞五十万张，卖米一百九十万不上仓，通算诸色课程、鱼盐等项；及通同承运库官范朝宗偷盗金银，广惠库官张裕妄支钞六百万张；除盗库见在宝钞、金、银不算外，其卖在仓税粮，及未上仓该收税粮，及鱼盐诸色等项课

---

① 礼，人伦之正：《丛书》本"礼"下有"法"字。
② 优游于家庭：优，《丛书》本作"悠"。
③ 其所盗食粮：食，《丛书》本、东洋文库本作"仓"。

程，共折米算，所废者二千四百余万精粮。① 呜呼，古今贪有若是乎！其郭桓不才，乃敢如是。其中所分入己者几何，罪及同谋，愚顽者生死纪必枚焉。② 空仓廪，乏府库，皆郭桓为之。

扬州鱼课第五十

扬州瓜埠河泊所，欠鱼课钞四万张。其郭桓著令追陪，通同扬州府知府战慎，不令网业户及湖官陪偿，却乃行下富户追陪。追钞既足，各人分受入己，变买银两。③ 其所欠四万赃钞，行下湖官原籍江西布政司追陪。及其钞至，犹且因循不进，意图入己。虽未入己，由是而犯。呜呼！扬州鱼户欠钞，指以湖官原籍江西，著令江西布政司追陪。其布政司不才，将平民一概科陪，又非扬州河泊所民。初本所欠四万，今两处共追八万。扬州四万已行入己，重复追征四万，又欲侵欺。君子监焉，人有如此无状者。

吏属同恶第五十一

府官、州官、县官，府吏、州吏、县吏，一切诸司衙门吏员等人，④ 初本一概民人，居于乡里，能有几人不良。及至为官、为吏，酷害良民，奸狡百端，虽刑不治。朕思是官、是吏，其父母妻子闻此酷害良民，如何并不推己以戒之、以谏之，致令身家

---

① 所废者二千四百余万精粮：精，东洋文库本作"积"。
② 愚顽者生死纪必枚焉：枚，东洋文库本误作"救"。
③ 变买银两：买，东洋文库本作"卖"。
④ 一切诸司衙门吏员等人：《丛书》本"等人"二字互乙。

祸焉？详观其属，非同恶相济，岂如是耶。

纳粮入水第五十二

纳粮人户及收粮仓官、斗级人等，身亡家破，皆自招也。[①]
且如大军仓廒，每间不下万余石，良民务以干圆洁净上仓。奸顽
无藉之民，但知己之图利，不知所坏甚多。且如有纳一千石者，
通同仓官人等，入水上仓，比所纳者，止是一千入于万石之中，
一蒸之后，满廒尽坏。所纳甚少，所坏甚多，天灾人祸岂有不至
者耶。[②]

纳豆入水第五十三

马料豆，年年有等奸顽人户，通同仓官人等拌水裌豆，[③] 以
增斛面，弊同乎米。[④] 米坏尚有可食者，豆坏六畜不食，人何用
之？每仓一间不下万余石，因一户奸顽搀水交纳，湿热一蒸，盈
廒皆坏，如此者多矣。及期拏住官攒人等，治以极刑。无知朝廷
艰辛者，乃曰"刑酷"。孰不知此等之徒，奸顽无厌。近为郭桓
败露，仓拆廒移，平基毁墙，得见官攒人等造祸之深有如此，将
米、豆、稻成千余石，或百石，尽行埋瘗于地下，一概毁烂，其
数不少。设心如此，君子监焉。

----

① 皆自招也：招，内阁文库本误作"拾"。
② 天灾人祸岂有不至者耶：至，东洋文库本作"致"。
③ 通同仓官人等拌水裌豆：拌水，内阁文库本作"裌水"；裌豆，《丛书》本、东洋文库本作"拌豆"。
④ 弊同乎米：乎，东洋文库本误作"手"。

造册科敛第五十四

置造上、中、下三等黄册，^① 朝觐之时，明白开谕，毋得扰动乡村，止将黄册底册，就于各府、州、县，官备纸札，于底册内挑选上、中、下三等，以凭差役，庶不靠损小民。所谕甚明，及其归也，仍前著落乡村，巧立名色，团局置造，科敛害民。此等官吏，果可容乎！

积年民害逃回第五十五

积年民害官吏，有于任所拿到，有于本贯拿到。此等官吏，有发云南安置充军者，有发福建、两广、江东、直隶充军者，有修砌城垣二三年未完者。这等官吏，皆是平日酷害于民者。且如勾逃军，卖正军，^② 解同姓。朝廷及当该上司，勾拿一切有罪之人，卖正身，解同姓。朝廷著追某人寄借赃钞，皆不于某人处正追，却于遍郡百姓处，一概科征代陪，就中克落入己，^③ 不下千万。其余生事科扰及民间词讼，以是作非，以非作是，出入人罪，冤枉下民，啣冤满地，其贪婪无厌，一时笔不能尽。此等之徒见在各处，军者军，工者工，安置者安置。设若潜地逃回，两邻亲戚即当速首，拿赴上司，毋得容隐在乡，^④ 以为民害。敢有容隐不首者，亦许四邻首。其容隐者同其罪而迁发之，以本家产

---

① 置造上中下三等黄册：三，《丛书》本误作"二"；置，东洋文库本作"至"。

② 卖正军：军，东洋文库本作"身"。

③ 就中克落入己：入，内阁文库本作"人"。

④ 毋得容隐在乡：毋，内阁文库本作"安"。

业给赏其首者。

差使人越礼犯分第五十六

皂隶系是诸司衙门执鞭、缒镫、驱使勾摄公事之人。[①] 此等之徒，往往承差于所属衙门，干办公务或勾罪人，径入公廨，据公座而坐者有之，当道直行者有之，从正门入者有之。呜呼！公廨朝廷所设，禄君子，贵贤人，分理庶务，民人瞻仰之所，岂是奴仆皂隶人等入正门，驰当道，坐公座，有乖治体。此等之徒，父母不教，妻子不谏，致使奴仆之体，亵慢官制。今后敢有如此者，[②] 全家迁入云南；当该主使者，临遣之时，[③] 不行省会毋得犯分，杖一百。其容令入正门，驰当道，坐公座，此等衙门官吏，不行举觉，杖一百，流云南。已将洪武十八年秋九月，为水灾事，扬州府差皂隶宋重八下高邮州传递事务，其高邮州同知刘牧，辄令本卒入正门，驰当道，坐公座，刘牧跪与执结。呜呼！其同知刘牧不才，不如一妇人尔，自贱其体，受皂隶宋重八辱。兴化县知县敖德真，皂隶宋重八到县亦欲如此，知县敖德真执法不从，以致事觉。已将同知刘牧，皂隶宋重八，杖断流入云南烟瘴。兴化县知县敖德真受赏。呜呼！君子小人有若此之异乎！自今以后，各宜慎之。敢有不遵者，当该受辱衙门，拿赴京来。吏员、承差人等敢有如此者，其罪尤甚。若六部、都察院、在京诸衙门及驾前校尉、力士、旗军、行人等，非捧制书，止受批差，

---

① 皂隶系是诸司衙门执鞭缒镫驱使勾摄公事之人：缒，《丛书》本作"坠"；东洋文库本作"绳"。

② 今后敢有如此者：今，内阁文库本误作"令"。

③ 临遣之时：临，内阁文库本误作"监"。

敢有似前越礼犯分者，许所在官长实封入递。今后除朝廷差委各处要招打断外，[①] 其布政司、都司、按察司、盐运司、府、州、县，毋得辄差吏员、承差、皂隶人等，[②] 于各衙门要招打断。敢有如此者，罪亦如之。

祭祀不敬第五十七

开谕：为一郡一邑之主，岂止牧民而已，其鬼神必欲依之，阴阳表里，以行人道，故谕之。出则辞于神，入则告于神；官长既敬，民必畏从之；民人既敬，鬼神奠安，一方善恶，灾临福临，必不至于妄加。谕后，曾几人虔恭寅畏。岂止不畏，江浦县知县刘进等，盗其祭帛；巩县知县饶一麟等，未祭而先食其牲牢脏肉；闻喜县丞周荣，以活鹿送人为玩物，以死肉奉祀于山川社稷之神。呜呼！人有不才者如是，然不旋踵而亡者几人，其祸安得而逃耶。

乡饮酒礼第五十八

乡饮酒礼。朕本不才，不过申明古先哲王教令而已。所以乡饮酒礼，叙长幼，论贤良，别奸顽，异罪人。其坐席间，年高有德者居于上，高年淳笃者并之，以次序齿而列。其有曾违条犯法之人，列于外坐，同类者成席，不许干于善良之席。[③] 主者若不分别，致使贵贱混淆，察知，或坐中人发觉，主者罪以违制。奸

---

① 今后除朝廷差委各处要招打断外：外，内阁文库本误作"如"。
② 毋得辄差吏员承差皂隶人等：员，内阁文库本作"典"。
③ 不许干于善良之席：《丛书》本"善良"二字互乙。

顽不由其主，紊乱正席，全家移出化外，的不虚示。呜呼！斯礼始古先哲王之制，妥良民于宇内，亘古至今。兴者，乡里安，邻里和，长幼序，无穷之乐，又何言哉。吾今特申明之，从者昌，否者亡。

乡民除患第五十九

今后布政司、府、州、县在役之吏，在闲之吏，城市乡村老奸巨滑顽民，专一起灭词讼，教唆陷人，通同官吏害及州里之间者，许城市乡村贤良方正、豪杰之士，有能为民除患者，[①] 会议城市乡村，将老奸巨滑及在役之吏，在闲之吏，帮缚赴京，[②] 罪除民患，以安良民。敢有邀截阻当者，枭令。拿赴京之时，关津渡口毋得阻当。

沉匿卷宗第六十

金吾后卫知事靳谦，始由小吏起取赴京，见其年壮聪敏，径授金吾后卫知事，操持案牍，掌管卫兵。初见聪敏，朕以为必然至诚，托以心腹，虽有机密事务，亦曾使令究焉。几岁间，事颇不律。如不律者，皆罪之，独谦且免。谦不知其恩，数犯以为常，朕方知非是怀恩之士。命断事官稽卫卷宗，令谦亲挟卷宗赴断事官觌面考对。及其至官，一卫卷宗，十不存一。于是着追明

---

① 有能为民除患者：患，东洋文库本作“害”。
② 帮缚赴京：帮，“绑”的本字。下同。

白，谦终日支吾，独以肌肤以拒刑，^①又令妻妄击鼓以诉，^②核之不实，断事官覆奏。朕亲问之，谦不以卷宗奏答，却言断事官诽谤朝廷。试将与断事官周士铭对问，^③委实谤言。朕复问谦："断事罪已，尔一卫卷宗安在？"谦不答。复问卷宗有无，亦不答。再问到了卷宗有无，谦回言："到了无"，于是凌迟处死。呜呼！金吾后卫谦未任之先，军七千余。自谦到任，增至八千余。其一切赏赐月支，其数浩大。谦盗卖仓粮数多，^④克落月支并赏赐，其数亦浩大。故不立案，必欲支吾，意在偷生，安可免乎！

马站第六十一

站马之设，^⑤远在万里，报不逾二旬，安民之道甚矣。洪武初，兵方息，民方生，余资何有。^⑥彼时，自京至于西凉、^⑦北平、山西、山东、辽东、四川皆设马驿，着定民人自备。其良民奉命，竭家资以备走递。时一马千贯者有之，九百贯者有之，七八百贯者有之，贵矣哉。以此观之，何民不因马驿而贫矣？呜呼，良矣哉！古先哲王之教，民间相传。良民趋事赴功，终不为怨，教之良矣。良民之良，良尤甚矣。洪武十四年、十五年，狱有囚者，命人视审之，谓曰："死者欲生乎？徒者欲免乎？"皆

---

① 独以肌肤以拒刑：肌，东洋文库本作"饥"。

② 又令妻妄击鼓以诉：妄，《丛书》本、东洋文库本作"妾"。

③ 试将与断事官周士铭对问：周士铭，东洋文库本作"周士民"；对，内阁文库本误作"到"。

④ 谦盗卖仓粮数多：卖，内阁文库本误作"买"。

⑤ 站马之设：站马，《丛书》本作"马站"。

⑥ 余资何有：资，内阁文库本作"赀"。

⑦ 自京至于西凉：京，东洋文库本作"今"。

曰："愿"。曰："尔破家资，买马入驿，以便走递，代先劳之民"，从之。于是脱羁去禁，各着驿所。① 一至驿所，即买病马以应之。未久马死，数以钞赂驿官。不半年余，其贿赂之财，可买上等马一匹。其奸顽之徒，宁可不买马入驿，惟务贿赂驿官。以致使臣至驿阙马，令人舆行。② 事发，着买马二匹，复工役无休。于斯之时，奸民愈愚。呜呼！中上之民，③ 着令走递，终岁人马不阙，④ 虽是家道窘逼，亦不敢有违。以此观之，良者愈良，奸者愈愚，验矣哉。⑤

开谕粮长第六十二

粮长，往常民间不便，盖是有司官不肯恤民，止是通同刁诈之徒，生事多端，取要财物，民人一时不能上达。如今教你每户家做粮长，民有事务，粮长除纳粮外，闲中会乡里一万石粮内长者、壮者，与他说，各处府、州、县从古设社稷坛场，官长每祭祀。⑥ 春谓之祈风雨以时，五谷丰登，秋谓之报成也。古先哲王所奉之社，五土之神；稷，五谷之神。五土发生五谷，⑦ 立人性命。王者不能遍祭，所以所在食其利者，令有司设坛以祀报之。又于京内皇城之外，阙之右，立太社、太稷，⑧ 以对宗庙而祀之，特亲之也。⑨ 所以春祈、秋报，为民造福。今民有数千亩、

① 各着驿所：驿，东洋文库本作"役"。
② 令人舆行：舆，《丛书》本、东洋文库本作"与"。
③ 中上之民：民，东洋文库本作"人"。
④ 终岁人马不阙：阙，通"缺"，《丛书》本作"缺"。
⑤ 验矣哉：验，内阁文库本误作"险"。
⑥ 官长每祭祀：长，《丛书》本作"吏"。
⑦ 五土发生五谷：东洋文库本"土"下有"者"字。
⑧ 立太社太稷：太社太稷，东洋文库本作"大社大稷"。
⑨ 特亲之也：特，东洋文库本作"时"。

万亩或百亩，^① 数十顷、数十亩者，每每交结有司，不当正差。此等之家，不知千万亩田，千万亩天覆。^② 数百十顷、亩者如是。其风雨霜露与地相合，长养五谷。其家食其利以安生，往往不应正役，于差靠损小民，于粮税洒派他人；买田不过割，中间恃势移丘换段，诡寄他人；又包荒不便，亦是细民艰辛。你众粮长会此等之人，使复为正，毋害下民，了毕画图贴说。果有荒田，奏知明白除豁。粮长依说办了的是良民，不依是顽民。民有不遵者，具陈其所以。

妄告水灾第六十三

镇江丹徒民有告水灾者曹定等，所告二百三十七顷，所踏止一百六十五顷。踏官拘草薰而视之，其薰中之辞曰：某顷某丘，可作某顷某丘。以熟作灾，以灾作熟。初，朕闻水灾，急令人踏，意在赈济佃户，有产之家罢给，岂期刁诈之徒有此。所以各处有司，每逢人间水旱灾伤往往不受理者，为其刁诈之民相累也。且如丹徒曹定等，以熟作荒者六十八顷九十八亩。本家田万亩有奇，以熟作荒者四顷七十三亩。彼为状首，将民间余灾不报，以荒作熟，坑陷善良。^③ 为此，着修城一百五丈。呜呼！镇江府，京师羽翼之郡，肇基先劳之民，天下既平，数免征税，止是当夫。自洪武十四年免征秋夏税粮，至洪武十八年，五年并不曾征税。今年妄告水灾，竟不知奸出何意！所以不赦者，为此也。

---

① 今民有数千亩万亩或百亩：或，《丛书》本作"及"。
② 千万亩天覆：东洋文库本无"天"字。
③ 坑陷善良：陷，东洋文库本作"害"。

奸贪诽谤第六十四

奸贪无福小人，故行诽谤，皆说朝廷官难做。且府、州、县止以秋粮夏税言之，民人已将秋粮夏税纳矣，不甚劳于有司，二税办矣。其府、州、县官，有就仓盗卖者，有与顽民相通，接受赃私，虚出实收者。此果民人难管，二税艰征，陷官于罪责耶？实由贪而自取灭亡耶。府、州、县官专一宣布条章，① 辨民曲直。民有户婚、田地、斗殴相争，② 一是一非，初招明白，不甚难于官吏。既知是非，辄起贪心，倒持仁义，接受赃私，祸善福顽，以招自身之祸，此果刑名之难钦？实奸顽之自取钦。呜呼！绝贤辅我，③ 所用皆非忠志之士，自作非为，强声君过，④ 妄彰君恶，逢亲友于所在，掩非饰过，昧己谩人。⑤ 天灾人祸，岂有不遇者耶！

设立粮长第六十五⑥

粮长之设，本便于有司，便于细民。所以便于有司，且如一县粮该十万，止设粮长十人，正副不过二十人，依期办足，勤劳在乎粮长，有司不过议差部粮官一员，赴某处交纳，甚是不劳心力。呜呼！其不才有司官吏，通同奸顽贪缘作弊，故行零碎，先

---

① 府州县官专一宣布条章：东洋文库本无"官"字。
② 民有户婚田地斗殴相争：地，东洋文库本作"土"。
③ 绝贤辅我：绝，内阁文库本误作"先"。
④ 强声君过：君，内阁文库本误作"若"。
⑤ 昧己谩人：谩，东洋文库本作"瞒"。
⑥ 设立粮长第六十五：立，东洋文库本误作"三"。

后设计留难，紊乱不劳心力之事，自取灭亡。教化风俗乃有司之首务，民有风俗未美者，朕何尝速责于有司，必待自渐而成。刑名失出失入，为其人人精神有限，智识短长，未曾轻责失出失入之官。钱粮尽在民间，征敛不足，其顽在民，何尝即责有司。所以责者，接受赃私，故行出入罪名，于粮虚出实收，就仓盗卖，有时妄起科征。如此虐吾良民，所以罪者，为此也。便于细民之说，粮长就乡聚粮，其升合斗勺，数石数十石之家，比亲赴府、州、县所在交纳，其便甚矣。奈何愚民犹有谤言，乃曰受害，此人情之难处。有等粮长，贪婪无厌，将自己合纳二税，尽为众户所包，少有不从，倚官挟势，临门吊打，细民从之。有等粮长，心怀仁德，性体柔懦，上不倚官，下不挟势，并不令细民包纳本户二税，从实催征。民情不然，欺侮懦弱，故行过期不足，反累善良。呜呼！吾言至此，惟天可监，君子详观。

征收不时第六十六

呜呼！有司官吏不才害民，有若是耶。专以二季征税为奸计，麦方吊旗，而催夏税；秋税，谷秧方节，早催秋税。窘民于青黄不接之时，逼民于结实未坚之际，[①] 频于棰楚，得赃缓矣。及其粮成期至，[②] 可以上仓，其官吏人等故行迁延，刁蹬留难，不得便于上仓，直待有益于己而后已。呜呼！天灾人祸不至，其徒自死，[③] 必有日矣。

---

① 逼民于结实未坚之际：际，东洋文库本误作"祭"。
② 及其粮成期至：期，东洋文库本误作"而"。
③ 其徒自死：死，内阁文库本误作"免"。

户部行移不实第六十七

　　户部尚书茹太素，左侍郎张易，右侍郎张文质，本部郎中昌士威、王士廉、刘景颜，员外郎蒲如真、黄安，及主事傅友文、① 王毅、徐阜良、接恭、李益、王肃、部文烨、姚德荣、② 蔚绥、方彦逸等官，故推阘茸，将应施行事务故不施行。及至督责，口称事务繁冗，发落不开，于是命总目日事若干，③ 以凭考验。十月十八日早，来呈十七日事件，数该一百四十三件。敕给事中张衡、监察御史胡昌龄，比日考对所单之数。④各各公文皆非十月十七日本日公文，尽是十月初三日连日累至十七日，故不施行垛下数目。⑤ 才命稽考，却乃星夜将半月故行沉滞公文，妄作十七日接纳，发放一百四十三件，面欺以为冗繁。细察所以，十七日本日止有公文六件行移。⑥ 以此观之，面欺平诳一百三十七件。海内智人观之，奸顽无藉之徒，擅敢肆侮如是。

御史汪麟等不才第六十八

　　广东道监察御史汪麟、户部主事王肃，系洪武十八年进士。登科之后，朕尝爱惜，分布各司，于公文并不署押，政事与正官

---

① 及主事傅友文：东洋文库本无"及"字。
② 姚德荣：《丛书》本、东洋文库本作"姚得荣"。
③ 于是命总目日事若干：目，内阁文库本作"具"。
④ 比日考对所单之数：日，东洋文库本作"目"。
⑤ 故不施行垛下数目：目，东洋文库本误作"日"。
⑥ 十七日本日止有公文六件行移：东洋文库本无"本日"二字。

一体施行。所以不押字者为何？恐见任官不才，有累进士，所以事虽办而字不押，倘有事务差迟，罪归见任，特意优容进士。①其诸进士不才者多，恩且不怀，奸滑日务，独汪麟、王肃尤甚。见其恩不怀而诈日习，于是实授以职，命事诸司。未久，户部主事王肃，藏匿锦衣卫力士支赏册，内力士四千名。本卫知事累次索取，推称亡去，终不肯与，致令卫知事陈叔铭奏闻。②朕亲问之："其册安在？"曰："亡矣。"朕谓曰："斯册一失，弊大矣。所赏人各钞一锭，布二匹，计钞四千锭，布八千匹。尔若坚执不与，本卫必重造关支。支则支矣，其后将不逾月，小吏通同库藏，凭所亡之册，一概盗支，罪甚矣哉，尔可免乎！"朕言至此。明旦，主事王肃以册来首。呜呼！郭桓死而未朽，尔乃疾蹈其踪，灯窗之学安在！广东道御史汪麟，初在北平道，不押公文，特使涉历诸事。其汪麟常不居道，四散优游。都御史题名榜示：进士汪麟不着道为何？明旦恳告诸生，于都堂求免，从而去之。既授监察御史之任，辄怀己私上言。其首辞曰：各部所任之官，动履紊错，日获谴责，然诸事不能一一尽理；次曰：妙选布政司、有司；三曰：③御史本达情以广言路，问刑名失职，方今刑名轻重为能事，问囚多寡为勋劳。如此怀私妄诞，惑乱朝政，④曲赦其罪，窜居金齿，以成见在志人。

----

① 特意优容进士：特，《丛书》本误作"持"。
② 致令卫知事陈叔铭奏闻：陈叔铭，东洋文库本作"陈叔名"，误。据《明实录》卷一二八，《明史》卷一、卷一三、卷二七，"名"应作"铭"。
③ 三曰：三，《丛书》本误作"二"。
④ 惑乱朝政：惑，东洋文库本作"或"。

刑余攒典盗粮第六十九

龙江卫仓官攒人等，为通同户部官郭桓等盗卖仓粮，其官攒人等已行墨面文身，挑筋去膝盖，仍留本仓守支。① 不逾半年，进士到仓放粮，朝发筹二百根，至晚乃收二百三根。② 进士诘焉，乃是已刑之吏康名远仍肆奸顽，偷出官筹，转卖与一般刑余攒典费祐，盗支仓粮。呜呼！当是官是吏，受刑之时，朕谓斯刑酷矣，闻见者，将以为戒。岂意攒典康名远等肢残体坏，形非命存，恶犹不已，仍卖官粮。此等凶顽之徒，果将何法以治之乎？

和州鱼课第七十

和州判官唐仲芳与同知州邵杰，将本州青沙坊等河泊所原办课钞一万九千四百四十贯，各分入己。及至上司催督起解，却将本州人户，不分城市乡村一概科敛。每户一贯二贯者有之，③ 或三贯者有之，以此补纳前项课程。本州人户数多，科征钞数倍于课额。④ 除陪官外，仍复各分入己。如此贪婪无已，罪恶贯盈，致有人吏计彦彰首告发觉。良民被其剥害，不可胜言。

---

① 仍留本仓守支：守，东洋文库本作"收"。
② 至晚乃收二百三根：三，东洋文库本作"五"。
③ 每户一贯二贯者有之：东洋文库本无"者"字。
④ 科征钞数倍于课额：征，《丛书》本作"敛"。

教官妄言第七十一

天下府、州、县学官，咸怀先圣先贤之道。① 于斯至精者，方敢领受是任，敷演先圣先贤之道，以开天生上智之人，以明中材之士，以训下愚之徒。学校之设，岂非礼之徒易居之所，实乃贤人君子端本澄源之所。设使君子居是，其徒日渐君子矣。② 恶人居是，其徒日渐凶徒矣。洪武十八年冬十月，宁国府教授方伯循，实封宁国府知府韩居一，其辞曰："于斋戒未祭，先食牲牢内脏，又且饮酒。"及其勾问，其官府并无二项非为，余罪不律者有之。询其所以，府官严督学校，以致教授方伯循、生员张恒等五名憾是督责，遂于祭祀之际，窥伺府官饮茶，教授方伯循自行饮酒，径率诸徒诣斋所，将府官祭服四面揪捽。③ 若奉上司明文，擒拿有罪者，如此非为，人神共怒。且府、州、县教官，礼义风俗忠孝出焉。凡遇祭祀，则当训诲生徒，④ 明以持心守戒之道，至期率赴坛所陪祀群神。非独本礼诚敬，将后生徒为政，不劳祀神熟矣。其宁国府教授方伯循，⑤ 不独不本礼以奉神，于坛所大辱掌祭之官，可谓罪不容诛。又有余罪，出纳学粮不明，改换文案，以致本府检举，非止一端。呜呼！有司提调学校，助君之急务也。生徒有奸顽者，师卒不能化，且得府官助其威严，以成成效，岂不美欤。奈何反与不才生徒，诬辱提调官，罪当皆死。所在学校，想宜知悉。

---

① 咸怀先圣先贤之道：咸，内阁文库本作"感"。
② 其徒日渐君子矣：日渐，《丛书》本作"自贱"；东洋文库本作"自渐"。
③ 将府官祭服四面揪捽：捽，东洋文库本误作"碎"。
④ 则当训诲生徒：东洋文库本"训诲"二字互乙。
⑤ 其宁国府教授方伯循：东洋文库本无"宁国府"三字。

成造马船第七十二①

　　云南乌撒、乌蒙、东川、芒部、水西、松潘、客叠、碉门、黎雅等处，②每岁进马不下二万余匹。为是各处递运所官夫作弊，故将船只缺少，以致将川、江船只打过，往往不得依期回还。所以着令沿江州郡，每处添造船二十只。其各郡钦依造完者有之，十分中完备七分者有之。惟太平府同知陈汝器，繁昌县知县王景东，当涂县丞张郁，③芜湖县主簿周仁等，监工官仓大使潭演道，副使胡海、高泰、房景贤等，指以造船为由，将阖郡一概科敛，剥削于民，止造到船二只。及至递运，仍缺船只，复将川、江船打过赴京。事觉拿到，问出情弊，罚各官自于龙江成造四倍。终岁不起，各官亡者，仍拿家属并工造完。似此奸顽，还可逭乎？

冒解军役第七十三

　　凤阳临淮县知县张泰、县丞林渊、主簿陈日新、典史吴学文，为勾补逃军事，受要逃军陈保仔钱钞，逼令民人管伍、管歪儿兄弟二人充当异姓军役，兄顶陈保仔军，④弟顶王虎子军，各

① 成造马船第七十二：七十二，内阁文库本误作"七十一"。
② 黎雅等处：黎雅，内阁文库本作"黎鸦"，疑误。
③ 当涂县丞张郁：当涂县，《丛书》本作"当途县"，误。据《明史》卷四〇《地理一》、《明会典》卷一三八《关津》、《嘉庆一统志》卷一二〇应为"当涂县"。该县在今安徽南陵县北，明初属太平府治。张郁，东洋文库本作"张都"。
④ 兄顶陈保仔军：东洋文库本无"军"字。

各着役，以致告发。又河南嵩县知县牛承、[1]县丞毋亨、主簿李显名、典史赵谷安，亦受要逃军赵成钱钞，逼令征进云南有功、留守乌撒军人赵成子铁驴，代充逃军赵成军役，以致告发。此两县官员，尽行典刑。

颁行大诰第七十四

朕出是《诰》，昭示祸福，一切官民诸色人等，户户有此一本。若犯笞、杖、徒、流罪名，每减一等；无者每加一等。所在臣民，熟观为戒。

---

① 又河南嵩县知县牛承：嵩县，东洋文库本作"高县"，误。据《明史》卷四二《地理三》、《明会典》卷一三九《关津》、《寰宇通志》卷八五应为"嵩县"。元时为嵩州，明洪武二年四月废州为县。牛承，东洋文库本作"牛丞"。

大诰后序①

皇上有天下以来，海宇之广，生齿之众，几务之繁。② 思得贤才与图治道。③ 若稽古典，内设六卿，外建十有三道，道有所属府、州、县。虽职任大小，其上为朝廷分忧，下为生民造福，则一而已。日者中外臣庶，罔体圣心，大肆贪墨。原弊所由，起于六曹；为罪之魁，莫甚郭桓。六曹端本澄源之地，而乃赃贪不法，交通所属，重为民害。其或根株蔓延，能卓然自拔，密缄上闻可也。乃一概剥民，泾渭淆矣。何尤乎人！上弗忍生人之无辜也，不得已施之五刑，致使有生之命，代彼当死之命。④ 设若守分，则俸如井泉之不竭。⑤ 顾乃贪婪，譬犹潢潦，其涸可立而待。斯玉音日夕所宣谕也，⑥ 闻者宜惕然矣，而犯者自若。复不忍弃绝之，载劳圣虑，条画成书，颁示中外臣民，家传人诵，否者罪之。罪之者，以其玩法。虽罪之，实所以生之也。题曰：《大诰》。臣三吾窃惟皇上图治，不遑暇食，犹乃营缮是书，以为世戒，其爱民之意深矣。臣谨请序其后记。臣顷在田野，钦睹犯谕，⑦ 戒谕、榜谕，悉象以刑，不无骇焉。暮年有幸，得依日

---

① 中国国家图书馆（以下简称国图）藏洪武内府刻本无《大诰后序》全文。国图藏《大诰武臣》明初刻本后有《大诰后序》全文。东洋文库本"大诰后序"四字前有"御制"二字。
② 几务之繁：几，东洋文库本作"机"。
③ 思得贤才与图治道：与，东洋文库本作"以"。
④ 代彼当死之命：彼，内阁文库本误作"被"。
⑤ 则俸如井泉之不竭：竭，内阁文库本误作"塌"。
⑥ 斯玉音日夕所宣谕也：玉，东洋文库本误作"王"。
⑦ 钦睹犯谕：谕，内阁文库本误作"论"。

月之光，亲见罪犯者继，[①] 乃信向所象刑，不徒象矣。是《诰》
也，成周"乃洪《大诰》治"之《诰》，[②] 非直州长党正岁时所
读之法之比也。玉音所临，莫不曰：大哉皇言乎！一哉皇心乎！
自今官钦遵之为官箴，不敢非法以挠害乎民。民钦守之为彝训，
不敢违法以交通乎官。将见比屋可封，尧舜之治复见于今日矣。
洪武十八年十月望日，承务郎左春坊左赞善臣刘三吾谨序。

---

① 亲见罪犯者继：《丛书》本、东洋文库本"者"下有"相"字。
② 成周乃洪《大诰》治之：《尚书》《康诰》："周公咸勤，乃洪《大诰》治。"

御制大诰续编

大诰续编序①

上古，好闲无功造祸害民者少。② 为何？盖谓九州之田，皆系于官，法井以给民，民既验丁以授田，农无旷夫矣，所以造食者多，闲食者少。其井闾之间，士夫工技，受田之日，验能准业，各有成效，法不许诳。由是士农工技，各知稼穑之艰难，所以农尽力于畎亩，士为政以仁，技艺专业，无敢妄谬。维时商出于农，贾于农隙之时。四业题名，专务以三：士、农、工，独商不专，易于农隙。此先王之教精，则野无旷夫矣。今朕不才，不能申明我中国先王之旧章。愚夫愚妇，效习夷风，所以泯彝伦之攸叙。是致寿非寿，富非富，康宁不自如，攸好德鲜矣。考终命寡闻，奸恶日增。本古五刑而不治，虽出五刑以诛之，亦何惧焉。朕皇皇宵昼，思治穷源。无乃旷夫多，刁诈广，致有五福不臻，凶灾迭至，殃吾民者，为此也。今朕复出是《诰》，大播寰中，敢有不遵者，以罪罪之，具条于后。洪武十九年春三月望日序。

---

① 内阁文库本《御制大诰续编》缺《序》之全文。
② 好闲无功造祸害民者少：闲，同"间"，故宫、国图所藏明洪武内府刻本作"间"。

大诰续编目录

凡八十七条

① 俏家：内阁文库本无"家"字。

② 东流鱼课害民：原书《目录》无"害民"二字，据正文标题补。

③ 四十一再诰刑狱：内阁文库本脱"一"字。

---

①　阻当耆民赴京：当，古文中"当"字有时也在"遮蔽、拦阻"意义上使用。下同。

申明五常第一

今再《诰》一出，臣民之家，务要父子有亲；率土之民，要知君臣之义，务要夫妇有别；邻里亲戚，必然长幼有序，朋友有信。众尊有德，不拘年之壮幼，不序长幼之分，此古人之大礼也。此《诰》也，朕本非能，不过申明先王之旧章，而民从之，家和户宁，吉哉！倘有不如朕言者，父子不亲，罔知君臣之义，夫妇无别，卑凌尊，朋友失信，乡里高年并年壮豪杰者，会议而戒训之。凡此三而至五，加至七次，不循教者，高年英豪壮者拿赴有司，如律治之。有司不受状者，具在律条。慎之哉，而民从之。

松江逸民为害第二

自开国以来，惟两浙、江西、两广、福建所设有司官，未尝任满一人，往往未及终考，自不免乎赃贪。官固非人，实由所在吏卒并在闲不务生理之徒、安保茶食之辈，浸润说诱陷害者多。间有执法，为政以仁，超然而出，其甚不多。今洪武十九年，松江府吏卒有犯，都察院询问害民之由。其所供也，止松江一府，其不务生理者，专于衙门阿附役吏皂隶，贪缘害民。吏，其名曰正吏，曰主文，曰写发。皂隶，其名曰正皂隶，曰小弓兵，曰直司。牢子，其名曰正牢子，曰小牢子，曰野牢子。此三等牢子，除正牢子合应正役外，余有小牢子、野牢子九百余名，皆不务生理，纷然于城市乡村扰害吾民。询情至此，官贪于上，吏卒横加虐害于下，其吾松江之良民，岂不哀怨而动天乎！朕闻之，愈加宵衣，不遑宁处，于是复诰，再与吾民约。从吾命者，五福备于身家；不从吾命者，五刑备坐于家身。所以约者，里甲要明，户丁要尽。户丁既尽，虽无井田之拘，约束在于邻里。除充官用外，务要验丁报业，毋得一夫不务生理。是农是工，各守本业，毋许闲惰。巨贾微商，供报入官，改古之制，常年守业。消乏不堪，复入官报，更名某业，不许在闲。此《诰》既出，贤者良者互相劝勉，乐天之乐。呜呼！《诰》由是而不遵，未有不刑者也。

互知丁业第三

先王之教，其业有四，曰士、农、工、商。昔民从教，专守四业，人民大安。异四业而外乎其事，未有不堕刑宪者也。朕本无才，申先王之教，与民约告。《诰》出，凡民邻里，互相知丁，互知务业，具在里甲，县、州、府务必周知。市村绝不许有逸夫，若或异四业而从释道者，户下除名。凡有夫丁，除公占外，余皆四业，必然有效。若或不遵朕教，或顽民丁多，及单丁不务生理，捏巧于公私，以构患民之祸，许邻里亲戚诸人等拘拿赴京，以凭罪责。若一里之间，百户之内，见《诰》仍有逸夫，里甲坐视，邻里亲戚不拿，其逸夫者，或于公门中，或在市间里，有犯非为，捕获到官，逸夫处死；里甲四邻，化外之迁，的不虚示。

一、知丁之法。某民丁几，受农业者几，受士业者几，受工业者几，受商业者几。且欲士者，志于士。进学之时，师友某氏，习有所在。非社学则入县学，非县必州府之学，此其所以知士丁之所在。已成之士，为未成士之师。邻里必知生徒之所在，庶几出入可验，无异为也。

一、农业者，不出一里之间，朝出暮入，作息之道，互知焉。

一、专工之业，远行则引明所在。用工州里，往必知方。巨细作为，邻里采知。巨者归迟，微者归疾。工之出入，有不难见也。

一、商，本有巨微，[①] 货有重轻。所趋远迩，[②] 水陆明于引间。归期难限其业，邻里务必周知。若或经年无信，二载不归，邻里当觉之，询故本户。若或托商在外非为，邻里勿干。[③] 朕所以命知丁者，但愿民得其寿尔。若不申明先王之教，使民恣肆冗杂，构非成祸，身堕刑宪，乃朕不能申明先王之教，致民堕于刑宪，将不得其死者多矣。若或遵朕申明之教，顿然皆入仁寿之乡，乐天之乐，岂不快哉！而民从之。

辨验丁引第四

此《诰》一出，自京为始，遍布天下。一切臣民，朝出暮入，务必从容验丁。市村人民，舍客之际，辨人生理，验人引目。生理是其本业，引目相符而无异。然犹恐托业为名，暗有他为，虽然业与引合，又识重轻、巨微、贵贱，倘有轻重不伦，所赍微细，必假此而他故也。良民察焉。

---

① 一、商本有巨微：内阁文库本无"一"字。
② 所趋远迩：内阁文库本无"趋"字。
③ 邻里勿干：干，《丛书》本误作"千"。

验商引物第五

今后无物引老者，虽引未老，无物可鬻，终日支吾者，坊厢村店拿捉赴官，治以游食，重则杀身，轻则黥窜化外。设若见此不拿，为他人所获，所安之处，本家邻里罪如之。

再明游食第六

再明游食，互知生理。此《诰》一出，所在有司、邻人、里甲，有不务生理者，告诫训诲，作急各著生理。除官役占有名外，余有不生理者，里甲邻人著限游食者父母兄弟妻子等。一月之间，仍前不务生理，四邻里甲拿赴有司。有司不理，送赴京来，以除当所、当方之民患。① 设若不拿，此等之徒，非帮闲在官，则于闲中为盗。帮闲在官，教唆官吏，残害于民，不然为贼乡里。是《诰》一出，四邻里甲不能拘拿赴官赴京，此人或为盗，或帮闲为吏、为皂隶，所为不善，犯之日，四邻里甲同坐其罪，的不虚示。

明孝第七

呜呼！古先哲王之要道，流至于今。朕不能申明，敷教于臣民，致臣民之愚，有若是耶。② 洪武十九年三月、四月，所在有司、耆宿举到人才，皆称孝廉。朕谓来者曰："有司、耆宿举尔

① 以除当所当方之民患：方，内阁文库本误作"才"。
② 有若是耶：耶，内阁文库本作"焉"。

是否?”对曰:“是。”曰:“孝,何孝?”曰:“父母根前,① 晨省昏定,供奉饮膳,说的言语,不敢违了。”朕复谓曰:“止此乎?”曰:“是。”呜呼愚哉! 以尔所言,人子之道,未见尽善而称孝廉,不亦难乎? 且孝,冬温、夏清、晨省、昏定;饮膳洁净,节之;父母有命,善正速行毋怠,命乖于礼法,则哀告于再三;父母已成之业毋消;父母运蹇家业未成,则当竭力以为之;事君以忠,夫妇有别,长幼有序,② 朋友有信;居处端庄,莅官以敬,战陈勇敢;不犯国法,不损肌肤,闲中不致人之骂詈;朝出则告往某方,暮归则告事已成未成,纵过归期,父母指方而盺望,不致忧戚。呜呼! 孝子之节,非止一端,岂有但供饮膳而已。设使供饮膳为孝,孰不能之? 其各节行孝幽微,备明于首,注于足。从吾命者,家和户宁,身将终老,世将治焉。

冬温、夏清、晨省、昏定。冬寒,则奉父母以温;夏炎,则奉父母以凉;清晨,则问父母一宵安否;至暮,则俟寝方归,斯谓之孝也。

饮食洁净,节之。父母饮食,必要十分精洁,供必以时,且得其中,不使过多,则谓之孝。

父母有命,善正速行毋怠;命乖于礼法,则哀告再三。父母之命,其合理者,则速为奉行。若不合于理者,则哀告再三。若一概奉行,则致父母有殃,安得为孝? 虽违命而告至再三,实至孝也。

父母已成之业毋消。人子承守父母产业者,必使常存,不至典卖及犯法而消废,则谓之孝。

父母运蹇,家业未成,则当竭力以为之。父母衰老,不能生理,况家业未成,子竭其力以成之,不致父母窘于衣食,则谓之孝。

事君以忠。孝子事君,知无不言,心无奸邪。上补于君,下有益于民。禄奉

---

① 父母根前:根前,按元末明初语言,即“跟前”。下同。
② 长幼有序:《丛书》本作“叙”。

已亡，见存祖父母、父母，是谓大孝。

夫妇有别。人家有子，有孙，有兄，有弟，有侄，体先王之要道，别之以夫妇，家和户宁，是其孝也。若使混淆，不如禽兽，是谓不孝。

长幼有序。人有长幼，居家则有伯叔兄弟，邻里则有高年少壮。凡人居家无长幼之分，出则无长幼之序，其所被辱者多矣。此其所以不孝也。使其居家有长幼之分，出则有高年之敬，是其孝也。

朋友有信。人不能无朋友，必择可交者与交，使言语可复，皆无虚诈。若事有参差，必能谏正，不至于善交之怨，恶交之陷，故谓之孝。

居处端庄。人于起居动静之际，威仪要肃，则人望而敬之，不敢亵狎，故谓之孝。

莅官以敬。士有禄位者，若能持己以敬而临乎人，则事辑而人爱敬之，必不陷身于罪戾，故谓之孝。

战陈勇敢。人之居行伍者，当战陈之时，必奋勇以当先。成功则荣膺名爵，殒身则忠义旌显，垂于千古，故谓之孝。

不犯国法。人皆父母之生，若不谨守法度，至遭罪责，则伤父母之遗体矣。故必保身毋犯，则谓之孝。

不损肌肤。君子爱护其体，为父母之遗体也。设使无藉，被人揉辱，肌肤为之伤，是为不孝。

闲中不致人骂詈。人于闲中，若放肆妄诞，取人骂詈，则辱及父母矣。故闲静中，必谨言以保其身，则谓之孝。

朝出则告往某方，暮归则告事已成未成。[1]呜呼！先王之道，至孝之哉。所以明所向之方，使父母暮指方而望。归告事成与未成，使父母知其善与不善。至此之际，父母无犹豫之忧，乐然而快哉，此其所以孝也。

耆宿第八

从古至今，所在有司，凡公事有大者，非高年耆宿不备。所

---

[1]　暮归则告事已成未成：已，内阁文库本作"以"。

以古设耆宿，务必德行超群，市村称善，所以拔居群民之上，名为耆宿。凡贤人官于是方，公事疑难，则会而请决之。所以必此而事备，以其高年，历事也多，听记也广，其善恶、易难之事，无不周知，以其决事也必当。凡诸有司，用是耆宿，无不昌焉。今之为官者，官虽善而吏不善。官虽善，不知用耆民之道；吏不善，惟务赃贪；更加所用耆宿，又非其人，官虽善而事不行矣。至此而事不行者何？盖吏贪而捏巧，耆宿不才以同谋，虐民之祸，由是而蜂起。所以甚者云何？盖谓充耆宿者，皆系无藉小人。苟延寿至于高年，是等有昔为皂隶者，有为簿书者，有屡犯过恶者，有弓兵者，有说事过钱者，皆为今之耆宿。其善人官于一方，皆不审实明白，去此之徒，崇尚德人，又将同恶相济，以患吾民。《诰》至，所在有司，务必崇尚德人，上助朕躬，下福生民。无藉之徒见此，即早退去。若或年高不能生理，居家格非，抚儿孙以善己，得终天年，岂不智哉。设若不奉朕命，仍复在官应当耆宿，运不良之谋，陷有德之官，害天民之善者，非有天灾，又必假手于法司，身亡家破有日矣。《诰》至，所在高年有德者，一闻有司礼请，速出赞襄，广吾求治之道，以安生民。不言天佑之，阴骘既行，岂有不昌耶。

有司超群第九

洪武十八年以来，府县正官、佐贰官超出群职者十有三员，朕悉加劳。[①]

一、安庆府怀宁县丞陈希文。为指挥毕寅朦胧具奏，诬图民地，县丞

---

① 朕悉加劳：加，《丛书》本、内阁文库本作"嘉"。

陈希文执法不允。府官又令人以言诱之，陈希文曰："如此旨意，难便奉行。"指挥毕寅亲诣县求浼，县丞陈希文令皂隶将指挥抢出。朕闻之，就令本官鞫问指挥毕寅。事完，本官赴京朝觐，特燕享之，升青州府知府。

一、**徽州府祁门县知县何敏中，县丞李善，主簿李文鼎。**言本府容留积年老吏一十五名，作老先生名色，在房主写文案害民，及本府擅差禁子凌景隆等以催办未完事为由，到县索要钞锭，① 威逼本县吏郑原善身死。事闻，朕甚嘉之。特差行人持敕，劳以尊酒，就升知县何敏中为本府知府，县丞李善为庐州府同知，主簿李文鼎为本县知县。

一、**常州府宜兴县主簿王复春。**言常州府不公事：一、岁进细米分派不均；二、孤老月粮不支；三、起解农桑绢匹；四、砍办公解木植害民。② 朕甚嘉焉，特命进士赍符，劳以尊酒，就升主簿王复春为本府同知。

一、**建阳县知县郭伯泰、县丞陆镒。**为旗军往广东提取积年民害吏，将各吏疏放在路，③ 经由本县，索舡扰民，知县郭伯泰等将旗军固禁，复枷罪吏，以状来闻。特遣行人持敕，劳以尊酒，升知县郭伯泰为泉州府同知，县丞陆镒为福州府通判。

一、**池州府知府王希颜、推官林惟贤。**为舍人刘蛮儿承差管解囚人，经由本府，本人驰正道，直入公厅，知府王希颜等就将舍人擒拿问招，加之以刑，以状来闻。朕嘉其执法，不避权势，特命使劳以尊酒。

一、**嘉兴府崇德县知县毕辉、县丞齐搏。**为旗军小刘驰正道，入公厅，差人管解，以状来闻，特遣使劳以尊酒。

一、**诸城县知县朱允恭、金坛县丞李思进。**为洪武十八年，诸司造罪害民，知县朱允恭、县丞李思进亦在合提囚数。其诸城父老李兴等，④ 金坛父老丁原德等连名诣阙来诉，本官为政有方，情词恳切，咸欲举留。朕闻嘉异，特遣使持敕，赍醴以劳，仍令朱允恭、李思进复职。

---

① 到县索要钞锭：锭，内阁文库本作"银"。
② 砍办公解木植害民：办，内阁文库本作"伐"；解，《丛书》本、内阁文库本作"廨"。底本误，"解"应作"廨"。
③ 将各吏疏放在路：放，内阁文库本误作"於"。
④ 其诸城父老李兴等：李兴，《丛书》本、内阁文库本作"董兴"。

如诰擒恶受赏第十

前者《大诰》一出，民有从吾命者，惟常熟县陈寿六为县吏顾英所害，非止害己，害民甚众。其陈寿六率弟与甥三人擒其吏，执《大诰》赴京面奏。朕嘉其能，赏钞二十锭，三人衣各二件。更敕都察院榜谕市村，其陈寿六与免杂泛差役三年，敢有罗织生事扰害者，族诛。若陈寿六因而倚恃，凌辱乡里者，罪亦不赦。设有捏词诬陷陈寿六者，亦族诛。陈寿六倘有过失，不许擅勾，以状来闻，然后京师差人宣至，朕亲问其由。其陈寿六岂不伟欤！

有司不许听事第十一

凡诸司衙门，如十二布政司，不许教府、州、县官吏听事，府不许教州官吏听事，州不许教县官吏听事，县不许教民间里甲听事。呜呼！听事之名，实贪赃之巨祸，所以民误生理，官废公务。凡有此者，获罪甚焉。今后有司呼唤里甲人等亲诣衙门听事，故行留难刁蹬捶楚，非罪捶楚而裂吾民肌肤者，罪不赦。敢有如此，许民赴京面奏。呜呼！吾惜民而畏天焉。臣从之乎？

妄立干办等名第十二

往常布政司及诸有司，但闻系是朝廷差遣人员，不问有无承制，或是六部差使、五军遣行、各卫勾军，如此数等不辨，一概阿从。所以承差之徒，不拘贵贱，所到衙门，径由中道，[①] 直入公廨，据公座，[②] 口出非言。诸司阿奉，略不奏闻。布政司听六部所嘱，府、州、县听布政司嘱，州、县听府嘱，县听州嘱。所以布政司吏员、皂隶、承差入府、州、县，径由中道，直入公堂，据公座，口出非言，凌辱府、州、县。其无藉为政有司之徒，其身不正，虽辱无诉。所以府吏、皂隶，及非朕旨意，乱政坏法，巧立名色的当人、干办人，擅差至州，径由中道，直入公厅，据公座，口出非言。州差下县者与府同。呜呼！世绝君子乎？贤人乎？非朝廷立法，闲民擅当的当名色、干办名色。呜呼！官擅与立名，民擅承之，岂不知乱政坏法之律，罪当处斩，公然为之。异日拿至京师，官民皆枭于市，又何怨耶！此令一出，[③] 仍蹈前非，必罪有所归。

戒吏卒亲属第十三

天下诸司所用走卒不可无者，持簿书亦不可无者。然良家子弟一受是役，鲜有不为民害者。朕今独条特谕诸走卒、持簿书之父母兄弟妻子：呜呼！戒之哉，毋为民害。良心发于父母，嘉言起于妻子，善行询于弟兄。凡走卒簿书之家，有此三戒，害民者鲜矣。为人父母妻子兄弟者，善听吾言，戒哉，戒哉！

---

① 径由中道：径，内阁文库本作"经"。
② 据公座：座，内阁文库本作"坐"。下同。
③ 此令一出：令，内阁文库本误作"人"。

吏卒额榜第十四

今后十二布政司、府、州、县诸司衙门，凡有当金应役皂隶，[①] 或亲身，或代替，或佣他人，在任之官将额设名数，明出榜文，告之于民，本衙门皂隶某，当房掌文案吏某，各各定名若干，余无滥设、容留不明之人。[②] 其榜之辞曰：除榜上有名外，余有假以衙门名色，称皂隶、称簿书者，诸人擒拿赴京。

遣牌唤民第十五

十二布政司、府、州、县，凡有临民公务，遣牌下乡，指乡村，坐地名下姓氏，遣牌呼唤。民至，抚绥发落。有司不如命者，民赴京诉。若牌至民所，三呼而民不至，方遣皂隶诣所在勾拿。民至，必询不至之由。所以询者为何？恐民单夫只妻，为生理而远出，或近处急事有妨。果如是，非民得罪也。若加以罪，实有司故虐吾民。设若有辞，有司之罪，巨微不赦。戒之哉。

滥设吏卒第十六

诸司衙门官吏、弓兵、皂隶、祇禁，已有定额，常律有规，滥设不许。今所在有司，故违法律，滥设无藉之徒。其徒四业不务，惟务交结官府，捏巧害民，擅称的当、干办、管干名色，出入市村，虐民甚如虎狼。律有常宪，乱政者斩。所在官吏，并非

---

① 凡有当金应役皂隶：当，《丛书》本、内阁文库本误作"苗"。
② 容留不明之人：容，内阁文库本误作"若"。

吾良民者，构此非为，奸狡百端，致令吾良民受害。今再《诰》一出，敢有仍前为非者，的当人、管干人、干办人，并有司官吏，族诛。《诰》不虚示。设若《诰》不能止其弊，所在乡村吾良民豪杰者、高年者，共议擒此之徒，赴京受赏。若擒的当人一名，干办人一名，管干人一名，见一名赏钞二十锭，的不虚示。

官吏下乡第十七

十二布政司并府、州、县，往常官吏不时亲自下乡，扰吾良民，非止一端，数禁不许，每每故违不止。洪武十七年，将福建布政司右布政陈泰拿赴京师，斩首于市，敕法司行下诸司，毋得再犯。此行诸司承受禁文，非止一纸，动经五、七次。诸司明有卷宗，其无藉杀身之徒，终不循教，仍前下乡扰吾良民。且如洪武十八年、十九年，无为州同知李汝中下乡扰民，罪已不赦。湖州府官吏、乌程县官吏易子仁、张彦祥，不将被水灾人户赴京赈济，通同豪猾，当告水灾之时，以熟作荒，以荒作熟；以多作少，以少作多。以多作少者，为其善人被灾本多，当报之际，减灾报数。以少作多者，为与富豪交结，将少作多。以荒作熟亦如之。以熟作荒亦如之。致令乌程县民傍湖者缺食，朕终不能明其数，所以赈不及之，至今慊慊，无可奈何。

民拿下乡官吏第十八

十二布政司及府、州、县，朕尝禁止官吏、皂隶，不许下乡扰民，其禁已有年矣。有等贪婪之徒，往往不畏死罪，违旨下乡，动扰于民。今后敢有如此，许民间高年有德者民，率精壮拿赴京来。

擅差职官第十九

十二布政司及诸司去处仓场、库务、巡检、闸坝等官，各有
职掌，暂时不可离者。前十二布政司及府、州、县官，往往动经
差使仓场、库务、湖池、闸坝、巡检等司官员，离职办事，罪得
乱政之条，合该身首异处。前事已往，今后敢有如此者，比此罪
而昭示之。其各官擅承行者如之。

粮长妄告叔舅第二十

吴江县正粮长张镠孙，系张奇二亲侄；副粮长朱太奴，系盛
夔外甥。其侄因粮告叔，外甥告舅。初朕不知，止知此二粮长告
凶顽之户，不行输纳官税，差人提取至京。问间，一名张奇二，
系正粮长张镠孙亲叔；一名盛夔，系副粮长朱太奴亲母舅。呜
呼！古先哲王大道养民，务在彝伦攸叙，否此民不堪命。今粮长
张镠孙等，正告叔，副告母舅，绝灭纲常，彝伦大坏。其告也，
正陷叔父于聚众，副陷母舅同恶。呜呼！倚恃官威，多科吾良民
多矣。其钱一万贯，米六千石，更除包纳本户外，犹不能本彝伦
而优亲长，岂不枭令于乡间！其科也，一斛面粮三斗，[①] 一使用
粮三斗，一水脚船钱、神福钱一万贯。科已毕矣，各各侵欺入
己，复回乡里团局造册，每户复科三斗。朕观如此，若不速治，
将不久而民不聊生。朕问间，其叔面奏其侄，弟役身于马驿，盘

_____

① 一斛面粮三斗：斗，《丛书》本、内阁文库本作"斞"。下同。

费不供；父犯事军役云南，终岁不供，存亡不问；骗诈他人之妻回家，宿娼于市肆。朕听是言，呜呼！枭令之刑，宜其然乎！

粮长金仲芳等科敛第二十一

粮长之设，首便于有司，次便乎良民，所以设立之时，定殷实之家。当关勘合之际，面听朕言。朕乃竭气语，谕之再三，曰毋害吾良民。更兼前《大诰》内，戒敕分明。岂有所在粮长，不遵《大诰》，仍前为非，虐吾民者多矣。且如嘉定县粮长金仲芳等三名，巧立名色凡一十有八：一定船钱，一包纳运头米，一临运钱，一造册钱，一车脚钱，一使用钱，一络麻钱，一铁炭钱，一申明旌善亭钱，一修理仓廒钱，一点船钱，一馆驿房舍钱，一供状户口钱，一认役钱，一黄粮钱，一修墩钱，一盐票钱，一出由子钱。

粮长瞿仲亮害民第二十二

上海县粮长瞿仲亮，被纳户宋官二连名状告，科敛太重，纳粮既毕，拘收纳户各人路引，① 刁蹬不放回家为农，致令告发，差人拿至。朕谕粮长瞿仲亮曰："汝除淋尖跌斛外，更科使用神福钱一万贯，尔如何使用？"对曰："神福钱，其纳户密迩近拜。"问粮长又是支吾，各各当面对奏，官二等粮起松江，本府烧愿一次；至苏州一次，无锡一次，皆是官二等自备；直至出江，方才照船俵钞，每船六贯。朕谕粮长："余钞何用？"曰：

---

① 拘收纳户各人路引：收，内阁文库本作"取"。

"船钱用。"纳户曰："官二等一十七石，葛观一、黄观二二户各一十石，皆系自挑赴仓。"呜呼！当面的对如此，为纳户所艰，支吾不行，惟俯首而已。呜呼！既已富豪，朕命办集钱粮，为朕抚恤细民，无生刁诈，广立阴骘，以待子孙绵远，岂不善哉！何本户该纳粮储，众户已行包纳，犹且无厌，巧立名色，需索百端，以致告发，身亡家破。临刑却乃神魂仓皇，莫知所知，惟唏嘘而乞免，可得免乎！

俏家第二十三

嘉兴府有父母不教逸民徐戣等共七名。虚造印匣，用物包裹。当粮船行时，将此印匣负背循河而行，以为催粮者，所在声言督责。至江都县杨子桥，止临路民舍，以案置匣于上，架笔砚于傍，点视盘诘，①众多粮船，留难刁蹬，以取钞贯。被给事中缉捕至彼，各人难隐奸顽之情，诣前首告。徐戣等系是俏家，官肯容乎？必当厚谢，致被擒获赴京，以罪罪之。今民间如此者尚未已。呜呼！若不互知丁业，其顽民无藉者多，游食者广，良善何当？朕将焉治？所以知丁之条，吾良民必助吾以行，即日升平矣。

韩铎等造罪第二十四

工部侍郎韩铎，洪武十五年以儒士起发赴京，任吏科给事中。至洪武十七年，与同科给事中彭允达、吏部尚书陈敬等，将

---

① 点视盘诘：盘，故宫、国图藏洪武内府刻本误作"大"。

取到十二布政司儒士与谏院等各官，私下定拟职名，作见行事例，朦胧奏启。事觉，法司以交结近侍律处斩，妻子流二千里。朕闵初任，释放宁家。因眷恋干才，复取赴京。顿挫奸顽，发往云南烟瘴盘江安置，使改非心。抵所在，不数月取回，命为工部司务。到任之际，察知堂上并四子部人各赃贪，其铎得此缘由，职虽在微，一时作威作福。阖部群官，因铎知己之非，被铎捶楚辱詈，虽堂上之官，亦俯首以受，莫敢谁何。不两月余，诸人奸贪，尽在铎之腹中矣。其铎后升本部侍郎，敛威结党，遂同诸官赃贪乱政。一次，洪武十八年，月日不等，卖放木瓦匠顾受四等一千五百名，土工孙贵等三百名，木匠狄阿演等五百名，木艌匠王富二等一百五十名，又与工科给事中杨霖，卖放人匠一百名，得钞一万三千三百五十贯：给事中哈安七百贯，侍郎李祯二千一百五十贯，员外郎陈侃、主事郭升各分一千八百贯，郎中陈恭分一千三百五十贯，员外郎郝彬、主事邵炳、鲁瞻，各分三百贯，郎中侯恒礼分二百贯，杨霖又分一百五十贯，铎本名分四千三百贯入己。一次，十八年八月、九月，关支人匠金斗等食钱，同侍郎李祯克落钞三千贯：郎中侯恒礼、主事郭升各分五百贯，员外郎郝彬、主事邵炳各分一百贯，铎与侍郎李祯、员外郎陈侃各分六百贯入己。一次，十八年九月二十日，同侍郎李祯、员外郎王大用盗卖芦柴二万八千束，得钞一万四千贯：侍郎李祯、员外郎王大用各分三千贯，主事张凤、司务宋原各分二千贯，铎分四千贯入己。一次，洪武十八年七月二十七日，与本部尚书徐本、侍郎李祯于奉天门奏，大胜关抽分场见在抽分木炭九十万斤，奏旨搬运。为无人夫未准搬运，后两月余，发放搬运原奏炭数。不期铎窥俟万几之冗，① 以为朕必失记，故将前项炭数止存九万，余者尽皆分卖。著令搬运原数，其铎面欺，应对原奏炭止九万斤。知铎大肆奸顽，送法司穷问。铎以前情供招在官，已将前项炭数盗卖不存。呜呼！铎之在任，节次赏钞七百余贯，先犯死罪，释免安置烟瘴，使改非心，想必从化，及其取至，都无半年，诸奸并作，遂致杀身。

总计韩铎等节次取受赃钞，除隐匿入己外，实供招到官，共该三万三百五十贯，木炭八十一万斤。

侍郎韩铎八千九百贯；

侍郎李祯五千七百五十贯；

郎中侯恒礼七百贯；

郎中陈恭一千三百五十贯；

员外郎陈侃二千四百贯；

员外郎郝彬四百贯；

员外郎王大用三千贯；

主事郭升二千三百贯；

主事张凤二千贯；

主事鲁瞻三百贯；

主事邵炳四百贯；

司务宋原二千贯；

给事中哈安七百贯；

给事中杨霖一百五十贯。

---

① 不期铎窥俟万几之冗：俟，《丛书》本、内阁文库本作"伺"。

礼部盗出财物第二十五

礼部试侍郎章祥等六员，出自民家。祥任礼部试侍郎，始初精神才干，可以作为。然虽礼乐已定，临期亦要支分。本官到任半年余，[①] 持节行册妃礼，已娶三府王妃。朕生日之期，冬至之节，贺正之礼，皆大会朝班，凡经三次，参差并无。及其命部赏赐，婚礼银钞出库，通同近侍盗出银锭，虚出钞贯。同谋事觉，虽未供指，本官已行神思荒促。凡所作为，不数日间颠荒恍惚，于事莫知所知。拿至法司未及治罪，因病身故。余者员外郎辛钦等五名受刑。

教人受赃第二十六

徐州丰县丞姜礼，在任之时，家至户到，敛民宝钞，替犯人纳赃，指此为名，尽行己用。为此，作积年民害拿至法司，发付修城。未久释免，降等叙用。未行，恐本县部民中在京职序班身役朱士廉泄在任害民尤甚，亲诣本官下处送钞一沓，请勿泄弊。本官畏罪，不敢领受。县丞姜礼曰："你不接，久后无钱工役，撇甚么清！"呜呼！己罪方免，又教人受赃，陷人于死地。愚莫甚于此，奸顽更何以加，遂致己身不免。

---

① 本官到任半年余：半年，内阁文库本作"年年"。

重支赏赐第二十七

　　十二布政司起到能吏，发付在京掌管亲军文册，其事至易。各吏众言一辞，来诉甚多，皆言不解管军吏事。朕谕曰："尔虐吾良民多矣！今见管军无取，故不欲是役，岂是无知管军吏事。且军律法已定，队伍分明，开国至今，已有年矣。且如百户司吏所管之军，旗军人等一百一十二名，虽不下文墨，屈指知其有无。① 尔言不能者为何？尔役有司，钱粮巨者数十万，细微冗旷者升合勺撮；刑名则有户婚田地、水火盗贼，问刑则人情难辨，拟罪则法律幽微；教化则贤人善为，小人不能。今尔自府、州、县以能吏起至，能前项如许，今不能管百人之数，是其诳也。"呜呼！其奸贪小人，置之于仁寿之乡，不能顺受，径欲直趋凶折之地，② 愚由是而不迁，陷身而后已。呜呼愚哉！及其著役也，通同上下，结交近侍，关支月粮，报名赏赐，重支一次者有之，冒支两三次者亦有之。事觉穷之，皆无文案可考，所以观隙重支，其罪显然，皆杀身而后已。所以杀身者：

镇南卫吏范彦彰　王复　李坚　孙子才　于孜　费敏

　张谷玉　王时彦　刘汝昌　王显　李秉

府军卫吏李中　王显　王俊荣　李守德　张彬　吴玄保

　王麒　陈关生

府军左卫吏张整　宗文富　田彦实　梁弘道　王宗道③

　卢文　贺仁　罗以文　过权　　柏居敬　王希顺

---

① 屈指知其有无：有，故宫、国图藏洪武内府刻本作"赏"。
② 径欲直趋凶折之地：趋，内阁文库本作"赴"。
③ 王宗道：国图藏洪武内府刻本"宗"字不清，墨笔改为"守"，误。

万本成　王留住

广洋卫吏刘顺　崔居从　张士延　陈子山　邵茂　陈德名

江阴卫吏柳公逸

金吾后卫吏陈惟善

府军后卫吏杨刚

神策卫吏刘彬

天策卫吏艾仁美

江浦卫吏李茂德

虎贲右卫吏金润

龙骧卫吏张文恕

骁骑右卫吏陈应发

鹰扬卫吏刘骥

羽林左卫吏李升

水军左卫吏张曙

留守左卫吏姜敏

留守右卫吏王用

留守中卫吏李春　燕企源

武德卫吏王希文　程安

龙江卫吏纪彦良

呜呼！若此犯非一番，杀非数人，吏笔易为迷惑其心，终化不醒，身亡家破者多矣。

用囚书办文案第二十八

五军都督府首领官掾吏陈仔等，自到任以来，并不亲笔起稿。凡有书写，多令典吏、囚人起稿立意，然后押字施行。及至事理参差，朕乃驳问，其各守领官惟皇皇瞠目四视，[①] 凡奏目内事，惟知大意，本末幽微，莫能解分。结交近侍兵科给事中孙勖等，支出征官军盘缠。赏赐工役军人，优给幼官儿男，恤赐军属，动经数十万锭，其数甚大。经历都事陈仔等，却乃盘桓曲折，用尽机谋，幽微其情，妄出钞锭，亦不下数十万，于此等却乃善能。平昔不务公而务私，计至杀身而后已。

科取巡拦第二十九

应天府宣课司官点与巡拦，其大使张从义等定计害民，自将以为良计，岂知由此计而杀身。且如巡拦时子清一户，家有三丁。一丁充军，常川在役。一丁身役巡拦。本官计役一丁，作做饭名色，常欲差占。每朝要肉三斤，副使于进二斤，司吏攒典陈礼等人各一斤，皆系巡拦出办，故难本户，待买之后方已。事觉身亡。

故脱贼党第三十

山西都司断事陈允中，为管州山贼不时劫民，被承差采取木植旗军张士能等于无人烟可疑去处，拿获男子二名，问系送粮供给贼人人数，发下断事厅，会石州同知俞桓问备细情由，本民从实供招。其断事石州同知等，官吏陈允中等，通同受财，将供送贼粮民人脱放，反将捕获军人张士能等，各杖一百充军。为此，各人处斩。呜呼！军士在野获得可疑之人，军之役分当然。或者错拿，别无骗诈情由，亦无纵放奸顽，安有治其罪耶。

---

① 其各守领官惟皇皇瞠目四视：守，《丛书》本、内阁文库本作"首"。据《明史》卷七
六《职官五》及本篇上文，"守领官"当作"首领官"。

枉禁凌汉第三十一

十二道按察司，为朕耳目，所在激浊扬清，进贤退不肖。岂期任非其人，所在事枉人冤。且如浙江按察使陶晟，赃贪不已，治下皆轻薄小吏。洪武十八年，将会稽县知县凌汉，吹毛求疵，入狱收监五月有余，有罪无罪，并不与决，故意枉禁凌汉。及朕觉，陶晟已待罪在京。朕思伊父相从之旧，已行释免在闲。为枉禁凌汉，复枷项前去浙江按察司，取凌汉至京。其陶晟至按察司，公然项带沉枷，径趋公座，将凌汉出狱至其前。其晟大肆无礼，身已受刑，犹憾凌汉。谓曰："尔汉何由使上知尔在禁？"汉对曰："外无代诉者。"晟曰："家有甚人？"汉曰："二子皆稚，长不出十一，次方八岁，一女七岁，远在河南。自到任以来，[①] 并入禁月日，妻子未知存与亡。"[②] 汉语既，晟又令狱卒复收入禁，半月方起。晟如此奸顽。初，朕命晟带刑往取，星驰前来。所以星驰者，为汉年高，恐疾于狱中，所以救之速者，为此也。晟故不畏法，乃敢复淹禁半月而后行。及其抵京也，就船又监四日，方交法司。呜呼！晟有罪，朕宥之；复有罪，磨难令省之；终不自省，愈肆奸顽，杀身后已。

钞库作弊第三十二

宝钞提举司官吏冯良、孙安等二十名，通同户部官栗恕、郭

---

① 自到任以来：《丛书》本、内阁文库本"自"下有"汉"字。
② 妻子未知存与亡：《丛书》本、内阁文库本无"与"字。

桓，[①] 户科给事中屈伸等，并钞匠五百八十名在局抄钞。其钞匠日工可办十分，诸匠等止认办七分。朕明知力尚有余，从其认办。所以得存三分，不欲竭尽心力，后三处结党，诸匠尽力为之。洪武十八年二月二十五日造钞起，至十二月天寒止，尽力所造钞六百九十四万六千五百九十九锭。临奏钞数，已匿一百四十三万七千五百四十锭，于广源库杂诸处所进商税钞堆积。所奏进者五百五十万九千五十九锭，将混同商税钞堆积，以代外来商税课程。且如太平府进纳折收秋粮钞，并江西承差李民宪等解课程钞一十万至，其进钞人先谋通户部及钞库官，内将十万就库检沓，如数贴作折收秋粮钞并课程钞名色，虚出实收，来人执凭。外十万钞，与解来人四处共分，事甚昭然。呜呼！当计此之谋，为利所迷，自将以为终身不犯，岂知不终年而遭刑。古先哲王谕之曰：毋作聪明。观今此之徒，先王之谕良哉。今不循者堕命矣。

鱼课扰民第三十三

所在湖池河泊，地理所在，[②] 从古至今，办集课程一定不易之所。迩年以来，奸邪小人受任，将从古以来不系办课所在小沟、小港、山涧去处，下流虽通办课去处，其小沟、小港、山涧及灌溉塘池、民间自养鱼鲜池泽，皆已照地起科并不系办课去处，小人生事，贪心无厌，搜求扰民，将农民小沟、小港、山

① 通同户部官栗恕郭桓：郭桓，内阁文库本作"郭恒"，误。据《明太祖实录》卷一七二，《明史》卷三、卷九四、卷一〇一及本书《初编》第六十八、第六十九等，郭恒应为郭桓。

② 地理所在：理，内阁文库本作"里"。

涧、灌溉池塘、养鱼池泽、取鱼罾网、罩笼之类一概搜拿，声言要奏，如此虐民。今后敢有仍前夺民取采虾鱼器具者，许民人拿赴有司。有司不理，拿赴京来，议罪枭令，以快吾良民之心。

东流鱼课害民第三十四

东流江口河泊所官陈克素通同业户人等，侵欺本所鱼课一万贯入己。复通同东流、建德两县官吏王文质等，诡言两县不行阑栈江口，致使鱼随水去，有亏国课，因构成谋，将两县山村人民验丁敛钞。二县之民，所敛之钞不下数万。及其敛就，官数犹不纳足，其余尽皆分受入己。及其进纳鱼课，其河泊所官陈克素，起程之日，假有亲丧，遽然丁忧。呜呼愚哉！其罪何逃？捕至，不能隐其情，从实供招在官。呜呼！先次尽一所鱼湖课入己，犹心不足，通同有司尽敛两县民财均分，犹且未厌，尚将官课有亏，致身死而后已。智人戒之。

湖池水面钱第三十五

所在湖池，民舟经涉。其河泊之官敢有妄取水面钱者，罪不赦。

追赃科敛第三十六

洪武十八年，为郭桓不法，通同诸司，将天下钱粮尽行废坏。事觉，诸司官赃有所在，于是遣人诣所在追取，所在见任有司，皆系不才之徒，通同原寄借之人，借此追赃名色，一概遍邑科敛，扰吾良民。已敛百分到官，所进惟原赃耳。以数论之，所进者百分之一。其原寄借之人，亦有良心发见者，从实送还。有等无藉与官吏同谋，一文不出，所科良民钞内，犹且有分。送至京也，朕恐民顽，后复如此，交结官吏，仍欲寄借，诱引为非，所以纳钞毕，修街盖房，以磨顽愚。以朕观之，盖房砌街之役，险哉。几死而免，今尽行脱去，未审此际曾无省者乎？设若不省，终不循朕化，命将弃焉。何以见？初寄借之时，事觉临追之际，有司不才，令民代陪，众皆入己。今《诰》遍天下，再有如此者，有司悔过者不敢，民知《诰》不与，所寄借者必欲赴官，纳后工役不免。呜呼险哉！可不戒乎！

妄奏官属第三十七

艾祖丁系回回人氏，任大理寺左少卿。凡详审刑名，其心务在出入。其同任在寺进士杨吉，执政明刑。其艾祖丁等官，数皆不律。内大理卿边泰，被进士唐盛等具奏情状，已行治罪。其艾祖丁心生妒忌，生事罗织，杨吉为无短可讦，止将出入缘由罗织，朦胧具奏。其辞曰：杨吉不遵礼法，于公堂上大辱臣等。朕敕都御史按问，及其复命也，乃艾祖丁诬奏杨吉，祖丁抵其罪而无憾，诛之。

匿奸卖引第三十八

兵马指挥赵兴胜系是国初旧根刻期人数，年深命为瓜州巡检。制胡惟庸心腹人，同僚两员皆被胡惟庸朦胧收下，一名月鲁帖木儿已死，独兴胜狱存。垂亡之际，妻击登闻鼓，取至京师。

后升为南城兵马指挥，警巡坊厢一切非为之人。洪武十八年夏，民人陈来安首平凉侯男造反，兴胜匿而不奏，被同僚指挥法则刺不从，才方朦胧奏闻，又不详细。及至鞫问平凉侯男，其弊多端，因而将兴胜平昔职掌稽求所以。又路引之弊赃多。凡出军民引一张，重者一锭，中者四贯，下者三贯，并无一贯两贯引一张者。其引纸皆系给引之人自备，兴胜却乃具文关支官纸，三年间一十五万有奇。已往之年不追，止追十八年半年纸札，其钞已盈万计。呜呼！中奸臣之计垂亡，活而复官，家给人足，奈不知感恩之报，乃又匿告反之情，所以不赦而诛之，为此也。

董演虚诳第三十九

军史董演初以小吏起到，发充兴武卫六合屯军吏。因公道经山下，遇虎搏人，人皆惊走，独演夺军手枪，挺身捕虎。其虎舍已搏之人，径来趋演，演乃格杀之。本卫官以演格虎之状来闻，朕嘉雄猛，即授承敕郎，养威于近侍。其演不数月，侮于寡妇，法司具奏如律，朕释之。方免未久，逢人狂妄，假势凌人，数入京师上元县分付公事，沮坏县治不已。忽陷仓脚夫王三等于死地，[①] 捏词具状来闻，朕将以为是准其所奏，得旨后私下没杨三、玄保家产，伪造非言，上罔朝廷，下虐黎民。其应天府京尹孙凤等明知虚诳，辄便党比阿从。都不期年，乱政坏法，岂止一端，由是囚而皆杀之。

---

① 忽陷仓脚夫王三等于死地：王三，内阁文库本作“王五”。

刑狱第四十

　　所在官于司狱，役于狱典、狱卒者，曩古役是者，机秘而理焉。所以机之幽微，其在禁者，皆自招其祸而至刑，非善之善者也。虽罪有轻重，其狱情外不得而知之者，以其轻重同牢，若一囚事泄，阖狱之情露矣。先王之治狱也，使幽其情，令囚内外忧之。呜呼！囚体深远，外而父母妻子不得而易见者也，内而囚心悬望，欲眷属之语，何由而至耶。虽隔壁不闻其音，对门无复可语。间出狱外，遥见眷属，岂若路人。呜呼！圣人之治良哉。云何？为先王之制，此刑此法，顿民之顽心。罪轻者，异日与决之后，囚获生归，眷属以谓死者复生，妻子又谏，父母兄长诫，昔友者劝，皆诉狱之幽情，机秘之状，由是而良心发见，囚亦为是而云系狱之不易也。所以先王举此制，而司狱、狱典、狱卒奉行毋怠，所以囹圄长空。今之主典者不然，内外情通，教囚番异，①刑具颠倒临人。所以颠倒临人者，应枷而枷，应枷而锁，应杻而脱去，应锁而不锁；非枷而枷，非枷而枷，非锁而锁，非杻而杻。为何？为欲财也。呜呼！囚犯五刑，至狱之日，畏此刑具，方嗟前日之非，岂无自新之为，虽有此心，悔之晚矣。神魂皇皇，梦寐恍惚，终不得而免，甚矣哉惧乎。其为司狱、狱典、狱卒，不观是囚之貌态，不度囚之忧心，又不以己推之，是致囚买生而离死。其主典者见利忘害，径受财而趋死焉。所以趋死者，教囚番异，接受赃私，纵囚自在，走泄狱情，纵囚在逃，令服毒药，狱杀囚徒。所以今之狱囚，轻重颠倒，犯者相继，囹圄

----

　　① 教囚番异：番，应作"翻"，下同。

不得而虚也。呜呼！囚畏死而贪生，罄家资以贿赂，主典贪财，致身亡而覆姓。吁！是《诰》一出，不奉朕命仍复为之，世将焉治？

再诰刑狱第四十一

再诰刑禁。司狱、狱典、狱卒，人人必要深知禁囚之机。凡在禁之囚，司狱、狱典、狱卒，但系畏惧刑法、保身惜命之人，一切囚词，不教他人走泄狱情，自己虽然主典，亦不肯将囚词轻与闲人知会，何况纵人走泄事情。其囚罪轻重，虽然如律已定，主典亦不与囚易知。此所以机之幽者，为此也。夫贤人君子之典狱也，保囚即保身也。囚无横死，身无祸殃。设使囚亡非法，重则累及其身，非重泛滥而苦囚，愆延于后嗣。所以贤人君子之典狱也，不分囚之轻重，常以善言以妥之，苦寒则置温之，炎署则置凉之，饮食则节之，病则医之。所以主囚之道，古人必此而为之理焉。所以前所诰机秘而理幽，为若是。呜呼！凡职于典狱者，役于监狱者，知此机秘理幽，行朕所申先王之道，未尝不家妥而身子昌焉。朕所以重《诰》者，自世乱方定以来，知理者亡，无藉者进，所在刑狱，非罪而死者多矣，有罪而非法死者亦多矣。所以无罪而死者多，由苦寒而逼，炎暑而蒸，饮食不节，病无医药，盖谓主典欲财而无与，或受他人之财，代其报仇，无罪而死者由是。有罪而非法死者，亦因寒暑、饮食、医药并欲财而无与，不待律法定，而人已亡矣。所以非法死者，为此也。呜呼！朕出是《诰》，凡主典刑禁之人，父母妻子、亲戚朋友当以朕言劝诫之。行朕之道，其阴骘之理，恻隐之心，以为常道，行之于岁月日时。将后阴骘博被于狱囚，[①] 虽释道处身于物外，俦灯侣影苦行于终身，何若此修之速疾也。呜呼！凡人父母妻子、亲戚朋友，必以朕言诫勉之。

相验囚尸不实第四十二

呜呼！人心危险，果若是欤。朕自驭宇以来，务必人人同仁，使身不遭凶祸，所以切切图治，必欲人安。为何？朕尝以己之父母推之，以己之妻子推之，代他奸顽不才之忧，皇皇无已。所以皇皇无已，为年壮者非为，父母在堂，妻娇子幼，一旦杀身，致老父母思昔褓哺，朝夕玩爱，提携抚育，至于身壮，子虽不才而至刑，其父母慈子之情未尝以子不才而有间，所以朝夕瞠目四视，子在而游方，终不获生归矣。夫妇年迈，新妇骄弱，有孙孩童，艰理家事，切思若是，将必窘于衣食。情怀至此，哀伤感忆，昼夜唏嘘而不已，神人闻之，亦也感伤。为此，朕恶人不思父母妻子，妄为百端。所以刑奸顽不孝之徒，[②] 意在所刑者少，归善者多。人人必思父母之劬劳，为夫纲、子纲必能。岂期刑愈重而犯愈多。洪武十八年、十九年，一样奸谋，朝弃市数人，当日同谋死罪者又数人，此数人不鉴朝杀者，奸与己奸同。呜呼！前诛血未干，尸未移，本人已造杀身之计在身矣。且如洪武十九年春三月十四日，刑部子部、总部司门二部，郎中员外郎主事都吏等官吏胡宁、童伯俊等，恣肆受财，纵囚代办公务，书写文案，被司狱王中以状来闻。觉奸顽之情态，于是朕亲诣太平门，将各官吏捶楚无数，刖其足，发于本部昭示无罪者。呜呼！

---

① 将后阴骘博被于狱囚：博，内阁文库本作"溥"。
② 所以刑奸顽不孝之徒：刑，内阁文库本作"戒"。

以此法此刑，朕自观之，①毫发为之悚然，想必无再犯者。岂期未终半月，其都官员外郎李燧、司务杨敬，将在禁死囚邵吉一尸停于狱内，通同医人、狱典、狱卒等作三尸相验，以出有罪者张受甫等二人，受财四百八十贯。呜呼！人心之危，有若是耶。吁！以此观之，世将安治？智人观之。

故更囚名第四十三

刑部比部主事吏员王进、阮贞等，不鉴总部司门部官吏胡宁、童伯俊等束手，一切书写文案尽皆囚成。各官心在出入人罪，贪婪无厌，致囚钟渊无钱使用，虽然召保在外，终羁不得而归，致令阖家死者二十口，皆非有罪，一旦绝灭，并无噍类。事觉，断足于部。生者苦楚不禁，血尚不止，死者尸未远移，其比部主事王进、吏阮贞等，将工役囚徒纳册于役所。一名丁洪僧，临刺也，却作工洪生；一名马伴舅，却作马道四；一名朱宅保，却作朱哲保；一名余关住，却作于关住；一名王阿转，却作王阿专；一名杨添孙，却作王太僧；一名祖复奴，却作祖佛奴；一名黄甫名，却作黄福名；一名蒋均路，却作蒋均禄；一名郑守真，却作郑寿真；一名朱友常，却作朱友恒。呜呼！朕驭宇内，眄望一二年间，民乐雍熙之治。其刁顽之徒得居官位吏役者，务以善为恶，以恶为善，凡百务要颠倒其事，取利肥己，此等终不能免其凶罪。虽然刑死者多，生者未尝肯戒。以此官此吏，顺音更人姓名，以有赃私，觉而伏罪，岂不愚哉！

①　朕自观之：自，内阁文库本作"目"。

追问下蕃第四十四

前军断事官、提控案牍司吏施德庄等，① 于洪武十九年三月十四日，② 刑部总部、司门部官吏胡宁、童伯俊等，纵囚书写文案，③ 各官吏束手在闲，就令囚人杨遇春说事过钱，各受赃私。被司狱王中觉其事，人各刖足鞭背，不知数目。不过半昼，已死数人，活者半存。当刖足鞭背之时，特令五军断事官、大理、刑部、都察院、十二道会视刑之。岂期前军断事等官吏施德庄、杨耀、乔方，于四月初四日问泉州卫指挥张杰等私下蕃事，接受指挥张杰等银四百七十两，钞五百三十贯。施德庄、杨耀各分钞一百七十贯，乔方一百六十贯；施德庄分银一百七十两，杨耀、乔方各分银一百五十两。将原告百户范源拟作虚告，朦胧奏闻，意在杀无罪而脱有罪，身受赃私。朕命诸司会审，露出奸情。呜呼！前番赃私未终二十日，人已死讫一半，此等官吏不将非者为戒，杀身为寒心，公然冤枉无罪者，今各官人各死于有罪，④ 是其宜也。

洒派包荒第四十五

民间洒派、包荒诡寄、移丘换段，这等俱是奸顽豪富之家，将次没福受用财赋田产，以自己科差，洒派细民。境内本无积年

---

① 前军断事官提控案牍司吏施德庄等：吏，内阁文库本作"使"。
② 于洪武十九年三月十四日：三月，内阁文库本作"二月"。
③ 纵囚书写文案：纵，内阁文库本误作"总"。
④ 今各官人各死于有罪：内阁文库本"人"下有"犯"字。

荒田，此等豪猾买嘱贪官污吏及造册书算人等，其贪官污吏受豪猾之财，当科粮之际，作包荒名色征纳小户，书算手受财，将田洒派，移丘换段，作诡寄名色，以此靠损小民。此《诰》续出，所在富家当体朕意，将田归于己名，照例当差。倘不体朕意，所在被害人户及乡间鲠直豪杰，会议将倚恃豪杰之家，捉拿赴京，连家迁发化外，将前项田土给赏被扰群民，的不虚示。

粮长妄奏水灾第四十六

粮长之设，初关勘合。朕谕粮长曰："今勘合上，不许将地方犬牙相制，易为催办。其中户多有买田不过割的，教过割了；田多洒派了的，教收在本户自身里；移丘换段的，各归本主，诡寄的如之，不从的来奏。若区内果有积年荒田，有司不行除豁，其刁顽之徒借此名色包荒虐吾民者，尔粮长从实具奏，以凭除豁积荒，召民佃种。凡有水旱灾伤，将所灾顷亩人户姓名，从实报官，凭此赈济。"其粮长唐谦等目击耳闻前去，心生谲诈，将前所谕数等民艰，[①] 尽行隐匿。洪武十八年水灾，粮长唐谦等拨置不良之户，以灾一分，具告十分，中间以荒作熟，以熟作荒，以灾作熟，以熟作灾。其状首已被拘拿，本人暗中使钞买嘱官吏，亦用钱物买嘱该收粮卫分，不行具奏。本人粮未至，朦胧直待农忙，见将吴江县粮长葛德润准灾，又顾常、陆仲和准灾，唐谦等才方出奏。万石之粮，止纳一千者有之，二千者有之，余有八千九千不纳者。为此刁顽，拿下鞫问情由，却乃从实供招在官，以致罪发云南。呜呼！朕，君也。与民约，民失信不从教，而置身

---

① 将前所谕数等民艰：艰，内阁文库本误作"间"。

于祸，愚哉！设使良有司，对彼宣布条章，阐敷五教，此等顽民岂不悔之甚也欤！

粮长邾阿仍害民第四十七

粮长邾阿仍，自朕命有司召粮长面听宣谕，其邾阿仍坐视不出，令徐添长代替赴京，本人在家，朋党谭理、徐付六、周伯贤、谭真五、张二、徐付三、庄寿二、胡付四起立名色，科扰粮户。其扰民之计，立名曰船水脚米，斛面米，装粮饭米，车脚钱，脱夫米，造册钱，粮局知房钱，看米样中米，灯油钱，运黄粮脱夫米，均需钱，棕软篾钱，一十二色，通计敛米三万七千石，钞一万一千一百贯。正米止该一万，便做加五收受，尚余二万二千石。钞一万一千一百贯，民无可纳者，[①] 以房屋准之者有之，揭屋瓦准者有之，变卖牲口准者有之，衣服、缎匹、布帛之类准者亦有之，其锅灶、水车、农具尽皆准折。呜呼！似此奸顽，贪婪无厌，虐民之心甚如蝮蛇，其仁心莫知所在，直至身亡家破而后已。呜呼愚哉！临期悔者晚矣，何不早推己以及人。朕终化不醒，直至临刑不免，顽矣哉！

逃吏更名第四十八

呜呼！人不能自生，终于取死者，无如苏、松、嘉、湖四府之吏。终于取死不得自生者顾显等，罪之魁者无出于显。且显，初本原显，因犯工役在逃，还家改名顾源，[②] 仍复为吏。拘拿赴

---

① 民无可纳者：国图藏洪武内府刻本"可"字不清，墨笔改为"了"，误。
② 还家改名顾源：顾源，《丛书》本、内阁文库本作"顾原"。

京，着令工役，亦复在逃，改名顾显，依然县吏，至杀身而后已。其次，更名一次者有之，二次者有之，更其字而捏怪多端者甚广。朕今将各人名题于首，犯注于足。所在臣民，观之戒哉。

一名陈玄 本名陈真，为吏。为事改名陈忠，仍充长州县吏。为事工役在逃，改名陈玄，复贪充苏州府吏。

一名顾源谑 先充苏州府吏，为事在逃，改名顾源，仍充本府吏。

一名郑恒 先充本府典吏，为事逃回，改名郑武伯，复参苏州府典吏。

一名王允 先充府吏，为事逃回，改名王权，仍充苏州府吏。

一名蒋思贤 先充吏役，为事逃回，改名蒋贤即蒋成，复充苏州府吏。

一名黄仲达 先充吏役，为事逃回，改名黄通，复充常熟县吏。

一名王文 先充吏役，为事在逃，改名王彦文，复充常熟县吏。

一名高文 先充吏役，为事在逃，改名高名，复充常熟县吏。

一名王文达 先充常熟县吏，为事在逃，改名王文，复充江阴县吏。

常熟县官乱政第四十九

凡任有司，职掌务在牧民。其牧民之道，务在兴民之利，除民之害。洪武十八年，常熟知县成茣奇到任未久，从奸则听苏州府知府张亨分付，参逃囚逃吏黄通等各各更名为吏。自己所用，尽收市乡无藉之徒为吏，掌行文案，明知不可，略无畏惧，恣肆妄为。未及周岁，动止满前，皆是小人。呜呼！志人受任，清奸顽而进良善，所以民受其福，己功亦成。今知县成茣奇罔知君臣之道，昧于牧民之理，朋党小人，乱政坏法，自取灭亡。呜呼！不膺福而膺祸，愚之哉！

一、沮设粮长，以致秋粮不足。

一、粮长之设，本便县司，干计民人自当。尔成茣奇交结无藉粮长沈玠等，违朕旨意，将地方犬牙相制，巨者征收，细微蒙蔽，以致本县比常设粮长之数，内缺一名，以致万石不足。其间所在奇零数户，意在使朕艰知，今也难逃刑宪，又何怨哉！

朝臣蹈恶第五十

六部、六科给事中、承敕郎、参军、仓场卫分，日逐随朝，朕之所言，目击耳闻。弃人于市，有同僚，有异司、异府、异场、异科各各不等衙门，此非一二人耳，各人身亲见之。其尸未移，各人继踵而为非。今将各人名题于首，犯注于足，智人观之。

一、吏部主事萧惟一 为误将奏本出外，[①] 被守卫军搜出，送察院鞠问，却索本部官银三百两。如无，便乱指。

一、鹰扬卫知事王贞 为优给故官舍人，克落钞一千二百贯。

一、六科给事中并承敕郎，尚宝司，各卫知事，交结朋党，互相蒙蔽，盗出银钞衣服：

给事中言信 盗出入己钞六万三千五百贯，衣服二十二件。

卢敏 分钞二万九千贯，纻丝褡护一件。

王庭 分钞三万贯，袄子二件。

李悦 分钞一万贯，袄子二件。

孙询 分钞二万五千贯，袄子二件。

张德规 分钞五千贯，[②] 袄子三件。

刘士贞 分钞一万一千贯，袄子一件。

张悦 分钞八百贯。

① 为误将奏本出外：外，内阁文库本误作"来"。
② 张德规分钞五千贯：五千贯，内阁文库本作"二千贯"。

董思敬　分钞一千贯。

沈炜　分钞五百贯。

杨菀　分钞一千二百贯。

俞诚　分钞八百贯。

张绶　分钞一千三百五十贯。

杨宾　分钞三百五十贯，缎子一匹。

倪浚　分钞九百五十贯，缎子一匹。

栾执中　分钞一千四百五十贯。

吴亨　分钞七百贯。

魏庭实　分钞一千六百贯。

田礼　分钞五千二百五十贯。

王列　分钞七百贯。

王荣祖　分钞一千五百五十贯。

任企宗　分钞五百贯。

刘存礼　分钞八百一十贯。

钱德仁　分钞五百贯。

许讷　分钞一千四百贯。

常铭　分钞五百贯。

张谊　分钞一千二百一十贯。

徐焕　分钞四千贯。

王鹤　分钞六百五十贯。

杜鲁　分钞一千五百五十贯。

贺裕　分钞四百贯。

杨永　分钞五千二百贯。

刘士原　分钞四百贯。

崔振　分钞一千二百一十贯。

张文甫① 分钞四百贯。

陈廉 分钞四百贯。

羊廷显 分钞一千一百五十贯，圆领一件。

刘谧 分钞一千二百贯。

王鹏 分钞七百二十贯。

路轨 分钞七百贯。

马翱 分钞五千贯。

彭子敬 分钞一千贯。

陶镕 分钞五百贯。

李让 分钞五百贯。

焦愉 分钞三百贯。

靳俊 分钞四百贯。

孙敬 分钞四百贯。

周仲义 分钞四百贯。

王玘 分钞四百贯。

孙勖 分钞五百五十贯。

许文辉 分钞一千贯，袄子二件。

张文中 分钞五百五十贯。

和雍 分钞一千二百七十贯。②

胡肃 分钞九百贯。

康宁 分钞八百五十贯。

伍子开 分钞六百贯。

黄顺理 分钞六百贯。

赵壁 分钞一千一百贯。

---

① 张文甫：《丛书》本、内阁文库本作"张文辅"。
② 和雍分钞一千二百七十贯：七十，内阁文库本作"五十"。

哈安　分钞一千五百八十五贯。

孟达善　分钞一千五百一十贯。

张均礼　分钞五百贯。

黄普　分钞九百五十贯。

参军王斌　分钞二千贯。

史玄龄　分钞八百贯。

承敕郎　为追问秋粮事，节次将犯人江仲庸等招状改抹作弊，及通同言信等私置人匠食钱则例簿，于尚宝司用印，诬证受赃。

殷裕　分受钞一千二百十三贯。

萧韶　分受钞一千二百十三贯。

黄耕　分受钞六百五十贯。

谢文．分受钞六百五十贯。

承敕庶吉士廖孟瞻　分受赃钞四百五十贯。

金吾前卫知事侯时举　分钞五百贯。

尚宝司少卿姜徐关　分钞三百五十贯。

尚宝司丞安寿　分钞三百五十贯。①

龙骧卫知事彭景中　分钞一千八百贯。

龙江卫知事汪傑任　分钞一千八百贯。

锦衣卫知事陈叔铭　分钞四千贯。

府军右卫知事李润　分钞四百贯。

江阴卫知事吴中　分钞七千贯。

前军都督府经历陈仔　分钞四百贯。

都事刘仲宁　分钞四百贯。

后军都督府都事杜清　分钞五百贯。

---

① 尚宝司丞安寿分钞三百五十贯：三百，内阁文库本作"五百"。

虎贲左卫知事赵信　分钞二千贯。

豹韬卫知事郭麟　分钞五千五百贯。

留守右卫知事辛谅　分钞三千贯。

广武卫知事王清　分钞五千贯。

兴武卫知事王规　分钞五百贯。

羽林左卫知事蔡均　分钞四百贯。

一、龙江抽分场副使李兴　通同工部侍郎韩铎等，盗卖芦柴二万八千束。

一、金吾前卫千百户纸德等四员　通同钞库官孙安等，将太平进到折收秋粮钞一万贯，① 存留在外，虚出实收。各门印押长单，② 与纳户收照。

一、监察御史武希颜　为丁祭赴太学斋宿，却与刑部主事许桐及监生高霖等三名饮酒。

一、监生陈孜　为差往长洲县查踏水灾，③ 于僧寺造册，恃势争房，将名藏主拷打身死。

一、虎贲右卫吏魏叔温　将兵部节次发下军人王成等七十四名，已编队伍，却受谢从义等钞一百三十五贯卖放。

一、留守左卫吏李仲恭　故行刁蹬水军，不支三个月粮，却于粮榜上朦胧开写具奏。

一、广洋卫百户洪福　为差往华亭县抄扎犯人家财，④ 却通同害民猾吏，著犯人招指良民，致伤人命。

一、留守右卫百户吴祥、李英　为监工将囚人买到石头，私下货卖。

---

① 将太平进到折收秋粮钞一万贯：将，内阁文库本误作"蒋"；太平，内阁文库本误作"大平"。据《明史·地理志》，《明会典》卷一三八、一三九《关津》，明初置南京太平府、宁国府太平县，四川夔州府太平县，浙江台州府太平县，山西平阳府太平县，广西太平府、太平州等冠名太平之府州县，而无谓大平府州县者。

② 各门印押长单：押，内阁文库本误作"狎"。

③ 为差往长洲县查踏水灾：长洲县，内阁文库本误作"长州县"。据《明史》卷四〇《地理一》、《明会典》卷一三八《关津》，长州县应作长洲县，该县明初属苏州府治。

④ 为差往华亭县抄扎犯人家财：扎，内阁文库本误作"把"。

呜呼！此辈皆系洪武十八年新诛奸恶贪婪之后，人人不畏其法，仍继踵而为非。吁！可谓之难教者欤，难禁者欤。

诸司进商税第五十一

洪武十九年，十二布政司率诸有司及鱼湖诸色司局等衙门官吏，进呈十八年金、银、钞、锭、钱帛之类。总计府、州、县、司、局等衙门二千四百三十七处。至之日，所进之文，奏本一，启本一，诸物件文册一。量此三件，甚不繁冗，当措办此件，已有数月。其来有七千里至京者，有八千里至京者。进奏之时，令人细阅奏目、启札，有倒使印信者，有漏使印信者，有全不用印信者，有不书名姓者，并身不称臣者；文书有有总无撒色者，有有撒无总者；有县局不分、课程混淆者。如此者，布政司、府、州、县皆如之。朕谕群职曰："尔等数千里、数百里，为此办集，凡经半年。今至也，皆无人臣之礼。当未起之时，孰罪加临？尔等皇皇其心，诸事颠倒，尔必欲奸贪，故作此态乎？今执尔来文，不消加刑问罪，即此真犯，别何辞焉？"群职默然。呜呼！前尸未移，后尸继至。此番群职若论如律，数千中得生者、轻罪者，浑无。为其初任，故且释之，令载罪往悛。其得罪，布政司一十二处，[①] 盐运司一处，府一百六处，州一百二十九处，县九百八十一处，税课司局八百二十八处，河泊所三百七十九处，库二处。

---

① 布政司一十二处：《丛书》本、内阁文库本作"一十一处"。

解物封记第五十二

　　呜呼艰哉！朕竭心力，不能化聪、愚之不善，奈何？且如立一法，去奸去弊，必欲保全臣民。其所立也，多因事而制。虽因事而制，未尝轻发，必虑之万全，然后敷于臣民。久之，终未见成效。呜呼！艰矣哉！且如洪武初，天下诸司差人解物赴京，照该仓库送纳，一至中书下部，照数收受。一起解绢者，数具千匹，其该部点掣二百，以为不堪，著令解物人再进堪中换去。其解物者收买依数兑换，备数送库。交纳了当，赴部欲取原绢，部官吏已入己矣，并无有还者，解者以状来闻。朕知此弊非起于洪武之初，其来久矣。所以知者为何？为拿住贪官污吏，问出前情，已将各官吏弃市矣。朕筹虑数月，立法布于诸司：今后诸司凡有解进之物，于本衙门公同印押，封记牢固，省令解物人休开。物至，朕号令该部毋得擅开封缄，直抵当该库分，库官辨验开封。堪中，则如法收受。不堪，则如数奏闻。此便于臣民者也。此出未久，其所在诸司通同起解者，并不公同缄封，惟是散盛解行，却乃广用印信封皮，令解物人于身藏带。于所解之物，无所关防，沿途或以微抵巨，或以贱易贵，或虚买实收，止纳一半，观朝廷之隙为之，全不纳者有之，有抵库而不如数者有之。鞫问其由，其印信封皮悬带在身，至京方用。谓曰："何若是？"对曰："已与官吏交通，自起至京，便于抵换，亏折自由。"呜呼！前为中书六部库藏人员刁蹬留难解物者，朕特设此法，以便解物之人，更不陷官吏于不易。此法之良，虽神天亦谓之便，而况人乎！其趋死之徒见此法此行难以作弊，故不依允，直至杀身而后已。

经解该物第五十三

今后各府、州、县解纳应合入官诸色物件，[1] 非正官、佐贰官、首领官或该吏，须得一名亲起解则可。若或不然，仍差无职役、无藉顽民及无底业者解送，则治罪官吏甚不轻恕。所以禁者为何？自开国以来，朝廷小人在位者多，动止互相朋党，所以天下有司数差无藉之徒解纳诸色物件。及至京也，有周年不纳，虚买实收而归者有之，有使讫一半，而妄言原本不足而来者有之。及其稽也，原来本足。由此杀身，岁非一二人，犹不能止其奸，岂不罪在有司？今后敢有如此者，倍追之后，官吏杀之，妄承行者亦杀之。

江西解课第五十四

江西左布政使冯睿等通同广济库官攒江日新等，将在库诸色课程、赃罚等项，偷盗分受入己。临差进呈，其布政使冯睿等，不将旧经首尾库官江日新差来送呈，[2] 却差新到任库官朱恕。恕不能推脱，就而承行，虑恐不便，索率库攒人等起解赴京。其所奏状启札，内将诸色物件混淆概闻，不分何者税课若干，赃罚若干。如此欺侮朝廷，岂人臣之礼哉！呜呼！因利所迷，其谋愚若是耶。若将奏状启札云及稚子老妻，亦难蒙蔽，而上闻朝廷，可乎！吁！尝闻世不绝圣，国不绝贤。今朕驭宇，所用之人咸若

---

[1]　今后各府州县解纳应合入官诸色物件：故宫、国图藏洪武内府刻本"今"字不清，墨笔改为"本"，误。

[2]　不将旧经首尾库官江日新差来送呈：江日新，故宫、国图藏洪武内府刻本脱"江"字。

是，奈何！于心岂不愁焉，忧矣乎无已。

民拿经该不解物第五十五

　　诸处有司解纳诸物，若官吏亲自解赴京纳，连年通同户部、兵部、刑部、工部、户科、兵科、刑科、工科给事中，阴谋结党，虚出实收，每常事觉，诛戮者甚多。余人复任是职，不数月，仍蹈前非。如安庆府、苏州府、江西布政司等处，临解物之际，多不差经该人员，每每著令富户起解，故意虐吾良民。此《诰》一出，凡在官之物起解之际，须差监临主守者。若是布政司、府、州、县不差监临主守，^①故差市乡良民起解诸物，因而卖富差贫，许市乡年高耆宿、非耆宿老人及英壮豪杰之士，将首领官并该吏帮缚赴京。若或深知在闲某人，或刁狡好闲民人教此官吏，一发帮赴京来。有司官吏精目是《诰》，勿堕此宪，敢有故违，族诛之。何故极刑如是？盖谓此差一行，及至抵京仓库等处，朕一时不知，其不畏死之徒，往往刁蹬留难，动经数月弗得归还，或半载未归者有之，必贿赂而后已。当起解之时，有司托此名色，使用钱已敛民矣。及其行也，令民自备，为因重复害吾良民。此等官吏，一犯族诛，为其害重也。

　　一、湖广黄州府原感湖河泊所鱼户刘复三。^②管解鱼油二千五百斤赴丁字库进纳，原数欠少五百斤，用钞八十贯与本库副使唐颜，虚买实收。

　　一、湖广衡州府桂阳县解物人翟用等。解课赴京，用钞一百五十贯

　　① 若是布政司府州县不差监临主守：若，《丛书》本、内阁文库本作"如"。
　　② 湖广黄州府原感湖河泊所鱼户刘复三：原感，内阁文库本作"孝感"，是也。据《明史》卷四四《地理五》、《明会典》卷一三八《关津》、《太平寰宇记》卷一三二，孝感洪武九年四月属黄州府，十年五月省入德安州，十三年五月复置。

付丁字库官攒唐颜等，虚买实收桐油五百八十四斤。

一、苏州府胡达等。[①] 起解洪武十八年桑丝折绢，奏目内明有绢六百三十九匹，及其进纳，止有绢一十三匹。

一、江西九江府赤湖河泊所钱福六。解课赴丁字库进纳，用钞三百一十贯与本库官攒纪麟等，虚买实收鱼油、香油五百五十七斤。

一、浙江绍兴府伧塘税课局大使莫仲和。解课赴京，奏目内明开见钱钞三千九百贯五十五文，及至进纳，却少一千六百一十四贯四百文。

一、安庆府龙南莲若湖河泊所官郑德荣。奏目内明开见鲜鱼油二千一百五十八斤，[②] 鱼鳔二十四斤，及至进纳，并无鱼油鱼鳔，推称未到，意在虚买实收。

一、湖广辰州府辰溪县知县蔡德茂。奏目内明写见在瓜铁五千二百九十七斤，及至进纳之际，并无前项瓜铁，却推称因罢场冶不敢起解，意在虚买实收。

一、北平府通州三河县。奏目内明开见解桑丝折绢九十五匹，麻八百六十五斤，[③] 棉花四百三十二斤，及至进纳，并无前项绢麻绵花，意在虚买实收。

科敛驴匹第五十六

蒲州知州孙景德，到任未及周岁，其剥削于民，其奸有不胜之巧。朕初命官牧民，务在先王之教敷，使民复古，日出而作，日入而息，鼓腹而歌曰：无官逼之忧，无盗厄之苦。是以作息自然，朕尝慕此。何期此辈，同人之人，心神禽兽，罔知稼穑之艰，征敛吾民，急如倒悬。其诛也，宜其然乎。犯诖于尾，[④] 君

---

① 苏州府胡达等：《丛书》本、内阁文库本"府"下有"差"字。
② 奏目内明开见鲜鱼油二千一百五十八斤：一百，《丛书》本、内阁文库本作"九百"。
③ 麻八百六十五斤：内阁文库本无"五斤"二字。
④ 犯诖于尾：诖，内阁文库本误作"讦"。

子详观。

一、**知州孙景德**。为起解课程赴京，于本州减庄等九十八里，[①] 每里科敛脚力驴一头，共科驴九十八头，内将四十头卖放与司吏乔思义，各分入己，止将五十八头驮载课钞赴京。又于六房每房敛盘缠五十贯，[②] 共三百贯入己。及先因公干赴布政司回还，到本州典吏王勉家，置备羊肉，与伊父王直同座而饮。如此贪婪无礼，以致告发。

吉州科敛第五十七

有司之务，专在兴民之利，除民之害。民有好善者，有始无终，则有司导引以进其善。民有不善顽恶者，屡化不悛，则执法以刑之。论罪轻重以施行，毋使过不及，务必三纲举，五常施。其贤人君子之为有司也，必欲上佐朝廷，下福生民，惟学校为之急务。洪武十九年，山西平阳府吉州乌仁关巡检吴子昱以状来闻。吉州知州游尚志为生民之患，岂止一端。指以生员为由，逼令为生员者二百余户，勾至，受赃放归。以中盐事，客商已缴原买官引毕矣，其知州游尚志复征民加倍，每一引重追引五道，无者追钞五贯。又每户用柴五十斤，炭一十斤。以巡阑为由，多差人户卖放，少点应当进纳商税课程。科民驴二百四十头，每头要钞三贯，向后除存留外，其余尽行卖去。呜呼！有司兴举学校，实为朝廷端本澄源之所。其知州游尚志，不能端本澄源，上沮朝廷之意，下酷害于生民，指学校为名，贪要赃私，沮坏作养之意，观其情状，可不诛乎！

---

① 于本州减庄等九十八里：庄，内阁文库本作"床"，疑误。
② 又于六房每房敛盘缠五十贯：《丛书》本、内阁文库本"缠"下有"钞"字。

钱钞贯文第五十八

钞法之行，皆云贯锭。铜钱之行，皆云万千百文。若以钱云文数，一文至千百数万可以言之。以钞云文数，并无奇零十文、五十文。今会稽等县河泊所官张让等故生刁诈，广衍数目，意在昏乱掌钞者。如会稽鱼课钞，本该六千六十七贯二百文，所进钞本却写作六百六万七千二百文。及至关勘合入库交纳，其钞并非奇零文数，已将各官吏治以重罪。今后敢有如此者，同其罪而罪之。

民间差发第五十九

官府一应差发，皆是细民应当。正是富家，却好不曾正当官差。算起买嘱官吏，不当正差。私下使用钱物，计算起来，与当差不争来去，不知如何愚到至极之处。你这等豪民，却买免不当，贪官污吏故差豪民，使你等买免。卖尽豪户，然后定差贫民。贫民无物可买，著实应当。呜呼！似此小民，尚且应当，此害此苦，年年有之，不曾见细民家破人亡，大户刁顽，直至家破人亡后已。此《诰》一出，豪富之家闻有差发，随即应当，不许出钱买免。尔若出钱买免，官吏贪污，心无厌足，其差故叠叠至门。不买官吏，著实应当，其官吏无可奈何。今后一体朕意，倘有官吏刁蹬百端，尔勿贿赂；少加窘逼，缚吏赴京来奏。所在良民，必依朕言，官吏自清，民无横害。不依朕言，诱引官吏贪污，事发，全家迁于化外，不许与良民同于中国，的不虚示。

克减赈济第六十

河南水灾，连并三年，民患水甚。二次敕驸马都尉李祺、梅殷赈民于灾处，赈后终岁不闻卖弃儿女。洪武十八年灾，敕户部差行人赍钞诣河南，会布政司、按察司、当该府州县赈如前例。赈后未及终岁，朕闻之，民有卖儿女者，陈州民亦有易其妻者。呜呼哀哉！海内之乱，朕凭诸英俊，委命大将军中山武宁王、开平忠武王等躬擐甲胄，不五年而偃兵。纪年洪武，今十有九年矣。岁不能任贤，以致水灾之济不周，致陈民卖妻，郑民卖子，原武之民艰甚。呜呼！兵凶事也，尚可平之，奸贪小人，甚若凶器。五教不循，五刑弗惧，无如郑州知州康伯泰，原武县丞柴琳各将赈民钱入己：康伯泰一千一百贯，柴琳二百贯，布政使杨贵七百贯，参政张宣四千贯，王达八百贯，按察司知事谢毅五百贯，① 开封府同知耿士能五百贯，典吏王敏一千五百贯，钧州判官弘彬一千五百贯，② 襄城县主簿杜云升一千五百贯，布政司令史张英一千五百贯、③ 张岩五百贯。贪匿之后，天寒地冻，其严凝之气御非其宜，则有堕指裂肤。其灾民腹饥，被体之衣且薄，更兼日无可炊之粮，老幼艰辛，未免号呼于天。其贪婪之徒，岂不天讨有罪乎！其郑州知州康伯泰，原武县丞柴琳，布政司参政张宣，开封府同知耿士能，钧州判官弘彬，襄城县主簿杜云升

---

① 按察司知事谢毅五百贯：司，内阁文库本误作"使"。据《明史》卷七五《职官四》，应作"司"。
② 钧州判官弘彬一千五百贯：钧州，内阁文库本误作"钧州"，据《读史方舆纪要》卷四七、《明史》卷四二《地理三》：钧州"洪武初以州治阳翟县省人。万历三年四月避讳改曰禹州。"
③ 布政司令史张英一千五百贯：令史，内阁文库本作"令典"。

等，坐视民患，略无惭色，由是捕鞫之，情理昭然。除参政张宣等功臣之子免死充军外，其有司官吏，宜其然而死乎。

路费则例第六十一

今后每岁有司官赴京，进纳诸色钱钞并朝觐之节，朕已定下各官路费脚力矣。若向后再指此名头科民钞锭脚力物件，官吏重罪。

每有司官一员，路费脚力共钞一百贯，周岁柴炭钱五十贯。吾良民见此，若此官此吏仍前不改非为，故行搅扰，随即赴京伸诉，以凭问罪。

一、进商税路费脚力钞一百贯。

一、朝觐路费脚力钞一百贯。

一、周岁柴炭钞五十贯。

闲民同恶第六十二

今后敢有一切闲民，信从有司，非是朝廷设立应当官役名色，[①] 而于私下擅称名色，与不才官吏同恶相济，虐害吾民者，族诛。若被害告发，就将犯人家财给与首告人，有司凌迟处死。

不对关防勘合第六十三

噫！贪官污吏财利迷其心，不才有若是耶！苏州府知府张亨、知事姚旭，视朕命如寻常，以关防为无事。曩者无官诈称有

---

① 非是朝廷设立应当官役名色：当，内阁文库本误作"常"。

官扰民；非官差而私造印信，诈称差使，骗诈取财，扰害吾民。数次拿获，尽行典刑了当，想必人畏。未久，数数又犯，所杀又多，[①] 其禁不止。于是设置勘合，凡布政司、府、州、县，管军、都司等军职衙门，命各收一册，皆系半印勘合。凡有差使，若往某衙门公干，即将应该去处填写勘合，前去干办公务。本处衙门闻有差使人员到来，即索勘合比对。如无，帮缚赴京。纵有勘合，比对不同，亦行拿赴京来。其令所出，甚是明白。其苏州府知府张亨、知事姚旭，被假千户沈仪赍伪造御宝文书至府，不行比对勘合承接，即便当厅开读，行下属县，意在通同扰民作弊，被巡按御史雷升及百户戴能盘获。事发，假千户沈仪并伴当四名，人各凌迟处死，知府、知事枭令。今后布政司、府、州、县、都司、军职衙门等有勘合去处，凡遇称系差使人员，即要勘合比对。如是仍蹈前非，不对勘合，以致奸邪扰乱事物，虽不同情，罪同苏州府官，的不虚示。

奸宿军妇第六十四

给事中王默，进士易聪，序班洪文昌，斯三人，两志士，一人才，正当精英少壮之时，以学问则已超群类矣。洪文昌虽非学校之出，出自民间，已超民矣。所任之职，或周旋于朕前，或从游于殿庭，以贤者论之，贵矣哉。今三人心忘立志，性务奸顽，苟合无藉之妇，通奸不已，败常乱俗。法司所以论如律者，为此也。

---

① 所杀又多：又，内阁文库本作“人”。

关隘骗民第六十五

各处关隘把截去处，巡检、弓兵将逃军逃囚一概受财，纵令逃去。及至拿住贼盗，不行火速解官，却乃教唆诬指平民。拿获私盐，尤其骗诈民甚。此等不才，《诰》布之后，仍前为事不公，事发到官，治以重罪。

纵囚越关第六十六

巡检之设，本为察奸顽而捕私邪，使境内民安，是其责任也。其所任巡检皆不得其人，人皆不度其所掌是其重事也，往往将越关逃军逃囚，虽髡发墨面文身，受财而纵行之。呜呼！止知目前之利，不知向后之害。洪武十九年四月初十日，苏州府管下七县地方，捉拿黥面文身髡发在逃囚徒一十三名，无黥刺一十九名，逃吏二十五名，逃军六名。下法司并各卫鞫问经过隘口受财脱放情由，一一供招在官。因此囚徒罪及贪婪巡检七名，弓兵一十五名，皆不免死。此《诰》一出，所在把隘去处应有囚徒，不许卖放。如前受财纵放囚徒在逃者，自将以为不犯，岂期《大诰》一出，乡里之人不容，拿获到官，问出前情，罪不能免，岂不险哉！

阻当耆民赴京第六十七

洪武十九年三月二十九日，嘉定县民郭玄二等二名，手执《大诰》赴京，首告本县首领弓兵杨凤春等害民。经过淳化镇，其巡检何添观刁蹬留难，致使弓兵马德旺索要钞贯，声言差人送赴京来。如此沮坏，除将各人押赴本处，弓兵马德旺依前《大诰》行诛，枭令示众，巡检何添观刖足枷令。今后敢有如此者，罪亦如之。

岁进野味第六十八

应天府河泊所、常州府武进县、江西布政司、湖广布政司，皆为岁进野味。湖广原本进鹿，改写"麂进"。江西本进天鹅，改写"天雁"。其解物者，物有活者，则途中宰食之，存皮以进。又以死易活进，以肥易瘦，以微抵巨。龙江河泊所进鲟鱼于光禄司作鲊，其所进之人将鲟鱼去首去尾以为己用，所进者不过中身一块尔。呜呼！因朕不才，三纲不明，五常弗度，致使当该有司官吏并解物无藉之徒，罔知君臣之义，故敢肆侮。常州府工房吏杨仲和、猎夫孙华一等以香狸进，数本五枚，甲首先食其一，该吏又食其一，所存者三。及其进也，死者又一，止有二焉。呜呼！其敬之心安在？此果臣民乎？

民擅官称第六十九

民有不才越礼犯分者，朕今谕诫之。呜呼！《书》不云乎："天命有德，五服五章哉。天讨有罪，五刑五用哉。"朕自驭宇以来，民有无官称官者，往往皆然。一日闻称官者，谓曰："尔官称由祖至今？始尔曾职？"对曰："自祖父以来，并不曾有为官者。"曰："祖既无官，尔亦无职，人称尔为官，为何？"曰："人相敬尔。"曰："尔无赇乎？"曰："久矣。市乡多如此。"

噫！圣人之教远矣。朕申明未周，至民无礼。狂民越礼犯分，岂无祸焉！《书》不云乎："臣无有作威作福。"作威作福，凶焉。尔庶民擅官称，擅官称且无赧，[①] 岂不由是而根祸？朕谕之后，乡民有曾充粮里甲者，则以粮里甲称。非粮里甲，则以字称。若遇耆民，长其父者则称伯，下其父者则称叔。长于己者则称兄，下于己者则称弟，岁如父者亦称伯。本朝曾官者则以官称，兄弟皆官称，子孙舍人称，虽一人终考而无疵。再无为官者，子孙同朝称舍人，兄弟称官，随朝世世称官称舍人。无官者毋敢擅称，称者、受者，各以罪罪之。果顽而违令，迁于遐荒，永为边卒。是其禁也，听戒之，毋犯。

居处僭分第七十

民有不安分者，僭用居处器皿、服色、首饰之类，以致祸生远近，有不可逃者。《诰》至，一切臣民所用居处器皿、服色、首饰之类，毋得僭分。敢有违者，用银而用金，本用布绢而用绫、锦、纻丝、纱、罗；房舍栋梁，不应彩色而彩色，不应金饰而金饰；民之寝床船只，不应彩色而彩色，不应金饰而金饰；民床毋敢有暖阁而雕镂者，违《诰》而为之，事发到官，工技之人与物主各各坐以重罪。呜呼！天尊地卑，理势之必然。富贵贫贱，神明之鉴焉。有德有行者至于贵，阴骘无疵者至于富，德行俱无，阴骘杳然，刁顽奸诈至于贱。此数说也，宰在天地鬼神，驭在驭世之君。所以官有等差，民有富贫，而至贱者也岂得易为而用之乎！

---

① 擅官称且无赧：内阁文库本无"擅"字。

逃军第七十一

《诰》到之日，所在有司官吏往日曾受逃军财物，买嘱不行起发，今《大诰》遍满天下，两邻里甲不许影射。若不早为晓谕有司官吏，必是两邻里甲照依《大诰》事内拘送赴京，那是有司官吏其罪难逃。① 《诰》到，肯听朕言，将境内逃军省令里甲、亲戚人等，或百、或千、或十，各各令里长送赴京来。一里长十名者送十名，五名者送五名。当该有司差佐贰官该吏，用前路关文，一程程关给食米，不致逃军失所，送赴京来。若逃军改名换姓影在境内，闻《诰》到日，三五人自行赴官首告，赴京著役。如在京卫分，赴在京卫分。各都司卫分，赴各都司卫分。虽是在逃十年、十五年、十七八年、三五年，亦行尽皆出首，与免本罪，仍前著役。如不出首，两邻、里甲见了《大诰》，毋得隐藏逃军，虽是至亲必须首告，免致乡村良民被捉拿逃军连累受苦。敢有违朕之言，仍有勾逃军官吏生事搅扰良民，其良民中豪杰之士、耆宿老人会议捉拿赴京，见一名赏钞五锭。如是仍前影射，被人告发或挨勾得出，两邻并影射之家尽行拿充军役。众百姓，我说的言语听著，你若不听，便三家两家垛一丁为军。比及如此，你众人只休隐逃军在乡，② 却不免致动了你每户下人丁。③ 看了我的言语，你每众百姓将附近逃军，家下影射的逃军，众人好生抚绥送出来，各卫军亦不缺役，你每众百姓安乐。便是你百

---

① 那是有司官吏其罪难逃：是，国图藏洪武二十年太原府刻本残卷、《丛书》本、内阁文库本作"时"。疑"是"当作"时"。

② 你众人只休隐逃军在乡：只，内阁文库本作"再"。

③ 却不免致动了你每户下人丁：你每，即"你们"。下同。

姓受了逃军财物，隐藏十年之上，如今送出来，也不问你每要罪。呜呼！因无藉不良之家，心生奸诈，屡次故违号令，影射逃军，致令贪官污吏卖遍同名同姓，异姓者亦皆受害。呜呼！朕居京九重，知天下拿逃军，扰害吾良民，民怨已满朕耳。你影射逃军之家，如何不将仁心发见，改革前非？坐视群民受害，一家父母妻子兄弟并无一个为善者，皆是同恶相济之人。此《诰》出后，仍前故违，许令邻里耆宿并豪杰之士，会议将隐藏逃军之家全家拿赴京来，迁居化外，家私就赏捉拿之人，免致捉拿同名同姓，逼抑异姓良民。朕言至此，耆民豪杰之士必从朕命，方乃是安。此患不除，终无宁息。智人见之，毋视寻常。

吏卒赃私第七十二

吏卒赃贪，岂能尽革？然曩古至于近代，吏卒人等虽要赃私，取于末节，[①] 纪纲大法，未尝敢坏。所以纪纲大法，罪之轻重，招词卷宗，疑词不异，卷宗分明，年月次序，日期题判，不紊粘联，使稽无遗失之患，刷无倒判之奸。此等大纲大纪既立，赃贪于末节，虽盈满贯，岂不容诛？是《诰》再三，岂止刑而说？一切钱粮金帛诸等事务，当体前说焉，智人觉之。

容留滥设第七十三

容留罢闲、擅便滥设衹禁吏员等项，律已有条。所在诸司往往故违律法，委身受刑，容留此辈，以致剥削吾民。每每加罪于

---

① 取于末节：末，内阁文库本误作“未”。

此等官吏，人谁不知？今洪武十九年，有司仍然故犯。

一、溧阳县知县李皋，容留闲吏在乡，结党害民，亵狎皂隶潘富等非为。

一、苏州府知府张亨等，将屡犯在逃黥刺之吏分付常熟县，参充县吏黄通等五名。其吏在逃数次，一得承行文书，结党下乡虐民，得钱多少，拆字戏云。其云：且如得钱一万，^①乃呼一方；得钞一千，更称一撇。呜呼！剥吾良民脂膏，不知足而不知惧，拆字终日以为戏尔。是官是吏，其罪可得而免乎？

一、长州县丞吕直等，容积年害民野牢子叶清甫等四十三名，^②营充弓兵；顽民周子能等一十七名，把持县事，说事过钱；周继先等十二名，专一恃顽，替人出官；逃囚朱璇等六名，纵容在县。如此长恶，罪在不赦。

一、嘉定县知县张敬礼等，纵容闲吏陆昌宗匿过复入衙门，把持官府，以秋粮为由买批下乡，骗诈小民。

一、浙江按察司佥事王翰等，故纵绍兴逃军杜康一等一十四名在乡扰民，告发到官，又行迁延不问。宪司本以除恶，乃今纵恶，罪将焉逃？

一、高邮州吏顾仲可等并书手一十三名，已经造罪，黥刺回家，仍然在州教唆词讼，结揽写发，^③扰害良民。

一、南昌府新建县丞郑宗道，容留罢闲官吏杨杰等在县说事过钱。

一、连江县土著猾吏郑世环等三十二名，在乡结党害民，致

---

① 且如得钱一万：钱，《丛书》本、内阁文库本作"钞"。
② 容积年害民野牢子叶清甫等四十三名：叶清甫，国图藏洪武二十年太原府刻本作"叶清官"。
③ 结揽写发：揽，内阁文库本作"党"。

使本县以状来闻，各吏罪将焉逃？

罪除滥设第七十四

民有不能修福而造祸者，无如苏、松两府市井良民中刁顽不良之徒，造祸有如是耶，人皆市井之徒。民有四业，此等之徒，一业不务，惟务好闲，结构官府。此等之类，松江一府坊厢中，不务生理交结官府者一千三百五十名，苏州坊厢一千五百二十一名。呜呼！务业者有限。此等不务生理者如许，皆是市井之徒，不知农民艰苦，余业费心。此等之徒，帮闲在官，自名曰小牢子，野牢子，直司，主文，小官，帮虎，其名凡六。不问农民急务之时，生事下乡，搅扰农业。芒种之时，栽种在手，农务无隙，此等赍执批文抵农所在，或就水库上锁人下车者有之，或就手内去其秧苗锁人出田者有之。呜呼！公务有不急者，尚不夺农时，况无事乎！今二府不良之徒，除见拿外，若必欲搜索其尽，每府不下二千人，皆是不务四业之徒。呜呼！此等之徒，上假官府之威，下虐吾在野之民。野民无知，将谓朕法之苛。野民止知如此。不知此等之徒，上假朝廷，下假官府，朕朝治而暮犯，暮治而晨亦如之，尸未移而人为继踵，治愈重而犯愈多，宵昼不遑宁处，无可奈何。设若放宽，此等之徒愈加昌炽。在野之民，岂得而安生？呜呼艰哉！刑此等之徒，人以为君暴。宽此等之徒，法坏而纲弛，人以为君昏。具在方册，掌中可见，其为君者，不亦艰哉！朕除此无藉之徒，诸处不良之徒，见朕是《诰》，当戒之哉。勿蹈前非，永保吉昌。设否此《诰》，身亡家破矣。戒之哉！戒之哉！

市民不许为吏卒第七十五

　　今后诸处有司衙门皂隶、吏员、狱卒，不许用市井之民。其市井之民多无田产，不知农业艰难。其良善者将本求利，或开铺面于市中，或作行商出入，此市中之良者也。有等无藉之徒，村无恒产，市无铺面，绝无本作行商。其心不善，日生奸诈，岂止一端，惟务构结官府，妄言民之是非。此等之徒，设若官府差为吏卒，其害民之心那有厌足。所以良民受害不已者，为市井无藉之徒，为簿书之吏，为祗禁狱卒等，其毒甚如蝮蛇。《诰》布民间，有司仍前用此，治以死罪。市井之徒见充此役者，见《诰》即早退去。若仍前擅应此役及暗构为是，皆死。闾巷邻里知而不拿，长成奸恶，自取扰害，治以罪责。知此无藉仍应此役，众耆民及少壮者拿赴京来，以凭区处，的不虚示。

庆节和买第七十六

　　天下府、州、县，今后毋得指以庆节为由，和买民物。往往指此和买名色，不还民钱者多，此弊虐吾民久矣。《诰》出，敢有如此者，许被扰之民，或千、或百、或十，将该吏拿赴京来，斩首以除民患。

造作买办第七十七

　　朝廷凡有诸色造作，文书明下有司，止许官钞买办，毋得指名要物，实不与价。果有违吾令者，许被科之民，或千、或百、或十，赍《大诰》拿该吏赴京，物照时估给钞，将该吏斩首，以快吾良民之心。

议让纳粮第七十八

催粮之时，其纳户人等粮少者，或百户，或十户，或三五户，自备盘缠，水觅船只，旱觅车辆，于中议让几人总领，根随粮长赴合该仓分交纳，^① 就乡里加三起程，其粮长并不许起立诸等名色，取要钱物。其议让领粮交纳人既是加三领行，毋得破调不敷。若科粮之时，民有顽者故不依期，刁顽不纳，粮长备书姓名，赴京面奏。拿与粮长对问，非是粮长排陷，实是顽民故违，阖家迁于化外。粮长捏词朦胧奏闻，罪如之。

断指诽谤第七十九

蒸民之中有等顽民，其顽也如是，其奸也如是，其愚也如是。呜呼！非顽，非奸，非愚，盖去古既远，老壮相传，为民之道迷矣。由相代之帝敷教而不精，致令民颇聪明者而作聪明，所以反成至愚。今朕不能申古先哲王之道，所以奸顽受刑者多。洪武十九年，福建沙县民罗辅等十三名，不务生理，专一在乡构非为恶。心恐事觉，朋奸诽谤，却说："如今朝廷法度好生利害，^②我每各断了手指，便没用了。"如此设谋，煽惑良善，以致告发，拿捉到官。朕谓曰："尔等既断了手指，诸事艰为，安坐无忧凌暴，为何？"辅等默然。呜呼！人皆说人君养民，朕观之，

---

① 根随粮长赴合该仓分交纳：根随，即"跟随"。下同。
② 如今朝廷法度好生利害：利害，按元末明初语言，同"厉害"。下同。

人君宫室、服食、器用皆民所供,人君果将何以养民哉?所以养民者,在申古先哲王之旧章,明五刑以弼五教,使民知五常之义,强不得凌弱,众不敢暴寡;聚兵积粮,守在四夷;民能从化,天下大安,此人君养民之道也。尔辅等不遵治化,造罪渊泉,自残父母之遗体,是谓不孝;捏词上谤于朝廷,是谓不臣。似尔不臣不孝之徒,惑乱良民,久则为祸不浅。所以将尔等押回原籍,枭令于市,阖家成丁者诛之,妇女迁于化外,以戒将来。吁!朕制法以养民,民乃构奸而自罪。全家诛之,朕岂得已乎?智人鉴之。

交结安置人第八十

昔先王之治,人有罪而非甚者,则屏于化外,使不得与良民同于中国。维时民良,见有罪者,则羞与之齿,心甚疾之,所以教化流行,人民大安。朕尝慕此,法古为治,罪奸制顽,欲惩一而戒百。奈何今之人心不然,见善则远而不从,见恶则趋而党比。如李子中等九名,先为造罪渊深,迁徙福建沙县安置,磨其奸顽之心,使得自省。其李子中等怙恶不悛,构非日甚,复入衙门,交结官吏、顽民汪澄、林均泽等。其澄等不以子中得罪于朝廷,辄与交友,朋党构非。吁!使子中等之罪,纵朝廷罪之不当,澄等岂得与之来往?况子中等罪恶贯盈,法不容宥而宥之。澄等既不能疾恶,却乃同恶相济,杀身之罪可得而逃乎?

力士催砖第八十一

自元兵乱,豪杰最多。朕尝抚恤头目军士,并无失错,所以肯听号令的，如今封公、封侯，做指挥、千百户、卫所镇抚，这的是抚绥的成效。近年以来，起取民间有力壮士充校尉，随驾出入。因见好汉，著令四方打差，实是恩抚这等壮士。为甚么这般说？因各衙门皂隶、驾前行人，遇有差使，至其所在，虽不需索，动止便以财物相送。再思皂隶、行人，于朝无功，于民无益，到处所受赃私动经千百，此等赃钞并无人评告，禁也禁不住。为此，令力士打差，若得此财，却不恩养壮士，随驾出入。岂期力士周金保等八名，为催办城砖事差往常州等府，至彼受财无厌，又行脱放有罪囚徒，受彼赃私，经九月不至。差人诣所在捉拿，本人已于本处娶讫妻室，盖造院宅，置买牲口，就彼为家。呜呼！不知恩者有如是。若止接告状钱物，怀归分送若干归家养父母，留若干己用，更知朕恩，终身无患。一旦被酒色财物迷惑其心，恩不知，害不见，以致杀身。

牙行第八十二

天下府、州、县、镇店去处，不许有官牙、私牙。一切客商应有货物，照例投税之后，听从发卖。敢有称系官牙、私牙，许邻里坊厢拿获赴京，以凭迁徙化外。若系官牙，其该吏全家迁徙。[①]敢有为官牙、私牙，两邻不首，罪同。巡阑敢有刁蹬多取客货者，许客商拿赴京来。不应税而税者，且如海南民有娶新妇者，其县官将下礼牲口并新妇俱要税钱，已行拿赴京师，治以死罪。今山东胶水县丞欧阳祥可，[②]不鉴前非，又将人家下礼牲口

①　其该吏全家迁徙：该，内阁文库本作"官"。
②　今山东胶水县丞欧阳祥可：内阁文库本脱"胶"字；欧阳祥可，内阁文库本作欧阳祥何。

索要税钱，诈取财物，自取之罪，安可逃乎？所以罪同海南县官者，为其蹈恶也。

秦升等怙终第八十三

呜呼！人有怙终不悛者，果然。曩为昆山县水灾事，朕命进士秦升、张子恭、王朴往视灾所，务必以实归告，赈济细民。升行之日，朕谓升曰："尔年壮方行，朕有嘱焉。此行防民奸诈，其诱说非一端。其诱说之道，或以女色，或以金银钱钞，或以匹帛，或以诸等玩好，觇视尔情，果何等可以动尔之心。设使数等不能动其心，必又以丰美肴羞，盛筵以待。尔果志坚，勿堕此计。"升既听，[①]诣所在，即违此教。首与旧识教谕漆居恭会，次与茜泾巡检姚诚会，亦是同类生员。其漆居恭为教谕，姚诚为巡检，因与相合，浸润说诱，筵宴、银钞、缎匹、衣服、靴布等物，[②]尽行受纳，将民人成熟田二万二千六百亩，作灾妄奏，致令监生覆踏不同。彼时秦升已升户部左侍郎，张子恭、王朴除工科给事中。虽是作弊分明，不肯轻易便问本人，诣灾所拿到原根查踏水灾随从人员，问出作弊真情未及十分，十分中不过三四。朕谓法司曰："升等年幼方仕，未可尽究其弊，略知一二，不解见任，姑待革非。止是画影图形，昭示刑状，[③]顿锉成人。"[④]升已亲笔供招在官，明日见出示象形，升乃以是饰非，意在上谤朝廷，指名撼拾当道御史，将亲笔所招尽皆不认。复命法司更道复

---

① 升既听：升，内阁文库本误作"身"。
② 筵宴银钞缎匹衣服靴布等物：钞，内阁文库本作"钱"。
③ 昭示刑状：刑，内阁文库本作"形"。
④ 顿锉成人：《丛书》本、内阁文库本作"挫"。

问，被原根查踏水灾皂隶、弓兵、吏员人等，将升等本末作弊缘由，馨其所以，露升非为。及将升亲笔所招，置升面前，升默然无对。初不欲究尽其弊，止知一二。既是怙终，必要务知本末，所以不能隐讳奸贪。其所得之赃，除衣、布、银两、靴物外，钞该一千一百贯，亲招在官。令法司引赴奉天门。朕谓升曰："朕教尔多矣。今终不从，此际何如？"升对曰："初好来。知县李均与瓜一个，曾推腹痛不食。后为教谕漆居恭、巡检姚诚、吏卒陆安等皆曰：此间知县已去十五矣，官人逃不去。升被说不过，领受赃私。今日死得是，死得好。"朕谓升曰："未尝曾教尔死，已命法司不解见任，待尔去非就善。今不听朕命，吾何救尔？令锦衣卫与尔刃器，给尔绳索，从尔自尽。内除王朴性不怙终，见任不解。"升等默然而往。诣玄津桥，观刃器，视绳索，谓傍曰："临终也，上且加恩于我。"就绳而缢。呜呼！造罪渊深，不能自活者，有如是耶。

查踏水灾第八十四

进士行人差遣查踏水灾，询问民瘼。有等父母善教之子，[①]从实踏勘，以灾来闻，奸诈奏罪，民瘼备知。有等父母不教之徒，所在州、县，民瘼不问，贪要赃私，接受马前文册或彻票批，坐视过期，动经旬月。及其归也，一概诬词妄奏。计不才者一百四十一名：

进士

　秦升　　张子恭　　王朴　　李哲

---

① 故宫、国图藏洪武内府刻本脱"询问民瘼有等父母善教"十字。

陈 益	海永清	卓 闰	缪 均
赵 泰	张 端	卫善初	王 蒙
张 莹	黄惟清	谭子英	甘友信
卫俊明	杨志明①	庞 清	金惟一
宋仁桂	凌 辂	顾 谠	刘 观
陈 绶	刘 庸	张 义	胡 本
周从善	张 和	李伯冲	陈泃仁
张 纛	陈善生	刘 辐	孙 纛
向 宝	赵 刚	蔡 玄	谭彦方
丁 麟	辛 民	熊政隆	黄 健
张 轫	韩 毅	田 忠	彭 庆
齐 肃	彭仁俊	叶 耀	张 山
沈志远	余二十八名		

行人

李 良	张 鲁	丛 观	薛 昭②
饶 礼	吴 贯	吴 武	冯 吉
张 仁	高仁寿	薛秉彝	邢 楷
邓仲保	姚伯华	杨 京	廖 中③
唐 诚	刘 允	赵士弘	赵景春
熊士良	谭文渊	毕 敏	何原琛
熊文渊	熊希远	李 进	薛 贞
郑士玄	朱名辉	朱邦宪	马奉先
李焕然	杨勉学	聂 恕	孙 铭

---

① 杨志明：《丛书》本、内阁文库本作"杨志铭"。
② 薛昭：薛，同"薛"，《丛书》本作"薛"，内阁文库本作"薩"。下同。
③ 廖中：中，内阁文库本作"忠"。

刘仲辅　　余二十三名

水灾不及赈济第八十五

往为有司征收税粮不便，所以复设粮长，教田多的大户，管著粮少的小户。想这等大户，肯顾自家田产，必推仁心，利济小民。当复设之时，特令赴京，面听朕言。关给勘合，不许地方犬牙相制，只教管著周围附近的人户，易催易办。若区内田有洒派的，教收在自户下，不过割的，便过割了。如果有积年荒田，明白具本来奏除豁了。各各粮长目击耳闻前去，一至本乡，巧立名色，其弊多端，剥削吾良民，不可胜言。地方依旧犬牙相制，民间洒派、包荒、不过割的，俱不来奏知，却通同刁猾顽民，妄告水灾。本灾一分，告灾十分。及至差人诣所在查踏，却乃多方设计，贿赂所差进士、行人、监生，扶同准灾，捏合回奏。其被灾人户，灾本一分，今告十分，并不敢将此等人户一概赴京赈济。以致实灾小民，混淆难以分别，至今不得赈其贫乏，使朕宵衣，皇皇无已。吁！朕设粮长，本欲便于细民，不期此等之徒，奸贪无厌，身家不顾，实为民患。惟天可鉴，智人详之。

婚娶第八十六

古至如今，凡人父母，未有不慈者。其慈之道，非是强为，实是自然之道。有等愚父母止知宽爱为慈，岂知宽爱反害于子。其宽爱害于子者，为何？宽则无教，爱且姑息，[①] 致子诸事不能，

---

① 爱且姑息　息，《丛书》本作"惜"，误。

止靠祖业。父母方逝，身既不能，产业日消，窘于衣食，是其不慈也，是其反害也。有等慈父母，外加严容，内怀宽爱，善教不堕刑宪。比子长成，诸事善为，终世不乏衣食。虽曰严容，其宽爱之道显矣。朕自开国以来，凡官多用老成。既用之后，不期皆系老奸巨猾，造罪无厌。及至进用后生，皆是年壮英俊。初，父母且贤，致令习学经书，通达古今，已成士矣。其父母宽爱之道，得其宜也，至此之际，各各父母反为愚夫愚妇，子既年壮，公私作为，无有不可者。朕既授以官，且有厚禄，只身在任，朝出暮归，寒暑为之自调，汤药亦为之自奉。其父母愚而不与之娶，致令孤守厚禄，淫欲之情横作。一旦苟合于无藉之妇，暮去朝来，精神为之妄丧，财物由是而空虚，天生诚实之性，因而散乱，虽古智人君子，莫复其原，岂不艰哉。今以《诰》告，凡在京有官君子之父母，即早婚娶前来，以固子天生自然之性。不然，暂染娼优，污合村妇，性一乖为，莫可得而再治。其诸父母，早为之计。

颁行续诰第八十七

朕出斯令，一曰《大诰》，一曰《续编》。斯上下之本，臣民之至宝，发布天下，务必户户有之。敢有不敬而不收者，非吾治化之民，迁居化外，永不令归，的不虚示。

大诰续编后序①

曩为天下臣民不从教者多，朕于机务之隙，特将臣民所犯，条成二《诰》，颁示中外，使家传人诵，得以惩戒而遵守之。《诰》行既久，近监察御史丘野奏，所在翻刻印行者，字多讹舛，文不可读。欲穷治而罪之，朕念民愚者多，况所颁二《诰》字微画细，传刻之际，是致差讹。今特命中书大书重刻颁行，使所在有司，就将此本，易于翻刻，免致传写之误。敢有仍前故意差讹，定拿所司提调及刊写者，人各治以重罪。洪武十九年冬十有一月二十五日谕。②

① 《御制大诰续编》诸版本书末均有《后序》全文，然未书标题，此标题系点校者所加。
② 国图藏洪武二十年太原府刻本残卷《御制大诰续编》书末，记有太原府刻本提调翻刻、对读校正官员姓名和刻字匠等名单："提调翻刻太原府知府张景哲。对读校正无差□曲县知县何素直，太原府学训导安处善。刻字匠：李孝思、刘伯通、牛智、侯德林、张友信、王成、郭宗道、王十、李岩、王三、牛小三、史挨驴、崔兴、牛大本、范继祖、陶允中、王八、金小二、王文刚、葛贞。刻印匠：李彦良、王秉彝、夏德。"底本及其他版本均无此类记载。

御制大诰三编

御制大诰三编序①

朕为臣民有不善者，往往造罪渊深。及其犯也，法司究问，情弊显然。以其弊也，弊甚多端。以其情也，情甚奸深。由是法司原情拟弊，凡律所该载者，各随所犯，备施五刑，如此者非一年矣。其奸顽之徒，未尝肯格心向善，良民君子每被扰害，终无一岁优闲。朕才疏德薄，控驭之道竭矣。遂于洪武十八年冬十一月，首出《大诰》前编，以示臣民。其《诰》一出，良民君子欣然遵奉。恶人以为不然，仍蹈前非者叠叠，不旋踵而发觉。发觉速者为何？为良民君子，知前《诰》之精微，一心钦遵，有所怙恃，乃与奸恶辨。所以强凌人者，众暴人者，以计量致赚人者，设诸不正邪谋之徒，专以此为良善之害者，一施即为良善之所擒。所以发觉之疾也，所以良善之志伸矣，含冤者渐少。然无藉奸顽尚不知善良秉《大诰》以除奸顽，设心无知，轻生易死，犯若寻常，上累朝廷用刑之惨，下灭身家，若此者又非一二人。朕虑不忍，以《续编》再出，警省愚顽，使毋仍蹈。《诰》出，良民一见，钦敬之心，如流之趋下。巨恶之徒，尚以为不然。中恶之徒，将欲迁善而不能。云何？以其恶已及人，盈于胸怀，著于耳目矣，终被善良所擒。朕观若是，斯二《诰》于民间，良民君子坦然无忧，伸于诸恶之上。其奸顽之徒，屈于善良之下，虽不死者，终是囚徒。以前二《诰》，良民君子钦遵有益，人各获安。迩来凶顽之人，不善之心，犹未向化，朕复出《诰》以

---

① 内阁文库本缺此序全文。

三示之。奸顽敢有不钦遵者，凡有所犯，比《诰》所禁者治之。呜呼！良民君子之心，言不在多，其心善矣。凶顽之徒，虽数千万言，终不警省，是其自取也。此《诰》三颁，良民君子，家传人诵，以为福寿之宝，不亦美乎！洪武十九年冬十有二月望日序。

御制大诰三编目录

---

① 农吏：吏，内阁文库本作"民"。

臣民倚法为奸第一

于戏！世有奸顽，终化不省，有若是！且如朕臣民有等奸顽者，朕日思月虑，筹计万千，务要全其身命，使扬祖宗，显父母，荣妻子，贵本身，共安天下之民。朕所设一应事务，未尝不稳，一一尽皆的当。其不才臣民百般毁坏，不行依正所行，故意乱政坏法，自取灭亡，往往如此，数百数千矣。故入此奸顽，终了杀身者，莫知其数。且如朕为布政司、府、州、县并军职衙门，恐各官吏才力不及，特设良法使行之。其法已定，其法已良，有等不才奸顽，故意妄生枝节扰乱，使上不能清其事，官吏人民易为作弊。及至事发，使彼自清簿书，少减轻其罪。当此之时，意在求生，其心切切。及其理也，自亦莫能知，是乱之极也。呜呼！其贪心勃然而起，迷其真性，造恶如此，虽欲自求生路，亦也不能。况朝廷及他受害者，如府、州、县官不能，朕设良法，使安其禄位。其常熟县秋粮四十万石有零，教粮长三十余名掌之。临催粮时，省会三十余名人粮办已。本以大户为粮长，掌管本都乡村人民秋夏税粮。其官吏见法正且清，难为作弊，却乃设计乱法。其乱法之计，将粮长不许管领本都乡村纳粮人户，调离本处，或八九十里、一百里，指与地方，使为粮长者，人户不识，乡村不知。其本都、本保及邻家钱粮，却又指他处七八十里、百十里人来管办，务要钱粮不清，田地不真，易为作弊，如此扰害细民，朕将原设三十余名粮长革去，从本县并各处有司设法自办。其常熟官吏用六百有零里长催办，其为首者既多，奸民乘此，其弊纷然，常熟县官莫能谁何！加以自取肥己，一旦发露，官吏杀身，奸民又罪若干，皆乱政坏法自取也。初为上司轻易虐辱所属，朕命不许，凡有合行事务，公文往来，必欲事成其所属。建昌县知县徐颐等，恃倚朕命，二十次，四十次，三十次，十七八次不答应，致使公事有妨。如此乱法，事觉皆处以极刑，尽是沮坏安身之法，自取杀身之祸。如民人乱法，朕见府、州、县官吏苦民极甚，特不许有司差人下乡，有司官吏亦不许亲自下乡。法已行，官吏守者且有一半，民甚安矣。有等恃倚《诰》文，非理抗拒，有司里甲粮长，不肯趋事赴工，① 以致家破人亡者多矣。呜呼！奸顽之徒难治，扶此彼坏，扶彼此坏。观此奸顽，虽神明亦将何如！今将各各所犯条列于后，观者戒之。

一、建昌县知县徐颐，为本县夏税违限不纳，本府帖下督催二十八次，恃顽不答，却乃诡生巧计，暗令纳户黄文哲等赴所纳仓分虚买通关。事发，刑部差旗军张观、音保等提取。本官将刑房吏喻俊轻隐藏，暗图贿赂，接受邓子富等三名钞四百余贯，脱放各人，却令吏房吏徐文政抄批支吾。是后，本县官吏二十余日不于正门出入，潜于后门往来。各军等候日久，不见提到，每日止于县前伺候，忽见抄批吏徐文政，拿住欲同赴京。本官发怒，故将各军罗织，抢入县厅跪问，诬以直行正道，于县门下监锁。内三名脱归，面奏前项事情。本官闻知，才将原监锁军人疏放。及至坐提本官，又行令弟徐二舍会集老人张克成等七十余人，至京妄保。行至江北，止分四十二人赴京，妄诉官有政事。如此奸狡百端，凌迟示众。

一、松江府知府李子安，为钦差旗军傅龙保等十五名到府抄扎犯人计三家财，提取赃吏夏时中等三名，比对勘合之后，李子安不与旗军知会，私自将计三家抄扎，克落家财作弊，又将夏时

---

① 不肯趋事赴工：工，国图明初刻本、内阁文库本作"功"。

中等三名受财卖放。各军因见弊多，欲带该吏张子信赴京回话，本吏将钞十贯相送，被各军送到本府封记。李子安虑恐各军到京发其奸贪，却乃将带本府吏典、皂隶人等，抢夺该吏回去，及将旗军傅龙保等十二名收监。又三名走脱，欲行赴京，其知府李子安与守门镇抚闭门邀截回还，锁禁五十余日。自知非理，朦胧妄申都察院定夺。都察院著令解院施行，其李子安又行设计，却将旗军解赴府军前卫，以至事发，凌迟示众。

一、江浦县知县杨立，为钦差旗军到县追征胡党李茂实盐货事，知县杨立每日于各里长家饮酒，其江浦去京止隔一江，本官并不以公务为重。及见旗军催督追盐，本官先与给事中句端面约，故不答应，却用掌记书写事情，差皂隶送至给事中句端家。句端接入房内，备写缘由，仍令皂隶将回，传递消息。别无上司明文，却称我于给事中处讨得分晓来了，如今不要追盐，每引止折钞四贯。如此结交近侍，欺罔朝廷，事发，凌迟示众。

一、甘泉县知县郑礼南等，为催征洪武十八年欺隐税粮事，本府四十八次帖下催征，本县并不答应。又为追征赃粮赃银等事，累催不见次第。本府委自知事李固亲到本县著追，其知事到于抚安驿安歇，再三令人唤知县郑礼南、主簿娄本前来取招。郑礼南不服，娄本出驿将领袛禁二十余人，将知事李固扯去纱帽，揪住头髻，再三揉辱，喝令袛禁抢去监禁。如此顽恶，凌蔑上司，罪可容乎！

一、开州同知郭惟一，不畏国法，惟务设计赃贪害民。本州耆宿董思文等再三劝谕本官："如今《大诰》颁行，务要安民，官人不可如此。"其同知郭惟一发忿嗔怪，耆宿董思文等因此赴京陈告。其同知郭惟一率领袛禁人等，将耆宿董思文邀截回州，收监在禁，监死董思文一家四口，以致董思文侄董大赴京告发。

其郭惟一枭令示众。

一、德安县丞陈友聪，通同里长唐祐等，欺隐茶株，不行踏勘，接受本人罗、绢、布共十匹，钞八十贯。本府帖下二十七次提取，县丞抗拒不服。① 及府委推官坐提，却行会集吏典、弓兵、里长、茶户周鼎等三十余人，将推官等抢揪入县，喝令打死勿论，随即帮缚枷杻拘监。却写奏启本，差典吏易达、禁子马兴等，管押陈推官等九名赴京，遮掩前非。及至宪司差喻承差同本府知府黄维清前去追提，又行会集周鼎等将门把住，自执铁叉拒敌。肆恶如此，凌迟示众。

一、定陶县知县刘正，为按察司追征赃钞事，移文一十七次，本县不行答应。因差禁子陈良并兖州府差禁子李仕成到县，坐追赃钞四千七百八十贯。知县令兵房吏赵谨将酒一瓶、鸡一只与各人饮吃。各人说称："知县不行追征赃钞，却送鸡酒来。"知县却说："你吃也不追征，不吃也不追征。"后因拿承差皂隶陈良等锁收在禁，行枷杻手起解，又行商量："我不曾追得赃钞起，他不曾坐公厅，骑官驴，若到京，我县家有罪。"因分付长押："中途放了，我只不要他告状便了。"如此奸顽，罪可容乎！

一、莱阳县丞徐坦，为勾军事，府帖一十一次下县催勾，徐坦与兵房吏刘英等受赃一百贯，不行挨勾。及至本府差典吏董志、禁子杜黑马到县提勾官吏，却诬董志等为"驰当道，入正门"，枷杻赴京。闻知本府具奏，才将军丁张玉山勾解搪塞。凌迟示众。

一、溧水县主簿范允，为抄扎奸党张名善家财，本县顽民汤希悦等隐匿抄扎财物，冒告文引，私下递与张名善盘费，以致民人霍进等到县告发。其主簿不以隐匿抄扎家财为重，却行受要汤希悦等钞四百贯，红绫二匹，泯灭其事。向后霍进等欲行赴京陈告，又令汤希悦等邀截回还。故意受赃不理，却敢称说："便告我，也赦我三个死罪。他每不要本县来住。"致被霍进等告出前情。如此怙恩肆恶，枭令任所。

一、嘉定县民蒲辛四，一户分为三户。《大诰》未颁时，蒲辛四充耆宿，时常骗要里民周祥二钱物。《大诰》颁行，蒲辛四畏惧告发，父子三人将周祥二帮缚家内，用油浸纸捻插于周祥二左足大指二指两间，逼令招为害民弓兵。呜呼！民有不良者如此。父子三人，分作三户，名开户不开。其蒲辛四充耆宿，一男充里长，孙充甲首，皆为乡里之害。及至将周祥二帮缚赴京，通政司验问，足有火烧疮肿。蒲辛四语言妄对，拿下问出前情，枭令示众，籍没其家。

一、嘉定县民沈显二，诈称鱼湖头目，与邻人周官二将积年害民里长顾匡帮缚赴京。行至苏州阊门，耆宿曹贵五劝和，沈显二接受钞一十五贯，绸一匹，银钗银镯等物，就行脱放。顾匡畏惧再后事发，亲自赴京出首。耆宿曹贵五闻知本人欲首："我系劝和人，必相连累。"随与一同赴京出首。其民人周官二一闻此事，畏惧首发，亦行赴京出首。其沈显二闻此三人赴京，星夜赶至淳化镇，意在一同出首。其周官二、曹贵五、顾匡设计，却将沈显二帮缚面奏。至通政司，沈显二柜脱在逃。周官二、曹贵五又行设计，却将原拿里长顾匡仍前帮缚赴通政司告。通政司审问："顾匡系你同伴拿人的人，你如何拿他？"周官二言说："顾匡本是我每原拿的人，沈显二受财脱放，我等各人畏惧事发，一同赴京出首。不期沈显二续后赶来，我等一见沈显二到，却将沈显二作骗人财物帮缚前来，故意隐下前情。今沈显二柜脱在逃，我等又将原拿顾匡帮缚首告。"呜呼！民有奸顽者若是，所设计谋，寻常语言说出来，人也早晚不能晓解其计。似此奸顽，四人皆枭令示众，籍没其家。

一、归安县杨旺二，明知本都里长攒造文册，雇倩良民文阿华在家书写，甲首盛秀二助劳，系是办集公事，并无科敛害民情由，却乃奸贪恣恶，将文阿华、盛秀二帮缚拿至安吉县地面，私自监禁一月，百般欺诈银钞等物，脱放各人。为无人保领还家，心恐事发，仍将各人拿来。如此排陷小民，肆奸玩法，枭令示众。

一、安吉县民金方，佃种本县民潘俊二田一亩六分，^①两年田租，不行交还。其潘俊二赴金方家取讨，本人反行嗔怪发狠，将潘俊二作害民豪户帮缚，骗要本人黄牛一只，猪一口，宰请众人饮吃。又行虚勒要潘俊二已收田租并不曾骗要牛只文书三纸，然后将潘俊二帮缚前来。如此骗害良民，枭令示众。

一、崇德县民李付一等，见充本县里甲。为起夫于沿海地面筑城防倭，扰民生理，二次牌勾，故意抗拒不答，俱各在逃。本县批差甲首王辛三勾唤，李付一称说："待我宰羊赛愿，同你赴县办事。"因设计诈请王辛三饮酒，醉后将本人作害民甲首帮缚赴京，言称"王辛三骗我羊酒饮吃。"如此诬诳，各人凌迟示众。

一、乌程县民余仁三等二十九名，系本县富民游茂玉佃户。游茂玉为见水灾，余仁三等各各缺食，将自己粮米俵借各人食用。其余仁三等不行备办交还，却嗔游茂玉取讨，因结构顽民一百余人至游茂玉家，将本人房屋门户俱各打碎。游茂玉为见凶

---

① 佃种本县民潘俊二田一亩六分：一亩，内阁文库本误作"土亩"。

顽，潜躲他处。余仁三等于游茂玉家搜出原借米文约，其粮长闵益亦在其中，同恶相济，将原借米文约唱名俵还各户。又于游茂玉家箱笼内抢出银四十五两，钞七十五贯，首告买免。又将游茂玉家山羊二只宰杀赛神，却将游茂玉作豪民帮缚赴京。如此凶顽，除将余仁三、闵益、严三保等枭令示众，其余各人发化外充军，家下人口，迁发化外。

一、归安县民慎右三等，明知本都民人许福三、张胜四系是民害，自合即拿赴京，却不合指以帮缚民害为由，恐吓许福三等财物，致被福三等逃躲。因将许福三房屋门户毁坏，鸡鹅羊酒，私宰群饮，诣神祈卜，然后将许福三等拿来。行至上元县土桥，又行设计，逼令本人虚写借米四十七石文约一纸与我，我只将你作帮虎名色拿去，免致枭令抄扎。行至通济门外，又行设计，将所拿二人分作二起妄告，冒请赏给，以致被拿人告发。免死发广西拿象，人口迁于化外。

一、归安县民戴兴四等，为恃顽不纳秋粮，里长陈胜佑雇倩农民丘华一前到伊家催取。其戴兴四等嗔怪本人到家取索，却将丘华一作帮虎拿来，致被通政司审出前情。免死发广西拿象，全家抄扎，人口迁于化外。

一、苏州府吴县粮长於友本系胡党，数曾犯法，面刺死囚"隐送同罪"。本人因与胡惟庸通谋，其弟於名，职内藏库官，掌管钱帛，偷盗库藏财物，已发宁夏充军，本人亦发凤阳屯种。后本人将"隐送同罪"四字起去，还乡复业，充洪武十八年粮长。至十九年，本区内里长盛宗欲行赴京陈告本人胡党事，其於友将本人邀回，置礼求免。略得少暇，却率家人及邻里分使胡惟庸钱物者沈革六等二十名，① 将里长盛宗作害民弓兵帮缚赴京。
朕亲面见，其里长盛宗从前分诉於友为恶缘由，党弊昭然。于是
命法司发回本贯枭令示众，籍没其家。

进士监生不悛第二

　　呜呼！为人子不才，徒劳父母鞠育慈爱之心，莫甚于进士监
生王本道等三百六十四名。且如父母养儿女也，初无儿女，才觉
有孕，夫妻不胜之喜。月分既足，得生男子，以为大喜，女生亦
为之喜。既生，百日之间，酣睡中时或为之笑，父母视之亦为之
喜。将周，或肚踢音倜，或擦行，或马跁音扒，有时依物而立，父
母尤甚欢情，然而鞠育之劳，正在此际。所以父母之劳，忧近水
火，以其无知也，设若水火之近，非焚则溺。冬恐寒逼，夏恐虫
伤，四时增减衣服，调理忧勤，劳于父母，岂一言而可尽。今王
本道等不能推父母之慈情，立志在于禄位，显扬祖宗，丰奉父
母，而乃奸计日生，杀身之道数履。在近者每朝面谕，奸迷其
心，顽不肯遵。选行者，谕之尤甚，人各面从心异。朕言如水，
人心如石，沃之既久，未见少润；加以镌凿，未见成文。不能化
者有如是耶！王本道等将前所说父母之劳，数十年灯窗之苦，不
数月一时尽丧。呜呼！君子观之，岂不惜哉！志士岂不恨乎！且
诸生年幼，况初入仕，凡有所犯，必免之更免，以待成人。独王
本道等两犯不悛，至于四犯。由是虽有一犯者，不得不诰之天
下。今将各生所犯，名题于首，概注于足。所在志士贤人君子，
目此以推心，② 成人于悠久，立名于天地间，未知听乎！

---

① 却率家人及邻里分使胡惟庸钱物者沈革六等二十名：沈革六，内阁文库本作"沈草六"。
② 目此以推心：推，内阁文库本误作"惟"。

四犯

死罪

进士

王本道　任刑部主事，一次淹禁无招粮长身死。戴徒罪还职；一次受赃一百贯，戴绞罪还职；一次水灾受钞五十贯；一次受赃六十贯，禁死原告，处决。

三犯

死罪

进士

罗师贡　任监察御史，一次为水灾受赃，戴流罪还职；一次为水灾受赃一百贯，戴绞罪还职；一次受赃，故出邀截实封李典史死罪，① 处决。

刘辐　任光禄司署丞，② 一次为水灾受赃四十七贯五百文，戴流罪还职；一次为水灾受赃一百十七贯，戴绞罪还职；一次克落官钞九十三贯，剁指书写。

二犯

死罪

进士

陈宗礼　任监察御史，一次为紊乱朝政，戴斩罪还职；一次为朦胧奏旧监生作新监生疏放，戴斩罪还职。

张翚　任监察御史，一次为受赃十贯，出人死罪，戴砌城安置罪还职；一次为受赃二百十贯，戴绞罪还职。

李哲　任监察御史，一次为水灾受钞五十贯，衣服二件，戴流罪还职；一次为变乱成法，戴斩罪还职。

---

① 故出邀截实封李典史死罪：史，内阁文库本误作"吏"。据《明史》卷七五《职官四》、《罪惟录》卷二七，"吏"应作"史"。

② 任光禄司署丞：司，内阁文库本误作"寺"。据《明史》卷七四《职官三》：光禄寺于洪武"八年改寺为司"，"三十年复为光禄寺"。《大诰》编纂于洪武十八年至二十年间，故应作"光禄司"为妥。

黄健 任户部主事，一次为水灾受钞三十五贯，青绉丝一匹，戴流罪还职；
　　一次为水灾受钞九十贯，戴绞罪还职。

徐诚 任刑部主事，一次为水灾受钞三十七贯五百文，毡衫一领，戴徒罪还
　　职；一次为水灾受银一十两，计前赃戴绞罪还职。

庞守文 任刑部主事，一次为受赃五十贯，朦胧奏准，戴斩罪还职；一次
　　为受赃九十贯，戴绞罪还职。

李巽 任工部主事，一次为水灾受钞四十贯，戴徒罪还职；一次为受赃五百
　　五十贯，戴绞罪还职。

凌辂 任汉阳府知府，一次为水灾受鹅酒并钞十贯，戴徒罪充书吏；一次为
　　搜求楚王细事，杖一百，戴死罪还职。

孙矗 任嘉定县丞，一次为水灾受钞二十贯，银五两，戴流罪由给事中改除
　　今职；① 一次为水灾受钞五百六十七贯五百文，绿绉丝一段，该绞追赃。

向宝 任兵部员外郎，一次为水灾受银五两，又教秦升妄奏，戴流罪还职；
　　一次为水灾受钞五百六十七贯五百文，② 绿绉丝一段，该绞追赃。

蔡玄 任给事中，一次为水灾受钞四十贯，衣服一件，戴流罪降长洲县丞；
　　一次为空押差批受钞四百贯，戴绞罪降除两淮盐仓副使。

张山 见役浙江书吏，一次为水灾受赃五十贯，戴流罪还职；一次为水灾受
　　钞四十贯，二乔画一轴，计前赃戴绞罪降充书吏。

叶耀 见役浙江书吏，一次为水灾受赃五十贯，戴流罪还职；一次为水灾受
　　钞四十贯，醉杨妃画一轴，计前赃戴绞罪降充书吏。

陈郁 任刑部主事，一次为穿黄色衣服，戴斩罪还职；一次为变乱成法，为
　　从减等，戴流罪还职。

庞清 任扬州府试知府，一次为水灾受赃四十贯，戴徒罪降充书吏今任；一
　　次为钦差旗军将带该吏赴京，强行夺回，戴斩罪还职。

王朴 任监察御史，一次为水灾受赃一百贯，戴绞罪还职；一次为奸顽诽谤

---

① 戴流罪由给事中改除今职：今，内阁文库本作“本”。
② 一次为水灾受钞五百六十七贯五百文：底本脱“一”字，据《丛书》本、内阁文库本
补。

不办事，处决。

辛民　任工部主事，为水灾受钞二十贯，银五两，① 戴徒罪还职；一次为受买炭等钞五百五十贯，② 该斩追赃。

徐彦和　任监察御史，一次为水灾受赃，③ 戴罪还职；一次为故禁平人致死，处决。

张耆　任吴江知县，一次为水灾受钞六十贯，绵布一匹，靴一双，戴流罪还职；一次为阻当耆宿拿人赴京，戴斩罪还职。

周从善　任吴江县丞，一次为水灾受钞五十贯，戴流罪还职；一次为阻当耆宿拿人赴京，戴斩罪还职。

赵泰　任阜平县丞，一次为水灾受银三十两，钞二百五十贯，衣服四件，戴绞罪还职；一次为水灾受钞三百四十贯，银五十两，罗布六匹，就任追赃戴罪。

监生

田斌　任监察御史，一次为脱放逃囚，受赃一百三十贯，④ 绢十匹，戴绞罪由亳县主簿改除今职；⑤ 一次为受赃八十贯，⑥ 减轻陈至善罪名，戴斩罪还职。

蹇煜　任太平府经历，一次为水灾受钞三十贯，银二两，戴徒罪读书今任；一次为受赃擅自巧立受给名色，罪该枭令。

钟道玄　任监察御史，一次为听宋正心设计，逼令曹英等招承，戴一百安置罪还职；一次为受赃八十贯，减轻陈至善等罪名，戴斩罪还职。

王克顺　任监察御史，一次为先踏水灾，受钞八十贯，戴流罪还职；一次为受钞八十贯，减轻人罪，该斩。

黄克庸　任江浦县丞，一次为科敛受钞五十贯，戴流罪还职；一次为受钞一百一十贯，该绞。

---

① 银五两：国图明初刻本、内阁文库本"银"下有"子"字。
② 一次为受买炭等钞五百五十贯：买，国图明初刻本、内阁文库本作"卖"。
③ 一次为水灾受赃：内阁文库本无"一次"二字。
④ 受赃一百三十贯：赃，内阁文库本作"钞"。
⑤ 戴绞罪由亳县主簿改除今职：内阁文库本脱"亳县"二字。
⑥ 一次为受赃八十贯：赃，内阁文库本作"钞"。

流罪

进士

魏安仁 任严州府同知，一次为诈冒丁忧，戴徒罪发充书吏；一次今任为故出人罪，戴罪降除翁源县典史。

李伯冲 任旌德县主簿，一次为水灾受钞三十贯，① 戴徒罪还职；一次为监支月粮受钞四十八贯，戴流罪还职。

万质 任监察御史，一次为巡按失职，② 戴一百安置罪还职；一次为受赃四十五贯，陷害军官，戴一百安置罪还职。

胡宁 任刑部主事，一次为禁死无招粮长，戴徒罪还职；一次为受赃五十贯，故禁平人致死，为从减等，戴流罪还职。

高冲 任刑部主事，一次为禁死无招粮长，戴徒罪还职；一次为受赃五十贯，故禁平人致死，为从减等，戴流罪还职。

监生

何鸣 任刑部郎中，一次为淹禁囚死，戴徒罪还职；一次为变乱成法，为从减等，戴流罪还职。

盛如英 任安乡县丞，一次为举保人材不当，戴杖罪还职；一次为科敛钞三百贯，戴流罪还职。

一犯

死罪

进士

徐敏 任万宁县丞，为解课受钞一百一十贯，戴绞罪还职。

魏惟古 任吏科给事中，为水灾受钞一百贯并衣服等物，戴绞罪还职。

王牧 任沙河县丞，为水灾受钞六十贯，银十两，戴绞罪还职。

陈绶 任刑部主事，为水灾受银十五两，钞二十五贯，青纻丝一匹，戴绞罪还职。

---

① 一次为水灾受钞三十贯：三十贯，国图明初刻本作"二十贯"。
② 一次为巡按失职：按，国图明初刻本作"案"。

彭庆　任工部郎中，为水灾受钞八十两，① 戴绞罪还职。

田忠　任兵科给事中，为水灾受钞八十贯，戴绞罪还职。

董薛　任兵部主事，为选武官受赃一百五十贯作弊，戴死罪还职。

樊士信　任兵部主事，为水灾受钞一百贯，戴绞罪还职。

王进　任刑部主事，为受钞五十贯，朦胧奏准，戴斩罪还职。

林同　任刑部主事，为受钞五十贯，朦胧奏准，戴斩罪还职。

邓伟奇　任刑部主事，为受钞五十贯，朦胧奏准，戴斩罪还职。

顾谩　任工部员外郎，为水灾受钞六十五贯，银五两，皂羊皮靴一双，绿绫团褶一领，戴绞罪还职。

杨居正　任监察御史，为不公等事，受钞三百贯，戴绞罪还职。

卓闰　为踏水灾受钞三十七贯五百文，银七两五钱，木绵衣服一件，免死发金齿充军。②

海永清　为踏水灾受钞三十七贯五百文，银七两五钱，木绵衣服一件，免死发金齿充军。

袁宗弼　任昌平县丞，为水灾受钞八十贯，戴绞罪还职。

陈至善　任来安县丞，为科敛民钱，邀截实封，该斩禁锢书写。

石岳　任麻城县丞，为秋粮受钞八百六十八贯，戴绞罪还职。

陈迪　任刑科给事中，为受解钞人钞一百五十贯，该斩追赃。

王恪　任繁峙县丞，③ 为水灾受钞八十贯，戴绞罪还职。

张翀　任太康县丞，为克落赈济钞五百贯，戴斩罪还职。

杨新　任杞县丞，为克落赈济钞三百五十贯，戴斩罪还职。

鲁望　任陵水县丞，为修船等事受钞一百贯，戴绞罪还职。

---

① 为水灾受钞八十两：两，国图明初刻本、内阁文库本作"贯"，是也。底本误。

② 木棉衣服一件，免死发金齿充军：国图藏洪武内府刻本脱"服一件，免死发"六字。故宫藏洪武内府刻本脱"衣服一件，免死发"七字，墨笔改为"衣服二件，见允发"，误。

③ 任繁峙县丞：繁峙县，内阁文库本作"繁時县"。据《明史》卷四一《地理二》：繁時县"洪武二年改为繁峙县"。

句端　任刑科给事中，为交通江浦知县杨立作弊，处斩。

陈迪　任刑部主事，为先接受粮长鹅酒，漏泄事情，戴斩罪还职。

邓祐　任定襄县丞，为进课结交近侍，戴斩罪还职。

姚复　任工部郎中，为受盗卖官炭钞四百五十贯，追赃。

高起　任工部员外郎，为受盗卖官炭钞四百贯，追赃。

张善同　任茶陵县丞，为分课程钞三百贯，戴斩罪还职。

陈善生　任光禄司监事，为水灾节次受钞九十五贯，戴绞罪还职。

杨克绍　任刑科给事中，为盗勘合卖囚，处决。

应孟吕　任兵科给事中，为选武官作弊，处决。

吴渊　任庶吉士，为诈传旨意作弊，处决。

李忠　任寿阳县知县，为解课盗用钞五百贯，该斩追赃。

钱巽　任电白县丞，为造课程册受银七两，钞五十五贯，戴绞罪还职。

庞安　任刑部主事，为受钞八十贯，戴绞罪还职。

程士箴　任监察御史，为具本变乱成法，戴斩罪还职。

余玱　任金华府通判，为水灾受钞八十贯，戴绞罪还职。

陈基　任徽州府推官，为受钞九十贯，故出人罪，戴绞罪还职。

刘观　任太谷县丞，为水灾受钞六十五贯，银五两，皂羊皮靴一双，红绫团
　　　褶一领，戴绞罪还职。

高成　任阳江县知县，为解课科钞九十贯入己，戴绞罪还职。

鲁瞻　任工部主事，为卖放人匠，受钞四百二十贯，戴绞罪还职。

邵思恭　任刑部主事，为具奏变乱成法，戴斩罪还职。

谢谦　任益都县丞，为受钞七十贯，擅接无勘合行移，戴凌迟罪还职。

监生

张友端　任宿松县知县，为受钞一百贯，圆领二件，戴绞罪还职。

李登　任宿松县主簿，为分受官价钞六十五贯，戴斩罪还职。

高巍　为水灾受钞三百二十贯，戴绞罪发江西按察司书吏。

陈德宣　任新喻县丞，为城砖事受钞一百二十贯，戴绞罪还职。

傅温　任泰州知州，为申诉事受钞五十贯，银十两，戴绞罪还职。

胡桐　任阳城县主簿，为受钞一百三十贯，戴绞罪还职。

郭选　任刑部司务，为受叶通钞五十贯，朦胧具奏免刺砌城，戴斩罪还职。

丘岳　为通奸囚妇漏泄事情，免死工役。

谌克贞　任金华府同知，为违《诰》下乡扰民，处决。

何玙　任嵊县知县，为违《诰》下乡扰民，该斩。

陈庆　任翼城县知县，为水灾受钞一百二十五贯，戴绞罪还职。

汪铨　任绛县知县，为水灾受钞一百五十贯，戴绞罪还职。

张焕　为差往山西盘粮，受钞一百六十贯，①银十两，绢六匹，戴绞罪追赃。

俞文　任安邑县主簿，为因公擅科绵布一百六十六匹，②受钞七十贯，戴绞罪还职。

邵克敬　任刑科给事中，为交通江浦县知县杨立作弊，该斩。

王智　任来安县知县，为烧毁实封并买重作轻，该斩禁锢书写。

彭寿　任林县知县，为水灾受钞一百二十五贯，戴绞罪还职。

兀俊民　任断事官，为受钞九十贯，故出人罪，戴绞罪还职。

邓继先　任建德县主簿，为受刘兰友等钞二百贯，戴绞罪还职。

曾观生　任都昌县丞，为娶妻等事受赃一百六十贯，戴绞罪还职。

林谦禄　任丰县主簿，为解课等事受赃二百十贯，又行宿娼，戴绞罪还职。

张福生　任宜兴县丞，为受钞五百贯，不行追赃，戴绞罪还职。

黄宗名　任宁都县丞，为分受银二十两，放保极刑老吏，戴绞罪还职。

李海　任束鹿县丞，为解课科钞一百十贯入己，戴绞罪还职。

车德　见任郓城县主簿，为造官吏过名册进呈，不开真犯缘由，戴斩罪还职。③

---

① 受钞一百六十贯：六十，内阁文库本作"九十"。
② 为因公擅科绵布一百六十六匹：内阁文库本无"绵"字。
③ 戴斩罪还职：内阁文库本脱"还"字。

李亨　任霑化县主簿,为分受课钞八十贯,① 戴斩罪还职。

申莹　任万泉县主簿,为受钞一百贯,② 脱放民害,戴绞罪还职。

欧迁　任丹阳县主簿,为编排粮长地方,变乱成法,戴斩罪还职。

胡子巽　任合肥县丞,为秋粮事受钞一百十贯,戴绞罪还职。

刘志聪　任桃源县主簿,为受钞六十贯,捏合检尸,朦胧具启,戴斩罪还职。

陈必文　任阳春县丞,为解课受钞七十五贯,银五两,戴绞罪还职。

袁子玉　任开建县丞,为解课受钞九十贯,戴绞罪还职。

沈养　为查黄册将出小帖,漏泄事情,戴斩罪读书。

尹玄　任断事官,为受指挥何聚钞六十贯,银十三两,戴绞罪还职。

谢载　任户部司务,为填批不关勘合,戴凌迟罪还职。

王玙　任南城县丞,为分受赃银七十四两,③ 戴斩罪还职。

樊暹　任兵部主事,为选武官扶同作弊,戴斩罪还职。

窦礼　任吏部司务,为揭籍点吏作弊,戴斩罪还职。

张哲　任吏部司务,为揭籍点吏作弊,戴斩罪还职。

郭真　为覆踏水灾受钞一百贯,圆领衫二件,戴绞罪还职。

阎文　任吴县主簿,为阻当耆宿拿直司赴京,戴斩罪还职。

刘溥　任桐城县主簿,为秋粮分受钞一百五十贯,戴绞罪还职。

杜用　任曹县知县,为卖放积年民害等事,受钞一百五十贯及阻当耆民赴京奏
　　　事,处斩。

李瀹　任曹县主簿,为受钞四百四十九贯,银四十五两,绢三十匹,出人罪
　　　名,处绞。

尹福护　任仪真县丞,为受赃三十贯,枉问军职,戴斩罪还职。

---

① 为分受课钞八十贯:内阁文库本脱"八"字。
② 为受钞一百贯:一百贯,内阁文库本作"二百贯"。
③ 为分受赃银七十四两:国图藏洪武内府刻本"七"字不清。故宫藏洪武内府刻本改
　　"七"为"至",误。

田畴 任海门县知县，为受周宽等钞二百九十五贯，① 戴绞罪还职。

徒流罪

进士

陈仲述 任监察御史，为具本变乱成法，为从减等，戴流罪还职。

李义 任刑部主事，为具本变乱成法，为从减等，戴流罪还职。

徐复 任刑部主事，为具本变乱成法，为从，戴流罪还职。②

黄德安 任监察御史，为受赃五十贯，③ 故出人罪，戴流罪还职。

马通 任监察御史，为故出人死罪，戴流罪还职。

严震 任监察御史，为巡按失职，戴一百安置罪还职。

胡本 任宜君县丞，为水灾受钞五十贯，戴流罪还职。

任励 任刑部主事，为水灾受钞六十贯，戴流罪还职。

刘文贵 为水灾受钞三十贯，银四两，戴流罪还职。

李子清 任吉水县丞，为追赃受钞五十贯，银五两，戴流罪还职。

郝知微 任诸城县丞，为水灾受钞六十贯，戴流罪还职。

仇益 任监察御史，为水灾受钞一百贯并衣物，均分入己，戴流罪还职。

厉宗义 任刑部主事，为相因受钞五十贯，戴流罪还职。

张敏 任监察御史，为水灾受钞七十五贯，戴流罪还职。

许灵 任延津县丞，为马草科钞五十贯，戴流罪还职。

聂以大 任监察御史，为水灾受钞五十五贯，戴流罪还职。

杨志铭 任户部主事，为水灾受钞四十五贯，免杖流发金齿充军。

何鲁 任监察御史，为巡按失职，戴一百安置罪还职。

阎察 任监察御史，为受赃故出人死罪，戴流罪还职。

宋点 任监察御史，为受赃故出人死罪，戴流罪还职。

---

① 为受周宽等钞二百九十五贯：周宽，内阁文库本作"周竟"。
② 为从，戴流罪还职：内阁文库本"从"下有"减等"二字。
③ 为受赃五十贯：受赃，国图明初刻本作"受财"；内阁文库本误作"交财"。

熊政隆　任宁化县丞，为水灾受钞六十贯，戴流罪还职。

宋仁桂　为踏水灾受钞五十贯，免杖流发金齿充军。

甘友信　为踏水灾受钞六十贯，免杖流发云南安置。

赵刚　任华亭县丞，为水灾受钞四十贯，衣服一件，戴流罪还职。

卫俊明　任监察御史，为水灾受钞四十五贯，免杖流发金齿充军。

张轨　任户部主事，为水灾受钞六十贯，戴流罪还职。

王顺德　任光禄司署丞，为水灾受钞七十五贯，毡衫衣靴等物，戴流罪还职。

张义　任光禄司监事，为水灾受钞五十贯，戴罪发充监生。

程以善　任监察御史，为水灾受钞五十贯，戴流罪还职。

张敏德　任监察御史，为水灾受钞五十贯，戴流罪还职。

彭仁俊　任户部主事，为水灾受钞五十贯，银二两五钱，戴流罪还职。

沈志远　任监察御史，为水灾受钞五十贯，银二两五钱，戴流罪还职。

陈润仁　任刑科给事中，为水灾受钞六十贯，绵布一匹，靴一双，戴流罪
　　还职。

周成　任监察御史，为水灾受钞三十贯，银四两，戴流罪还职。

谢思义　任监察御史，为水灾受钞六十贯，戴流罪还职。

姚傅　任监察御史，受钞四十贯，衣服二件，靴一双，戴流罪还职。

曾玉　任兴业县丞，为解课受钞七十贯，戴流罪还职。

黄敬中　任龙泉县丞，为城砖事受钞七十贯，戴流罪还职。

周月华　任灵宝县丞，为水灾受钞五十贯，该流罪，又为伊父结交官吏，抄扎
　　发楚雄充军。

朱瞻　任承敕郎，为水灾受钞三十贯，银五两，戴流罪还职。

项复　任承敕郎，为水灾受钞五十贯，衣服一件，靴一双，戴流罪还职。

周弼　任监察御史，为监支军粮受钞五十贯，①戴流罪还职。

———————————

① 为监支军粮受钞五十贯：军，内阁文库本作"月"。

蔡瑛 任户部主事，为监支马料受钞五十贯，戴流罪还职。

李浚 任兰溪县知县，为私盐事受钞七十五贯，戴流罪还职。

徐宗武 任密县丞，为水灾受钞七十五贯，戴流罪还职。

姚文珙 任刑部主事，为相囚尸受钞六十贯，戴徒罪还职。

程颙 任开城县丞，为水灾受钞五十贯，戴徒罪还职。

谭子英 任工部主事，为水灾受钞五十贯，戴徒罪还职。

韩毅 任平山县丞，为水灾受钞四十贯，绢三丈，戴徒罪还职。

张莹 任贺县丞，为水灾受钞四十贯，绢三丈，戴徒罪还职。

丁麟 任监察御史，为水灾受钞二十贯，银五两，靴一双，戴徒罪还职。

齐肃 任监察御史，为水灾受钞十五贯，绵布一匹，戴徒罪还职。

黄维清 任九江府知府，为水灾受钞十五贯，绵布一匹，戴徒罪还职。

张和 任监察御史，为水灾受钞三十贯，戴徒罪还职。

陈益 任监察御史，为水灾受缎绢绵衣服等物，戴徒罪还职。

卫善初 为踏水灾具奏诈不以实，戴徒罪发充书吏。

王蒙 为覆踏水灾回奏诈不以实,① 戴徒罪发充书吏。

王肃 任户部主事，为迷失官文书，免杖徒发云南充军。

应宗义 任户部主事，为迷失官文书，免杖徒发云南充军。

刘宗海 任监察御史，为水灾受钞二十五贯，纻丝一匹，戴徒罪还职。

王逊 任上高县丞，为水灾受钞二十五贯，纻丝一匹，戴徒罪还职。

王瓛 任容县丞，为受买求照觑钞四十贯，银三两，戴徒罪还职。

李烜 任刑部主事，为禁死无招粮长，戴徒罪还职。

孙仁 任吏科给事中，为直入宫殿中门，戴徒罪还职。

金惟一 任监察御史，为水灾受钞四十贯，戴徒罪发充书吏。

周原 任辰州府推官，受买求宽限钞三十贯，戴徒罪还职。

---

① 为覆踏水灾回奏诈不以实：回，内阁文库本作“面”。

陈顺　任顺昌县丞，为散笔科钞一百贯入己，戴徒罪还职。

陈顺成　任监察御史，为受钞五十贯，枷死囚人六名，戴徒罪还职。

任靖　任刑部主事，为料豆事妄奏不实，戴徒罪还职。

王恒[①]　任监察御史，为水灾受钞四十贯，戴徒罪还职。

监生

刘文暯　任武宁县丞，为查城砖分受钞七十八贯，戴流罪还职。

张渊　任监察御史，为先踏水灾受钞八十贯，戴流罪还职。

虞震　为踏水灾受钞八十贯，戴流罪读书。

杨熊　任监察御史，为先踏水灾受钞一百五十贯，纻丝一匹半，戴流罪还职。

潘恒　任断事官，为具本变乱成法，为从减等，戴流罪还职。

武用文　为踏水灾受钞八十贯，戴流罪读书。

吴范　为踏水灾受钞八十贯，戴流罪读书。

吴德贵　任临安县丞，为踏水灾受钞八十贯，戴流罪还职。

刘福　任黄县知县，先为水灾受钞八十贯，戴流罪还职。

张文中　任东平州同知，先为水灾受钞八十贯，戴流罪还职。

连洪　任清平县知县，先为水灾受钞八十贯，戴流罪还职。

仝润　任垣曲县知县，先为水灾受钞八十贯，戴流罪还职。

田振　任乐安县丞，先为水灾受钞四十贯，银二两半，戴徒罪还职。

龙存仁　任福宁县知县，先为水灾受钞六十贯，银四两，戴流罪还职。

徐泰　任孟津县知县，先为水灾受钞八十贯，戴流罪还职。

丘野　任监察御史，为具本变乱成法，为从减等，戴流罪还职。

顾一举　任句容县主簿，为水灾科钞五十贯入己，戴流罪还职。

李忠　任监察御史，为见人下水不救，戴一百安置罪还职。

吴敬　任监察御史，为见人下水不救，戴一百安置罪还职。

---

① 王恒：内阁文库本作"王桓"。

陈嘉言　任唐县知县，先为水灾受钞八十贯，戴流罪还职。

王毖　任浑源州同知，先为水灾受钞六十贯，银四两，杖一百流三千里砌城。

楚惟善　任扬州府推官，为受钞五十贯，同谋药死人，免杖流工役。

常庆　任泰州判官，为受钞五十贯，将被药死人扶同检尸，免杖流砌城。

欧阳岳　任黄岩县知县，先为水灾受钞八十贯，戴流罪还职。

张复礼　任溧水县知县，为受钞五十贯，免杖流砌城。

南荣甫　任监察御史，为申诉不问，杖一百安置。

刘宪　任刑部员外郎，为受钞五十贯，将囚锁开放，镯脚本部书写。

柴愚　任盱眙县主簿，为将许嫁未过门女作犯人妻抄扎，戴流罪还职。

单贵　任盱眙县丞，为将许嫁未过门女作犯人妻抄扎，戴流罪还职。本官的名贵孙系进士出身。

赵安养　任崇阳县丞，① 为受钞五十贯，故纵逃军，戴流罪还职。

孙励　任夏津县主簿，为受钞六十贯，买免运豆，戴流罪还职。

李益　任静乐县主簿，为闭纳秋粮受钞六十贯，② 戴流罪还职。

陈凤　任雄县丞，为科敛里长钞六十贯，戴流罪还职。

孙让　任黎城县丞，为闭粮受钞七十五贯，③ 戴流罪还职。

刘辟　任兰溪县主簿，为告私盐受钞七十五贯，戴流罪还职。

李震　任山阴县丞，为那移官钱，④ 戴流罪还职。

彭惟中　任临清县知县，先为水灾受钞一百贯，纻丝一匹，戴流罪还职。

崔郁　任安邑县知县，先为水灾受钞一百贯，纻丝一匹，戴流罪还职。

黄燧　任卫辉府同知，为先踏水灾受钞一百十六贯，戴流罪还职。

贺逊　任工部司务，为卖放人匠受钞七十贯，戴流罪还职。⑤

① 任崇阳县丞：崇阳县，内阁文库本作"荣阳县"。
② 为闭纳秋粮受钞六十贯：闭，内阁文库本作"开"。
③ 为闭粮受钞七十五贯：国图明初刻本、内阁文库本无"五"字。
④ 为那移官钱：那，通"挪"。
⑤ 戴流罪还职：流，内阁文库本作"徒"。

萧嗣源　任邵武府通判，先为水灾受钞七十五贯，戴徒罪还职。

李平　任陕州同知，先为水灾受钞三十五贯，纻丝一匹，戴徒罪还职。

曹恒　为踏水灾受要粮长衣服妄奏，戴徒罪读书。

金铸　为踏水灾分受钞三十贯，银二两，戴徒罪读书。

王著　为踏水灾受钞三十五贯，银二两五钱，戴徒罪读书。

钱宗　为踏水灾受钞三十五贯，银二两五钱，戴徒罪读书。

田礼　为踏水灾受钞三十五贯，① 银二两五钱，戴徒罪读书。

吴德渊　为踏水灾受钞三十五贯，戴徒罪读书。

苟平　为踏水灾受钞二十贯，银三两，帽一顶，戴徒罪读书。

温铎　为踏水灾受钞三十五贯，戴徒罪读书。

张经　为踏水灾受钞三十五贯，戴徒罪读书。②

李义　为踏水灾受钞五十贯，靴一双，戴徒罪读书。

景源　为踏水灾受钞四十贯，戴徒罪读书。

刘永　为踏水灾受钞四十贯，戴徒罪读书。

熊弼　为踏水灾受钞三十四贯，戴徒罪读书。

龙佐　为踏水灾受钞三十五贯，银二两五钱，戴徒罪读书。

商善　任沂水县丞，为踏水灾受银五两，戴徒罪还职。

杨逵　任曲周县主簿，为水灾受银五两，戴徒罪还职。

卢英　任礼科给事中，为先踏水灾受钞四十贯，③银二两五钱，绦一条，戴徒罪
　　还职。

张泽　任监察御史，为先踏水灾受钞三十贯，银五两，衣服一领，戴徒罪
　　还职。

黄绍祖　任刑部郎中，先为水灾受钞五十贯，④ 布衫一领，绦一条，戴徒罪

---

① 为踏水灾受钞三十五贯：内阁文库本"踏"前有"先"字。
② 张经条：国图藏洪武内府刻本全条文字脱落不清。
③ 为先踏水灾受钞四十贯：内阁文库本无"先"字。
④ 先为水灾受钞五十贯：五十贯，内阁文库本作"三十贯"。

还职。

王全　任断事官，先为水灾受钞六十贯，戴徒罪还职。

袁岳　任袁州府推官，先为水灾受银五两，戴徒罪还职。

白涓　任定襄县知县，先为水灾受银五两，戴徒罪还职。

丁湘　任锦衣卫知事，先为水灾受钞四十贯，衣服一件，戴徒罪还职。

刘俊　为踏水灾受要衣服等物，戴徒罪读书。①

宛贤　任广昌县丞，为受宽限钞三十贯，盘缠钞九十贯，戴徒罪还职。

蒙逊　任浦江县知县，先为水灾受钞五十贯，② 银二两五钱，衣服等物，戴徒罪还职。

习文真　任遂安县知县，先为水灾受钞五十五贯，银四两，③ 戴徒罪还职。

彭子安　任永康县知县，先为水灾受钞六十五贯，银二两五钱，戴徒罪还职。

吴奎　任礼部司务，为争皂隶奏对不实，戴徒罪还职。

马伯驯　任成武县知县，先为水灾受银四两，钞五贯，戴徒罪还职。

楚温　为踏水灾受钞三十四贯，戴徒罪发充书吏。

黄祯　为踏水灾受钞三十贯，银二两，戴徒罪读书。

邓思恭　为踏水灾受钞三十贯，④ 银二两，戴徒罪读书。

马宗鲁　为踏水灾受钞三十五贯，戴徒罪读书。

龚文志　为踏水灾受钞五十贯，戴徒罪发充书吏。

孙景贤　为踏水灾受钞五十贯，戴徒罪发充书吏。

高升　为踏水灾受钞四十贯，戴徒罪读书。

王会同　为踏水灾受钞四十贯，戴徒罪读书。

程鹏　为踏水灾受钞四十贯，戴徒罪读书。

牛麟　为踏水灾受钞四十贯，戴徒罪读书。

① 戴徒罪读书：读书，内阁文库本作"还职"。
② 先为水灾受钞五十贯：内阁文库本无"先"字。
③ 银四两：国图明初刻本、内阁文库本"银"下有"子"字。
④ 为踏水灾受钞三十贯：三十贯，《丛书》本作"二十贯"。

毕昱 为踏水灾受钞四十贯，戴徒罪除苏州府权通判。

苏清 为踏水灾受钞四十贯，戴徒罪除泗州权同知。

潘奎 为踏水灾受钞四十贯，戴徒罪读书。

王宁 为踏水灾受钞五十贯，戴徒罪读书。

赵通 为踏水灾受钞五十贯，戴徒罪读书。

王谦 为踏水灾受钞五十贯，戴徒罪读书。

高鼎 任密云县知县，为水灾受钞五十贯，戴徒罪还职。

王讷 为踏水灾受钞五十贯，戴徒罪除广南府通判。

刘嘉 为踏水灾受钞四十贯，戴徒罪除越州同知。

徐德芳 为踏水灾受钞三十七贯五百文，戴徒罪读书。

李华 任福安县知县，先为水灾受钞四十二贯五百文，戴徒罪读书。

赵铎 为具奏不实，工役在逃，被获释放为民。

姚福贵 任鄞都县知县，先为水灾受钞三十七贯五百文，戴徒罪读书。

于渊 为踏水灾受钞三十贯，戴徒罪读书。

崔通 为踏水灾受钞三十贯，戴徒罪读书。

邓廷秀 为踏水灾受钞三十贯，① 戴徒罪除云南黑盐井提举。

穆通 为踏水灾受钞五十贯，戴徒罪除顺德府推官。

马骥 为踏水灾受钞二十贯，戴徒罪发充书吏。

陈顺民 为踏水灾受钞五十贯，戴徒罪除岢岚州同知。

张克允 为踏水灾受钞四十贯，戴徒罪除开封府经历。

袁亨 为踏水灾受钞三十贯，戴徒罪除松江府经历。

张逊 为踏水灾受钞四十贯，戴徒罪听差。

乔干 为踏水灾受钞四十贯，戴徒罪读书。

杨允 为踏水灾受钞、布衣服等物，戴徒罪发充书吏。

---

① 为踏水灾受钞三十贯：故宫、国图藏洪武内府刻本"三"字不清，《丛书》本"三"作"二"。

马祥　为踏水灾受钞、布衣服等物，戴徒罪发充书吏。

崔灿　为踏水灾受钞、布衣服等物，戴徒罪发充书吏。

王视远　为踏水灾受钞、布衣服等物，戴徒罪发充书吏。

朱茂　为具启房屋不实，① 免杖徒工役。

吕宗敬　为踏水灾受钞三十贯，② 戴徒罪除苏州府推官。

王观　为踏水灾受钞三十贯，戴徒罪除苏州府知府。

李俊　为踏水灾受钞三十贯，③ 戴徒罪发充苏州府吏。

吕昭　为踏水灾受钞四十贯，戴徒罪除临安府同知。

张彬　为踏水灾受钞二十贯，银三两，帽一顶，戴徒罪读书。

董珪　为踏水灾受钞三十五贯，戴徒罪读书。

王洪　为踏水灾受钞三十二贯五百文，戴徒罪读书。

姚遵　为具启房屋不实，免杖徒工役。

陈政　为水灾受钞四十贯，戴徒罪读书。

徐冕　为踏水灾受钞四十贯，戴徒罪读书。

王亨　为踏水灾受钞二十贯，免杖徒准工。④

秦昭　为踏水灾受钞二十贯，免杖徒工役。

粟如才　为踏水灾受钞三十贯，戴徒罪读书。

尹旻焕　为踏水灾受钞三十二贯五百文，戴徒罪读书。

杨煦　为踏水灾受钞三十二贯五百文，戴徒罪读书。

王希文　为踏水灾受钞三十二贯五百文，戴徒罪读书。

陈礼　为踏水灾受钞三十二贯五百文，戴徒罪读书。

丘思齐　为踏水灾受钞三十贯，靴一双，衣服二件，⑤ 戴徒罪读书。

---

① 为具启房屋不实：具，内阁文库本误作"异"。
② 为踏水灾受钞三十贯：三十贯，内阁文库本作"四十贯"。
③ 为踏水灾受钞三十贯：三十贯，内阁文库本作"四十贯"。
④ 免杖徒准工：准工，内阁文库本作"工役"。
⑤ 靴一双，衣服二件：内阁文库本作"衣服二件，靴一双"。

李宏　为踏水灾受钞二十贯，衣服一件，戴徒罪读书。

康本　为踏水灾受钞五十贯，戴徒罪读书。

徐昌　为踏水灾受钞三十一贯五百文，戴徒罪读书。

张翥　为踏水灾受钞三十二贯五百文，① 戴徒罪读书。

沈常　为踏水灾受钞二十二贯五百文，戴徒罪读书。

李翱　为踏水灾受钞三十贯，衣服二件，靴一双，戴徒罪读书。

王旷　为踏水灾受钞三十贯，衣服二件，靴一双，戴徒罪除苏州府经历。

王政　为踏水灾受钞十贯，圆领一件，戴徒罪读书。

郭诩　为踏水灾受钞三十贯，衣服二件，靴一双，戴徒罪读书。

龚克威　为踏水灾受钞三十贯，《通鉴》四本，网巾一个，袜一双，戴徒罪读书。

马骥　为踏水灾受钞三十贯，书四本，网巾一个，袜一双，戴徒罪读书。

吴鹏　为踏水灾受钞三十贯，靴衣等物，戴徒罪读书。

袁敬先　为踏水灾受钞三十贯，靴一双，衣服二件，戴徒罪读书。

李默　为踏水灾受钞四十贯，戴徒罪读书。

白怀素　为踏水灾受钞十贯，具奏不实，戴徒罪读书。

李煦　任曲沃县主簿，为秋粮科钞入己五十贯，② 戴徒罪还职。

刘凤　任祁阳县知县，为水灾受钞四十贯，靴绦等物，该徒。

江秉彝　任辰州府同知，为水灾受钞六十五贯，银二两五钱，该徒。

贾彬　为踏水灾受钞五十贯，免杖徒工役。

曾文禄　任来安县主簿，为李达身死事，戴徒罪还职。

武赵　任新城县丞，为抄扎事，戴徒罪调除烟瘴地面。

易仁富　为启迁葬不实，戴徒罪读书。

孙英　任全椒县知县，为具启不实，戴徒罪还职。

刘翀　任全椒县主簿，为具启不实，戴徒罪还职。

---

① 为踏水灾受钞三十二贯五百文：三，国图明初刻本、内阁文库本作"二"。
② 为秋粮科钞入己五十贯：内阁文库本脱"科"字。

杖罪

进士

张公宣 任监察御史，为酒醉直行东安门正道，戴杖八十罪还职。

林龟年 任揭扬县丞，为枉道回家诡寄田地，戴杖一百罪还职。

张端 为踏水灾受鹅酒等物，戴杖八十罪发充书吏。

陈权 任奉化县丞，为提人下乡扰民，戴杖一百罪还职。

监生

彭瑛 任魏县知县，为不合听教谕漆居恭使，请踏灾进士，戴杖八十罪还职。

冯敬 为不合受一般监生韩毓央浼查册，杖八十罪读书。

韩毓 任桂阳县主簿，为不合央浼冯敬查册，戴杖八十罪还职。

冯端 为争占房屋，戴杖八十罪读书。

张显 为争占房屋，戴杖八十罪读书。

熊良 任留守右卫知事，为粮斛给批，①致被令史作弊，戴杖八十罪还职。

温铎 任池州府经历，为托病在家，金书奏启本，戴杖八十罪还职。

赵公超 任天长县主簿，为不行根捉抄扎人口，戴杖八十罪还职。

张大初 任湖州府通判，为点替巡阑事，戴杖八十罪还职。

马宗鲁 任兰溪县丞，为私盐不与发落纪录，杖八十罪还职。

任白 任府军卫知事，为赏冬布，将无印长单进库，戴杖一百罪还职。

宋立 为酒醉毁骂卫士，笞四十别用。

呜呼！进士、监生本志士之学，人各聪明，及其管事也，贪婪奸顽之心并作。朕尝忧念，以为惜哉，遂于大班中，竭气语谕之再三，必欲诸进士、监生立志成人。特以目前居官有效者，指示而激劝之。如通政使蔡瑄，左通政茹瑺，户部侍郎杨靖，工部侍郎秦逵，皆同时由进士、监生而登显职，各官乃能率职以称朕

---

① 为粮斛给批：斛，内阁文库本误作"解"。

心。其操也，恪遵先圣先贤之道，故能伸于群职之上，惟夙夜在公而已。所以其家税粮不供，差徭不役，有司吏卒无有登门者。其各家祖父伯叔年高者，朝涉田园以为乐，抚儿孙以为欢。或有居市者，随其所以而遂其情，上无差科之扰，下无邻里相欺之患。如此指示谕之，终不能化。王本道等三百六十四名，愈见奸贪，终不从命，三犯四犯而致杀身者三人，二犯而诽谤杀身又三人，姑容戴罪在职者三十人，一犯戴罪者三百二十八人。呜呼！志人君子，观此可不为之戒乎！劝乎！

公侯佃户第三

公侯世禄佃田人户，往往不肯与民一例当差。此《诰》一出，今后一切杂泛差役，一体应当。敢有不当者，全家迁发化外。管庄人阻当，管庄人处斩。有司听从嘱托分付，一体处斩。且公侯佃田人户，秋夏二税办纳之际，比之众民甚是易办。凡收粮之时，各府遣人诣庄所催督，众户送赴交纳，并无刁蹬留难，淋尖、跌斛及上仓、芦席、脚钱诸等使用并无，比之众民减轻多矣。若再不与众民一体当差，定迁化外。其管庄人倚恃公侯之家，上谩朝廷，下谩本官，假以各官佃户为由，擅隐当差人民入己者处斩，的不虚示。

沽名肆贪第四

布政司官、府、州、县官为非者，莫甚于常州府同知王复春、青州府知府陈希文。且如同知王复春，先任宜兴县主簿，言常州府官差人下县及乡，扰害官民，诉甚有理，朕即命礼部差人赍朕制谕及酒醴以劳，即升常州府同知。不半年余，本官奸宄并出，亲自下乡，临民科扰。青州府知府陈希文，本官先任安庆府怀宁县丞，深知指挥毕寅系是昔乱保民寨主，其寅无厌之心，广侵民地。寅闻民已告，赴县意在嘱托。希文欲图贿赂，执大义以斥之，想必有赂，不期赂未至。府官不才，已受寅之嘱托。府官代寅嘱希文，希文不满，固执大义以责之。朕闻之，遣使以劳，敕谕励焉。至朝，即升青州府知府。到任之后不逾年，差皂隶著令临朐等三县，需索糯米、蒸笼、鞍鞯、黏缨等物。此物皆非各县官吏已有之物，设使必欲应答，^①民受科矣。若此不已，上下交征，民无宁息。以此观之，^②前者阳为君子，阴为小人。青州事觉，其罪安可逃乎！所以枷项，诸衙门封记，差人互递有司，遍历九州之邑，^③已而复罪。所在官者熟读而戒慎之，毋蹈前非。

空引偷军第五

所在官民，凡有赴京者，往年往往水陆赴京，人皆身藏空引。及其至京，临归也，非盗逃军而回，即引逃囚而去，此弊甚有年矣。今后所在有司敢有出空引者，受者，皆枭令，籍没其家。关津隘口及京城各门盘获到空引者，赏钞十锭。赍引者罪如前，拿有司同罪。有等赍正引赴京，引本十人，至京之日，存留五名假作营生，余五名，或偷囚，或偷军，顶名而去，他日引后至，正名方归。惟江西之民有等顽者，其奸尤甚。本引已偷

---

① 设使必欲应答：必，内阁文库本作"心"，误。
② 以此观之：以，内阁文库本作"由"。
③ 遍历九州之邑：历，内阁文库本作"巡"；九州，内阁文库本作"青州"。

军囚去矣，却乃故行哀怜，① 赴官陈告，同行将引先去，致曾以道等无引而归。该司怜其所以，② 径给引以往。如此数等，犯者已数人。今后敢有如此者，枭令于乡间，籍没其家，成丁家口迁于化外。

违诰纵恶第六

为《大诰》出久，镇江坊甲邻里人等，坐视容纵韦栋等一十八名，上惑朕听，归则把持官府，下虐良民，养恶为一郡之殃，束手不擒。韦栋等事发，将坊甲邻里尽行责罚搬石砌城，其费有空其家者有之，有不能存活者有之，有不及搬运石块而逃死者有之。呜呼！比若是而得罪，何不依《大诰》擒恶赴京，一则受赏，二则立良民之名于一郡，使有司畏惧，不敢轻易虐害而频科抑，且去同恶相济之声。其坊甲邻里，姑息坐视者有之，同恶相济者亦有之，以致耗财之役不免。所在城市乡村，见此为戒之，依朕命而行之，太平矣。

李茂实胡党第七

镇江新港李茂实系胡党人数。初，未知茂实乃胡党。由上元县民孙才四投胡惟庸门下，说诱邻里乡民暗为义兵。胡惟庸伏诛，本人逃窜，直至十九年于沙县客店内事发。将至京师，询问本人，本人供称与镇江李小官畏惧党事漏泄，假商在外，不敢还乡。所以著令法司行下镇江，督令搜索李小官家属，数次不获。

---

① 却乃故行哀怜：哀，内阁文库本作"乞"。
② 该司怜其所以：该，内阁文库本作"有"。

忽淫妇严阿周赴法司诉讼，因而讦出李茂实系李小官父。提取李茂实到官，招供明白：洪武九年见胡惟庸，于惟庸家饮酒，西厅宿歇。明日，胡惟庸令李茂实领大银一百三十个，用车推赴船所，装运至本家，遂作大商，支盐二十万引。呜呼！李茂实无知，不守己分，乐天之乐。朕，君也。茂实，富民也。家本不缺用，富且有余，不能报天地阴骘之恩，犹敢舍朕生杀予夺之主而投门下，把持官府，[①] 欺压良善，恶贯神人。所以出幼者皆诛之，是怒及神人也。

陆和仲胡党第八

苏州府吴江县粮长陆和仲，[②] 当十八年粮长。其年水灾民田，朕谓诸粮长曰："今年水为民患，低下之田必伤。尔等归，明白查踏，亲自回奏。熟者输纳税粮，灾者以凭赈济。设有包荒、洒派、移丘换段，不行推收过割并积荒田地，以凭开除，以凭正收作数。"凡所听者，粮长人等不下数百余名。人各不听朕命，归则邪谋设计，将无藉之民妄为状首，伸诉水灾。粮长竟不出名，亦不亲诣灾所，故行以一分灾伤作十分报官，其中以熟作荒者多，以荒作熟者少。比比皆然，未有无者。及至差进士、监生人等亲诣查踏，其粮长豪猾之民，各备资财、缎匹、靴袜、冠帽、衣服、金银、钞锭，说诱进士、监生人等，朦胧作灾来闻。准其奏，待灾民来赈，久而不至。行下有司催并，其催并之词，命户部谓有司曰："有产之家不赈，无产之家佃户人等领赴京

---

① 把持官府：官，内阁文库本误作"富"。
② 苏州府吴江县粮长陆和仲：陆和仲，《续编·粮长妄奏水灾第四十六》作"陆仲和"。疑为同一人，各版本同底本。

来。"其有司通同作弊，乃敢回文曰："据各户所申，人各有田不多，皆非无田之户。系是有产之家，不敢受赈。"呜呼！赃心所迷，不知自己造罪渊深，亦不知民患有此，所以杀身。进士、监生初出为人，未有不中此浸润而污名者也。初本粮长及有司不行执正主张，故生贪心，累及人多甚矣。所以不敢将民赈济者为何？灾已报十分，所灾者止有一分，若以全灾将至赈济，熟田之家良民安肯为之？熟田之家良民人等既不准此，其罪发矣，所以奸顽不肯将至，正欲谩良善，隐熟田。所以灾及灾民，终无赈济，无可伸诉。呜呼！如此之徒，其身家吉昌，果有此乎！未久，苏州府吏杨复罪该断没，籍没家私，于本家箱内搜出告胡党状三纸。原告沈庆童等三名告党陆和仲，三番告党，皆被此吏受财匿状不行，以致陆和仲以一千贯买原告沈庆童等不语，又钞一千六百贯买和劝人陆观保等。因事之发，验陆和仲所纳粮。其粮一万石，上仓止该七百石，尚有九千三百余石恃顽托故不行上仓，意欲侵欺入己。因党事发，身亡家破。呜呼！恶人造罪，终不自已，直候杀身方止，家破人亡，智者详观。

指挥林贤胡党第九

前明州卫指挥林贤，帅兵守御，以备东海。所任之职，务在精操士卒，仿古名将，务要军民安妥，使境内外无虞，竭忠事上，显扬父母，贵其身名，荣及妻子，同诸将名书史册，垂年不朽，岂不伟哉！本官出海防倭，接至日本国王使者归廷用入贡方物。其指挥林贤移文赴都府，都府转奏，朕命以礼送来至京。其归廷用王事既毕，朕厚赏令归，仍命指挥林贤送出东海，既归本国。不期指挥林贤当在京随驾之时，已与胡惟庸交通，结成党弊。及归廷用归，胡惟庸遣宣使陈得中密与设计，令林指挥将归廷用进贡船只，假作倭寇船只失错打了，分用朝廷赏赐，却乃移文中书申禀。胡惟庸佯言奏林指挥过，朕责指挥林贤，就贬日本，居三年。胡惟庸暗差卢州人充中书宣使李旺者，私往日本取回，就借日本国王兵，假作进贡来朝，意在作乱。其来者，正使如瑶藏主，左副使左门尉，右副使右门尉，率精兵倭人带甲者四百余名，倭僧在外。比至，胡惟庸已被诛戮，其日本精兵就发云南守御。洪武十九年，朕将本人命法司问出造反情由，族诛了当。呜呼！人臣不忠者如是。且昔者天下大乱，有志有德者，全民命，全民居。无志无德者，焚民居而杀民命，所过荡然一空。天下群雄以十数为之，其不才无志者诚有七八。惟姑苏张士诚，虽在乱雄，心本智为，德本施仁。奈何在下非人，兄弟不才，事不济于偃兵。然而相从者父母妻子，当归我之时，各各见存。其余从诸雄者，十七八年间，日迁月播，略无宁息。以其妻之说，朝为己妻，暮为他人之所有。若此者互相生离，后嗣不能立，父母不能奉。不几年，诸来从朕者，一夫之后，再无异居。妻室为之己有，男女岁为之生产，祖宗后嗣已立。天下大定，守在四夷。其指挥林贤年将六旬，又将辅人为乱，致黔黎之不宁，伤生所在，岂不得罪于天人者乎！遂于十九年冬十月二十五日，将贤于京师大中桥，及男子出幼者皆诛之，妻妾婢之。

秀才剁指第十

广信府贵溪县儒士夏伯启叔侄二名，人各截去左手大指。拿赴京师，朕亲问之，谓曰："昔世乱，汝居何处？"对曰："红寇乱时，避兵于福建、江西两界间。"曰："家小挈行乎？"对曰：

"奉父行。"曰:"既奉尔父行,上高山峻岭,下深沟陡涧,还用手扶持乎?"曰:"扶持。"曰:"自后居何处?"曰:"红寇张元帅守信州,伯启还乡复业。"曰:"向后何如?"曰:"教学为生至今。"朕知伯启心怀忿怒,将以为朕取天下非其道也,特谓伯启曰:"上古自伏羲至于黄帝,少昊至于颛顼、高辛,无文可考。知大概者,尧禅舜,舜禅禹,禹传家,汤放桀,武王伐纣。自此秦、汉至于隋、唐、宋、元,天更其运祚者,^① 非一帝尔。所以一家之祚,不能千年者何? 盖为孰子孙皆能奉天勤民,不致上帝忧民之患以更运乎! 所以更运者,为其人君不称天心而致然也。且人之生,父母但能生其身体而已,其保命在君。虽父母之命,非君亦不能自生,况常云人有再生父母。何谓再生父母? 人本非罪,偶遇大殃而几死,或遇人而免。所遇之人,不分老壮而出幼者,但能回生于将死之期,是谓再生父母。所以偶遇大殃而几死者何? 或路逢强贼,或坐家被劫,或仇暴相侵,路逢虎狼,堕于水火。于此得济者,是谓回生之期。年虽苍颜皓首,中此祸殃,自出幼而至壮者生之,是谓再生父母。何以见? 命于此际本绝矣,自此而复生,命若初生矣,所以常云再生父母,宜其然乎! 尔伯启言红寇乱时,意有他忿,至于天更历代,列圣相传,此岂人力而可为乎! 今尔不能效伯夷、叔齐,去指以食粟,教学以为生,恬然不忧凌暴,家财不患人将,尔身将何怙恃?"伯启俯首默然。噫! 朕谓伯启曰:"尔所以不忧凌暴,家财不患人将,所以有所怙恃者,君也。今去指不为朕用,是异其教而非朕所化之民。尔宜枭令,籍没其家,以绝狂夫愚夫仿效之风。"而伯启无对,命法司诣本贯决之。呜呼! 当豪杰乱起,暴兵横作,挈家奔走,顾命之

---

① 天更其运祚者:天,内阁文库本误作"大"。

不暇，官军近则依官军，乱雄近则依乱雄。当此之时，偶遇大难，或逢仗义之士，能释难全生于一时，或保命于数月，亦或几岁，本人事虽不成，势属他人。其全生保命之恩，再生之德，其梦寐于终身，有所不忘。其伯启知朕代元为君，意有不然，及其数至天更历代运祚，其伯启虽死，默然而无恨，是岂理乎哉！

作诗诽谤第十一

呜呼！去古既远，贤圣遐迷，奸臣贼子既多，贪饕无厌而仕者麻树。今之学仕者，欠究至理之精，所以京师江宁县知县高炳，以通经举赴京师。其年太常司缺官，人材至京者虽不少，朕忧奉神之人必寡。其太常司官，若非寅畏勤政之士，不足助朕以格神，于是召诸儒来前。至列者甚广，必欲以言知其所以，何下数千万言交接而后知其人焉！若此，朕精神有限，对者词多，岂能周遍而当乎？况特以言动其心者使应之，欲辨利钝，凡此人多默然，其贤愚盖不知矣，于是面选者多。时高炳已除工部员外郎，特见雍容之态在班，朕将以为笃实，外貌若此，心必亦然，奉神必可，于是选入太常，职少卿。未久，作故而归。又五年，以通经复至，命职江宁知县。到任未久，非公而事觉，罪犯徒年。朕闻之，呜呼！学虽通经，愚若是乎！昔者太常之役，不过竭诚心而常怀畏惧，率领斋郎人等，周旋于上帝、后土、海岳、四渎、山川、社稷之神各坛上下左右而已。① 人生一世，何幸获此职分，对越上帝神明，竭精诚以敬畏，以祈将来，不亦可乎！且四时之祭，定限不繁。官于是者，不过声动人耳，其于筋骨之

---

① 各坛上下左右而已：底本、故宫、国图藏洪武内府刻本"下"脱落为"丁"，据诸版本改。

劳，杳然无施，但敬畏为务，如此可以效诚伸敬。其高炳名虽志士，衷实无神，傲天地而慢鬼神，弃清高之职，以有伪作故而归。复以经书来朝，自造陷身之罪。罪非死罪，而敢亵慢，妄出谤言，以唐律作流言以示人，获罪而身亡家破。呜呼惜哉！其高炳年已苍颜，于元不显。于我朝至官，不能奋志以造民福，反构殃以杀身。设使奋志以造民福，或牧守一郡之安，或上助朕清宁寰宇，岂不使志者及乡里有识者以为嗟乎！为何？炳有若是之才，当元正壮，元君未识，以为弃才，今君用之，晏安寰宇，岂不能人者也。炳不能如是，昔在元时，志既不达，今得选用，一概自为之倾覆，可谓之无藉之徒，甚非儒者之学矣。

造言好乱第十二

　　呜呼！民有厌居太平好乱者，考之于汉、隋、唐、宋，此等愚民，累代有之。呜呼惜哉！此等愚民，累为造祸之源，一一身死，姓氏俱灭者多矣。愚者终不自知，或数十年、数百年，仍蹈前非。且如元政不纲，天将更其运祚，而愚民好作乱者兴焉。初本数人，其余愚者闻此风而思为之合，共谋倡乱。是等之家，吾亲目睹。当元承平时，田园宅舍，桑枣榆槐，六畜俱备，衣粮不乏。老者，孝子顺孙尊奉于堂，壮者继父交子往之道，睦四邻而和亲亲，余无忧也。虽至贫者，尽其家之所有，贫有贫乐。纵然所供不足，或遇雨水愆期，虫蝗并作，并淫雨涝而不收，饥馑并臻，间有缺食而死者，终非兵刃之死。设使被兵所逼，仓惶投崖，趋火赴渊而殁，观其窘于衣食而死者，岂不优游自尽者乎！视此等富豪、中户、下等贫难，闻作乱翕然而蜂起，其乱雄异其教，造言以倡之。乱已倡行，众已群聚，而乃伪立名色，曰君、曰帅，诸司官并皆仿置。凡以在外者，虽是乱雄，用人之际，武必询勇者，谋必询智，贤必尊德，数等既拔，其余泛常，非军即民，须听命而役之。呜呼！当此之际，其为军也，其为民也，何异于居承平时，名色亦然，差役愈甚。且昔朕亲见豪民若干，中民若干，窨民若干，当是时，恬于从乱。一从兵后，弃撇田园宅舍，失玩桑枣榆槐，挈家就军，老幼尽行随军营于野外，少壮不分多少，人各持刃趋凶，父子皆听命矣。与官军拒，朝出则父子兄弟同行，暮归则四丧其三二者有之。所存眷属众多，遇寒，朔风凛凛，密雪霏霏，饮食不节，老幼悲啼，思归故里，不可得而归。不半年，不周岁，男子俱亡者有之，幼儿父母亦丧者有之，如此身家减者甚多矣。如此好乱者，遭如此苦殃，历代昭然，孰曾警省？秦之陈胜、吴广，汉之黄巾，隋之杨玄感、僧向海明，唐之王仙芝，宋之王则等辈，皆系造言倡乱首者。比天福民，斯等之辈，若烟消火灭矣。何故？盖天之道好还，凡为首倡乱者，致干戈横作，物命损伤者既多，比其事成也，天不与首乱者，殃归首乱，福在殿兴。今江西有等愚民，妻不谏夫，夫不戒前人所失，夫妇愚于家，反教子孙一概念诵"南无弥勒尊佛"，以为六字，又欲造祸以殃乡里。呜呼！设若鼓倡计行，其良民被胁从而被诖误者，甚不少矣。前者元朝驴儿，差僧一名，诡名彭玉琳，又曰无用。其新淦等县愚民杨文德等相从为之，[①] 比及缉捕尽绝，同恶之徒被生擒者数百名，所在杀死者又若干，眷属流移他处中途死者又若干。吁！诡名彭玉琳、无用，乃元细作。其新淦等县人民杨文德等轻同恶而相济，累及良民，难于分豁者多矣，至于死地。以此观之，岂不全家诛戮者也。今后良民，凡有六字

---

① 其新淦等县愚民杨文德等相从为之：杨文德，《明太祖实录》卷一七八作"杨文"。

者，即时烧毁，毋存毋奉，永保己安，良民戒之哉。

苏州人材第十三

苏州人材姚叔闰、王谔，[①] 二生皆儒学。有人以儒者举于朝廷，吏部行下苏州府，取赴京师，朕欲擢用，分理庶务，共造民福。二生交结本府官吏张亨等，暗作主文老先生，因循破调，不行赴京，以就官位而食禄，匿于本郡，作害民之源。事觉枭令，籍没其家。呜呼！古者士君子，其学既成，必君之用。将老，乡无举者，以为耻焉。今二生名已在朝，举者诉以实学。其二生以禄为薄，以酷取民财为厚，故重主文，贵老先生，而为得计，以致杀身亡家。呜呼！"率土之滨，莫非王臣"成说，其来远矣。寰中士夫不为君用，是外其教者，诛其身而没其家，不为之过。

妄举有司第十四

河南府新案县主簿宋玘，未任之先，经过洛阳县店主宋二家，意欲再娶。到任后，凭本人为媒，娶王婆婆女为妻。就带伊弟王福舟驴在家，说事过钱，将积年害民老吏甄仪等不行起发，受钞一百五十贯，银二十五两，泯灭原卷姓名，投入井中，容留各吏在县书写害民，本人固自为非。其典史李继业因公曾集耆民，发放公事既毕，特谓耆民刘汶兴等一十三名曰："如今主簿朝廷拿去，尔众耆宿赴京保奏去。"耆民对曰："不敢去。"其典史恐民："你不想主簿在前你纳粮时，主簿出帖与你赴潼关近处

---

① 苏州人材姚叔闰、王谔：姚叔闰，内阁文库本作"姚叔闰"。又，"苏州人材姚叔闰、王谔"句，《明史》卷九四《刑法二》记为"苏州人才姚润、王谟"，录此存疑。

籴粮上仓。你想这意思，也著去。你若不去保奏主簿，我将纳粮的缘故，即调你他处送纳。"耆老刘汶兴等惧怕，回言："去呵去，无盘缠。"典史云："明日来，我与你盘缠。"及至众老人明日赴县，意在取讨盘缠，并辞县官。其本官闭门不出，令皂隶传言："官人今日病，你老子每去自去。"因此老人自备盘缠，径赴京来妄诉。呜呼！朕将农民艰苦周折备云前二《诰》中，其典史李继业终不恻隐于民，乃敢与主簿同恶相济，又恐吓耆民。然耆民刘汶兴等见此恶党，不将典史李继业拿赴京来，辄便听从妄奏，其徒流之罪，有所不免。

冯睿累贪不悛第十五

江西承宣布政使司左布政使冯睿，《续诰》概彰非为，今睿累贪不悛，致被法司问招明白。初，止知睿盗布政司库内金银钱物，每每应答朝廷，多是以是饰非。及其拿赴法司，询问何人与谋，睿供盗库钱物，系知印陈昱教唆作弊，分钞四千八百五十贯，银三百七十两；又承差熊钊教唆，出脱逃吏金临夫。其逃吏南昌府监禁在狱，本欲解赴京师，听从承差熊钊教唆，唤府官至布政司，省令出脱，得钞一千七百贯，银二百两。其睿到任已及二年，余弊不稽，止此二弊共分赃钞六千五百五十贯，银五百七十两。若将余弊尽行稽考，赃不下万数。所在为官者，观睿贪谋，岂不幽深且秘？神人不容，由犯之速，岂不戒哉！

逃囚第十六

自郭桓掌户部之时，天下钱粮、金银、匹帛，不半年余，其桓弊盈寰宇。其贪婪之徒闻桓之奸，如水之趋下，半年间，弊若蜂起，杀身亡家者，人不计其数。出五刑以治之，挑筋、剁指、刖足、髡发、文身，罪之甚者欤。君子厌闻，贤人恶听，智者格非。庸庸无藉之徒，轻生如此。如黥刺者，发充军遐荒，往往带鲸刺而中途在逃。有等押解者，亲睹罪囚鲸刺形状，又不以为寒心，接此囚钱物，特意纵放中途在逃。为《大诰》一出，邻里亲戚有所畏惧，其苏、松、嘉、湖、浙东、江东、江西，有父母亲送子至官者，有妻舅、母舅、伯、叔、兄、弟送至京者多矣。朕见亲戚不忍罪囚再犯逃罪遭刑，亲送出官，凡此等类，不加刑责，送著原发地所。其有亲戚影射，四邻擒获到官者，本人枭令，田产入官，人口发往化外，如此者多矣。有等邻里亦行隐藏，不拿到官，同其罪者亦多矣。所在巡检、弓兵，受财纵放越境而逃者，同其罪者不少。呜呼！不才无藉有如此耶。且如守边军士，辟土开边，功非浅浅，就留戍边，永不敢回，孰敢违命而自由。其犯法囚徒，不揣开边之功如此，犯法充军，何幸得此！累恶不悛，初则本身犯罪，往往中途在逃，二次三次者有之，终不自省，直至家破，人口流移化外，本身受杀而后已。

县官求免于民第十七

北平布政司永平府滦州乐亭县主簿汪铎等设计害民，妄起夫丁，民有避难者，受财出脱之，每一丁要绢五匹，被高年有德者民赵罕辰等三十四名帮缚赴京。行间，有的当人、说事人、管事人何浚等十名，翻然改图，格前非心，一同辅助著老赵罕辰等四十四名，将害民工房吏张进等八名帮缚起行。去县四十里，其县官主簿王铎等追赶求免，谓著老言："我十四岁读书，灯窗之劳至此，你可免我此番，休坏我前程。"呜呼愚哉！孰父母生此无藉不才之徒，官于是县，是县民瞻，今既不才，为民所觉，乞怜哀免于耆民，纵然得免，何面目以居是任！呜呼！兴言至此，虽非本人，凡听读者亦皆赧焉。贤人君子，可不为之戒乎！

递送潘富第十八

民顽者，莫甚于溧阳、广德、建平、宜兴、安吉、长兴、归安、德清、崇德蒋士鲁等三百七户。且如潘富系溧阳县皂隶，教唆官长贪赃坏法，自己挟势持权。洪武十八年，知县李皋，系陕西人材，一到任后，与皂隶潘富等同谋害民，设计科敛，名色纷然。及其下乡也，本人不行冠带，径与潘富等皂隶一般妆扮，头戴宣帽。乡民闻县官至，耆民会而共迎，道傍待至。及其至也，乘驴者群然。耆民谓曰："县官者何？"傍曰："出皂隶一驴头者，县官也。"民知官矣。本官岂止如此，自到任不月中间，潘富用浸润之计，将所取民财于苏州买到女子一名，与本官为妻，就舍潘富家。本官于本家往来三五遭，然后潘富占吝此女，不与本官，自行收要，本官亦莫谁何。潘富与诸吏教本官行害民计，著科荆杖，遍一溧阳所属人民，尽要荆杖。及其有将荆杖至者，故推不好，不行收受，留难刁蹬，生事捶楚，民出钱矣。既得钱后，而乃荆杖息焉。为此，民黄鲁上章，朕亲问之，[①] 遣人按治，情状昭然。潘富在逃，境内民蒋士鲁等一十三户，不思潘富害民之首，自溧阳节次递至广德。蒋士鲁系儒士，引导前行。至建平县，拈踪追捕，建平民王海三等，潜递复回溧阳。溧阳民朱

----

① 朕亲问之：问，国图明初刻本、内阁文库本作"闻"。

子荣等，暗递至宜兴。宜兴民杭思鼎等，暗递至安吉。安吉民潘海，私递至长兴。长兴民钱弘真等，递至归安。归安民吴清甫等，递至德清，拈踪追及，德清民赵罕仁暗递至崇德。崇德豪民赵真、胜奴，家盈数万赀财，日集无藉之徒五十余人在家，常川贩卖私盐，邻里相朋者二百余人。潘富遁于此家，追者至，本户将潘富递入千乘乡僧寺。僧澄寂、周原善却将追捕者，率领二百余丁终宵困逼，[①] 致被追者杀讫一名，杀伤一名，后天明而解去。追者回奏，将豪民赵真、胜奴并二百余家尽行抄没，持杖者尽皆诛戮。沿途节次递送者一百七户尽行枭令，抄没其家。鸣呼！见恶不拿，意在同恶相济，以致事发，身亡家破，又何恨欤！所在良民，推此以戒狂心，听朕言以擒奸恶，不但去除民害，身家无患矣。

官吏长押卖囚第十九

各处为事囚徒，有司或差吏员，或弓兵，或皂隶，或长押人等，管解赴京。此等之徒，不知利害，惟务贪赃，中途卖放者有之，就于本处狱内卖放者有之。似此奸贪卖囚之徒，屡常拿住刑之，人各不畏其死，犯者相继。此《诰》一出，敢有仍前卖放囚徒者，本身处以极刑，籍没家产，人口迁于化外。

巡阑害民第二十

歙县民吴庆夫，买求本县官吏，充作巡阑。其家父子兄弟于

---

① 率领二百余丁终宵困逼：困，内阁文库本误作"因"。

本处乡村所在，上持官府之威，[①] 下怀肥己之奸，将乡民程保家买到牛二只农田，著要税钱二十六贯。民程保不敢与抗，遂与之。本家盖房，木料俱系是本处山场土产，其吴庆夫逼要税钱八十贯。贩干鱼客人至于本乡，著要税钱，准干鱼三十斤。呜呼！民人起盖房屋，居在万山之中，木植系是土产，又系自己山场，民人乐太平之年，起盖房屋以安家眷，今吴庆夫如此生事搅扰，民何得安！耕牛二只系是客商处买来，已有入官文契，又行著要二十六贯。其卖干鱼客人，步挑至于深山去处，能者挑百十斤，力中者八十斤，力小者六十斤，本人税讫三十斤，又于遍处乡村，不问有无门店，一概科要门摊。以此观之，如此强豪奸顽，民何生理！遂命法司差人押发原籍，本人凌迟，其弟及男同恶害民，皆枭令示众。今后为巡阑者，倚恃官威，剥尽民财，罪亦如之。三十分中，定例税一，岂有重叠再取者！今后敢有如此者，虽赦不宥。

著业牌第二十一

应天府上元县知县吕贞，自到任以来，并不将前所废官员姓名、员数并所受杀身刑责，以为推己之戒。本官任时，《大诰》颁行，民人一一遵守，见丁著业。其吕贞将民王七所告见丁著业事内事，尽行受财阻滞。呜呼！有司惟在宣布条章，引民遵守，民若钦遵，实官之福也。吕贞所管上元一县，民该数万，顽恶岂无，当以至公之道，化恶为善，不致词讼纷然，盗贼消靡，是其宜也。贞于公不行，于私务作，将见丁著业号令一概阻滞，由是

---

① 上持官府之威：持，内阁文加本作"恃"。底本误，"持"应作"恃"。

而获罪杀身矣。

医人卖毒药第二十二

医人王允坚，卖药为生。锦衣卫受监者厨子王宗，自知罪不可逃，虑恐刃加于项，令家人买毒，王允坚即时卖与，隐饭中入。外监门者力士杨贵受财放入，内监门力士郭观保验出，外监者慌。毒已到官，其外监者杨贵说内监者易其毒，复说内监门者往卖药王允坚家恐要财物。王允坚拿至，以黑药一丸授与王允坚自吞服之，久毒不作。朕知易药矣，谓允坚曰："当卖此药，药何颜色？"允坚曰："红丸。"曰："几枚？"对曰："三枚。"噫！毒本三丸，色本赤色，今药一丸，色且黑色。捕送饭递药人至："尔买毒药三丸，何送一丸？"对曰："药本三丸。""何颜色？"曰："赤。二丸尚存在家。"于是急遣人取至，果赤色。令卖药人王允坚吞服，本人持药在手，颜色为之变，其态忧惊，犹豫未吞，督之乃服。既服之后，随谓之曰："此药以何料成？"曰："砒霜、巴豆，饭粘为丸，朱砂为衣。"曰："服后何时人丧？"曰："半昼"语既，[①] 允坚泪堕。朕谓曰："尔所以凄凉者，畏死如此乎？眷恋妻子如此乎？"曰："一子见军，一子在外，故悲焉。"呜呼！其王允坚初卖毒药以毒人，不行反顾，推眷恋妻子之心，径以毒药毒人。及其自服也，药方入腹，眷恋之情，畏死之道，一时发见。呜呼愚哉！至此而若此，亦何济哉！然终不以此药致本人之死，何故？若督令服此药而死，是药之也；解而后刑之，法也。随问允坚："此毒还可解乎？"曰："可。""何物

---

① 语既：既，故宫、国图藏洪武内府刻本作"默"。

可?"曰:"凉水生豆汁,熟豆汤,可愈。"朕谓曰:"此解不速,余何速解?"曰:"粪清插凉水。""粪清用多少?"曰:"一鸡子可。"于是遣人取凉水半碗,粪清一鸡子许,候至毒作,方与之解。少顷,允坚身不自宁,手搔上下,摩腹四顾,眼神张皇。朕谓曰:"毒何尔患?"曰:"五脏不宁,心热气升。"谓曰:"此毒身死,伤何经络?"允坚对曰:"五脏先坏。命死矣,身墨黑。"谓曰:"几时可解?何时不解?"曰:"三时候不解。"朕见毒兴,令人与之解。本人痛利数番,其毒洁然,人复如初。明日,枭令以正其罪。呜呼!昔者古人制药,惟积阴骘以生人。今之货药者,惟务生理,善能群队其药,不施阴骘。小有逆其意者,即群队蛊者有之,即时毒者有之,图利而卖与人伤生者有之。噫!如此不才者,犯法遭苦刑而杀身亡家者,非止一人而已。京师货药者,往往不戒,蹈袭前非,将奈之何!此《诰》一出,所在货药之人,听朕言者,推己以及人,永为多福。不然,此刑此犯,有不可逃者。

安庆解课第二十三

安庆府将洪武十七年冬季鱼课钞三万九百七十四贯,差业户徐应隆等管解赴京交纳。本人解赴京师聚宝门河下,觇视动静。自十八年三月至十九年三月,计一年之上,不行进纳,通同前户部侍郎张易,意在埋没,侵欺入己。其张易别为赃私,已行提下,以致课程一向不曾入官。其望江县吏汪诚接管本县户房事,检验得文案内有起解课程数目,无实收入卷。本吏询问本钞在京师聚宝门河下隐藏,其吏径赴京师,面陈其情,朕将本吏擢为户部司务。其作弊,意在隐谩三万课程钞入己,及至首发,已自用过一千一百二十三贯，所以徐应隆等尽行治以死罪。噫！忘生舍死，偃兵息民，辟土开边，如此功归赏不过二十万文，上者匹不过十表里。今此弊，户部试尚书茹太素首衔，张易公然作弊。若无余罪搅扰被监，设使无事而弊成。张易为之弊首，太素未知何如？呜呼！如许大钱粮，岂有联衔而忘其计者！今张易被诛，太素曲法而免。

团槽喂驴第二十四

北平布政司经历董陵云并府、州、县官吏，定酷害良民计，以情推之，虽鬼神亦不忍听，闻必为之怒，人何不怨？且如大军北行，朕所调之兵，将及二十三万。两兵合脚力驴一头，若使兵全至北平，驴该十万有余。兵到者将及一半，十万有余，驴该五万有零。朕仰观乾象，上帝戒焉，罢举。兵归各卫，驴留北平，命布民间，各户分养，甚便于民。庄农虽作生理，带驴前去，羁绊于郊，不甚妨人，亦无草料之费。其经历董陵云与府、州、县官吏设计，巧取民财，令民入邑，团槽喂驴，料民必为之艰，赂必至矣。呜呼苦哉！为民父母，当方面者，及牧守一方者，不能造民福而造民祸，有若是耶！且驴在野，各户分养，草料不费，人工不妨。役令团槽，每驴妨夫一名，出城取草，归家取料，往复艰辛。且又设计于民，科敛棘针，擅盖牢墙，其奸计亦如溧阳科荆杖同。患民之殃，不可胜数。其官吏董陵云等恬然不以民为艰，取财肥己，岂有天灾人祸不至者耶！事觉，枭令之。见者戒之，推己以及人，毋蹈此非。

王子信害民第二十五

呜呼！民顽难化，富者不能保其富，惟松江王子信顽恶为最。本人田地广有，佃户极多。若将一年分受私租，本分自用，计其人口，丰衣美食，十年不能用尽。洪武四年验户，点充粮长，为事免死刺发西河州充军。至卫，就于本卫交结官吏。后诈计多端，私逃还家。又行交结官吏，称为军身，常率佃户四五十名，军容妆扮，扰害乡民，欺压良善。事觉，朝廷遣人勾捉王子信。本人却将钱物累次买求拿捉人，多端破调，急不至京。及至勾至法司，问间，奸伪无所逃。又乃设计，以家人作亲侄，击登闻鼓妄诉，又令妻妄诉，数番令人顶名到官，其诡诈非一。十九年六月初五日，拿获到官，于本贯枭令，家财入官，① 田产籍没，人口流移。呜呼！如此富豪，以巨富论之，王子信非上上，必上中，不居上下。今无所不为，顽不听教，执迷不化，身亡家破，已而后已。呜呼！富者戒之。

私牙骗民第二十六

军民有违令而不从教者，莫甚于应天府上元、江宁两县民刘二等，军丁王九儿等一十四名，先为天下府、州、县及人烟辏集村店、马头去处，客商人等贩卖物货，多被官私牙行等高抬低估，刁蹬留难，使客商不得其便。商有强者，本利无亏。才有淳良者，皆被牙行所制，本利俱伤，亦且留难迟滞。所以《续诰》

---

① 家财入官：财，内阁文库本作"产"。

颁行，明彰禁治。其刘二等暗出京师百里，地名边湖，称为牙行，恃强阻客，以致拿缚赴京，常枷号令，至死而后已，家迁化外。此《诰》一出，所在人民，观此以为自戒。倘不奉命，罪同刘二等。

农吏第二十七

今后诸衙门官，凡有公事，能书者，务必唤首领官于前，或亲口声说，首领官著笔，或亲笔自稿，照行移格式为之，然后农吏誊真，署押发放。吏本粘连卷宗，点检新旧，验看迟速，知数目之精，未尝公事主谋在乎吏。今往往正官、首领官凭吏立意，施行其事，未有不堕于杀身者也。此时奸贪猾吏已行不用，惟以农人役之。凡百公事，若吏无赃私，一切字样差讹。与稿不同，乃吏誊真之罪。设若与稿相同，主意乖违，罪坐官长，吏并不干。

揭籍点吏第二十八

吏部郎中刘焕等，朕命揭黄册，照丁数点选吏人。其应天府所属六县，若每县点选三二十名，足够使用；多者六七十名，十分备不缺矣。其郎中刘焕等，将溧水一县选下有丁之户五千余家，被给事中张衡奏发。以溧水一县较之于九州之郡，若此佥点，不下数十余万以为吏用，何处安插？为此，拿下法司询问，为何一县点选若干！奸不能逃，实供在官。其词曰："焕闻揭册佥吏，故将有丁力之家广选，书记姓名，声出在外，故使民知。民畏为吏，必有贿赂。"若此，吏曹选吏之权，今得揭册为之，其所贿赂，甚非小小。呜呼！前官尸未朽腐，受诛者血尚未干，焕等一入吏曹，即蹈前非，是其难化也。

王锡等奸弊第二十九

礼部郎中王锡，系色目人，冒汉姓而曰王锡，掌祠部事。凡大驾、东宫、王驾出入并诸将征进，[①] 有所祭祀，牲口并属本部收买。其王锡通同察院、刑部子部、光禄司少卿屈图南，将断没猪羊暗地移文，作收买破用。其所支官钞，或数千，或数万，抵下入己。致被主事李显各因事发，讦出前奸。其色目王锡公然肆奸，招杀身之刑。《大诰》遍布臣民，初出未广，礼部且有一本，员外郎尹岩时常看读。色目王锡见之，故藏匿其书，亦被尹岩奏发。呜呼！君子导人为善，惟恐不善，导之再三。今色目王锡公然为恶，见人为善，恶人为善，匿其《诰》，使人不知。《诰》已布天下矣，何匿之有哉！呜呼！愚夫为利之所迷，将以奸狡为妙，孰不知杀身速矣，色目王锡由是而杀身矣。

工匠顶替第三十

工作人匠，将及九万。往者为创造之初，百工技艺尽在京城，人人上不得奉养父母，下不得欢妻抚子，如此者二十六七年。迩年以来，工多成就，人匠应合省差。朕为事繁，一时不能打点。其所任工部官吏，惟务贪饕，本无大工，假此作为由，将近九万人设计勾差。一千、二千方勾到京，文案明立到京月日，

---

① 凡大驾东宫王驾出入并诸将征进：王，内阁文库本误作"玉"。

实不与上工，待一月后、半月后方许上工。及至关安家钞并月支食钱，照依文案所立月日，一概关支钞锭出库。及其赏匠也，或万或千，或数千人，止论上工之日准工。余虚半月一月，钞虽关出，诸色匠人不得，如此奸弊。诸匠虽关食钱、安家钱，工满应放回还，不即与批，又行刁蹬留难，直至将安家钱、每月食钱勒要贿赂，方才放归，诸匠所得甚少。近年以来，愈见工减甚多，无处役使匠人。其工部官吏设计，将诸色目人勾至便卖，得钱便放。来者方到，有钱贿赂即归。未到者，连日发批勾取。被卖去者，到家都无半月，亲戚邻里虽欲面会，不能完全，又乃起程。似如此者，九万工技之人，年年在途者有之，暂到京者有之，方到家者亦有之，无钱买嘱终年被微工所役者有之。① 呜呼！九万工技之人，年年在途、在京、在家，皆无宁息，上废朝廷之供，下殃百工技艺，惟工部官吏肥己为奇，智人君子深察至此，岂不恨哉！九万工技之人，至如此艰难跋涉，② 不得休息。朕命进士秦逵职工部侍郎，掌行其事。本官到任未久，识此奸诡甚多，躬亲来奏。其辞曰："创造已定，工技有劳甚久。虽有些须未完，所用人匠甚不须多。臣将应用数目，立定限期，编成班次，使轮流而相代之，其九万之人，一班诸色匠人不满五千，以此轮之，四年有余，方轮一交。"朕见其词善，可其奏，不月编成。除当该赴工者在京，余有八万五千尽皆宁家，各奉父母，保守妻子。呜呼甚矣哉！秦逵为诸色匠人造福有如此乎！此系良谋良政，公当无移。③ 如此者将一年余，第四班人匠心生奸计，侮慢朝廷，自取祸殃。朝廷既除多人徒劳泛滥工役，减省用人，其诸技艺人

---

① 无钱买嘱终年被微工所役者有之：微，内阁文库本作"徵"。
② 至如此艰难跋涉：至，国图明初刻本、内阁文库本作"正"。
③ 公当无移：移，内阁文库本作"私"。

等必躬亲赴工者乃当。人匠减少，所来者技艺不精，工有所误，事多迟滞，责罚焉。人匠沈添二等二百七名，中有三名乃亲身赴役，余皆以老羸不堪、幼懦难用以代正身，致使工不能就。点出奸顽，将幼丁老者尽发广西充军，复于家下，务必要正身赴官。如此者自取不宁，又何恨哉！今后诸色匠人敢有不亲身赴工者，迁发云南。

代人告状第三十一

天下十三布政司良民极广，其刁顽者虽有，惟江西有等顽民，奸顽到至极之处，变作痴愚。且如郭和卿告王迪渊等四十五名，皆系害民吏、皂隶、豪民，及至提到，其中二十名皆实，一十八名系是虚告。惟刘弘道等七名，令原告当面互相诉讼，惟原告郭和卿默然无对。通政司官谓原告曰："何故不对？"原告曰："和卿无可对。""为甚么无对？"对曰："此等被告，系是周继奴寄与我姓名数目，和卿就与寄告其状。"呜呼！似此痴愚，上侮朝廷，下虐良民，为害深重，莫甚此徒。十三布政司内除江西代人告状，如此愚民，已行枭令处决数次。今郭和卿不以前犯为惧，公然代人告状，以致杀身亡家。其余布政司刁民虽有，未见如此者。

诡名告状第三十二

自古民之诉讼者，本为被人冤抑苦楚，气不能伸，所以不得已诉之于官，以求辩其曲直，明其是非，使冤伸而枉理，未尝有无冤妄诉，故乱法度而烦官府者。今烝民中有等顽民，其奸其诈，不可胜言。如处州松阳县民杨均育，本与叶惟宗冤仇，不行明白具状来告，却将叶惟宗姓名写状，告其兄叶允名系积年老吏，弟叶允槐系逃军。及至法司差人将带原告，诣所在勾提被告对问，其原告已自在逃。承差人诣本处将原告姓名及被告人数，照名提至松阳县，承差人熟视，非是带去原告。及至法司再三审问，其拿至原告叶惟宗曰："惟宗自幼并不出乡，亦不曾赴京告状。今所告之人，系是惟宗兄弟，与我并无仇隙可告。"法司以闻，特命释之。其叶惟宗曰："惟宗虽蒙释宥，亦当挨究告状之人。"出狱后，于京城行走间，忽见乡中熟识杨桃儿曰："你如何出来？"其叶惟宗以情告之。熟识曰："将你名字告状的人，系是杨均育。本人见将伊母药死，图赖告我。我于通政司前拿住，搜出本人身上状草一纸，系是你名字告状。其人见在。"本人因同拿赴都察院，问招明白，凌迟处死。呜呼！民有巧生奸计，欲以嫁祸于人者，有若是欤。其杨均育如此设计，自以为良，岂知神明拨置，不能害人，反以自害，使其安分守己，孰祸殃之相寻？今乃上干天宪，自取杀身，悔之何及。天下良民，观之戒之。

有司逼民奏保第三十三

曩为天下有司众多，其贤否朝廷一时不能尽知，所以前颁二《诰》，凡所在有司有能宣布条章，抚吾民有方者，特许阖境高年有德者民会议，连名赴京奏保，使朕知贤。今胶州官夏达可，长子县官赵才，新安县官宋玘，建昌县官徐颐等，在任不以生民为意，恣肆为恶，惟务赃贪害民。事觉，法司差人提取，却乃公然会集耆民，逼令赴京妄行奏保。且与耆民捏词书记，教其熟读，用此面奏，肆为欺罔。其各各耆民，自合忿此奸贪害民之徒，即时擒拿赴京，陈其奸状，以凭赏劳，却不合听受教唆，即与同恶，赴京面奏。设若不识欺诳，准其面奏，其归把持公事，各人日盛一日，岂不为民之巨害！奈何天理不容，欺诳之情一一自露，以致杀身亡家，人口迁于化外，虽悔何及。今后各处有司，若有奸贪之徒平日害民，及至事觉，逼令耆民奏保者，尔耆民即便拿来，一则除尔良民之害，二则尔耆民无同恶之罪，且受重赏，岂不伟哉！其果有善政实绩可言者，尔耆民自当如《诰》，[1] 会集阖郡高年有德者，一同赴京奏保，庶几循良者显名，[2] 奸贪者敛迹。尔耆民其敬听朕言，毋忽！

民拿害民该吏第三十四

朕设府、州、县官，从古至今，本为牧民。曩者所任之官，皆是不才无藉之徒，一到任后，即与吏员、皂隶、不才耆宿及一切顽恶泼皮，夤缘作弊，害吾良民多矣。似此无藉之徒，其贪何厌，其恶何已，若不禁止，民何以堪！此《诰》一出，尔高年有德耆民及年壮豪杰者，助朕安尔良民。若靠有司辨民曲直，十九年来未见其人。今后所在有司官吏，若将刑名以是为非，以非为是，被冤枉者告及四邻，旁入公门，将刑房该吏拿赴京来；若私下和买诸物，不还价钱，将礼房该吏拿来；若赋役不均，差贫卖富，将户房该吏拿来；若举保人材，[3] 扰害于民，将吏房该吏拿来；若勾补逃军力士，卖放正身，拿解同姓名者，邻里众证明

---

① 尔耆民自当如《诰》：尔，内阁文库本误作"而"。
② 庶几循良者显名：循，内阁文库本作"尔"。
③ 若举保人材：内阁文库本"举保"二字互乙。

白，助被害之家将兵房该吏拿来；若造作科敛，若起解轮班人匠卖放，将工房该吏拿来。若民从朕命，着实为之，不一年之间，贪官污吏尽化为贤矣。为何？以其良民自辨是非，奸邪难以横作，由是逼成有司以为美官。其正官、首领官及一切人等，敢有阻当者，其家族诛。

库官收金第三十五

承运库官李庭珪系通政司吏，考满得除承运库官，掌管金帛。前库官范潮宗等偷盗库藏财物，[①] 身被刑责，非止一端。吾见不才者贪心不已，施五刑而不拘常宪，法外不忍见闻者犹若干刑。死者已死，刑余不死在库以示再任者三人，想必见者寒心，必无犯者。其李庭珪收轻赏金银，设计偷盗金二十四两，意在深谋，以愚朕心。将纳金者每十两多称五钱，以百两计之，已出五两。以千两算之，金出一锭。其所折之金，何下数千百两。若终收不犯，其所贪者正该几何？粮长包贤等金已行收足，内多秤三十五两，却与粮长丁遵等设计，故作刁蹬，云粮长包贤少金一厘五毫。粮长径入状以奏，朕赦之，一厘五毫不能容民之欠，果何道哉？明日按问李庭珪，将所收本粮长金逐一秤验，每十两余五钱。将五钱较之，一厘五毫果欠之乎！况粮长包贤等所纳金七百两，共余三十五两，岂有欠邪！[②] 其李庭珪特通粮长，以此一厘五毫来奏，料此一厘五毫尚为欠数，岂有收受不精而有弊者乎！其李庭珪之计，岂不深谋者也！何犯之亦速，此作聪明至极而有

---

① 前库官范潮宗等偷盗库藏财物：范潮宗，《初编·郭桓造罪第四十九》作"范朝宗"，疑为同一人，各版本同底本。
② 岂有欠邪：邪，同"耶"，内阁文库本作"耶"。

此耶。当在通政司时，公座之官洁己奉公。李庭珪为吏，官既公论，其李庭珪无所作为，终一考吏役，并无赃私，得升承运库官。此果李庭珪能守而至此耶？正官能守而保全耶？此实通政司官成其考也。今一得位而即丧，可见小人非君子不能全其命行者钦。

民违信牌第三十六

民有奸顽难治者如此。往常为有司官吏，动辄差人下乡勾扰，及官吏亲自下乡扰害，其良民被不才官吏，皂隶、弓兵人等酷害至极，无所伸诉。以其恃以官威，难以伸诉。古人为官者，务必便民，冤者伸之，枉者理之。今不才官吏，无故害众成家，虐害吾民，所以前编两《诰》，禁止不准官吏下乡，诸司亦不得差人勾扰，凡有一切公务必合用民者，止时遣牌。前《诰》所云：三牌不至，方许遣人捉拿。《诰》布天下，有司遵奉。如顽民余永延等故行抗拒，不服牌唤，三牌不至者二百五十一户，有司以状来闻者数矣。又最顽民人刘以能，不止三牌不行，倒将承差人帮缚赴京，以致问出前情，得罪甚不轻矣。今后凡吾良民，但凡有司牌至，不问为何事务，随牌速赴衙门。倘或官吏着令办事，诸等科差，推派不均，自合当官哀告，以诉实情。实情既诉，若官吏不准，生事留难，或收入禁中，或散羁在外，不令还家，致使有妨生理，彼时赴京伸诉，必罪有所归。今后良民钦遵朕命，毋蹈恶人之非。呜呼！禁官吏之贪婪，以便民生，其顽民乘禁侮慢官长；及至禁民以贵官吏，其官吏贪心勃然而起，其仁义莫知所在。呜呼！是其难治也。

朋奸匿党第三十七

　　朝廷设置学校，教育生徒，所以望实材之用。而生徒之为学者，所以学乎立身事君之道，自昔志士，莫不皆然。故其任职，罔徇亲旧之私情，恪守事君之大节，惟务造福于民，所以显身荣亲，垂名千古。今监生中有等奸顽不才之徒，一得官位，辄忘所学，身名莫顾，惟务徇私作弊，坏政乱法，罪恶贯盈，不可容诛。如潘行系金坛县人，由监生任乐安县知县。周公焕系乐安县人，由监生任太平府同知，丁忧回还乐安守制。其二人比先在监，实为同堂生员。周公焕有叔周德泰，原任旌德县丞，为事刺面，侥幸回家。叔侄二人因时常于潘知县家来往，说事过钱。县民陈添用赴县陈告民人罗本中系是胡惟庸行财之人，先被廖庆芳告发，已行用钱买息。本人惧怕党事漏泄，因将财谷散与叶志和等五十八人，自后宰杀牲口，与各人夤夜商议，前往福建杨门庵，请给彭玉琳和尚旗号回归；抢掠本都民人杨恩等家钱谷，[①]意在积粮，接应彭玉琳作乱。及见官军剿捕，彭玉琳被获，方才止息。观此情状，其罗本中等系是旧逆余党，今次惧罪及身，又复倡谋作乱，首祸殃民，在法无赦。知县潘行不思此徒设若谋成，其为殃祸，诚非浅浅，却乃徇私，辄从周公焕叔侄并礼生耆宿曾原鼎等嘱托，接受罗本中等银钞贿赂，听其设计："我今日教罗本中男罗伯彰，来告陈添用强占有夫妇人等事，相公可作比先日期题押，便显得陈添用状是妄告。"及至着落里长体勘，罗伯彰所告，俱系涉虚。其周公焕叔侄等又行设计，与知县潘行言

_____

① 抢掠本都民人杨恩等家钱谷：钱，内阁文库本作"财"。

说:"如今不如将陈添用只作积年民害解去便了。"因将陈添用并积年民害柳召生等共一十三人,枷钉起程。继即闻知陈添用赍擎《大诰》赴京伸诉,知县潘行声言:"上位如今也饶我三个死罪,他终不告我四状。"然实恐陈添用告出前情,却差皂隶杨添召与同周德太赶至土名大岭,将陈添用脱放了当。其陈添用心忿知县徇情枉法,酷害良民,又行赴京告其不法。知县潘行闻知,即唤弓兵胡士亨等到县,着令状供管解陈添用等。行至进贤县深山去处,有陈添用等将弓兵帮缚在树,打开枷镣,俱各逃走。如此捏词,具本来奏,以致事觉。呜呼!昔人读书,委身事君,尚有忧国而忘其家者。今潘行等不思朝廷教育之恩,不知荣身立名之道,不能造福于民,惟匿朋友之私,迷于贿赂之得,乃敢匿告反之情,再三设计陷害原告。如此同恶肆贪,朋奸罔上,罪怒神人,法不容宥。朕虽欲生之,其道无由,所以凌迟示众。所在监生、进士居官者,观此以为大戒,立志成人于悠久,吉哉!

戴刑肆贪第三十八

古人制刑,所以禁奸止暴,使人视之而不敢犯。今有等奸贪顽恶之徒,视国法如寻常,受刑宪如饮食,虽身被重刑,残及肢体,心迷赃私,恬不自畏,愈造杀身之计。如丹徒县丞李荣中并应天府吏任毅等六名,先为受赃五百七十五贯,卖放均工人夫一千二百六十五名,法司鞫问,情罪昭然,死不可逃。朕念此徒惟知贪赃,勇不畏死,所以特命法司止将此徒各断十指,押回本处,将所卖人夫著勾赴工,使其流血呻吟,备尝苦楚。若果起到原卖人夫,岂不余生可存?何期此辈不体朕之至意,却谓先时已受各人财物,遂匿其名,反将应免夫役铺兵、弓兵、生员、军户周善等数百余家，一概遍乡勾拿动扰，意在搪塞，于内又复受财作弊，以致被扰之家至京告出前情。呜呼！见利忘生，怙终不改，有如此耶。使其因受刑责，翻然改图，将前所卖人夫一名名从实勾解赴工，岂不复延余喘于人世！顾乃恃刑肆贪，自速其死，枭令之刑，宜其然乎！

御史刘志仁等不才第三十九

朝廷设置百官，分理庶务，于中恐有未当，所以特设御史，司朕耳目，纠察百司，得以风闻言事，激浊扬清，号为风宪之官。士生何幸，获居是任。自昔有志之士，虽位登宰辅，而先不得为御史者，于心终有未惬，其任可谓重矣。今朕设监察御史，任同乎古，往往由进士、监生即授是任。其中有等不才之徒，不知官之清要，不知职之在乎纠人，乃假御史之名，扬威胁众，恣肆贪淫。如刘志仁、周士良二人，① 俱由监生擢任监察御史，为追问克落课程等事前往淮安，暗行体察，明彰追问。其刘志仁等一到淮安，辄欲非为，恐为淮安、大河二卫守御官所觉，于是提取二卫卷宗查刷。查出二卫俱将积年害民皂隶人等二百六名收补军役，心喜其弊，声言具奏，实肆把持之术，并不以状来闻。自是与卫官日相往来，饮酒游猎，因得大肆贪婪之心，时常挟妓饮宴，并不将巡阑陈五等原侵欺课程追征还官，却乃指以追赃为由，故纵巡阑诬指平民，帖下乡村，遍邑科扰。又行容留里长鞠七等说事过钱，受银一百五十两，金三十四两，钞二万五千二百贯，如此害民。岂止如此，乃敢将民人夏良等故以指赃为由，②

---

① 如刘志仁周士良二人：士，故宫、国图藏洪武内府刻本、《丛书》本写作"士"。
② 乃敢将民人夏良等故以指赃为由：夏良，国图明初刻本作"夏艮"。

拘收各人妻小，捶楚威逼，因而奸骗。如此妄为百端，以致事发。及至差锦衣卫千户蒋福前去追提，其刘志仁等自知罪不容诛，却用银七十两、金四两、钞五十贯、纻丝四表里及绵布等物，买求本官至京好言，欲以掩其罪恶。呜呼！既已为恶，事已发露，方用取受之赃转赂于人，欲以求免，其可得乎！当其设计之初，把持军卫，然后肆恶贪淫，自以为不致败露，岂知罪恶贯盈，神人共怒，罪将焉逃！所以刘志仁等凌迟示众，以快吾被害良民之心，凡百有官君子，观之戒之。

排陷大臣第四十

呜呼！自古人臣为国为民者，其忠为君，其仁为民。其忠仁之道，若非始终动天地鬼神，使良民君子怀之，其始勤终怠者，奚足道哉！所以动天地鬼神，良民君子怀之者方可。云何？谓奸邪无藉者多，兼时君杂听而无断，忠臣艰于效忠，难于布君之德，若非忠以格天，鬼神呵护于良臣，而固社稷甚艰，为人臣难于立名。呜呼甚哉！古今之奸邪，为国民之害，有若是耶。洪武二十年正月二十九日，通政司奏：有来告者，言都御史受赂。命锦衣卫收系本人，朕亲问之。明日锦衣卫引至告人宋绍三，朕谓绍三曰："尔何知徽之密？"曰："邻监囚人许原者，不知绍三告讦本人亲兄许昂，① 原乃谓绍三曰：'你为何事入禁久矣？'绍三回曰：'告事甚多，不蒙发落。'绍三亦谓原曰：'你因何事而在禁？'原曰：'我事不妨，② 兄许昂已嘱到都御史熟识人王舍，过银十个送与本官。'绍三听知，为其久禁，特来告诉。"朕谓绍

① 不知绍三告讦本人亲兄许昂：兄，故宫、国图藏洪武内府刻本、《丛书》本误作"况"。
② 我事不妨：妨，内阁文库本作"妙"。

三曰："彼在禁之囚，盈牢千余，押禁囚稠，凡所贿赂，意欲脱难者，赂恐鬼神知，安敢与邻囚互知？设使一囚互知，不逾时盈牢者皆觉。今在禁者众，其主囚御史愚钝者多，贪财者广，公明者少，致囚几年、数月、数旬、数日往往有之，非尔一而已。尔今来诉，无乃擅听人遣乎？"绍三俯首，托病甚。朕观人情容貌，此设心矣。命锦衣卫觅许原所在，随诣原问北平道索取许原。御史任辉等云，本人已发户部矣。即于户部取索，户部该吏言原已于正月二十八日身故。朕听所言，噫！是设心矣，其奸用计非浅浅哉。何以见？许原二十八日死，宋绍三二十九日具状，况许原本因原犯欠粮事，追征足备，已于户部无相干涉，本道已行完结。设此计后，强谓未审虚实，推与户部，密令人药死，以绝对问。由是朕命锦衣卫，著要北平道原问御史何哲等，及监送皂隶张荣，并户部看监禁子陈聪四、该吏孟敏，朕为之亲问，略见情伪，命杂推之。明日问者来告，御史何哲、任辉等皆妨贤病国之徒，邪谋设计，转折既多，情理深重。于是命中书翰林等官概明情由，备开节次，以告臣民。

一、凌迟示众四名：

三名：何哲、任辉、齐肃，俱任北平道监察御史。何哲先为追问尤荣一告不应事内，受钞七十贯，银十两，将一干人不曾提问，被都御史詹徽举问。又为编管小牢子迟慢，被都御史喝骂抢出。因此怀恨，于洪武十九年十二月二十八日，与同道御史任辉、齐肃商议，会同各道御史魏卓等十八名言说："我前日为两件事不停当，被都御史当众辱骂，又奏了吃打，好生惶恐。受气不过，如何是好？"众人回说："你且耐心，待寻得他些事，再做商量。"至洪武二十年正月初十日朝回，因邀魏卓等十八名至家吃茶，诈捏词情，对各官言说："我本道有两起原告，一名许

昂告曹为是胡党，许昂不曾与曹为对证。徐阿真告莫粮长不法
事，① 倒被发去充军。只把这两件事，著人告他受了银子便了。"
各官回说："待各道人齐时，大家商量。"至本月二十七日，哲又
与众御史言说："如今我道里有一名原告宋绍三告状，都院五十日
不与给批提人。如今只放保著他去通政司告，准也由他，不准也
由他，只说道是许原教他去告。"如此捏词排陷，妨贤蠹政。

　　一名魏卓，任四川道监察御史。除同谋排陷都御史事情与何
哲相同外，又欲提问太仓卫指挥使孙茂。其卓揣知本官系是勋
旧，不行明白奏闻，朦胧具本，送科给批，将本官一概提取，意
在陷害勋臣。及平日在道问事，因罪本有一分，辄增作二三分，
文致其罪。其因一分情真，增以二分，文饰无罅。意在献能，希
求升用，故使是非混淆，如此乱政。

　　一、同谋排陷，罪在不宥，故容戴罪镣足在道问囚一十
四名：

　　　一名乔鼎。任浙江道御史。

　　　一名张泽。任河南道御史。

　　　一名甘泉。任陕西道御史。

　　　一名郑珇。任广西道御史。

　　　一名张敏。任四川道御史。

　　　一名李子实。任浙江道御史。

　　　一名程士箴。任广东道御史。

　　　一名程善。任山西道御史。

　　　一名茹太素。任福建道御史。

　　　一名郑能。任山东道御史。

---

① 　徐阿真告莫粮长不法事：莫，内阁文库本误作"奠"。

一名傅弼。任浙江道御史。

一名蔡用强。任湖广道御史。

一名丁麟。任江西道御史。

一名赵恒。任江西道御史。

拖欠秋粮第四十一

设置粮长，惟在催征本区内一万石税粮。其税粮俱系各户自行办纳，本非难办之事，自合依期纳足。其粮长人等，却将各各人户税粮征收入己，故意抵顽，迁延不纳。直至下年秋熟，方才将下年秋粮补纳上年欠数。盖是奸臣胡、陈并郭桓等在时，仓廒不明，粮数不精，粮长人等惯于虚买实收，妄称足备，自以为得计。不知自洪武十八年以来，朕知其弊，特命户部将各衙门岁用粮米逐月分派，一月置仓一廒，一年置仓一十二廒，仓粮数目精明，难以仍前作弊，因此显出奸顽不纳粮。粮长张时杰等一百六十名，身亡家破。今后粮长务要依期纳足，如是仍蹈前非者，一体治罪不赦。

驿丞害民第四十二

沅州黔阳县安江驿丞李添奇，自洪武十五年到任，恣肆为非，害民非止一端。每月取要驿户酒七十坛，茶、油、盐各七斤，喂猪白粟米一石二斗，喂鸡、鹅、鸭谷一石二斗，及拘驿夫妻小到家纺织，又擅拆官船改造作自已船只，装载瓦器买卖。岂止如此，科敛驿夫银钞，收买良民来兴等三名作本家驱口，占据驿夫五名在家使唤，不行走递。后权安江巡检司，违法做造生牛皮鞭，身带腰刀，时常飞放扰民。及生员赍擎诏书到司，在外飞放，不行迎接开读。如此慢君虐民，神人共怒，致被土民李子玉等率精壮拿获赴京，罪不可容，所以斩趾，枷令驿前。所在驿官，观之戒之。

颁行三诰第四十三

此《诰》前后三编，凡朕臣民，务要家藏人诵，以为鉴戒。倘有不遵，迁于化外，的不虚示。

大诰三编后序

臣闻昔列圣之驭宇，必明纲常，正法度，[①] 使号令赏罚粲然布于天下。是以民无少长，皆知教化之当从，法度之当守，所以民淳俗厚，罔罹刑宪。于是上契天心，三光明，寒暑时，海宇宁谧，民乐雍熙，至今照耀简册，何其盛哉！奈何三代以降，汉、晋、唐、宋之君，因循为治，先王之教，日衰月替，俗渐浇漓。降及胡元，以夷风制治，先王之教，华夏之风，于是扫荡无余，民俗愈偷，可胜叹哉！钦惟皇上，神圣文武，受天眷命，统有天下十九年于兹。深慕二帝三王之治，宵旰不遑，欲丕变胡俗，复我中国先王之治。奈乏贤为辅，所以治之虽严，而犯者自若。皇上深念从古至今，无有不可变之俗，无有不可化之民，故于机务之隙，特将官民过犯，条成二《诰》，颁示中外，使民知所劝惩。未几，民有从命者，将所在奸恶之徒，擒获至京，[②] 以除民患。于是皇上知斯民有从命之诚，有可化之机，所以至者特加赏劳，以激劝之。然而民狃于污习，虽暂革面，犹未格心。其中因法为弊者，奸诈百生，异乎寻常。神明鉴察，其情其罪，卒莫能逃。皇上复虑天下官民仿效成风，自取刑戮，特拨机务，复条此《诰》，使其知此奸此计罔能欺诳，徒自杀身。天下官民诚能体皇上惓惓之心，鉴此非为，格心从化，庶几至治可兴，华风复振。将见人有士行，比屋可封，享五福于悠久，岂不美欤！臣叨

---

① 正法度：正，内阁文库本误作"白"。
② 擒获至京：擒，内阁文库本误作"椎"。

备侍从，目睹①皇上忧勤图治之切，恐官民弗能悉知，不揣芜
陋，谨拜手稽首书此于后云。洪武十九年冬十有二月二十五日，
承务郎左春坊左赞善臣刘三吾谨序。

---

① 内阁文库本"目睹"后余文全部脱落。

大诰武臣

大诰武臣序

洪武二十年十二月，为管军衙门，在京都督府首领官，十二卫各卫指挥、千户、百户、镇抚、知事、卫令史、典吏、军吏、总旗、小旗；在外各都司首领官，各卫指挥、千户、百户、镇抚、知事、卫令史、典吏、军吏、总旗、小旗；中都留守司经历、知事，并陈州、颖州二卫，苦军妄支钱粮。指挥胡琏、陈胜等，辽东梅都指挥，广西耿都指挥，平阳千户所千户彭友文等二员，鲁府护卫蔡指挥、毛千户等，这等官人，上坏朝廷的法度，下苦小军，略不有些哀念，将那小军每苦楚，也不如猪狗。且如人家养个鸡狗及猪羊，也等长成然后用，未长成，怎么说道不喂食、不放。必要喂食看放有条理，这等禽兽畜生方可用。如今军官全家老小，吃着穿着的，这见受的职事，都是军身上来。这军便似他家里做饭的锅子一般，便似仓里米一般，又似庄家种的田一般。这军官每，如今害军呵，他那心也那里是个人心，也赶不上禽兽的心，若比草木也不如。草木知春秋，当春便生，当秋便死。似他这般害军呵，却便似自家打破锅子要饭吃么道；却似露天地里放着米。① 眼前吃一顿，别的都烂了。明日再要米吃，有也无？却如庄家种田，本是一百亩，足本家食用，内卖去十四五亩，荒了数亩，尚且要饱饭吃，得也不得？如今做总兵官，② 贪财杀降，科敛出征头目。守卫管军指挥、千百户、镇抚、旗首人

---

① 却似露天地里放着米：《丛书》本无"地"字。
② 如今做总兵官：今，内阁文库本、国图《皇明制书》本误作"人"。

等，如此害军呵，却不似打破锅子，烂了米，荒了田，卖了田。似这等为总兵的，望有功封公、封王、封侯，这等名爵里想着要呵，得也不得？那内外卫分指挥、千百户、镇抚、旗首，害得军十分苦楚。望长远受用，如何能勾？[①] 这等害人的人，这个不有天灾，必有人祸。似这等灾祸应呵应，[②] 则有迟有疾。且如在京的管军官吏人等，我每日早朝晚朝，说了无限的劝戒言语，若文若武，于中听从者少，努目不然者多，[③] 其心专一害众成家。及其犯法到官，多有怀恨，说朝廷不肯容，又加诽谤之言，为这般凌迟了这诽谤的人若干。及自有一等不诽谤，甘心受贬，做军三二年、五七年、十数年，才可怜他，召回复职，到任都无两月，其害军尤甚前日，更加奸骗军妇。似此等愚下之徒，我这般年纪大了，说得口干了，气不相接，也说他不醒。我将这备细缘故，做成一本书，各官家都与一本。这话直直地说。军官有父母的，父母每教诫；有兄弟妻子的，便教生些仁义之心，则把那小军身上穿的衣服，口里吃的饭，下的那个小房子儿都看了，[④] 自家心里寻思，把做自家做军，似这等过活，受得将去，也受不将去？若是将心比心，情意度量到根前，果实过不去呵！那做父母妻子兄弟，怎么可怜小军，发些仁慈心，教那为官的休害小军。我许大年纪，见了多，摆布发落了多，从小受了苦多。军马中，我曾做军来，与军同受苦来，这等艰难备细知道。这般比并着说，这愚顽贪财不怕死的，说了干无事。似这等难教难化，将了怎地好？这文书各家见了呵，父母、妻子、兄弟、朋友，怎么劝诫，

① 如何能勾：勾，通"够"。下同。
② 似这等灾祸应呵应：国图《皇明制书》本无"这"字。
③ 努目不然者多：目，《丛书》本误作"力"。
④ 下的那个小房子儿都看了：下，住宿。下同。

教休做这等恶人，合着天理仁心了行，却不好？有一等官人家，父母、妻子、兄弟一同害人，满家儿并无一个发仁心的。似这等全家儿坏了的，也好些个。这文书里说得明白，一件件开得分晓。[①] 若还再如此害军，便是自己犯了又犯一般，难说你不曾见文书，不知道，这文书又不是吏员话，又不是秀才文，怕不省得呵！我这般直直地说着，大的小的都要知道，贤的愚的都要省得。这书与管军的人造福，不是害他的文书。不听不信呵，家里有小孩儿每不记呵，犯法到官，从头儿计较将来，将家下儿男都问过，你记得这文书里几件？若还说不省得，那其间长幼都治以罪。为此，特将不才无藉、杀身亡家亡名之徒，条陈于后，仁者智者观之。管军人员，毋违我训，毋蹈前非，故敕序尔。

---

① 一件件开得分晓：一件件，《丛书》本作"一件"。

大诰武臣目录

---

①　梅义交结安置人：结，《丛书》本误作"接"。

②　千户彭友文等饿死军人：原书目录无"千户彭友文等"六字，据书中正文标题补。

③　储钦等擅收军役：原书目录无"储钦等"三字，据书中正文标题补。

---

① 防倭作弊：国图《皇明制书》本"倭作弊"三字脱落。

② 奸宿军妇：国图藏《皇明制书》本此四字脱落。

③ 国图藏《大诰武臣》《皇明制书》本，目录后、正文前有《敕谕武臣》一文。

冒支官粮第一

陈州指挥胡琏等六员，颖州指挥陈胜等十九员，这火官人，① 百般害军，共冒支官粮三十八万，各分入己。陈州、颖州这两处的军，自洪武元年便摆布他屯种自食，到今屯种二十年了。② 便做五年各军屯种不起关官粮吃，③ 也有十五年不关粮了。他却今年也动文书说无粮，明年也动文书说无粮，却将官粮冒支入己。这三十八万粮，都是百姓每血汗里种出来的，他却妄费用了，如何消受得，天灾人祸必然到他身上。为他有军功上头，且则发去云南出征。若是再撒泼皮呵，④ 你怕他逃得将去。

常茂不才第二

郑国公常茂，他是开平王庶出的孩儿。年纪小时，为他是功臣的儿子，又是亲上头，抚恤他，着与诸王同处读书，同处饮食，则望他成人了，出来承袭。及至他长成，着承袭做郑国公，他却交结胡惟庸，讨他母亲封夫人的诰命，又奸宿军妇，及奸父妾，多般不才。今年发他去征北，他又去抢马，抢妇人，将来降人砍伤，几乎误事。他的罪过，说起来是人容他不得。眷恋开平王上头，且饶他性命，则发去广西地面里安置。这等人，你怕他长久得。⑤

---

① 这火官人：这火，同"这伙"。下同。
② 到今屯种二十年了：到，内阁文库本、国图《皇明制书》本作"至"。
③ 便做五年各军屯种不起关官粮吃：军，《丛书》本误作"种"。
④ 若是再撒泼皮呵：泼，《丛书》本误作"拨"。
⑤ 你怕他长久得：国图《皇明制书》本无"得"字。

耿良肆贪害民第三

耿良，着他做广西都指挥。自他做都指挥时，与布政司官、府、州、县官交结，生事作为，百般科敛，将百姓每害得荒了，以致连年啸聚不已。及他事发，差人拿问，共计二十八招，都是害军害民的歹勾当。因此上，取回他来打杀了。及打杀了他，广西的百姓都安然无事，也不反了。这般看来呵，那是百姓每要反，则是被他逼凌得没奈何了，所以如此。这等害人的人，若不罪他呵，天也不肯。今将所犯略节，条陈于后：

一、骗要黄知府银六百两、金一百两入己；

一、克落军人月盐钞三千三百八十一贯入己；

一、为起盖谯楼，科钞一万三千贯、银一千八百两入己；

一、强将民人杜道荫秋粮米三百五十石搬运回家；

一、拘收指挥韩观出征所得水黄牛六百五十四头、马七匹入己；

一、挟仇妄奏充军官吏不肯出征，将吏人三十八名废了；

一、挟仇妄奏李巡检推瘫不肯出征，张司吏交结官府，致将李巡检割断腿筋，张司吏枭令了当；

一、强娶韩镇抚姐姐为妾；

一、私役军丁，栽种苜蓿，喂养自己马匹；

一、教唆军人告南宁卫王指挥，索要本官玉绦环等物入己；

一、脱放犯奸百户邢文，受要本人黄牸牛一只；①

一、卖放偷官盐所吏刘彦章；

① 受要本人黄牸牛一只：人，内阁文库本作"官"。

一、挟仇将赦免宰杀牛只民人一十八名，复拿监问；

一、将追到犯人佘仲玉银六十两、① 钞四十九贯、铜钱三万六千文入己；

一、唤军妇吴四姐在家奸宿；

一、挟仇将言李指挥不公事人姜子华杖八十；

一、强娶军人铁脱思女。

梅义交结安置人第四

辽东都指挥梅义，他父亲已有胡党的意，因论亲上，不曾罪他，只贬去辽东做都指挥，着他重新立功。他到辽东，全不思量做好勾当，却容纵为事发充军的人在家，并各官家教学下棋、打双陆、行医、卖卦及令管军数揭贴各城门钥匙。这般若长远呵，必致坏事。似这等有罪的人，容留他在闲，却教好军替他屯种，颠倒把好军劳苦坏了。及至人动实封，又将邀截回去，这是个该死的罪过，他又敢犯。事发，又且姑容他的性命，② 则全家发去边远住坐。其同为不才都指挥潘彝、叶增，姑容还职，着他立功赎罪。若再做坏了呵，你怕饶他。

千户彭友文等饿死军人第五

平阳守御千户所千户彭友文、谢成等二员。彭友文领军五百出外筑城，两个月不支与行粮。那军有些盘缠的，将就过活了。那穷了无盘缠的，又怕法度，不敢去强夺人的吃，则得忍饥做

① 将追到犯人佘仲玉银六十两：佘仲玉，内阁文库本、国图《皇明制书》本作"余仲玉"。

② 事发，又且姑容他的性命：《丛书》本无"事发"、"且"三字。

工，把一百军都饿死了。若是那五百军忍饥不得，都乱抢将起来呵，怎地好！其谢成掌印在家，那五百军家小，啼哭去他根前告无粮，他又推说无印信的文书，不肯关与，略不推些仁心，以致各军家小忍饥生受。印信既是他掌在家里，那军前那再得一颗印来使与他。他这般无理，事发处斩。那饿死一百军的千户彭友文，便着他与一百军对枪，[①] 他对不过了，被乱枪杀死。为甚么了敢这般杀他？他既无仁心爱那小军，我又如何把仁心爱他？若不杀他呵，那一百人饿死的，果实得何罪？

储杰旷职第六

浙江都指挥储杰，他在任数年，专一与布政司官、有司官交结，日日歌唱吃酒，军也绝不操练，海贼也不设法关防，以致沿海百姓常被劫掠。他全然不以为事，又常推称风疾，及至歌唱吃酒，却又无事，将浙江一都司的事都废坏了。他罢任后，方指挥建言，沿海筑城。海贼见防备得周密，再不敢上岸，百姓每方得安息。我与他许大名分，他却撒泼做坏了，于边防捕盗，绝无一些功劳。看来则是他薄福，消受不得。而今贬去金齿，若再推风疾，又无功劳，必然奈何得他紧。

储钦等擅收军役第七

淮安卫指挥储钦，贪受赃钞，将应提积年害民人等二百六名收充军役；全州千户所千户乔义，受银六十四两、钞二十贯，将

---

① 便着他与一百军对枪：便，内阁文库本、国图《皇明制书》本作"使"。

害民吏宾真等收充军役；① 温州卫指挥焦益，受银八两，将闲吏林道玉收充军役；太仓卫指挥康鉴、陈铭、卜荣、叶山，受要赃钞，容留皂隶汤回仓、脚夫钱官真等，② 补充军役。这等吏员皂隶人等，都是积年在乡交结有司，把持官府，说事过钱，酷害百姓之徒。朝廷本欲除去这等恶人，着那好百姓每得安，指挥储钦等却俱各贪受赃私，容留在卫，③ 将朝廷法度坏了。这等人容在下面，你怕他有甚么好勾当。他在乡既害百姓，在卫必然害军，官人每也好歹被他连累坏了。其储钦发去云南；乔义、焦益发大宁充军；康鉴、陈铭、卜荣、叶山发广西拿象。看来今日他每这等遭贬呵，何不当初依本分，④ 守着本等职事，好房子下坐着，关着俸米吃，却不快活么道！他却务要这般撒泼做呵，不知他心里果然是如何？

咒诅军人第八

金吾后卫百户秦仲良，差他领军出海运粮。行至太仓泊船，各军自备钞贯买酒肉祭神祈福，⑤ 不曾将去送与他。他因此怀恨各军，⑥ 当日晚夕就在船头对天烧香，咒说道："这一只船就太仓河里沉番了，⑦ 把这一船的蛮军都淹死了。若是不沉了，到那黑水洋里也教沉了。我爷儿四五个，便做死了我时，我也有儿子

---

① 将害民吏宾真等收充军役：宾真，内阁文库本、国图《皇明制书》本作"温真"；收充，内阁文库本、国图《皇明制书》本作"充收"。

② 容留皂隶汤回仓脚夫钱官真等：汤回仓，内阁文库本、国图《皇明制书》本作"汤四仓"。

③ 容留在卫：留，《丛书》本误作"易"。

④ 何不当初依本分：不，《丛书》本误作"本"。

⑤ 各军自备钞贯买酒肉祭神祈福：军，内阁文库本、国图《皇明制书》本误作"卫"。

⑥ 他因此怀恨各军：内阁文库本、国图《皇明制书》本无"他"字。

⑦ 这一只船就太仓河里沉番了：番，应作"翻"。下同。

出来承袭做官。"他后来这事发露，贬去云南屯种。① 他已自做官了，却和那小军每争些酒食，做这等见识，说将起来，也惶恐死人。似这等人，他如何去管得那人下？② 你怕他逃得将去！

科敛害军第九

大同前卫百户李隆，为要买马，科军人孙德等钞四百四十九贯、③ 布四匹、银四两入己；镇南卫百户杨厅保科各军钞五贯入己，百户赵忠科各军米一十六石、钞七十五贯入己；叙南卫指挥夏晟，科各军茜草一百斤做人事送人，又每旗科钉三千个打船做买卖；④ 宁海卫千户张麟、潘德，⑤ 为改造铳甲，科各军钞八十七贯，各分入己；金吾后卫百户于保，为屯种买牛，科各军钞七十五贯五百文入己；金山卫百户张敬，为买墙板，科各军钞三十贯入己；莱州卫百户孙骥，为画图本，科各军钞二十六贯入己；河南卫百户侯显，为盖自己房屋，科各军钞八十贯入己。这火官人如此科敛害军。那小军每一月止关得一担儿仓米，若是丈夫每不在家里，他妇人家自去关呵，除了几升做脚钱，那害人的仓官又斛面上打减了几升，⑥ 待到家里，师音伐过来呵，止有七八斗儿米。他全家儿大大小小要饭吃，要衣裳穿，他那里再得闲钱与人。这千百户每，直这等无仁心，他关了许大俸钱，倒又去

---

① 贬去云南屯种：屯种，内阁文库本、国图《皇明制书》本作"种田"。
② 他如何去管得那人下：那，《丛书》本误作"都"。
③ 科军人孙德等钞四百四十九贯：四百四十九贯，内阁文库本、国图《皇明制书》本作"四百九十九贯"。
④ 又每旗科钉三千个打船做买卖：船，《丛书》本误作"破"。
⑤ 宁海卫千户张麟潘德：潘德，内阁文库本、国图《皇明制书》本作"潘得"。
⑥ 那害人的仓官又斛面上打减了几升：斛，内阁文库本、国图《皇明制书》本误作"槲"。

科敛害军。^① 科这穷军每的钞，回家去买酒买肉吃呵，便如将他身上的血来哧吃一般。吃了这等东西，有甚么长进，神天也如何肯。而今都发去边远充军了，^② 看他去做军时，果实过活得不过活得。

守门阻当第十

抚州千户张邦、董升等，将他自家的鹅鸭放在各门上，却着守门的军人，但有挑担米谷过往的，便去取要米谷来喂养。又但凡有客人出入，便以批引为由，多般刁蹬，有钞与他，才肯放过。他在那里如此害人，也不思量要长久，则是贪财泼做，卒至今日把职事弄坏了。有这等无知的愚夫！

教人作弊第十一

镇南卫百户黄伯贤、陶义，他去与监放粮监生吴伟等说："而今你身上衣服蓝蓝缕缕，^③ 如何不多放些粮出来买衣服穿？"监生回说："我不敢，且有甚么道理放得出？"他说："多着几个军来，便关出去了。"监生应许。他除正数关粮军人外，多添军人二名，赴仓关支，致被镇抚丁旺奏发。每日军官犯事，我发落他时，便聚集头目每来省会他，着知道休去犯，似这等也多遍了。他听得我言语，绝不以为事，又去诱引监生偷粮作弊。这等愚夫，也化他不过来，所以都将废了。

---

① 倒又去科敛害军：倒，通"到"，内阁文库本、国图《皇明制书》本作"到"。
② 而今都发去边远充军了：而，内阁文库本、国图《皇明制书》本作"如"。
③ 而今你身上衣服蓝蓝缕缕：蓝，通"褴"；蓝缕，亦作"褴缕"或"褴褛"。

邀截实封第十二

青州护卫千户孙旺，逼令军人自缢身死。其余军人赴京伸诉，他差人邀截回去，将各军监在牢里，诬赖他通同马四儿作耗，致将军人四名凌迟处死，余军尽发云南。事发，千户孙旺亦将凌迟处死。兖州护卫指挥蔡祥、千户毛和、镇抚梁时、顾信等，百般苦军，致有军人糟法保赴京告状，行至凤阳浮桥，他差人赶回去，① 妄启鲁王将军人打死分尸。事发，千户毛和等自知罪重，脱监在逃；指挥蔡祥凌迟处死。平阳梅镇抚，有被害军人赴京告指挥李源，他替李源邀截回去。事发，梅镇抚阉割，发与李源家为奴。处州卫指挥顾兴、魏辰、屠海、雷震、盛文质、夏庸等，有军人陆达之等赴京，告张知府收粮作弊，他与有司交结，差人赶回监问。事发，免死发金齿充军。福州左卫千户单友才、② 百户邵兴，将赴京告状军人严三赶回，杖断一百。事发，发金齿充军。这火官人，都是邀截实封该死的罪过，中间最无理的是青州千户孙旺、兖州指挥蔡祥等。小军每被他害得荒了，没奈何，则得赴京伸诉，他又把他拦截回去。则这般拦将回去，已自犯法了，他又去妄奏妄启，将军人排陷杀了。这个情理说将起来，如何容得，所以都将他凌迟处死，着他偿那军的性命。③ 其余的且饶他死，则发去充军了。今后管军的官人每，休学他这等大胆，若是倚着有功，犯到根前，果实情理重呵，也饶不过。

---

① 他差人赶回去：差，国图《皇明制书》本误作"若"。
② 福州左卫千户单友才：单友才，内阁文库本、国图《皇明制书》本作"单有才"。
③ 着他偿那军的性命：的，内阁文库本、国图《皇明制书》本作"人"。

图财杀人第十三

　　昌国卫千户傅旺并男傅良，同千户余亨、包荣、罗金，镇抚杨忠、王胜等，贪图财利，将者额杀死。者额是云南的土官，有缘故上，发他全家在昌国住坐。其千户傅旺等见他有家私，如常去问他借金银。借了几遍了，者额不肯。他因此上怀恨者额，与千户余亨等商量，使令军人杜和、燕帖木告他谋反，领军人刘可观等去他家里，将者额杀死。抢了他四皮箱金子，两皮箱银子，三皮箱钞并一应家私。又拿他八个人，诬赖他为首，将凌迟了，共杀讫八十六人。事发，千户傅旺等都将凌迟处死。这件事若果实是他谋反了，拿枪拿刀，出来对阵，这等呵，遮莫杀了他多少人，怕怎地！他而今却也无形无迹，又把做他告的，告得是，也合动文书，奏得朝廷知道，如何敢便杀他许多人，他却图谋他家私。敢这等大胆做，神天如何容得他？① 便做眼前不发露，久后里，② 天灾人祸不在他自家身上，也在他子孙身上见。③

打死军人第十四

　　豹韬卫百户王德甫，为失去官木，打死军人任良；府军前卫百户王斌，为撑驾征北船只，④ 打死军人佴德旺；羽林左卫百户

---

① 神天如何容得他：天，故宫藏洪武内府刻本、《丛书》本作"明"。
② 久后里：里，内阁文库本作"或"。
③ 也在他子孙身上见：国图《皇明制书》本无"上"字。
④ 为撑驾征北船只：北，国图《皇明制书》本误作"此"。

阚秋，为领军斫竹，打死军人周添；镇海卫百户侯保，为看守船只，打死军人乔海秀；天策卫千户陈安，为烧砖，打死军人邬仲真；锦衣卫百户万成，为监造营房，打死力士于青。^①事发，都教偿命了。做军官的，务要抚恤得那小军好。抚恤得好呵，众军每感戴，神天也欢喜。这等有阴骘呵，明日必然会长远，子孙出来也会长进。百户王德甫等，他将小军打死了。若是在阵上违了号令，便打死了也不妨，而今因些小事儿，都将他打死了。这等呵，如何不着他偿命。

冒支官绢第十五

　　府军右卫千户朱德，府军前卫千户许寿、左弼，龙骧卫千户戴楫、镇抚丘鲁，金吾后卫千户李茂，羽林右卫千户王寅，鹰扬卫百户甄祥、朱寿，^②府军后卫百户居义，龙虎卫百户周驴，武德卫百户张弘，虎贲左卫镇抚弓显，府军左卫镇抚严整等，俱为关支军人冬衣绢匹，通同承运库官黄伯学等，冒支出官绢二千五百九十匹，各分入己。事发，都着他戴罪出征。这许多绢都是百姓每供将来的，百姓每多少艰难，才做成得一匹。又多少艰难，才运得到京城，收在库里。如何敢自家轻用了，不是有功的，也如何敢轻与。他每平白地里多关出许多去，都将妄费用了。这是天财，如何容易消受得。

---

①　打死力士于青：士，《丛书》本误作"手"。
②　鹰扬卫百户甄祥朱寿：鹰扬卫，《丛书》本作"鹰阳卫"。据《明史》卷九〇《兵二》、《明会典》卷一二四《都司卫所》，应作"鹰扬卫"。

克落粮盐第十六

　　襄阳卫千户孙齐，克落各军月粮三百石入己；千户周铭，克落军人盐钞二百贯入己；镇南卫百户周原德，克落军人月盐三十三斤入己；福州左卫百户刘义，克落军人盐钞二十二贯五百文入己；台州卫镇抚钱兴，克落军粮三百七十八石入己；绍兴卫百户王伯当，克落军人盐钞九贯八百文入己；定辽卫百户靳允恭，克落军粮一十八石入己；应天卫百户袁思诚，克落军人屯种稻谷一十石、小麦一十五石入己；沂州卫百户王仁美，克落军人盐钞四十贯入己；永州卫百户毛思盟，克落军人盐钞二十贯入己；仪真卫百户刘仲贤，克落赏军苏木二十二斤入己；平阳卫百户何敬，克落军人赏赐钞一百贯入己。事发，都贬去边远充军。那小军每每月关的粮，及关得些儿赏赐，全家儿都望着他。① 做官的不能抚恤他，倒又去克落了他的东西，也将心去度量一度量，果实过得去不过得去。这等无仁心的人，② 你怕他得长久，子孙出来怕会长进。

卖放胡党第十七

　　凡抄扎胡党及提取害民官吏人等，都差军官军人前去。为甚么不差别人，止差军官军人？每日差一个行人出去，有司打送，动辄数百贯钞，这等人，白身在草窠里出来，又无功劳，他却便得了许多东西，因此上都差军官军人，便他得了些东西，也是出

---

　　① 全家儿都望着他：望，国图《皇明制书》本误作"盟"。
　　② 这等无仁心的人：《丛书》本无"仁"字。

过气力的人，却不强似与那白身无功劳的人。^① 其宁都卫指挥邢旺、汪海，千户严福等，不体这意思，又去作弊，接受胡党家人李应名等五名钞八百五十贯、银六十两、金十两，却将各人卖放，着伴当陈彦一送去通济门去讫。水军卫镇抚张龙，接受胡党陈咏等钞五百贯、银二十两，将各人户下人口脱放。当初着他抄扎胡党时，则要抄得精细，不走了人，其余家财不问多少都将与他。他却作弊，将罪人卖放，把法度坏了。这等不知恩的人，若不罪他呵，那撒泼的怎地怕。

卖放军人第十八

应天卫百户韦真，接受军人叶德骥银四两、钞二十贯、纻丝袄子一件，将本军脱放；兴化卫镇抚陈林，接受军人王受钞五十一贯，将本军脱放；太原左卫百户刘云，接受军人薛尚文、荆希成等银四十两、钞四十贯，将各军脱放；锦衣卫百户裴兴，接受力士蒋次五等八名钞九十贯、夏布五匹，将各人脱放。事发，都发去边远充军。而今做指挥、做千百户的，你怕是他一个人的功劳，都是众军每做成与他的。若无了军呵，便做是一个好男子，也阵上浑当得几个人住，^② 当不住，可便输了。^③ 不知他却如何只要贪财，把军都卖了，被财利迷了他心，一来把军法坏了，二来身子也不顾了。这等愚夫，若不治他呵，久后里怎地好。

---

① 却不强似与那白身无功劳的人：《丛书》本无"似"字。
② 也阵上浑当得几个人住：浑，《丛书》本误作"挥"。
③ 当不住，可便输了：可，《丛书》本、内阁文库本、国图《皇明制书》本作"呵"。

纵贼出没第十九

真定卫百户张颜，领军缉捕贼人四达子，他骑的马被贼人抢去，却使人将米二石前去与他赎回。宝庆卫千户沈真，他先做长沙卫百户时，有僧人杨云峰，系是前元间儿国公差来打探消息的人，他明知本僧系是奸细，不行提拿，却与交结来往。振武卫指挥夏兴、百户朱才，有打猎军人温大等一十名被贼人拿去，他不行领军追赶，纵贼劫掠。这几个都是在外守御的官人，他平日不肯操练军士，关防的见识也全无，只是贪财苦军。及有贼人来往劫杀，他不领军追捕，倒去与他交结来往。这等无知愚夫，若在外面长远呵，不将大事坏了！所以张颜、沈真都将杀了。其指挥夏兴、百户朱才，且饶他死，发去驯象卫充军，若是再这等呵，① 必然不放过他。

防倭作弊第二十

漳州卫千户李原、谢兴，百户侯义、结良、于德、永福等，不肯用心防备，被倭贼上岸劫掠，杀死军人五名，却做病死报官；千户李琛，百户陈思名、② 汪福领军防倭，他将军人拨去砍柴，以致贼人上岸杀掠，又行先走。③ 事发，都发去云南充军。福州左卫指挥陈谦、右卫指挥张寿等领军防倭，他都着去煎盐晒鱼，把军人多淹死了。事发，都发十万山拿象。兴化卫千户

① 若是再这等呵：呵，国图《皇明制书》本作"何"。
② 百户陈思名：陈思名，《丛书》本作"李思名"。
③ 又行先走：行先，《丛书》本作"先行"。

郭福，将壮大正军卖放了，却把幼小军丁收入队伍，及至出海防倭，众小军儿才见贼人，即便退走，郭福就阵被倭杀死。有这一火愚夫，着他在海上守御，他全然不以为事，军也不操，队伍也不整点，好军便卖放了，又私役做买卖。① 海上百姓每连年被倭贼搅得荒了，原来他都在那里这等大做，所以都将贬了。② 若是有志气的人，这里正要立功，他如何肯这等把名分来弄坏了。

因奸杀人第二十一

苏州卫千户宗聚，他唤军人王群儿妻周氏回家奸宿。后其夫差使回来听得，将他妇人殴打。③ 这妇人对宗聚说：“而今我丈夫得知这事了，要打死我。”宗聚回说：“我和你对付了他的性命，你与我做娘子，有的是好衣服、头面与你，却不强似与那个穷军做妇人。”就做泥人儿一个，用铁钉遍身钉了，教本妇将回家埋在炕下。王群儿后被魇镇病倒了，本妇又去与宗聚说：“他如今虽病，看来也死不得他。”宗聚又将毒药与本妇回家，毒死其夫。其夫服毒后，又不死，本妇将铁斧在其夫头上连打两下，被四邻救住，不曾得死。后其夫病好，将《大诰》赴京伸诉，宗聚又去拦截，夺下本军盘缠钞贯，将他《大诰》烧坏了。似这等无理的人，若不杀他呵天也不肯。

---

① 又私役做买卖：做，《丛书》本误作“坐”。
② 所以都将贬了：将，《丛书》本作“被”。
③ 将他妇人殴打：殴，底本误作“欧”，据《丛书》本改。

奸宿军妇第二十二

锦衣卫千户王成，他先为缺少军人，发去辽东出征。去了几年，在那里生受。可怜他，着取回来复职。他复职也未曾得久，便把在辽东的艰难来忘了，又无理起来。差他在滁州管军屯种，他倚着官势，唤军人王和卿、刘信妻小回家奸宿。似这等不才无藉之徒，如何饶得他。又金吾前卫指挥冯裕、滁州卫百户刘驴儿，容藏在逃军妇在家奸宿，也都贬去边远充军了。又儋州千户王兴，领军收捕贼人，因而将好百姓家妇人拿回奸宿，本妇不从，又将小刀于他手上戳讫一刀。蒲州千户张保，节次强奸百姓妻女。似这等情重的，都杀了。今后军官每敢再有这等无藉的，拿住不饶。

男女混淆第二十三

男子妇人①必要有分别。② 妇人家专一在里面，不可出外来，若露头露脸出外来呵，必然招惹淫乱的事。而今有等愚夫愚妇，好生不守道理，把风俗坏了。便如曲靖卫指挥牛麟，他在云南讨一个妇人做妾，每日与同僚官吃酒，便着这妇人出来同座吃酒，因此上被指挥柳英诱引私通，教本妇将毒药毒死牛麟。有这等无知的，妇人家如何着他与男子汉吃酒，吃一会酒了，自家的性命也被人害了。若是有分别呵，那里有这等事。指挥柳英与那妇人，都将杀了。今后敢再有这等的，拿住一般罪他。

---

① 男子妇人：子，内阁文库本误作"女"。
② 必要有分别：《丛书》本无"要"字。

以妾为妻第二十四

祥符卫指挥郭祐，他去征进云南，取到一个妇人回家为妾。他听信本妇捏说是非，将乙未年间原娶正妻曹氏，如常打骂，连他儿女家人二十六口赶出另住，每日止与他带糠粟米八升，却将云南取来的妇人收为正妻。如此不才。事发，贬去云南。他乙未年娶的结发夫妻，到今三十余年，有儿有女了，且当初离乱时东奔西走，多少艰难，才过活得到而今。而今天下太平了，他做官亨俸禄，正好夫妻每受快活，他却将他娘儿每赶出了，一日止与他带糠粟米八升，他二十六口人，如何过？这等无恩义的，也那里是个人。

勾军作弊第二十五

永平卫所镇抚冯保，他本卫差他去仁和县勾逃军沈福七、谢福二两名。他到那里，勾到沈福七亲兄沈福六。他接受本人银十两、钞四十贯、白绫袄子一件、绵布二匹，[①] 将本军脱放，却拿里长施一代他解官，又将百姓谢一打要招做逃军谢福二解官。事发，贬去金齿充军。他本等的正军，将脱放了，却将好百姓拿去替他做军。如此害人，着百姓每埋冤负屈，你怕他这等人能够长久。

---

① 绵布二匹：国图《皇明制书》本脱"二"字。

监工卖囚第二十六

留守中卫千户郭成，差他监领囚人砌城。他接受囚人舒余庆等钞三百贯，[①] 将他卖放回家，却将钞六十一贯，去土工宋官保处买到死尸一个，顶做舒余庆相视埋了。事发。免死发金齿充军。他为贪财了，将有罪的人卖放，却将一个千户的名分弄坏了。有这等薄福的小人。

私役军人第二十七

施州卫指挥乐信，占留军人九十二名在家做买卖；叙南卫指挥徐毅，占留军人一十五名在家役使；大同前卫百户刘海，私役军人在家砍柴卖钞。外面守御的军官，务要把军整点得齐整，如常要不缺少了，叫唤呵，便都在眼前。他而今多占在家里使唤，[②] 倘或有些紧急，[③] 要军用呵，怎地好。这等人，所以都不饶他。

生事害民第二十八

杭州右卫指挥陈祥，他领军出海捕倭，与令史魏克铭商量，以批引为名，将捕鱼船只阻当，多般刁蹬，取要钞贯方肯放他来

---

① 他接受囚人舒余庆等钞三百贯：舒余庆，国图《皇明制书》本作"司余庆"。
② 他而今多占在家里使唤：而，《丛书》本作"如"。
③ 倘或有些紧急：《丛书》本无"急"字。

往，共取受钞一千二十一贯入己。^① 后有军人王蛮子，去都司告令史魏克铭系是积年民害，他又着千户陶真将原告赶回。事发，贬去金齿充军。海边百姓每常被倭贼害得没奈何，他做守御巡捕的，绝不见他报些功劳来，则在那里生事害民，又将害民的猾吏隐藏在卫，商量作弊。他也不思量保守名分，^② 则一味泼做，直至而今做坏了才罢。^③

生事苦军第二十九

海宁卫千户费进，他以起盖营房为由，差军出外砍竹子并茅。及至军每千辛万苦砍得回来了，他却将来堆在城里，出号令不许各军出去砍柴，就将这茅草做柴出卖。军人每家里无柴烧，又出城去不得，没奈何，则得去买他的做柴烧。小军每一月止关得一担儿米，吃也尚且不勾，又那里有钱来买柴。他做千户的，每月关了十六担俸米，^④ 却这等无仁心害那军，若不罪他呵，那小军每怎当。

排陷有司第三十

青州卫百户王玘，他在蒙阴县守御，多般去害百姓，将带籽绵花俵与百姓，每二十斤要他布二十四匹；又将黄蜡、香油等物

---

① 共取受钞一千二十一贯入己：《丛书》本无"钞"字。
② 他也不思量保守名分：守，内阁文库本、国图《皇明制书》本误作"罢"；名，《丛书》本误作"民"。
③ 直至而今做坏了才罢：至，《丛书》本作"到"。
④ 每月关了十六担俸米：担，百斤为担，一担也称一石。内阁文库本、国图《皇明制书》本作"石"。

俵与里长甲首，多收价钞；又听奸妇嘱托，诈传旨意，将蒙阴县官拿下拷打，[①] 勒要招承害民事理，[②] 捏词妄动实封，惑乱朝廷。似这等无理呵，怎地不杀他。

寄留印信第三十一

镇南卫百户胡凤，将他掌的印信，寄在小旗方细普家，[③] 三日不取。印信是个关防，军职衙门的更是紧要，必须十分掌得仔细，如何可将寄放在别人家里。百户的印信，干碍一百户的军马，倘或人将去印几纸文书出来呵，好生不便当。这等人，利害也不知，他如何做得那管军的官人，所以将他发去金齿充军了。

说事过钱第三十二

成都前卫千户胡中，四川布政司为盐法事将客人叶惟茂等监问，他与蒋指挥家人蒋均俊通同前去胡参议处，求浼从轻发落，过付钱钞，就内抽减钞三百二十贯、[④] 银四十两、纻丝一匹、盐一引入己；又接受客人张潮英等银十两、钞十五贯。着他在外厢守御，他本等的事都不整理，[⑤] 却去交结有司，说事过钱。这等不才的，如何不罪他。

---

① 将蒙阴县官拿下拷打：下，内阁文库本、国图《皇明制书》本作"问"。
② 勒要招承害民事理：承，内阁文库本、国图《皇明制书》本作"成"。
③ 寄在小旗方细普家：方细普，内阁文库本、国图《皇明制书》本作"方信普"。
④ 就内抽减钞三百二十贯：内，内阁文库本、国图《皇明制书》本作"令"。
⑤ 他本等的事都不整理：内阁文库本、国图《皇明制书》本无"事"字。

附录二

明《大诰》人名索引

例 言

一、本索引根据本书附录的《御制大诰》、《御制大诰续编》、《御制大诰三编》、《大诰武臣》点校本编制。

二、本索引收录四编《大诰》中全部明代人名。书中涉及到的少数传说中的远古人名如少昊、颛顼、尧、舜等及明以前人名如禹、桀、汤、纣、周武王、武则天等，索引中没有收录。

三、本索引中的人名，以姓名或常用称谓的第一个单字为准，按汉语拼音字母及音节顺序排列。

四、凡某一人名有字、号、别名、绰号、假冒名等其他称谓，及《大诰》不同版本中对同一人名记载文字相异者，于该人名之后的括号内写明其他称谓。凡只见姓氏或有称谓无姓氏，以及姓名相同但非同一人者，在该人名后括号内尽可能注明其官职、身份，以便识别和区分。

五、本索引于各人名后列有详细出处。"初"、"续"、"三"、"武"分别系《御制大诰》、《御制大诰续编》、《御制大诰三编》、《大诰武臣》的简称。人名后所列数码，前面的数字是该人名在《大诰》中所见的条目，后面的数字是本书的页数。例如：

邓尚文　初 13/211

"13"是指《御制大诰》第十三，"211"是指《明〈大诰〉研究》所附诰文的页码。

六、凡同一人名在《大诰》同一条目中重复出现者，只列此人最先出现的页数。若同一人名分见于不同条目中，则另行注明。

七、为方便读者查阅，本索引前列有《汉语拼音查字表》，索引后附有《笔画查字表》。此两表分别汇集了《明〈大诰〉人名索引》中人名的第一个单字，单字后的数字，均系该单字在人名索引里的页码。

八、日本明史研究会于1969年曾以日本古典研究会刊印的《皇明制书》中收录的四编《大诰》为蓝本，编过《大诰人名索引》（油印件），其索引人名以日语五十音图为序排列。在编写本索引时，曾参阅了他们的成果，并补充或订正了近百个人名，按照新的编写体例，增加了人名的条目出处。这里，谨向为我们提供该会所编《索引》的山根幸夫先生和日本明史研究会的其他先生表示致谢。

汉语拼音查字表

人名索引

姓氏笔画索引

附录三

明太祖与洪武法制

长期以来，围绕着如何评价明洪武朝的法制及明太祖朱元璋在创建明初法制中的作用，不少学者发表了见解。有些著述着重论证了朱元璋对健全明初法制的贡献，或从正面评价了他的惩贪法律措施；有的著述依据《明实录》等官修史书的记载，说朱元璋的法律主张偏于"轻刑"，至少对一般平民采取了宽容的态度。而不少著述则根据明《大诰》、明初诸条例、洪武榜文、重大案件及有关史籍的记载，认为朱元璋在创建明初法制的同时，为治乱世而刑用重典，往往律外用刑，诛戮过多。还有的著述考察明初发生的一些重大案件，对朱元璋的法外酷刑和无节制地扩大株连范围的做法给予负面评价。不同见解的学者大都引用了丰富的史料来论证自己的观点，可谓仁者见仁，智者见智。那么，洪武年间法制的真相到底是什么，如何认识朱元璋法律实践中出现的"重视健全法制"与"律外用刑"两种矛盾的现象，这是一个需要探讨的重要问题。

笔者认为，以往对于洪武法制及朱元璋作用的论述，除少数著述外，基本上都是作者依据史料得出的结论，是各从一个侧面揭示明初法制的真相。由于明、清史籍对洪武法制及朱元璋法律实践的记载，本身是"重典"与"轻刑"两种资料并存，因而研究的着重点不同、认识问题的角度不同乃至出现不同的学术观点是正常的。若全面分析有关明初法制的资料，不难看出，主张"轻刑"的明太祖与强调"刑用重典"的明太祖，实际上并不矛盾，它正是朱元璋在明初法制建设中采取"常经"之法与"权宜"措置并用的双轨法制方略的真实反映。

（一）明太祖的法制方略

"常经"之法与"权宜"措置并用，是朱元璋从明初时局出发提出的法制方略。明王朝建国之初，面临着许多严峻的社会问题。如何尽快地变"乱世"为"海宇宁谧，民乐雍熙"的太平盛世？朱元璋以为，必须在恢复社会经济的同时，注重法律制度的重建。他把健全法制看作是调整各种社会关系、恢复和巩固社会秩序的根本，并说："纪纲法度为治之本"，"丧乱之后，法度纵弛，当在更张"。[①]为此，他提出了"当适时宜"、"当计远患"、"明礼以导民，定律以绳顽"、"法贵简当、稳定"、"治乱世用重典"等一系列法制指导原则 。[②]

从"当适时宜"、"当计远患"、"明礼以导民"的指导思想出发，朱元璋要求法律的制定必须坚持"以民为本"，符合"一准乎礼"、"贵存中道"、"可贻于后世"的要求。他多次告诫臣下说："谋国之道，习于旧闻者当适时宜，狃于近俗者当计远

---

① 《明太祖实录》卷一九。
② 详见杨一凡《明代三部代表性法律文献与统治集团的立法思想》，《法律史论集》第2卷，法律出版社，1999，第 521 ~ 568 页。

患。苟泥古而不通今，溺近而忘于远者，皆非也。故凡政事设施，必欲有利于天下，可贻于后世，不可苟且，惟事目前。盖国家之事，所系非小，一令之善，为四海之福；一令不善，有无穷之患，不可不慎也。"① 又说："法贵简当，使人易晓。若条绪繁多，或一事两端，可轻可重，吏得因缘为奸，非法意也。夫网密则水无大鱼，法密则国无全民。"② 也就是说法律制度的创设要注意防止"泥古"和"惟事目前"两种倾向，要符合国家的长远利益，不仅适用于当世，而且要传之于后世。

从"当适时宜"、"治乱世用重典"的指导思想出发，他主张在立法上采取双轨制体系，即注重"常经"之法创建的同时，必须以重刑惩治奸顽。朱元璋说："法令者，防民之具、辅治之术耳，有经有权。律者，常经也；条例者，一时之权宜也。"③ 他指出，制定一部统一的刑法典是十分重要的，这样可以使它在法律体系中居于主导地位，成为治理国家经久不变的根本大法，这样做既可革除"奸吏舞法、任意轻重"的弊端，也可使"子孙守之"，保证国家的长治久安。同时，他又认为，在明初"乱世"的条件下，"用刑不拘常宪"也是不可少的。朱元璋说："天下初定，民顽吏弊"，"民狃于奢纵，治化为难，及更丧乱，斯民凋弊，抚绥尤难"。④ 他总结历代治世的经验教训，认为治乱的妙诀在于"慎勿姑息"。他把元朝覆灭的原因归结为"宽纵"二字，说："元政弛极，豪杰蜂起，皆不修法度以明军政。"⑤ 并明确地提出了自己的对策："奈何胡元以宽而失，朕收

① 《明太祖实录》卷一六三。

② 《明史》卷九三《刑法一》，中华书局，1974，第2280页。

③ 《明太祖宝训》卷三，明万历三十年秣陵周氏大有堂刊《新镌官板皇明宝训》本。

④ （明）余继登撰：《典故纪闻》卷一，中华书局，1981，第17页。

⑤ （清）谷应泰撰：《明史纪事本末》卷一四，中华书局，1977，第189页。

平中国，非猛不可！"①正如《明史·刑法志》所云："盖太祖用
重典以惩一时，而酌中制以垂后世，故猛烈之治，宽仁之诏，相
辅而行，未尝偏废也。"②

朱元璋在总结多年治国经验时，曾多次对自己采取的"常
经"之法与权宜措置的双轨法制方略进行过阐述。洪武二十二
年（1389 年），他在与皇太孙朱允炆论刑时说："吾治乱世，刑
不得不重。汝治平世，刑当自轻，所谓刑罚世轻世重也。"③洪武
二十八年（1395 年），他对洪武年间采取"法外用刑"的"权
时处置"的缘由作了进一步说明："朕自起兵至今四十余年，亲
理天下庶务，人情善恶真伪，无不涉历。其中奸顽刁诈之徒，情
犯深重，灼然无疑者，特令法外加刑，意在使人知所警惧，不敢
轻易犯法。然此特权时处置，顿挫奸顽，非守成之君所用常法。
以后子孙做皇帝时，止守《律》与《大诰》，并不许用黥刺、
刖、劓、阉割之刑。"④

在洪武年间进行的一系列立法、司法活动中，朱元璋的上述
指导思想得到了充分的运用。

（二）"常经"之法的制定

洪武年间，朱元璋率群臣立法定制，制定了一系列法律法
令，其中有代表性的且在明一代通行的有：《大明令》、《大明
律》、《诸司职掌》、《洪武礼制》、《礼仪定式》、《孝慈录》、《教

---

① （明）刘基撰：《诚意伯文集》卷一《皇帝手书》。
② 《明史》卷九四《刑法二》，中华书局，1974，第 2320 页。
③ 《明史》卷九三《刑法一》，中华书局，1974，第 2283 页。
④ 《皇明祖训》：《祖训首章》，见《中国珍稀法律典籍续编》第 3 册，黑龙江人民出版社，2002，第 848 页。

民榜文》、《皇明祖训》等。就这些法律的形式和内容而言，《大明律》是明王朝的刑法典；《大明令》对明朝的基本制度和司法原则等作了全面的规定，实际上起了治国总章程的作用；《诸司职掌》系职制类立法，具有行政典章的性质；《洪武礼制》、《孝慈录》、《礼仪定式》系礼制、礼仪类立法；《教民榜文》是明太祖颁行的管理民间事务的法规；《皇明祖训》系明太祖制定的"家法"。这些重要的法律都是朱元璋亲自主持或指导下制定的。

1. 大明令

《大明令》系明开国之初与《大明律》同时颁布、并行于世的重要法律。《明史·刑法志》云："明太祖平武昌，即议律、令。吴元年（1367年）冬十月，命左丞相李善长为律、令总裁官"。"十二月，书成，凡为令一百四十五条"。洪武元年（1368年）正月十八日颁行天下。《大明令》革新体例，以六部分目，其中《吏令》20条，《户令》24条，《礼令》17条，《兵令》11条，《刑令》71条，《工令》2条。《大明令》对明朝的基本制度、各司衙门职掌和司法原则等，作了较为全面的规定。朱元璋在颁布《大明令》时，发布了圣旨："朕惟律、令者，治天下之法也。令以教之于先，律以齐之于后。古者律、令至简，后世渐以繁多，甚至有不能通其义者，何以使人知法意而不犯哉！人既难知，是启吏之奸而陷民于法，朕甚悯之。今所定《律》、《令》，芟繁就简，使之归一，直言其事，庶几人人易知而难犯。《书》曰：'刑期于无刑'，天下果能遵《令》而不蹈于《律》，刑措之效，亦不难致。兹命颁行四方，惟尔臣庶，体予至意。"①在《大明令》颁布后，朱元璋"又恐小民不能周知，命大理卿

---

① 见中国国家图书馆藏明嘉靖刊《皇明制书》十四卷本所辑《大明令》，又见《中国珍稀法律典籍集成》乙编第1册，科学出版社，1994，第3页。

周桢等取所定律、令，自礼乐、制度、钱粮、选法之外，凡民间所行事宜，类聚成编，训释其义，颁之郡县，名曰《律令直解》"。①这说明朱元璋对于《大明令》的实施是很重视的。《大明令》在新朝初建、法律未暇详定的情况下，实际上起了治国总章程的作用，其确认的基本法律制度，后成定制，为明代各朝所遵行。

2. 大明律

《大明律》是明王朝的刑法典。正式定型、通行于明一代的《大明律》，颁行于明太祖 洪武三十年（1397 年），共 30 卷，460 条。《大明律》从草创到定型，历时 30 年。明建国前一年即朱元璋吴王元年（1367 年）冬十月，命左丞相李善长等据唐律撰律 285 条，于洪武元年（1368 年）同《大明令》一起刊布天下。据《明太祖实录》卷二八上：该律系"律准唐之旧而增损之"。从现见的洪武元年正月所颁《大明令》看，其时已采取按吏、户、礼、兵、刑、工归类编纂的体例，并沿用唐"五刑"之制，最高刑罚死刑为绞、斩。朱元璋认为洪武元年律"尚有轻重失宜，有乖中典"，为制定一个"轻重适宜"、"百世通行"的《大明律》，从洪武元年起"又命儒臣四人，同刑官讲唐律，日进二十条"，②作为他制定明律的参考。洪武六年（1373 年）冬，诏刑部尚书刘惟谦等详定大明律，"每成一篇，辄缮写以进。上命揭于两庑之壁，亲加裁定"。③次年二月完成，颁行天下遵守。洪武七年（1374 年）所颁《大明律》，"篇目皆准于唐"，共 30 卷，606 条。七年律仍仿效唐"五刑"制，最高刑罚死刑

---

① 《明史》卷九三《刑法一》，中华书局，1974，第 2280 页。
② 《明史》卷九三《刑法一》，中华书局，1974，第 2280 页。
③ 《明太祖实录》卷八六。

为绞、斩，其刑罚较唐律相异之处是在徒、流二刑下附加有杖
刑。①此后十多年间，朱元璋曾诏令大臣对《大明律》的部分条
款进行修订。洪武二十二年（1389 年），朱元璋又命翰林院同刑
部官再次更定《大明律》。二十二年律以《名例律》冠于篇首，
下按六部官制，分吏、户、礼、兵、刑、工六律，计 30 卷，460
条。该律刑制以"笞、杖、徒、流、死"为五刑之正。"五刑之
外，徒有总徒四年，有准徒五年。流有安置，有迁徙，有口外为
民，其重者曰充军"；"二死之外，有凌迟，以处大逆不道诸罪
者。充军、凌迟，非五刑之正"。②洪武三十年（1397 年），又
将二十二年律中少数条款加以改定，对数十处律文欠严密之处按
照规范化要求进行加工润色，于洪武三十年五月颁布天下，命子
孙守之，永世不得更改。明中后期，为了适应时局的变化，曾于
弘治、嘉靖、万历年间先后三次修订《问刑条例》，补律之不
足，辅律而行，并逐渐形成了律例合编的刑事法律体系。除万历
十三年（1585 年）合刻颁行《大明律附例》时，对律文中传刻
差误的 55 字予以改正外，③终明一代律之正文从未更改。

　　明律无论形式或内容都较之前代法律多有创新和发展。《大
明律》以六部分目，使古来律式为之一变；结构合理，文字简
明；适应强化君主集权和发展社会经济的需要，其惩治经济、行
政、军事方面犯罪和诉讼制度方面的立法，较之前代更为发达；
在定罪量刑上，体现了"世轻世重"、"轻其轻罪"、"重其重
罪"的原则，即"大抵事关典礼及风俗教化等事，唐律均较明

---

① 《明太祖实录》卷八六。
② 《明史》卷九三《刑法一》，中华书局，1974，第 2282 页。又见《明太祖实录》一九七。
③ （明）舒化等撰：《进新刻〈大明律附例〉题稿》，见杨一凡编《中国律学文献》第 3 辑
　　第 2 册，黑龙江人民出版社，2006，影印本，第 127～128 页。

律为重；贼盗及有关帑项、钱粮等事，明律则又较唐律为重"；①
为防止臣下结党营私，还特设了"奸党"等罪名；逐步形成和
实行律例合编，律例并用，使执政者得以在保障律典长期稳定不
变的前提下，更能灵活地适时立法，发挥其在治国实践中的效
用。正由于如此，明律的内容大多为清律所沿袭，并对日本、朝
鲜和越南等东南亚国家的法律制度产生了重大影响。

洪武年间屡次颁行的《大明律》，因年代久远，洪武元年
律、洪武七年律已失传。现见的洪武律的版本，除通行明一代的
三十年律外，尚有《大明律直解》所载洪武二十二年律和《律
解辩疑》所载洪武律。②《律解辩疑》书前有洪武丙寅（十九年）
春正月望日松江何广自《序》，书末有洪武丙寅春二月四明卻敬
《后序》。从两《序》所记成书时间看，书中辑录的《大明律》
当系洪武十九年前所颁。黄彰健先生在《〈律解辩疑〉、〈大明律
直解〉及〈明律集解附例〉三书所载明律之比较研究》③一文
中，曾对此三律的异同做过对比和考证，指出了该书与洪武二十
二年律（即《大明律直解》所载《大明律》）、三十年律的差
异，认为《律解辩疑》所载《大明律》系洪武十八九年行用的
明律。笔者认为黄彰健先生的这一推断是有道理的。洪武二十二
年律、三十年律与《律解辩疑》所载洪武律均为 30 卷，460 条，

① （清）薛允升撰：《唐明律合编》卷九《职制上·祭享》按语。
② 参见朝鲜李朝太祖四年（明太祖洪武二十八年）刊行的金祗等撰《大明律直解》，藏韩
国奎章阁。刘海年、杨一凡主编《中国珍稀法律典籍集成》乙编第 1 册，收有《大明律
直解》所载洪武二十二年律文（科学出版社，1994 年版）。关于《大明律直解》的版本
及该书所载律为洪武二十二年律的考证文字，详见《集成》乙编第 1 册《整理说明》。
明初何广撰《律解辩疑》所载洪武律，收入杨一凡、田涛主编《中国珍稀法律典籍续
编》第 4 册，黑龙江人民出版社，2002 年版。关于该书的版本及所载律为洪武十八九年
行用律的考证文字，见《续编》第 3 册书前《整理说明》。对于《律解辩疑》所载明律
是否是洪武十八九年行用的明律，学界尚有不同意见，有待进一步探讨。
③ 黄彰健著：《明清史研究丛稿》卷二，台湾商务印书馆，1977，第 208～236 页。

刑名刑制亦一致。三律之律文互有较大损益或量刑标准轻重不一者，主要是"老小废疾收赎"、"飞报军情"、"谋反大逆"、"官吏受财"、"诈为制书"、"诈传诏书"、"亲属相奸"7条，各条中有关刑罚的差异也不甚悬殊。由于此三律中均把凌迟、充军列为刑罚，且凌迟凡13条，充军为46条，而洪武七年律的最高刑罚为绞、斩。因此，就刑制而言，此三律的刑罚重于洪武七年律。综合考察洪武年间各次颁行的《大明律》的刑罚，不难看出，虽然朱元璋以重刑惩治奸顽，但对"常经"之法《大明律》的制定，基本贯彻了"贵存中道"的原则。

3. 诸司职掌

《诸司职掌》，明太祖朱元璋敕定，洪武二十六年（1393年）三月内府刊印。该文献以职官制度为纲，下分十门，分别详细地规定了吏、户、礼、兵、刑、工六部及都察院、通政司、大理寺、五军都督府的官制及其职掌。吏部尚书、侍郎职掌天下官吏选授、勋封、考课之政令，其属有选、司封、司勋、考功四司；户部尚书、侍郎职掌天下户口、田粮之政令，其属有民、度支、金、仓四司；礼部尚书、侍郎职掌天下礼仪、祭祀、宴享、贡举之政令，其属有仪、祠、膳、主客四司；兵部尚书、侍郎职掌天下军卫、武官选授之政令，其属有司马、职方、驾、库四司；刑部尚书、侍郎职掌天下刑名及徒隶、勾覆、关禁之政令，其属有宪、比、司门、都官四司；工部尚书、侍郎职掌天下百工、山泽之政令，其属有营、虞、水、屯四司；都察院左右都御史、副都御史职掌纠劾百司、辩明冤枉，其属有十二道监察御史；通政司职掌出纳帝命、通达下情、关防诸司出入公文奏报、臣民实封建言、陈情申诉及军情等事，无属部；大理寺官职掌审录天下刑名，其属有左右寺官；五军都督府断事官职掌问断五军所辖都司卫所军官、军人刑名，其属有左、右、中、前、后五司官。《诸司职掌》是明初最重要的行政方面的立法，为明代的职官制度奠定了基础。

4. 洪武礼制 孝慈录 礼仪定式

朱元璋效法前代各朝，以儒家礼教为治国之本，特别重视礼制、礼仪方面的立法。《洪武礼制》、《孝慈录》、《礼仪定式》这三部法律，均系礼制、礼仪类立法，也均是洪武年间由朱元璋明令颁布。《洪武礼制》颁行年代不详，但据《明史》记载，系洪武间颁行无疑。① 该书是关于文武百官逢天寿圣节、正旦、冬至进贺礼仪，朝臣奉诏出使礼仪、祭祠礼仪，百官的服色、勋阶和吏员资格，奏启本格式、行移体式、署押体式以及官吏俸禄方面的法律规定。《孝慈录》颁行于洪武七年（1374 年）十一月一日。据《明史》卷九七《艺文二》："宋濂等考定丧服古制为是书"，书前有明太祖御制序。该书是关于丧服制度的法律规定。《礼仪定式》颁行于洪武二十年（1387 年）十一月，系礼部尚书李原名等同六部、都察院、通政司、翰林院、大理寺等官奉敕详定，内容是关于百官朝参、筵宴礼仪、出使礼仪、官员拜礼、官员公坐、司属见上司官、公聚序座、官员相遇回避等第、在京官员常行仪从以及官员伞盖、冠带、服色、房舍等的规定。正德二年（1507 年）二月，明武宗朱厚照敕礼部将包括《礼仪定式》在内的累朝榜例申明晓谕，令臣民一体遵守。② 由此可见，此法律曾在明代被奉为定法长期实行。

---

① 《明史》卷四七《礼一》：明太祖"在位三十余年，所著书可考见者，曰《孝慈录》，曰《洪武礼制》……"中华书局，1974，第 1224 页。

② 参见《礼仪定式》书前礼部题本，《中国珍稀法律典籍续编》第 3 册，黑龙江人民出版社，2002，第 375~376 页。

5. 皇明祖训

《皇明祖训》是明太祖为朱氏天下长治久安、传子万世，给子孙制定的"家法"。《皇明祖训》是在《祖训录》的多次修订的基础上形成的。据《明太祖实录》：洪武二年（1369 年）四月乙亥，"诏中书编《祖训录》，定封建诸王国邑及官属之制"。①洪武六年（1373 年）五月书成，名《祖训录》。②此后 20 余年中，朱元璋曾多次修订《祖训录》，洪武二十八年（1395 年）闰九月庚寅，"重定《祖训录》，名为《皇明祖训》，其目仍旧，而更其《箴戒章》为《祖训首章》"。③其目为 13 篇，曰《祖训首章》、《持守》、《严祭祀》、《谨出入》、《慎国政》、《礼仪》、《法律》、《内令》、《内官》、《职制》、《兵卫》、《营缮》、《供用》。在《祖训》中，朱元璋总结了自己的治国经验，提出了子孙、宗室和后代必须严守的各种制度及其他行为规范。《祖训》被后嗣君主奉为"祖宗成法"，在明代通行。

6. 教民榜文

《教民榜文》，明太祖朱元璋钦定，洪武三十年（1397 年）四月颁行。其榜文共 41 条，对老人、里甲理断民讼和管理其他乡村事务的方方面面，如里老制度的组织设置、职责、人员选任和理讼的范围、原则、程序、刑罚及对违背榜文行为的惩处等，作了详尽的规定，堪称是我国历史上极有特色的民间事务管理和民事诉讼法规。

---

① 《明太祖实录》卷四一。

② 《明太祖实录》卷八二。

③ 《明太祖实录》卷二四二。关于《皇明祖训》的定本和颁行时间，学界尚有不同看法。张德信在《祖训录与皇明祖训比较研究》（《文史》第 45 辑，中华书局，1998）一文中，认为"《皇明祖训》颁行，不是一般论者所说洪武二十八年（1395 年）闰九月的定本，而应该是洪武二十八年十月的定本，或者洪武二十九年（1396 年）十二月的定本"。

在中国历代皇帝中，最熟悉农村和农民生活的是朱元璋。他出身贫苦，经历坎坷，经验丰富。朱元璋执政后，精心设计了一套乡村治理制度，集中体现在《教民榜文》中。《教民榜文》要求里老对于本里、本乡出现的孝子、贤孙、义夫、节妇及有善行可称之人，要报知官府，给予嘉奖。还规定乡里百姓中有贫不能婚嫁、死不能葬者，乡里之间要相互帮助。《教民榜文》曾在明一代通行，对强化明代乡村治理发挥了重要作用。

从上述明初最重要的立法看，有三个显著的特点：其一，都是在明太祖朱元璋的亲自主持或者指导下制定的；其二，《大明律》、《诸司职掌》、《礼仪定式》、《教民榜文》、《皇明祖训》等法律，基本是洪武朝后期才定型的，说明了朱元璋对制定"常经"之法十分慎重；其三，由于这些法律是在认真总结前代法制经验、结合明初国情实际制定的，贯彻了"贵存中道"、"当适时宜"的立法原则，因而为明朝法制奠定了基础，并在明一代通行。

（三）惩创奸顽的"权宜"法律措置

历代用刑，世轻世重。所谓"重刑"，是指与前代或历代的法定刑比较，刑罚相对加重而言。中国古代的重刑政策，亦称重典政策。在中国法律史上，凡是具有下述三个特征或其中之一者，通常被称之为"重刑"或"重典"：一是颁行的法律法令较前代或累朝实行的法律要严峻苛刻；二是在法定刑之外扩大刑名刑种，加重刑罚；三是肆意法外用刑并滥行诛戮。

在洪武法制建设的过程中，朱元璋在注重"常经"之法的制定和实施的同时，从明初"乱世"的国情实际出发，颁行了不少具有"权宜"性质的法律，其中一些法律和律外用刑措置是为惩创奸顽而设的，具有重刑性质。

1.《大诰》峻令

四编《大诰》，即《御制大诰》、《御制大诰续编》、《御制大诰三编》、《大诰武臣》，系明太祖朱元璋于洪武十八年（1385年）至二十年（1387年年）间分别颁行。四编《大诰》共236个条目，其中《初编》74条，《续编》87条，《三编》43条，《武臣》32条。各编《大诰》诰文由案例、峻令和明太祖的"训诫"三个方面内容组成，即：一是掇洪武年间、特别是洪武十八年至二十年间的"官民过犯"案件之要，用以"警省愚顽"；二是设置了一些新的重刑法令，用以严密法网；三是在许多条目中，兼杂有朱元璋对臣民的"训诫"，明确地表达了朱元璋的法律思想和治国主张。

四编《大诰》是一种具有教育作用和法律效力的特种刑法。《大诰》中的峻令、案例和明太祖的"训诫"即"明刑弼教"言论，各有各的用处。朱元璋编纂案例和其"明刑弼教"的言论的立足点在于"教化"，意在"使民知所劝惩"，达到预防犯罪的目的。而峻令固然也有"惩诫"的作用，但着眼点是用以制裁"犯罪"，"禁于已然之后"。由于《大诰》中许多诰文对人们的行为规则和相应的法律后果都有明确的规定，对违背诰文者有具体的量刑标准，具备了刑事法律所应具有的规范性特征，且朱元璋在《大诰》中和颁行《大诰》之后，曾多次发布敕令，三令五申，对臣民"违《诰》者罪之"，要求"法司照依《大诰》治罪"，这就给《大诰》峻令赋予了不可触犯的法律效力。至于《大诰》中的案例，因朱元璋在所写的《序》或《后序》以及多篇诰文中，反复强调法司必须"比《诰》治罪"，就给这些案例赋予了判例所具有的法律效力。明太祖在《御制大诰续编序》中规定："今朕复出是《诰》，大播寰中，敢有不遵者，以罪罪之"。在《御制大诰三编序》中重申：对"敢有不钦遵者"，"比《诰》所禁者治之"。也就是说，在审判活动中，要比照《大诰》禁令量刑治罪。在中国古代，皇帝的诏敕具有法律效力，朝廷允许可以比附断罪的案例被视为判例，也具有法律效力。朱元璋如此反复地命令臣民严守《大诰》，这就给它赋予了比当时的一般性法令更高的法律效力。

长期以来，特别是自清末沈家本撰《明大诰峻令考》之后，史家通常把《大诰》中具有法令性质且刑罚较重的诰文称为峻令。笔者认为，这种界定是有其理据的。其一，在汉朝以后历代颁布的法律和皇帝发布的诏令中，像《大诰》这样刑罚酷烈、诛戮众多并公开宣扬法外用刑的合理性者，世所少见。隋、唐、宋、元至清代，以笞、杖、徒、流、死为法定五刑，元、明、清三代刑制在"五刑"之外增设了凌迟及充军刑，而《大诰》中的律外之刑达30余种，仅此一点，称其为峻令不为过也。其二，自汉文帝废除肉刑之后，历代开明的政治家和思想家都把残伤人肌体的肉刑视为"不德"之刑。隋、唐、宋、元至清代法律法令中规定可以使用肉刑者，也只有《大诰》和朱元璋颁布的榜文。其三，族诛是中国古代刑法中最重的刑罚。秦汉以来，历代法律上规定的族诛刑只适用于"谋反大逆"罪，而《大诰》把族诛扩大到了滥设吏卒、官物起解、虚买实收、卖富差贫、阻挡民拿害民官吏、捏词诬陷等许多方面。其四，凌迟是中国古代刑罚中最惨毒的刑罚之一，它作为正式刑名始于辽代，元、明、清律承之。元、明、清律规定的凌迟刑只限于谋反大逆、故杀期亲尊长、妻妾杀夫、奴婢杀家长、杀一家三人、采生拆割人等这几类"大恶"罪,然《大诰》把凌迟刑扩大到科敛扰民、受赃、沉匿卷宗、伪造御宝文书、　交结近侍官员等多个方面。其五,历代对犯重罪者株连同居亲属的范围有严格限定,唐律和《宋刑统》规定谋反大逆罪除"父子年十六以上皆绞"外,其他被株连的亲属不处死刑。明、清律规定只对谋反大逆、谋叛、奸党、交结近侍官员、上言大臣德政、杀一家三人、采生拆割人、造畜蛊毒杀人这几类犯罪实行株连之法,且除谋反大逆罪外,被株连的同居亲属均不处死刑,《大诰》在许多方面扩大了株连的范围。①其六,唐、宋、明、清各代律典,为防止量刑畸重,对于犯有两种以上罪及累犯者,规定了"二罪俱发以重论"和若干科罪的原则,并在律文中用"罪止"二字明确限定所处的最高刑。凡是律条中有"罪止"规定者,即使犯两罪以上,也不能在法律规定的最高刑之外加刑。唐、宋律规定的最高刑,因罪情不同,大多为笞、杖、徒、流刑,少数为绞、斩二刑。明律基本上沿袭唐律,其所设的非"五刑"之正的充军刑,明初主要针对军官军人犯罪,被处刑者唯边方屯种;凌迟者,只适用于大逆不道之罪者。《大诰》置历代通行的司法原则于不顾,许多峻令具有法外加刑的性质。

2. 榜文

在明初立法中,榜文是基于朝政急需以皇帝名义或六部奉旨发布的文告,它能迅速地反映朝廷的意志,明确当前治理的重点

---

① 如《御制大诰·伪钞第四十八》载:"其两浙、江东西,民有伪造者甚,惟句容县。杨馒头本人起意,县民合谋者数多,银匠密修锡板,文理分明;印纸马之户,同谋刷印。捕获到官,自京至于句容,其途九十里,所枭之尸相望,其刑甚矣哉。"又如《御制大诰三编·违诰纵恶第六》载:"镇江坊甲邻里人等,坐视容纵韦栋等一十八名,上惑朕听,归则把持官府,下虐良民,养恶为一郡之殃,束手不擒。韦栋等事发,将坊甲邻里尽行责罚搬石砌成,其费有空其家者有之,有不能存活者有之,有不及搬运石块而逃死者有之。"

和惩治的主要对象。明太祖在位 31 年间，一直很重视运用榜文劝导和惩诫臣民。据史载，明建国不久，朱元璋就常因事而立法，发布榜文禁例。洪武三年（1370 年）二月，曾"召江南富民赴阙，上口谕数千言刻布之，曰《教民榜》"。①《教民榜》字数如此之多，可见它实是若干榜文的汇集。洪武年间，榜文屡颁，从未间断。直到朱元璋死的前一两个月，即洪武三十一年（1398 年）四、五月间，诏令户部修订供管理民间事务和里老理讼使用的《教民榜文》，刊布天下。洪武朝榜文，就内容讲，涉及吏、户、礼、兵、刑、工各个方面；就种类而言，因治理的对象和使用的范围不同，有些悬挂于官署，有些榜于市，有些则挂于申明亭，还有专门申诫公侯的铁榜。在洪武年间颁行的榜文中，既有像《教民榜文》这样的用以民间事务管理和道德教化之类的榜文，也有许多以"惩创奸顽"为特定内容的榜文。

洪武榜文已大多失传。现存的洪武榜文散见于各类史籍中，资料相对集中者有《皇明制书》所收《教民榜文》和《南京刑部志》所收洪武榜文。后者中有不少属于"惩创奸顽"性质的榜文。

《南京刑部志》所收 69 榜榜文，系嘉靖时南京刑部仍悬挂、使用的洪武、永乐榜文，其中属于洪武朝的 45 榜。把有关洪武榜文与当时行用的明律②对比考察，可发现它有以下特色：

第一，许多规定属于新的刑事立法，其内容不是为明律所未设，就是律文的规定比较笼统，榜文规定的更加具体。比如：洪武二十二年（1389 年）八月二十九日颁布的榜文规定："今后法司精审来历，设有仍前所告，动经五六十及百余人、一二十

---

① （明）谈迁撰：《国榷》卷四，中华书局，1988，第 408 页。
② 本文以下所引明律，均为洪武二十二年律。

者，审出诬告情节得实，将好词讼刁民凌迟于市，枭首于住所，家下人口移于化外"。洪武二十六年（1393 年）八月榜文规定："朝廷命礼部出榜晓谕，军民商贾技艺官下家人火者，并不许穿靴，止许穿皮扎鞴。违者，处以极刑。此等靴样一传于外，必致制度紊乱，宜加显戮。洪武二十六年八月初三日钦奉圣旨：这等乱法度，都押去本家门首枭令了，全家迁入云南。"洪武二十七年（1394 年）三月初二日颁布的榜文规定："今后里甲邻人老人所管人户，务要见丁着业，互相觉察。有出外，要知本人下落，作何生理，干何事务。若是不知下落，及日久不回，老人邻人不行赴官首告者，一体迁发充军。"洪武二十七年四月二十六日颁布的榜文规定："今后不许人于街上碾损街道，只许他于两傍土地上推行。如有故违号令，拿住，发充军。"洪武三十年（1397 年）二月十三日榜文云："奉圣旨：如今军卫多有将官用战船私下卖了，工部出榜去各处张挂。但有卖官船的，凌迟处死，家迁一万里。私买者同罪。"洪武三十一年（1398 年）正月十六日颁布的榜文规定："今后敢有将官船私下卖者，正犯人俱各处以极刑，籍没其家，人口迁发边远。"

第二，榜文中所列刑罚苛刻，大多较当时行用的洪武二十二年律的律文相近条款量刑为重。洪武二十四年（1391 年）七月发布的榜文规定："今后若是诬指正人的，本身虽犯笞罪，也废他；但诬指人笞罪，也一般废他。本身己得人死罪，又诬指人，凌迟，都家迁化外。"依明律"诬告"条："凡诬告人笞罪者，加所诬罪二等；流、徒、杖罪，加所诬罪三等；各罪止杖一百，流三千里。……至死罪，所诬之人已决者，反坐以死；未决者，杖一百，流三千里，加役三年"。①也就是说，对犯诬告罪者，区分不同罪情分别论罪；诬告罪的最高刑罚为死刑（法定刑为斩），只适用于犯罪者本人，不株连同居亲属。榜文不仅对诬告情节轻微、按律本应处笞刑的治以重刑，而且把重惩"大恶"罪的凌迟刑、株连法，也适用于犯诬告罪者，无疑是律外加刑。洪武二十七年（1394 年）二月十五日榜文云："今北平府同知钱守中等贪赃肥己，卖富差贫，致令民有奸顽者，每买求官吏，避难就易，或全不应役。如此计行，仿效者多，欲得雍熙之治，岂不难哉？朕观北平府官吏，不能教民为善，乃敢贪赃，诱引为非，所受肥己之赃四万三千一百余贯，法所难容，理合示众，以诫将来。凌迟钱守中等六名，系官吏库子盗卖草束；处斩王天德等五名，俱虚买实收；全家发建昌卫充军段大等六十九名，俱里甲耆民人等虚买实收；发留守卫充军尹恭用等二百一十五名，系库子脚夫解役，通同盗卖草束，脱放罪囚。"依洪武二十二年律，官吏犯贪赃罪者，最高刑为绞刑，②赋役不均、卖富差贫之类犯罪的最高刑为杖一百。③ 洪武二十七年三月发布的榜文规定："今后敢有以弟为男及姑舅姊妹成婚者，或因事发露，或被人首告，定将犯人处以极刑，全家迁发化外。"依明律《尊卑为婚》条，这类犯罪最高刑为杖一百④。洪武二十七年十月榜文规定："在京犯奸的奸夫奸妇，俱各处斩。做贼的、掏摸的、骗诈

---

① 〔朝鲜〕金祗等撰：《大明律直解》卷二二《刑律·诉讼》"诬告"条；参见《大明律》卷二二《刑律·诉讼》"诬告"条。
② 〔朝鲜〕金祗等撰：《大明律直解》卷二三《刑律·受赃》诸条，《中国珍稀法律典籍集成》乙编第 1 册（科学出版社，1994）收有《大明律直解》所载洪武二十二年律文。
③ 〔朝鲜〕金祗等撰：《大明律直解》卷四《户律·户役》"赋役不均"条；参见《大明律》卷四《户律·户役》"赋役不均"条。
④ 〔朝鲜〕金祗等撰：《大明律直解》卷六《户律·婚姻》"尊卑为婚"条；参见《大明律》卷六《户律·婚姻》"尊卑为婚"条。

人的，不问所得赃物多少，俱各枭令"。依照明律，和奸罪罪止杖一百，① 窃盗罪应计赃科断，除监临主守盗所监官钱四十贯者，均不处死刑。② 榜文把此类犯罪一律加重为死罪，实是过于严酷。

唐代以后各朝律典，基本上是在沿袭唐律的基础上有所损益。各朝律典的刑名、刑罚指导原则及适用范围大体一致，除明清律典和元代法律把"大恶"罪的刑罚加重为凌迟刑、明清律典规定对流罪最重者处充军刑外，唐、宋、明、清律典的其他犯罪的最高刑也大体相同或相近。各类犯罪最高刑以下的刑罚，虽间有变化，但差异不大。由于现见的洪武榜文对"事关典礼及风俗教化"（即明律较之唐、宋律用刑较轻方面的条款）的违法行为大多是以"斩"、"重罪"、"枭令"、"极刑，全家迁发化外"、"阉割"论罪，苛重无比，因此榜文中所处刑罚重于明律者，一般也较唐、宋、元、清律典为重，较之"其失在乎缓弛"的元代法律则更为加重。

在《南京刑部志》所载洪武年间朱元璋发布的 45 榜榜文中，最早的发布于洪武十九年（1386 年）四月初七日，最晚的一榜发布于洪武三十一年（1398 年）正月二十五日。其中洪武十九年 4 榜，二十年 1 榜，二十二年 3 榜，二十三年 4 榜，二十四年 3 榜，二十五年 1 榜，二十六年 5 榜，二十七年 16 榜，二十八年 2 榜，二十九年 1 榜，三十年 2 榜，三十一年正月 2 榜，无年代者 1 榜。阅读这些榜文可知：洪武二十七年发布的榜文

---

① 〔朝鲜〕金祗等撰：《大明律直解》卷二五《刑律·犯奸》"犯奸"条；参见《大明律》卷二五《刑律·犯奸》"犯奸"条。

② 〔朝鲜〕金祗等撰：《大明律直解》卷一八《刑律·贼盗》"窃盗"、"监守自盗仓库钱粮"条；参见《大明律》卷一八《刑律·贼盗》"盗窃"、"监守自盗仓库钱粮"条。

最多；在洪武二十八年（1395 年）前发布的榜文中，许多榜文的刑罚是律外加刑，而洪武二十九年（1396 年）至洪武三十一年正月发布的 5 榜中，虽然仍有 3 榜较律刑罚加重，但不再使用肉刑。

3. 刑事条例

洪武朝立法，以律、令、诰、榜文、例为主要法律形式。明初例的内容相当广泛，涉及到吏、户、礼、兵、刑、工诸方面。吏、户、礼、兵、工各例，是关于国家行政、民事、经济、礼仪、军士、学校教育方面的具体规定，而刑例是关于刑事方面的规定。就律与刑例的关系而言，律为"常经"，刑例为"权宜"之法。洪武年间，朱元璋为完善刑事法律，凡律不载者，常常用制定条例的办法加以补充。洪武前中期颁行的条例大多失传，洪武后期颁行的条例中，以《充军》条例、《真犯杂犯死罪》条例、《应合抄扎》罪名、三十年条例、《钦定律诰》条例最为著称。

在这些刑事条例中，设置了许多新的罪名，且量刑往往较明律加重。如洪武二十六年（1393 年）颁布的《诸司职掌》中，《刑部》目下收录了"合编充军" 22 款，其罪名有贩卖私盐，诡寄田粮，私充牙行，私自下海，闲吏，应合抄扎家属，积年民害官吏，诬告人充军，无籍户，揽纳户，土豪，旧日山寨头目，更名易姓家属，不务生理，游食，断指诽谤，小书生，主文，帮虎，伴当，直司，野牢子。① 《明史·刑法志》在论及此充军罪名时说："盖降死一等，唯流与充军为重。然《名例律》称二死三流各同为一减。如二死遇恩赦减一等，即流三千里；流三等以

---

① （明）申时行等重修：《明会典》卷一七五《刑部十七·罪名三·充军》，中华书局，1989，影印本，第 891 页；又见《诸司职掌》：《刑部职掌·司门科》。

《大诰》减一等，皆徒五年。犯流罪者，无不减至徒罪矣。故三流常设而不用，而充军之例为独重。律充军凡46条。《诸司职掌》内22条，则洪武间例皆律所不载者。"① 又如，洪武二十六年（1393年），把《大诰》中28个条目列入了《真犯杂犯死罪》条例；② 是年，把《大诰》中10个条目列入《应合抄扎》罪名，③《大诰》条目被列入者10条，洪武三十年（1397年）初，明太祖把《大诰》条目22条列入当时所颁布的《秋后处决》、《工役终身》罪名；④ 洪武三十年五月，他又把《大诰》条目36条列入《钦定律诰》条例。⑤ 这些《大诰》条目列入诸条例后，使刑事法律的罪名更加完善，法网更加严密，为司法实践中确定真犯死罪、杂犯死罪罪名以及如何适用法律（是准赎死罪还是不准赎死罪，是否应合抄扎，是处死决不待时还是秋后处决或工役终身等）提供了法律依据。

　　《大诰》条目列入诸条例后，虽然一些大诰峻令罪名适用的刑罚，较《大诰》中原来的刑罚有所减轻，已由非法定刑改为"真犯死罪"、"杂犯死罪"，但与洪武二十二年律相近条款比较，其大多数罪名适用的刑罚仍较律为重。如《真犯杂犯死罪》条例共78条，其中刑罚较明律加重者28条，减轻者9条；洪武三十年条例共100条，其中刑罚较明律加重者25条，减轻者21条；洪武三十年颁行的《钦定律诰》条例共147条，其中刑罚

① 《明史》卷九三《刑法一》，中华书局，1974，第2301页。
② （明）申时行等重修：《明会典》卷一七三《刑部一·罪名一》，中华书局，1989，影印本，第882页；又见《诸司职掌》：《刑部职掌·都官科》。
③ （明）申时行等重修：《明会典》卷一七八《刑部二十·抄扎》，中华书局，1989，影印本，第906～907页。
④ （明）申时行等重修：《明会典》卷一七三《刑部一·罪名一》，中华书局，1989，影印本，第883页。
⑤ （明）张楷撰：《律条疏议》，载杨一凡编《中国律学文献》第1辑第2、3册，黑龙江人民出版社，2004，影印本。

较明律加重者 36 条，减轻者 9 条。总体说来，《大诰》条目列入诸条例后，使这些条例带有重刑性质。①

4. 律外加刑

明朝的法定刑为笞、杖、流、徒、死五刑。五刑之外，又有赎刑、迁徙、充军和对"大恶"罪的凌迟刑。明太祖为惩治奸顽，达到"使人知所警惧，不敢轻易犯法"② 的目的，特令对于情犯深重者律外加刑，并使用了多种法外酷刑。如《国初事迹》中记载的朱元璋的法外刑罚有割乳、碎肉、投水淹死、鞭死等；明《大诰》中记述的律外刑罚有族诛、墨面文身挑筋去指、墨面文身挑筋去膝盖、剁指、断手、刖足、阉割为奴、斩趾枷令等30 余种。洪武榜文中记述的律外刑罚有 10 余种。《南京刑部志》载洪武榜文中，有 10 榜是对非"大恶"罪使用了凌迟刑，有 3 榜使用了肉刑。如洪武二十二年（1389 年）三月二十五日榜文规定："在京但有军官军人，学唱的割了舌头，下棋打双陆的断手，蹴园的卸脚，做卖买的发边远充军。府军卫千户虞让男虞端故违，吹萧唱曲，将上唇连鼻尖割了。"洪武二十五年（1392年）九月十九日发布的榜文规定："如有官民之家儿童剃留一搭头者，阉割，全家迁发边远充军。剃头之人，不分老幼，罪同。"明律无此规定，比照明律相近条款"服舍违式"条，这类违规行为是以笞、杖刑论罪。③ 洪武二十七年（1394 年）十二月二十五日榜文云："奈何有等奸顽小人，恃其富豪，欺压良善，强捉平民为奴仆，虽尝累加惩戒，奸顽终化不省。如安福县粮长

---

① 关于明洪武后期颁行的几个条例的有关史料及考证文字，见杨一凡主编《中国法制史考证》甲编第 6 册《明代法制考》，中国社会科学出版社，2003，第 20~26、106~109、125 页。
② 《明太祖实录》卷二三九。
③ 〔朝鲜〕金祗等撰：《大明律直解》卷一二《礼律·仪制》"服舍违式"条；参见《大明律》卷一二《礼律·仪制》"服舍违式"条。

罗贵谦将罗惠观拐到良民彭辰仔，买作奴仆，在家驱使，及致伊母前来寻认，又将伊母监锁在家为奴。除将本人凌迟示众外，妻子并一家人俱刺面入官为奴。今后豪横之徒，敢有强夺平民为奴，与罗贵谦一体治罪。"

洪武年间，朱元璋还对一些危及朝廷统治的重大"奸党"案、"谋反"案和"官吏贪污"案扩大了株连范围。如洪武七年三月，广东儋州民陈逢愿率众反抗朝廷，斩陈逢愿，"生擒其党杨玄老等五百六十余人，剿其属一千四百余人"。① 洪武九年（1376 年），空印案发，② 朱元璋下令"论诸长吏死，佐贰榜百成边"。③ 洪武十三年（1380 年），胡惟庸"擅权枉法"案发，10 年后（即洪武二十三年）诛"胡惟庸余党"，"词所连及坐诛者三万余人"。④ 洪武十八年（1385 年）郭桓贪污案发，连累了中央各部和全国的地方官，"自六部左右侍郎下皆死，赃七百万，词连直省诸官吏，系死者数万人"。⑤ 洪武二十六年（1393年），凉国公蓝玉案发，被"族诛者万五千人"。⑥ 虽然胡惟庸党案、蓝玉案带有朱元璋清除政治异己、为子孙铲除后患的政治斗争的性质，但大量事实证明，律外加刑是明太祖实施"以威为治"的重要法律手段。

对于朱元璋何时停止使用黥、刺、腓、剕、阉割等法外之刑，学界尚存有争议。然据前面所述的洪武二十五年（1392 年）

---

① 《明太祖实录》卷八八。
② 关于空印案发生的时间，有洪武八年说、九年说、十五年说。本文采用九年说。详见杨一凡主编《中国法制史考证》甲编第 6 册《明代法制考》，中国社会科学出版社，2003，第 428～431 页。
③ 《明史》卷九四《刑法二》，中华书局，1974，第 2319 页。
④ 《明史》卷三〇八《胡惟庸传》，中华书局，1974，第 7908 页。
⑤ 《明史》卷九四《刑法二》，中华书局，1974，第 2318 页。
⑥ 《明史》卷一三二《蓝玉传》，中华书局，1974，第 3866 页。

九月十九日榜文，此年仍在使用阉割刑。又据洪武二十八年
（1395 年）五月初五日榜文载明太祖圣旨："尔刑部将合用刑
具，依法较定，发与诸司遵守。敢有仍前不遵者，就用非法刑具
处治。皂隶祇禁，辄便听从行使者，一体处死。"可知朱元璋为
防止官吏非法用刑，明令对不以"合用刑具"审狱的各级官吏
法外用刑。据史载，朱元璋于洪武"二十八年夏八月己丑，谕
群臣禁黥、刺、腓、劓、阉割之刑"。① 现存有关洪武朝的文献
中，也未见朱元璋在此之后使用肉刑的案例。因此，这一记载当
是可信的。

（四）明太祖刑用重典对洪武法制的影响

洪武年间，朱元璋在法律实践中，既注重健全"常经"之
法，又采用权宜措置、刑用重典，那么他奉行的刑用重典政策对
洪武法制产生了怎样的影响？这一时期颁行的"常经"之法是
否得到了实施？这是关系到如何全面认识洪武法制、如何评价朱
元璋功过是非的重要问题。要正确地回答这一问题，必须从总体
上对刑用重典的重大事件及案例、惩治的主要对象、实施的社会
效果及其对当时立法、司法的影响诸方面进行全面分析。

笔者在《明初重典考》② 中，曾就这一问题做过阐述。朱
元璋刑用重典对洪武法制和当时社会的影响，主要表现在两个
方面：

首先，就立法而言，《大明律》及其他刑事法律，程度不同

---

① （清）谷应泰撰：《明史纪事本末》卷一四，中华书局，1977，第 222 页。
② 杨一凡著：《明初重典考》，湖南人民出版社，1984。

地受到了朱元璋刑用重典政策的影响。《大明律》从整体上说，属于"中制"性质的法典。但基于惩创奸顽和朝廷赋税收入的需要，明律有关"贼盗及帑项钱粮等事"的刑罚"较前代往往加重"。明律对于谋反大逆、谋叛、强盗、造妖书妖言、劫囚、谋杀人、谋杀期亲尊长、谋杀制使及本管长官、投匿名文书告人罪、诬告、诈为制书、窃盗、私越冒度关津、官吏犯赃、泄露机密重事、赋役不均、收粮违限、私铸铜钱、违犯盐法、奴骂家长等犯罪行为的处罚，均较唐律加重。如把明律与现存的千余条元代法律的相应或相近的有关规定进行比较，可知除了少数条款（如民间私藏兵器等）元律重于明律和有关政治性"贼盗"、"杀人"的条款元、明律相同外，元代法律绝大多数条款规定的刑罚都较明律为轻。如把明律与《宋刑统》进行比较，明律"宽厚不如宋"。[①] 此外，明初律与令、诰、榜文、例等法律形式并存，朱元璋对于一些关系到朝廷安危和经济利益方面的法律，如盐法、茶法和逃军等律条中适用罪犯的刑罚，就多次变动，加大制裁力度，以令、例代律而行，使这些令、例带有重刑性质。

其次，就朱元璋刑用重典的社会效果而言，并未达到他预期的目的，重刑虽能威慑一时，然后患无穷，消极作用大于积极作用。以重典惩治贪官污吏和豪强地主，在短期内或一定程度上起到了威慑的作用，把被官吏和豪强占有和隐瞒了的大量户口、土地清查出来，有利于减轻人民的负担和缓和社会矛盾。然而由于朱元璋无节制地使用严刑峻法，特别是大搞法外用刑，扩大株连范围，不仅造成了冤狱，人心不服，也给当时的吏治带来了消极后果。如士人畏法惧祸，以保命为要，唯命是听，凡事墨守成

---

① 《明史》卷九三《刑法一》，中华书局，1974，第 2285 页。

规，推诿卸责，不求有功，但求避祸。也有一部分官吏，为取悦圣意，看风使舵，阿谀奉承。"用刑之际，多载自圣衷。遂使治狱之吏务趋求意旨，深刻者多功，平反者得罪"。① 由于激劝不明，善恶无别，官场弊病丛生。沈家本先生在评论朱元璋刑用重典的得失时说："不究其习之所由成而徒用其威，必终于威竭而不振也。"②

朱元璋的刑用重典政策，并没有达到预期的效果。对此，他本人也供认不讳。洪武二十三年（1390 年），他对刑部尚书杨靖曰："愚民犯法，如啖饮食，嗜之不知止。设法防之，犯者益众，惟推恕行仁，或能感化。"③ 阅洪武二十一年至三十一年间所发布的榜文，也可看到朱元璋欲图通过推行"重典""趋民从教"、"化奸为贤"的目标远没有实现，这些榜文引朱元璋自己的话说："县州府行省官吏在职役者，往往倒持仁义，增词陷良"，"凌虐良善，贪图贿赂"；"奸顽小人，恃其富豪，欺压良善"；"有等奸顽，无藉之徒，不务本等生理，往往犯奸做贼，若不律外处治，难以禁止"。④

朱元璋的刑用重典政策，其干扰"常经"之法实施的消极作用是很明显的。那么能否像有的著述所说，洪武年间无法制可言呢？只要全面地考察明初法制的实施情况，就不难看出这一时期制定的"常经"之法程度不同地得到了实施。

第一，从朱元璋刑用重典的重大事件及案例看，他是在一定时期内进行的，其对洪武"常经"之法实施的冲击是局部的。

---

① 《明史》卷一三九：《叶伯巨传》，中华书局，1974，第 3991 页。
② （清）沈家本撰：《寄簃文存》卷八《书名大诰后》，见《历代刑法考》第 4 册，中华书局，1985，第 2281 页。
③ （清）夏燮撰：《明通鉴》卷一〇"太祖洪武二十三年"，中华书局，1980，第 482 页。
④ 《南京刑部志》卷三。

因史籍中记述朱元璋主张"轻刑"、"中制"的言论比比皆是，而记载他刑用重典的文字也历历在目，①要明确地界定他在法律实践中何时实施"中制"、何时实施"重典"是很困难的。然从现知的明太祖刑用重典的重大事件和案例看，他因不同时期面临的社会矛盾和治理的重点不同，在重典的运用程度上也是有所差异的。太祖起兵至洪武建元，"军旅用刑"，注重以法治军，严明军纪，主要是对军伍中违法乱纪者、叛将逆军、心怀不轨和诽谤罪者以"峻法绳之"，基本不涉及到一般平民。洪武年间，朱元璋刑用重典重大案件发生的时间分别是，洪武七年（剿广东儋州民案）、九年（空印案）、十三年（胡惟庸案发）、十七年五月至二十年九月（《大诰》中所载诸案及郭桓贪污案）、二十三年（诛胡惟庸余党）、二十六年（蓝玉案）、二十七年（洪武榜文所载诸案）。由此可见，在明太祖执政的 31 年间，在大多数时间内并未在全国大规模地推行刑用重典，故其并未对"常经"之法的制定和实施构成决定性的冲击。

第二，从明初的法律体系看，刑用重典主要是在刑事法律的范围内进行的。洪武法制是由刑事、民事、行政、经济、军事、文化教育、对外关系等各类法律共同组成的一套完整的法律制度。有关刑事以外的各类立法，内容相当广泛。朱元璋的刑用重典虽然也有扩大用刑和株连范围的问题，但主要涉及的是触犯刑

① 《明通鉴》卷一"太祖洪武元年"："时上反元政，尚严厉"；卷四"太祖洪武四年"："时上用法严峻"；卷五"太祖洪武六年"："上惩元氏以宽失天下，颇用重典"。《明史》卷一三九《叶伯巨传》：洪武九年，平遥训导叶伯巨上书言："臣观当今之事，太过者三：分封太侈也，用刑太繁也，求治太速也。……主上痛惩其弊，故制不之刑，权神变之法，使人知惧而莫测　其端也。……窃见数年以来，诛杀亦可谓不少矣，而犯者相踵"。《明史》卷一四七《解缙传》：洪武二十一年中书庶吉士解缙上书言："臣闻令数改则民疑，刑太繁则民玩。国初至今，将二十载，无几时不变之法，无一日无过之人。"类似有关明太祖刑用重典的记载甚多。

事法律的犯罪行为。刑事法律只是整个法律体系的一个组成部分。刑用重典虽然也会对非刑事法律的实施造成干扰，但不能全局性地妨害基本的国家行政和社会管理方面法律制度的实施。

第三，从朱元璋刑用重典的对象看，主要是针对四种对象："奸党"、"贪官污吏"、豪强地主和平民中的"奸顽之徒"。朱元璋把臣民区分为"良善"和"奸顽"两种，他的刑用重典，以惩创奸顽为对象。也就是说，对于他认为属于"良善"的臣民，是加以保护而不使用重典的。洪武年间发生的刑用重典的重大案件，基本上都是围绕这四种对象进行的，而对于他认为属于"良善"的广大臣民，刑用重典主要是一种威慑和明刑弼教的手段而已。

笔者在《明初重典考》中曾经指出，洪武时期法律的实行情况是复杂而有规律可寻的。概括说来，有以下三点：（1）从时局变化和国家政治生活是否正常分析，在统治集团内部矛盾白炽化和发生较大规模农民起义的"非常时期"，统治者是只看重屠刀而不执行什么法律的。在国家政治生活正常的情况下，法律则不同程度得到了实施。（2）从法律的连续性、稳定性上分析，那些关系到封建王朝安危、律文较长时间保持着相对连续性不变的条款，如"十恶"和"真犯死罪"，实行得较好。而那些变动频繁，律、例、令内容不一致的有关法律规定，大都是以例、令代律而行。（3）从法律对不同阶层待遇的差别上分析，对于治理老百姓的法律规定，统治者总是上下一致竭力推行的，反过来，要在统治集团内部严格地依法办事，就比较困难了。当然在明初统治集团内部的执法问题上，也是不尽相同的。由于刑用重典是由朱元璋推行的，而他又要求官吏严格执法，不准法外用刑，故地方官员的执法比朝廷要好。

全面审视朱元璋洪武年间的立法和司法实践，可知他在创建明代法律制度方面做出了重大的建树，为明王朝近 280 年的法律制度奠定了基础。在此期间，他所采取"常经"之法与权宜措置并行的法制方略，虽然因刑用重典在一定程度上削弱了"常经"之法的实施，产生了一定的消极后果，但总体来说，他对创建洪武法制是功不可灭的。我们在评价朱元璋功过是非的时候，既应肯定他的历史贡献，也应指出他的失误和过错。只有坚持实事求是的态度和正确的分析方法，才能对洪武法制及朱元璋的功过做出恰如其分的评价。

（原载《东方法学》2006 年第 2 期）

作者简介

杨一凡　男，1944年4月生，陕西省富平县人。现任中国社会科学院法学研究所研究员、博士生导师、中国社会科学院研究生院教授、中国法律史学会会长，兼任北京法律文化研究中心主任。长期从事法律史学研究，主要著作有：《明初重典考》、《明大诰研究》、《洪武法律典籍考证》等，合著有《明代法制考》、《中国法律思想通史·明代卷》等。主编有：《中国法制史考证》（15册）、《新编中国法制史》、《中华人民共和国法制史》、《中国珍稀法律典籍集成》（14册）、《中国珍稀法律典籍续编》（10册）、《中国律学文献》（19册）、《中国古代地方法律文献》（25册）、《历代判例判牍》（12册）、《古代榜文告示汇存》（10册）等。

近年来，其学术成果获三项国家级奖、五项省部级奖。其中，《中国珍稀法律典籍集成》1996年获中国社会科学院优秀科研成果荣誉奖；《中国珍稀法律典籍续编》2004年获中国社会科学院优秀科研成果二等奖；《中华人民共和国法制史》1998年获第十一届中国图书奖；《中华人民共和国法制史（修订本）》1999年获中宣部第七届"五个一工程"优秀图书奖。《中国法制史考证》甲编2006年获中国社会科学院优秀科研成果一等奖。

中国法制史考证续编·第十册（全十三册）

明大诰研究

主　　编／杨一凡
著　　者／杨一凡

出 版 人／谢寿光
总 编 辑／邹东涛
出 版 者／社会科学文献出版社
地　　址／北京市西城区北三环中路甲 29 号院 3 号楼华龙大厦
邮政编码／100029
网　　址／http：//www.ssap.com.cn
网站支持／(010) 59367077
责任部门／人文科学图书事业部 (010) 59367215
电子信箱／bianjibu@ssap.cn
项目经理／宋月华
责任编辑／魏小薇
责任校对／吴小云

总 经 销／社会科学文献出版社发行部
　　　　　　(010) 59367080　59367097
经　　销／各地书店
读者服务／市场部 (010) 59367028
印　　刷／三河市文通印刷包装有限公司

开　　本／787mm×1092mm　1/16
印　　张／29.5（全十三册共 365 印张）
字　　数／352 千字（全十三册共 4351 千字）
版　　次／2009 年 8 月第 1 版
印　　次／2009 年 8 月第 1 次印刷

书　　号／ISBN 978-7-5097-0821-7
定　　价／4600.00 元（全十三册）

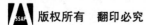